KB042107

탈진실 바로잡기

팩트, 사건, 뉴스 그리고 시스템 C

탈진실 바로잡기

팩트, 사건, 뉴스 그리고 시스템 C

Overcoming Post-Truth: Facts, events, news, and system C

김사승 지음

책세상

for Jo and Nathan

머리말

　사람들의 생각은 분명하다. 모든 뉴스가 정파적이라고 본다. 자기 편만 빼고. 수도 없는 분석이 진행되었으니 더 이상 대거리할 마땅한 변명도 찾기 어렵다. 뉴스는 진실에서 광탈하고 말았다. 아니라고 하기에는 너무 멀리 와버렸다. 어디부터 되짚어봐야 할지 모를 정도다. 팩트만 있으면 될까. 항상 중간에 서 있으면 문제없지 않은가. 약자를 편들면 뭐라 할 게 없지 않나. 아니면 깊게 파고들면 시비 걸지 못하지 않을까. 모두 어디선가 써본 방법들이다. 그렇다고 사람들 생각이 바뀐 것은 아니다. 이쯤 되면 자칫 사람들이 문제라고 치부해버릴 수도 있다. 조금 더 나가면 세상도, 사람도, 뉴스도 다 잘못됐다며 손 놓아버릴 수도 있다. 진짜 위기에 빠질 수 있다.

　과거에도 그랬고 지금도 그렇듯이 문제 해결책은 문제를 해결하기보다 새로운 문제를 만든다. 디지털, 알고리즘과 같이 사고방식이 전혀 다른 테크놀로지는 지속적으로 문제를 고쳐 다시 문제를 만들어낸다. 그러므로 문제 해결은 그냥 관점을 바꾸는 것으로 가능한 일이 아니다. 뉴스를 놓고 편을 따지는 식으로 될 일은 더욱 아니다. 그래서 이 책은 문제 해결 방법을 도모하지 않는다. 대신 문제를 찾아 나서기로

했다. 사실 우리는 매일 비난하는 것들의 뿌리가 어디에 있는지 잘 모른다. 문제라고 생각하는 것들의 문세를 발견하면 문제를 이해할 수 있는 기회를 얻을 수 있다. 팩트가 그렇고 진실이 그런 것들이다. 이렇게 노력하다 보면 그게 해결될 문제가 아니라 안고 가야 하는 삶의 조건임을 깨달을 수도 있다.

그래서, 팩트에 매달리지 말 것을 주장한다. 저널리즘의 진실도 마찬가지다. 조작적 정의를 통해 손에 잡히는 대체물을 찾아야 한다. 그리고 뉴스는 어제의 사건이나 오늘의 사건이 아니라는 점을 받아들여야 한다. 혼란스럽더라도 뉴스는 어제와 오늘과 내일의 사건이라는 점을 생각할 수 있어야 한다. 세상은 없고 사건만 남는다는 점을 믿어야 한다. 그것도 개념들일 뿐이지만. 핵심은 '흐름flow'이다. 사건은 프로세스를 따라 진화한다. 프로세스가 가진 독특한 힘들이 사건을 '되어감becoming'의 지경으로 이끈다. 명사의 힘도 있고 동사의 힘도 있다. 결정적 사건의 지식이 있는가 하면 전략적 무지가 숨어 있기도 하다. 이렇게 뉴스가 안고 있는 문제들을 이해하려고 해야 한다. 이 책은 독자들의 생각을 그런 쪽으로 끌어가는 것을 목표로 삼는다. 물론 이조차도 많은 이해 중 하나일 뿐이기는 하다.

2022년 8월 인왕산 색깔이 가장 짙을 때쯤
김 사승

차례

1장

서론: 탈진실 벗어나기

진실의 쇠퇴와 팩트 혼란

탈진실post-truth은 팩트, 지식, 의견, 신념 등이 진실과 일치하지 않는 현상을 말한다(Biesecker, 2018). 사람들이 일상적으로 진실된 것으로 믿고 주장하는 팩트는 진실이 아니라는 것이다. 탈진실은 진실을 가르는 기준들을 사람들이 더 이상 공유하지 못하는 상태, 즉 진실에 대해 공유할 수 있는 객관적 기준이 사라진 상태에서 일어난다(Illing, 2018). 있는 그대로인 팩트에 동의하지 않게 되니 팩트가 더 이상 팩트로 받아들여지지 않게 된다. 이렇게 되면 여론이 형성될 수 없다. 팩트는 개인의 감정과 신념에 떠밀려 여론을 만들어내는 영향력을 발휘하지 못한다. 팩트는 분명히 존재하지만 해야 할 일을 제대로 하지 못하는 작동불능 상태에 빠지고 만다. 2016년 옥스퍼드 사전은 그해의 단어로 '탈진실'을 선정했다(Oxford Languages, 2016). 2016년은 영국의 EU 탈퇴 국민투표와 트럼프를 당선시킨 미국 대통령선거가 있던 해였다. 그해 탈진실이라는 단어는 그전에 비해 2000퍼센트 이상 언급되었다. 투표와 관련된 수많은 논의들은 진실에서 벗어난 이야기로 취급되었다. 대서양 양쪽에서 벌어진 이 정치 이벤트들은 이후 국제관계에 커다란 영향을 미쳤다. 영국은 유럽에서 멀어졌고 미국은 러스트벨트의 덫에 빠져버렸다. 시민들은 중요한 정치 이벤트에서 정치인들의 거짓 말에 휩쓸렸고 투표는 특정한 방향으로 흘러갔다. 탈진실의 담론을 타고 트럼프가 당선되지 않았다면, 또 브렉시트가 일어나지 않았다면 세상은 지금과 달랐을 것이다.

　탈진실이 트럼프와 동의어처럼 쓰일 정도로 트럼프의 거짓말은 놀라웠다. 트럼프 대변인은 첫 브리핑에서 취임식 참석자 수를 부풀려 제시했다. 보좌관 켈리앤 콘웨이Kellyanne Conway는 이를 대안팩트alternative fact라는 새로운 조어로 변명했다. 이 단어를 기점으로 탈진실이 주목받기 시작했다. 취임식이 끝나자마자 트럼프는 자신의 승리가 레이건 대통령 이래 최대 격차의 승리였으며 취임식 인파는 역사상 최대였고 CIA 연설에서는 청중이 오랜 시간 기립박수를 보냈다고 했다. 가짜뉴스라고 난리가 났다. 그날 CIA에서 기립박수가 길게 이어진 것은 팩트였다. 그런데 트럼프는 오랫동안 청중들에게 앉으라는 소리를 하지 않았다. 기립박수가 길게 이어질 수밖에 없었던 것이다(McIntyre, 2018). 기립박수의 진실은 무엇인가. 탈진실은 팩트의 진위 여부를 가리는 단순한 게임이 아니다. 미국의 팩트체커들은 트럼프의 가짜뉴스를 집중적으로 감시했다.《워싱턴포스트The Washington Post》가 운영하는 코너 '팩트체커Fact Checker'는 2017년 11월 14일 자 보고서에서 트럼프는 취임 초 하루 평균 9회의 거짓말과 5.5회의 자기만의 주장을 내놓았으며 298일 동안 1628회의 거짓말과 왜곡된 주장을 했다고 분석했다. 취임하고 나면 대통령으로서 할 일이 갈수록 많아지니 거짓말도 늘어날 것이라고 예측했다. 거짓말이 거짓말을 낳는 악순환이 가짜뉴스의 속성이라고 지적한 것이다. 트럼프 당선 이후 탈진실보다 더 뜨거운 말이 없을 정도로 상황이 악화된 것은 어쩌면 피할 수 없는 일인

지도 모른다.

　탈진실의 문제는 국가 사회 내부에서만 일어나는 것도 아니고 영역을 가리지도 않는다. 저널리즘은 물론 정치, 경제, 사회, 문화, 나아가 국제관계에 이르기까지 후기산업 모델post-industrial model의 세상을 사는 인간의 삶 전반에 걸쳐 심대한 영향을 미친다. 명백한 거짓말, 조작된 팩트, 내용을 잘못 표현하는 제목, 잘못된 맥락을 제시하는 팩트나 언급, 허위 이메일, 팩트라고 퍼트려진 의견 등 고의적으로 유포된 잘못된 정보를 가리키는 역정보disinformation의 문제는 탈진실의 대표적 문제다. 이는 사람들 사이에 혼란을 야기하고 의도하지 않은 부정적 함의를 가진 정책을 초래하며 핵심적 이슈를 담아내지 못하는 정책으로 이어진다. 또한 역정보는 무엇이 정확하고 무엇이 그렇지 않은지에 대한 불확실성을 초래하는 거짓정보를 확산시킨다. 그렇게 팩트와 의견 사이의 경계가 무너진다. 경제적 이득을 위해 허위정보를 확산하고 창출하는 행위자들은 이익을 추구하는 개인에서부터 국제정치 행위자까지 국내외 어디서나 증가하고 있다. 역정보는 프로파간다에 이용되면서 국제관계를 악랄한 방식으로 왜곡시켜 왔다. 2017년 미 하원 정보소위 청문회(United States Senate, 2017)는 러시아의 정보공작 실태를 밝혀낸 바 있다. 러시아가 정부에 대한 자국민의 태도를 조작하고자 정부 차원에서 역정보를 생산해온 것은 이미 알려져 있지만, 러시아의 정보 공작은 여기서 그치지 않았다. 우크라이나와 조지아에 대한 프로파간다가 이에 해당하며, 러시아가 이들 국가에서 활동하는 친러시아 집단의 태도 형성에 큰 영향을 미쳤다는 보고서도 있다(Paul and Matthews, 2016). 러시아의 정보 공작에 관한 분석들에 의하면 역정보의 양, 소스의 다양성, 속도, 반복 등이 성공적인 프로파간다를 가능하게 해주었다. 소위 '하이브리드 전쟁hybrid warfare'의 핵심이 역정보의 프로파간다이다. 이들이 로봇을 이용해 허위정보들을 자동적으로 확산시키면서 문제는 갈수록 심각해지고 있다. 이러한 기술적 정교함 때문에 일반 시민들이 역정보를 가려내는 것은 무척 어려워지고 있어 이로 인한 피해는 측정조차 쉽지 않다(Lazer et al., 2017).

한편 탈진실과 함께 떠오른 것이 팩트체크다. 팩트체크는 탈진실을 벗겨내기 위해 팩트의 진위를 확인해야 한다고 주장하면서 등장했는데 최근 들어 새로운 장르로 자리 잡을 정도로 성장했다. 팩트체크는 뉴스가 제시하는 팩트와 팩트를 둘러싼 논의들을 '주장claims'이라고 보고 이를 분석하고 평가하여 진실을 밝히고자 하는 노력을 말한다(FactCheck.org, 2018; Adair and Holan, 2013; Kessler, 2013). 오종환 등(2021)은 팩트체커, 즉 팩트를 분석하는 주체에 따라 팩트체크의 유형을 구분했다. 가장 널리 적용되는 유형은 전문가 유형이다. 이를 비롯해, 집단지성 유형, 알고리즘에 의한 자동화 유형 등이 있다. 재미있게도 연구자들은 세 유형 모두 신뢰성의 문제가 있다고 지적했다. 어떤 방식이든 팩트체크 자체가 문제 있다는 것이다. 같은 맥락에서 팩트체크가 다루는 팩트는 시간이 지나면 의미나 문제가 변할 수 있다는 주장도 제기됐다(Adair and Holan, 2013). 팩트가 '주장'이고 시기에 따라 변하는 것이라면 팩트체크를 통해 검증하고자 하는 팩트란 무엇인가. 팩트가 제시되고 시간이 경과한 뒤에 진행되는 검증이 얼마나 정확할까. 팩트체크가 의도적인 거짓정보인 역정보와 유포자가 진실이라고 믿거나 실수로 전달하는 등 비의도적으로 확산된 허위정보인 오정보ma-linformation를 판단하는 것이라면 크게 문제될 것은 없다. 참과 거짓으로 팩트를 구분할 수 있다. 그러나 팩트의 실상은 그렇게 간단하지 않다. 미국의 3대 팩트체크 기관이 팩트를 판단하는 기준을 보자. 폴리티 팩트Politifact는 완전한 진실에서 완전한 거짓에 이르는 여섯 가지 등급으로(Ballotpedia, 2016), 팩트체크는 네 개의 등급으로 팩트를 평가한 다(Adair and Holan, 2013). 정확한 팩트, 핵심 팩트, 팩트의 맥락 연관성 등을 고려해서 점수를 매기는데, 정확성, 핵심성, 맥락 연관성 등 기준 자체가 간단하지 않다. 완전한 진실과 완전한 거짓의 진위 판단 외에 팩트를 평가하는 척도가 있다는 것도 이상하다. 팩트체크 오알지Fact-check.org는 아예 주관적으로 팩트를 평가하며, 진실, 허구 또는 그 중간 등의 범주로 구분한다(Jackson, 2012). 이를 맥락 분석contextual analysis 이라고 부른다(Ballotpedia, 2016). 팩트를 팩트만으로 판단하는 것이 아니라 제목이나 문장 등에 나타난 팩트들이 전체 맥락에서 볼 때 진실을 왜곡하는지 여부를 파악하는 데 초점을 맞춘다. 이처럼 팩트체크가 내세우는 팩트의 정의와 특성, 척도평가와 주관적 평가 등의 평가 기준과 평가 방법들은 사실상 뉴스가 제시하는 팩트의 진위를 가부로 판단할 수 없다는 것을 자백하는 셈이다.

　요컨대 진실과 거짓으로 판단할 수 있는 범주에서 벗어난 팩트들이 존재한다. 이 때문에 팩트체크를 의심하는 눈초리가 생겨나고, 팩트체크를 팩트체크[1]하고자 한다. 완전한 진실과 완전한 거짓의 범주를 벗어난 팩트들이 뉴스에 존재한다는 것은 저널리즘의 본질적 고민이다. 있는 그대로의 팩트만이 팩트의 전부가 아니라면 팩트는 도대체 어떤

---

1 비영리 언론기관인 포인터 연구소Poynter가 만든 IFCN(International Fact-Checking Network)과 같이 팩트체크를 검증하는 상위 검증기관이 존재한다는 것은 팩트체크 에 의한 정파성 위험이 존재하기 때문이다.

것인가. 저널리즘을 독특한 사회 시스템으로 존재하게 하는 명분은 팩트에 기반한 서사를 생산한다는 것인데 이런 논리대로라면 팩트가 도리어 문제를 만든다. 팩트체크가 탈진실을 해결하지 못하게 되니 저널리즘의 입장은 점점 곤란해진다. 저널리즘은 본질이 부정될 위험에 직면하게 되었다. 뉴스를 통해 공급된 객관적 팩트가 사람들의 일상생활 속에서 수행하던 중요한 역할을 잃을 수 있다. 사람들이 팩트를 믿지 못하게 되니 어쩔 도리가 없다. 저널리즘은 탈진실의 정치행태를 비난했지만 정작 자신들 또한 사람들의 비난을 받을 것이라는 점은 충분히 인식하지 못했다. 편향성 때문에 뉴스가 제공하는 팩트는 탈진실의 오명을 뒤집어쓰고 있다. 코바치와 로젠스틸(Kovach and Rosenstiel, 2001; APA, 2021)은 저널리즘의 가치는 진실을 말하는 데 있다고 지적했는데 이렇게 되면 그 진실은 표류할 수밖에 없다.

저널리즘의 양식인 사건은 팩트를 원재료로 삼는다. 뉴스는 팩트를 바탕으로 만들어진 사회적 서사다. 아무 데서나 무작위로 일어나는 것처럼 보이는 사건을 팩트를 이용해 독특한 관계로 엮어낸다. 이렇게 해서 사건의 사회적 의미를 구성해 저널리즘의 사회적 역할은 팩트 없이는 불가능하다. 사회적 의미는 누구든 동의할 수밖에 없는 팩트에 근거해 구성되고 뉴스 스토리는 이를 이용해 생산되므로, 팩트는 정당성을 갖는다. 팩트가 혼란을 겪고 있으니 저널리즘의 위기는 피할 수 없게 됐다. 진실을 말한다는 저널리즘의 위기는 팩트의 오작동으로 초래되는 것이다.

연구자들은 저널리즘 위기를 뉴스비즈니스 위기, 신뢰 위기, 테크놀로지 위기 등 다양한 시각에서 분석해왔지만 팩트 혼란을 지적하는 연구는 많지 않다. 팩트 혼란을 지적하는 것은 저널리즘 위기의 본질에 대한 문제 제기다. 팩트 혼란은 저널리즘의 핵심 가치인 진실을 부식시키기 때문이다. 카바나와 리치(Kavanagh and Rich, 2018)는 랜드연구소의《진실의 쇠퇴Truth Decay》에서 팩트를 둘러싼 다양한 문제들이 진실의 쇠퇴를 야기한다고 분석했다. 첫 번째 문제는 팩트에 대한 의견 불일치 또 그 팩트의 분석과 해석에 대한 의견 불일치 사례가 증가하고 있다는 점이다. 출처가 다른 팩트들 사이에 긴장, 경쟁, 갈등이 일어나며 이로 인해 진실이 부식된다. 팩트를 불신하기 때문이 아니라 기존 팩트에 도전하는 새로운 팩트들이 늘어나기 때문에 일어나는 일들이다. 이렇게 되면 모든 팩트가 불확실해진다. 두 번째 문제는 팩트와 의견의 경계가 무너지고 있다는 점이다. 이는 뉴스 스토리 유형들이 변하면서 시작되었다. 1978년에서 1998년 사이에 정부 정책이나 국제관계를 다루는 경성뉴스는 줄어들고 연예오락, 유명인사, 라이프스타일 등을 다루는 연성뉴스가 늘어났다. 연성뉴스는 경성뉴스에 비해 적은 팩트로 만들어진다. 연성뉴스에 팩트가 전혀 없는 것은 아니다. 단순하고 일반화하기 쉬운 팩트들이 대부분이라는 것이 문제다. 연성뉴스는 팩트로 채운 의견과 일화로 구성된다. 세 번째는 뉴스에서 팩트가 줄어들고 개인의 의견과 경험이 증가하고 있다는 점이다. 달리 말하면 팩트보다 의견, 경험담의 영향력이 더 커지고 있다는 것이다. 카바나와 리치(Kavanagh and Rich, 2018)는 주원인으로 소셜 미디어를 통해 공급되는 정보량이 증가한 것을 꼽는다. 소셜 미디어에서 유통되는 정보들에 확인, 검증되지 않은 팩트가 점점 더 늘고 있다. 각 이해집단이 팩트를 악용하는 일도 많아졌다. 정치집단이 대표적이다. 이들은 지지를 얻기 위해 의도적으로 가공한 이야기를 소셜 미디어를 통해 확산시킨다. 소셜 미디어는 누구나 쉽게 접근할 수 있지만 정보가 끊임없이 공급되기 때문에 정보를 제대로 이해하고 학습해 깊이 있는 지식을 얻기가 어렵다(Carr, 2011). 뉴스와 정보를 많이 공급하지만 그 내용들은 사소하거나 편향되었거나 틀린 것이 대부분이다(Project for Excellence in Journalism, 2004). 상황이 이렇게 되면 사람들은 확인되지 않은 팩트를 믿기보다 자신의 경험과 신념에 기대게 된다. 그리고 자신의 신념이나 경험과 상반된 팩트에 대해서는 자신의 정체성을 지키기 위해 아예 그런 팩트를 이용하지도 않으려 한다. 네 번째 문제는 저널리즘의 신뢰 추락이다. 카바나와 리치(Kavanagh and Rich, 2018)에 의하면 정부, 신문, 방송 뉴스 등 주요 제도와 기구, 조직에 대한 신뢰가 지난 20년간 급격하게 추락했다. 가장 팩트에 가깝다고 여겨지는 과학에 대한 신뢰까지 떨어졌다. 수용자들은 뉴스를 통해 팩트를 접하므로 저널리즘 역시 중요한 팩트 소스다. 저널리즘에 대한 신뢰가 추락하면 수용자들은 저널리즘이 전달하는 팩트들을 불신할 수밖에 없다. 소스인 저널리즘을 믿지 못하니 중요한 과학적 발견에 대한 뉴스를 과장, 오보 등으로 평가절하하고 믿지 않으려 한다. 각종 통계나 정보, 정보의 분석과 해석, 이를 전달하는 저널리즘에 대한 의심이 커질수록 팩트 불신도 커질 수밖에 없다. 이렇게 되면 사람들은 보다 신뢰할 만한 정보를 공급해줄 것이라고 믿는 새로운 소스를 찾아 나서게 된다. 그러나 사회 시스템 전 영역에 걸친 신뢰 추락으로 새로운 소스 또한 신뢰받기 어렵다. 결국 악순환이 계속될 뿐이다. 이처럼 팩트 혼란은 가짜뉴스의 문제에 국한되지 않는 광범위한 문제를 안고 있다.

　한편에서는 탈진실의 문제를 해결하기 위해 팩트와 의견의 분리를 강조한다. 저널리즘은 두 가지를 분리하는 데 아주 예민하다. 한국 신문윤리위원회는 신문윤리실천요강 제3조 ①항에 "기자는 팩트와 의견을 명확히 구분하여 보도기사를 작성해야 한다. 또한 기자는 편견이나 이기적 동기로 보도기사를 고르거나 작성해서는 안된다"고 규정하고 있다. 스트레이트 기사는 사설이나 칼럼 등 논평과 달리 내용과 제목을 객관적 팩트로 작성해야 한다. 그럼에도 현장에서는 의견성 기사가 점점 늘어 팩트 중심 기사와 의견 중심 기사의 구분이 어려워지고 있다. 현실을 놓고 보면 팩트와 의견을 구분하는 것이 탈진실 문제를 어느 정도 해소해줄 수 있다. 의견은 개인 차원의 신념과 관련된다. BBC(BBC, 2019)의 지적처럼 의견은 개인이 진실이라고 생각하거나 믿는 것을 말한다. 미첼 등(Mitchell et al., 2018)은 '의견진술opinion statement'에 대해 진술한 소스가 제시한 가치나 신념에 근거하며 객관적 증거로 증명되거나 부정되지 못하는 것과 무관하다고 설명했다. 다른 사람이 동의하든 동의하지 않든 관계없다. 팩트는 검증되어야 하는 증거를 근거로 삼지만 의견은 그렇지 않다. 개인의 관점, 태도, 평가에 기반한 신념과 판단에 의존한다(New York State Reading Association and New York Newspapers Foundation, 2019). 이론적 가설hypothesis, 가정assumption, 과장exaggeration, 가치진술value statement 등도 의견에 속한다. 확인가능한 의견, 전문가 의견, 개인 의견 등 다양한 형태로 나타날 수도 있다(Henshall and Ingram, 1991). '확인가능한 의견'은 추론을 거쳐 진실 혹은 거짓으로 확인할 수 있는 결론으로서의 의견이다. '전문가 의견'은 특정 주제에 대한 전문지식을 기반으로 하는 의견이다. 전문가는 자기 감정을 배제한 채 팩트를 보는 대로 이해하고 그에 기반해 결론을 얻어야 한다. '개인 의견'은 부분적으로 팩트에 기반하지만 동시에 부분적으로 개인이 믿는 바에 따라 내린 가치판단에 의한 결론이다.

의견으로부터 팩트를 떼어냄으로써 얻을 수 있는 효용가치는 분명히 존재한다. 웨들(Weddle, 1985)은 양자의 구분이 다음과 같은 기능을 지닌다고 설명했다. 첫째, 진술자가 누구인지 정체를 확인할 수 있다. 둘째, 팩트와 팩트가 아닌 것, 즉 허위를 가려낼 수 있다. 셋째, 팩트와 팩트에서 추론된 판단을 구분할 수 있다. 넷째, 팩트와 단순한 추측을 구분할 수 있다. 다섯째, 관찰과 추론을 구분할 수 있다. 여섯째, 팩트에 대한 확인 가능성과 확인 불가능성을 구분할 수 있다. 일곱째, 합의된 사안과 논란 사안을 구분할 수 있다. 여덟째, 뉴스와 광고를 구분할수 있다. 팩트와 달리 의견은 추론, 추측, 논란, 광고, 나아가 확인불가능성, 허위의 가능성까지 포괄한다.

그럼에도 뉴스에서 팩트와 의견을 무조건 구분하는 것이 바람직한가도 고민해야 할 문제다. 팩트는 담론 구성의 시작인 반면 의견은 담론의 결론에 해당한다(Henshall and Ingram, 1991). 의견은 팩트의 축적을 통해 구성된다. 하나의 담론 안에서 팩트와 의견은 서로 다른 기능을 하면서 혼재된다. 의견 기사는 팩트를 의견과 혼합하고 팩트를 내세워 의견을 표현한다(Regmi and Bal, 2015). 의견은 팩트를 빙자하는것이다. 이때 의견은 팩트를 연결하는 독특한 구성 패턴을 적용한다. 그 때문에 어느 것이 확인가능한 팩트이고 어떤 것이 저자의 관점인지 구분하기 쉽지 않다. 더욱이 좋은 의견 기사일수록 관점을 보강하기 위한 근거로서 팩트를 많이 동원한다(New York State Reading Association and New York Newspapers Foundation, 2019).

더욱이 웨들(Weddle, 1985)의 분석에서 보듯이 의견은 드러나는형태가 다양해 이를 포착하는 것은 쉽지 않다. 특히 팩트가 암묵적으로 표현된 텍스트에서 팩트와 의견을 구분해내는 것은 어렵다(Regmi and

Bal, 2015). 체계적인 연구를 통해 의견임이 드러나는 주관적이거나 감정적인 요소를 파악할 수 있지만 이는 일반인에게는 어려운 일이다. 미첼 등(Mitchell et al., 2018)의 조사에 의하면 실제로 사람들이 팩트와 의견을 구분하는 수준은 그리 높지 않다. 다섯 개의 팩트진술과 다섯 개의 의견을 놓고 진행한 조사에 의하면 조사대상자 5035명 가운데 다섯 개 팩트를 모두 구분한 응답자는 26퍼센트, 다섯 개 의견을 모두 구분한 응답자는 35퍼센트에 불과했다. 특히 이를 통해 우리는 사람들이 팩트 판단에 어려움을 겪는다는 것을 알 수 있다.

　탈진실을 해결하는 것은 이처럼 지난하다. 저널리스트를 비난하는 것으로 해결될 일이 아니다. 카바나와 리치(Kavanagh and Rich, 2018)는 분석을 통해 탈진실은 팩트를 둘러싼 여러 이질적인 요소가 뒤엉켜 복잡하게 전개되었을 때 나타난다는 것을 보여준다. 이들은 소셜 미디어의 정보공급 메커니즘과 확증편향 같은 수용자 인지심리학적 요소 등이 주로 문제를 일으킨다고 분석했다. 인지심리학적 요소는 소셜 미디어 이전에도 존재했다는 점을 생각하면 작금의 문제는 소셜 미디어의 무분별한 정보공급이 화근이라고 볼 수 있다. 이는 좀 더 자세하게 설명할 필요가 있다. 소셜 미디어 정보의 확산은 저널리즘 내부와 외부로 구분해 접근할 수 있다. 저널리즘 내부의 문제는 점점 악화되는 뉴스비즈니스와 관련이 있다. 페이스북, 구글, 애플 등 IT 기업들은 뉴스 기업들에게 자신들의 플랫폼으로 들어오라며 분산플랫폼dis-tributed platform 전략을 강요한다(Bell, 2016). 뉴스 기업이 독자적 플랫폼 안에서 직접 비즈니스를 하지 말고 자신들의 플랫폼에 뉴스 콘텐츠를 분산판매해서 살길을 찾으라고 한다. 이들의 주장대로 하면 뉴스 조직은 자신들이 생산한 뉴스 콘텐츠에 대한 통제권을 내놓아야 한다. 게 다가 돈을 얻는 대신 저널리즘의 독립성이나 자율성을 포기해야 한다. 이뿐만 아니라 뉴스 콘텐츠의 소유권도 주장할 수 없게 된다. 선뜻 받아들이기 곤란한 문제가 많다.

저널리즘 외부의 상황은 해결하기가 더 어렵다. 온갖 정보를 집적하는 포털이나 소셜 미디어 등의 IT 플랫폼은 물론 디지털생태계에 등장한 게이트키퍼, 검색엔진, 패키저 등의 다양한 프로그램은 레거시 미디어로 치부된 전통 저널리즘과 충분히 경쟁할 수 있는 팩트 수집 기능을 가졌다. 그런데 이들의 팩트 수집 방법은 프로페셔널리즘을 내세우는 저널리스트의 팩트 수집이나 팩트 선택 논리와 전혀 다르다. 저널리스트는 많은 팩트 가운데 적합한 것을 골라내는 데 집중하지만 이들은 보다 많은 정보를 수집하는 데만 초점을 맞춘다(Public Policy Forum, 2017). 양적 게임을 하는 것이다. 다양한 테크놀로지를 무기로 수집하고 생산하는 팩트들은 전통 저널리즘이 상대하는 것이 불가능할 정도의 양적 수준을 가졌다. 그렇다 보니 저널리즘의 팩트 관리가 영향을 받을 수밖에 없다. 저널리즘의 팩트독점시대가 막을 내리며 팩트에 대한 통제권도 약화되었다. 말하자면 팩트외부성fact externality이 일어나는 것이다. 팩트 혼란은 저널리즘 내외부의 복잡한 사정들이 뒤엉켜 일어나는 현상이다.

팩트외부성은 새로운 현상이 아니다. 디지털 테크놀로지나 IT 플랫폼 이전에도 팩트외부성은 존재했다. 이는 저널리즘의 숙명이다. 저널리즘이 다루는 팩트는 본질적으로 뉴스 조직 밖에서 만들어진다. 엄밀히 말해 저널리즘은 팩트 소유자도 생산자도 아니다. 홀 등(Hall et al., 1978)의 분석처럼 팩트의 원생산자인 소스는 팩트를 맨 먼저 정의하는 1차 정의자다. 팩트의 원소유권은 저널리스트가 아닌 이들이 갖고 있다. 저널리즘은 1차 정의자인 소스의 팩트 정의에 대해 2차 정의를 제시하는 역할을 할 뿐이다.

사회 유동성이 커지면서 팩트외부성은 더욱 강화되고 있다. 유동성 사회에는 저널리즘의 팩트 독점을 더 이상 받아들이지 않겠다는 새로운 세력들이 등장한다. 이용자로 불리는 뉴스 수용자도 그들 중 하나다. 여기서 유동성은 끊임없는 불확실성 속의 근거 없음을 의미한다(Bauman, 2000). 이는 일상생활부터 모든 것을 불확실성 속으로 몰아간다. 불확실성은 정원에 뿌리를 내린 식물과 함께 정주하는 정원사를 바꾸어놓는다. 언제든지 움직일 수 있고 또 움직여야 하는 사냥꾼으로 변화시킨다. 이런 일들이 사회유동성을 촉발한다. 현재 저널리즘이 겪는 처지가 그렇다. 폐쇄적 팩트 독점이라는 안락한 정원사 시절엔 생각지도 못했던 경쟁자들을 맞이해 해결책을 마련해야 하지만 어디로 움직여야 할지도 모르는 사냥꾼의 신세가 되었다. 과거 수용자들이 보여주었던 충성도는 불신으로 돌변했다. 물론 이런 상황이 이들에게도 좋은 것은 아니다. 불확실성 때문에 수용자들도 자신에게 닥친 현실을 제대로 판단하기가 점점 어려워진다. 모든 사람이 모든 사람과 관계를 맺어야 하는 불안정성과 불확실성이 널리 퍼졌다(Manovich, 2001). 디지털 테크놀로지는 고정된 실체를 붕괴시키면서, 안정적으로 신뢰할 수 있는 것이 더 이상 존재할 수 없도록 만들어버렸다. 저널리즘과 팩트도 그런 형국에 처한 것이다. 이렇게 되면 팩트와 의견의 혼재는 불가피해진다. 팩트를 의견으로부터 분리시키지 않고 같이 사용하게 되면서 팩트와 의견이 가진 서로 다른 기능들이 제대로 작동하지 못하게 된다. 이제 개인은 자신의 문제를 해결하기 위해 직접 나설 수밖에 없게 되었다(Wall, 2005). 세계와 수용자를 연결해주는 저널리즘의 중재는 소용이 없어지고 있다.

디지털 테크놀로지가 만들어낸 후기산업 모델의 저널리즘은 이에 결정적 영향을 미쳤다. 이 모델은 생산 시스템 중심의 저널리즘은 더 이상 의미가 없다고 주장한다(Anderson et al., 2012). 포털과 같은 IT 플랫폼을 통해 뉴스 소비가 이루어지면서 생산 시스템을 우회하는 뉴스 흐름이 새로 생겨났다. 저널리즘이 뉴스 담론을 독점할 수 있는 안락한 시장은 더 이상 존재하지 않는다. 프로페셔널리즘을 표방하는 저널리즘의 경계가 사라지기 시작했다. 경계는 끊임없이 흔들리고 있다. 저널리즘의 경계 내외부에서는 팩트를 둘러싸고 저널리즘과 그 외의 행위자들이 끊임없이 충돌하고 있다. 저널리즘이 스스로 경계를 수정하기 위해 나서야 한다는 지적은 이제 피할 수 없게 됐다(Deuze and Witschge, 2018).

탈진실은 이처럼 복잡한 원인들에 의해서 일어나고 수많은 문제를 야기한다. 그 결과는 저널리즘에 치명적이다. 300년 가까이 누려온 저널리즘의 위상과 그 기능이 부정되는 상황은 당연히 존재의 위기다. 탈진실은 반드시 규명해야 하는 저널리즘 연구자의 과제이면서 동시에 저널리스트와 수용자에겐 더욱 중요한 일이다. 저널리스트는 존재의 정당성을 새롭게 구축하지 않으면 안된다. 수용자들은 스스로 혼란을 헤쳐나갈 수 있는 시야를 확보해야 한다. 앞서 살펴본 것처럼 탈진실은 팩트를 확인하거나 의견과 분리한다고 해결할 수 없다. 탈진실은 카바나와 리치(Kavanagh and Rich, 2018)가 주장한 대로 진실 부식으로 재정의할 수 있다. 진실 부식의 메커니즘이 보여주듯이 탈진실은 팩트의 혼란에서 시작한다. 주목해야 할 것은 팩트 혼란을 드러내는 것은 사건이라는 점이다. 사건은 언어로 재현되어 뉴스로 보도되었을 때 비로소 사람들에게 알려진다. 탈진실은 팩트, 사건, 재현 등 이질적 현상들이 복잡하게 얽힌 실타래와 같다. 의견으로부터 분리한 팩트의 효용성은 분명히 있겠지만 달리 보면 이는 팩트와 팩트가 아닌 것의 구분에 그친다. 탈진실을 정확하게 이해하기 위해서는 진실과 팩트부터 알아야 하지만 이것만으로는 안된다. 팩트 자체는 말이 없다. 팩트는 의미를 갖지 못하며 의미를 얻기 위해 진화한다.

진실 부식의 메커니즘에 담긴 문제를 정확하게 파악해야 한다. 팩트의 본질은 물론 팩트를 둘러싼 것들과의 관계도 파악해야 한다. 팩트의 구성, 팩트의 진화, 팩트의 재현, 팩트의 소스 관계 등을 살펴야 하는데 이는 결국 팩트가 프로세스라는 관점에서 접근해야 올바르게 이해가능한 것들이다. 또한 이것들이 실체로 드러나는 것은 사건, 나아가 뉴스다. 팩트는 사건을 구성하는 역할을 하고 사건은 뉴스를 통해서야 사람들에게 제공된다. 따라서 탈진실은 팩트-사건-뉴스로 이어지는 독특한 연결망을 분석해야 제대로 이해할 수 있다. 분석이 제대로 이루어질 경우 그를 토대로 정확한 문제 해결책도 찾아낼 수 있다. 이는 탈진실이 저널리즘만의 문제는 아니지만, 현실적으로 저널리즘을 통해서 접근하는 것이 효율적임을 시사한다. 저널리즘 연구에서도 최종 결과물인 뉴스 스토리에서만 탈진실을 찾으려 들면 겉만 만지게 된다고 본다. 이를 피하기 위해 먼저 탈진실과 관련된 두 가지 재해석이 필요하다. 첫째는 저널리즘 진실의 재해석이다. 손에 잡히지 않는 진실은 구체적 형상으로 재구성해야 할 수 있어야 한다. 둘째는 사건에 대한 재해석이다. 사건을 구성하는 시간과 장소가 소멸되고 있다. 사건이 변하고 있다. 이런 재해석과 변화를 처리할 수 있는 이론적 관점도 필요하다. 이를 바탕으로 팩트, 사건, 뉴스에 대한 새로운 설명을 제시할 수 있어야 한다. 한마디로 탈진실을 제대로 알려면 팩트가 무엇이고 사건이 무엇이고 뉴스가 무엇인지 알아야 한다. 탈진실의 해결책도 여기서 찾을 수 있다.

과제들은 다음과 같은 질문들을 통해 해결할 수 있다. 팩트는 혼란이 야기될 수밖에 없는 근본적인 이유를 갖고 있는가. 사건은 어떻게 구성되고 뉴스는 사건을 어떻게 이해하는가. 궁극적으로 팩트와 사건을 뉴스 스토리로 만드는 방법은 어떻게 재구성해야 하는가. 그러자면 저널리스트는 어떤 새로운 태도나 역량을 갖추어야 하는가.

탈진실을 바로잡기 위한 노력

　이 책은 탈진실이 팩트 혼란에서 시작해서 사건의 혼란, 뉴스의 혼란으로 이어지는 연쇄의 메커니즘을 가졌다는 점에 주목한다. 탈진실은 팩트 혼란만으로 일어나지 않는다. 그 중간에 사건의 혼란이 일어난다. 실제로 수용자들이 겪는 어려움은 팩트 혼란이 아니라 사건의 혼란이다. 팩트 혼란은 팩트가 사건과 연결되었을 때 비로소 드러난다. 팩트는 있는 그대로인 것처럼 보이기 때문에 문제를 발견하기란 쉽지 않다. 탈진실, 대체팩트, 가짜뉴스 등은 팩트의 문제인 것처럼 보이지만 정확히 말하면 사건의 문제다. 문제를 더 복잡하게 만드는 것은 사건이 팩트와 다른 방식으로 작동한다는 점이다. 팩트는 누가 보아도 같은 것이지만 사건은 뉴스 조직마다 다르게 보도한다. 수용자는 팩트 혼란이 아니라 사건 혼란을 겪는 것이다. 탈진실의 이해와 해결은 팩트 혼란, 사건 혼란의 분석을 바탕으로 접근해야 한다고 본다. 이런 점에서 본 연구는 팩트에서 시작하지만 사건의 이해, 나아가 뉴스의 이해를 궁극적 목표로 삼는다.

　물론 팩트와 사건은 다르다. 사건이 먼저인가 팩트가 먼저인가. 화이트(White, 1970)는 팩트가 사건보다 크다고 했는데 이것은 무슨 말인

가. 팩트는 사건으로 들어오면서 어떻게 달라지는가. 마찬가지로 사건은 뉴스 속으로 들어오기 전과 들어온 이후 어떻게 다른가. 사건은 어떻게 뉴스의 세계로 들어오는가. 이런 질문에 대한 답을 제시할 수 있어야 사건의 특성을 파악할 수 있다. 에릭슨 등(Ericson et al., 1987)은 저널리스트들이 뉴스를 만들어내는 역할을 인지함과 동시에 객관성을 위해 노력한다고 주장했다. 저널리스트들은 자신이 뉴스 스토리 '안'에'in' the story 있으며 자신들이 뉴스 콘텐츠'라는' 것'are' the content을 안다고 했다. 사건은 결코 자명한 것self-evident이 아니며 다만 뉴스의 형태로 나타나면서 분명해지는 뉴스의 자명함news-evident일 뿐이라는 것이다. 사건이 뉴스에 들어서면 사건은 이미 실체적 사건이 아니라는 말이다. 그렇다면 사건은 무엇이며 어떻게 접근해야 하는가.

이 책은 그런 질문들의 답을 구하는 것을 중심으로 구성됐다. 특히 질문의 답을 기존 저널리즘 연구의 범위에서 벗어나서 찾고자 한다. 교육학에서부터 사회학, 정치학, 보건학, 경영학 등에 이르기까지 전통 저널리즘 연구에서 찾아보기 어려운 다양한 함의를 가진 이론들을 분석해 답을 찾아나갈 것이다.

서론 '탈진실 벗어나기'에 이은 2장 '팩트의 곤란함'에서는 탈진실의 단초를 제공하는 '팩트'를 분석하고자 한다. 탈진실이 팩트 혼란에서 싹트는 것은 분명하다. 그렇기 때문에 탈진실 바로잡기는 팩트에 대한 이해에서 시작해야 한다. 이 장은 팩트 혼란으로 진실이 부식되기는 하지만 그렇다고 팩트가 진실은 아니라는 점을 지적하고자 한다. 그렇다면 팩트는 무엇인가. 팩트는 진실을 위한 필수 조건이지만 이는 팩트가 수행하는 기능의 전부가 아니다. 팩트가 무엇인가는 팩트의 기능을 이해하는 것에서 시작해야 한다. 사건은 팩트들로 구성되며 저널리즘은 팩트를 기반으로 사건을 재현한다. 그런데 사건을 구성하는 팩트는 생산 과정을 거치면서 달라진다. 팩트는 실증적으로 또 독립적으로 존재하는 당위적 요소가 아니다. 정태적인 것처럼 보이지만 변한다. 프로세스를 겪는다. 팩트가 변하는 존재라는 인식은 도발적이지만, 프로세스 관점에서 보면 이는 팩트의 본질이다. 물론 사건과 팩트을 단순히 상하 관계로 설명하는 것은 문제가 있다. 사건 중심 취재는 사건에 맞는 팩트를 고르는 노동절약형이다. 반면에 팩트 중심 취재는 사건보다 더 넓은 범위의 팩트를 포괄하려는 본질추구형이다. 고티에(Gauthier, 2005)가 지적한 것처럼 팩트는 뉴스로 편입되기 이전에 이미 사회적으로 구성된 실체socially constructed reality이므로 사건 이전의 팩트는 사건보다 더 많은 것을 담고 있다고 보아야 한다. 팩트를 제대로 이해해야 하는 이유가 여기에 있다. 팩트는 5W1H로 쉽게 설명할 수 있다. 그러나 이것만으로 사건의 독자적 의미를 구성하는 데는 한계가 있다. 지금까지 매달려온 5W1H에서 벗어나 팩트를 달리 볼 수 있어야 한다. 원형 팩트에서 사회적 팩트로, 다시 제도적 팩트로 진화하는 프로세스를 파악하는 데 초점을 맞추어야 한다(Searle, 1995). 또 팩트에서 데이터로, 정보로, 지식으로 진화하는 것도 파악할 수 있어야 한다(Johannessen et al., 2002). 진화는 바로 프로세스인 것이다. 그동안 저널리즘은 복잡한 팩트의 진화 프로세스를 이해하지도 제대로 처리하지도 못했다. 팩트를 재현하지도 못했고, 진화를 제대로 따라가지도 못했다. 이 장에서는 저널리즘이 팩트 프로세스를 제대로 다루기 위한 방법과 필요한 시야를 제시할 것이다. 그러나 이런 노력에도 불구하고 팩트는 진실을 드러내지는 못한다. 그것만으로 불완전하다. 탈진실은 이런 불완전함을 비집고 들어선다. 또 팩트는 본질적으로 진화한다는 점을 이해해야 한다. 이 역시 탈진실이 교묘하게 파고드는 지점이라고 할 수 있다.

3장은 저널리즘 진실에 대해, 정확히 말해 진실의 대체 개념인 진본성을 분석할 것이다. 저널리즘의 진실을 팩트만으로 성취할 수 없다면 이는 문제가 있는 목표라고 보아야 한다. 팩트는 그 자체로 진실이 아니고 그렇다고 사건도 아니다. 사건이 진실인 것도 아니다. 뉴스로서 자명한 것이 진실한 것은 아니라는 것이다. 저널리즘의 진실은 자명한 것에 더 나아가야 하는 문제다. 그렇다면 저널리즘의 진실은 어디서 찾아야 하는 것인가. 저널리즘에 있어 진실의 조건은 어떤 것들인가. 진실인지 아닌지 알 수는 있는가. 탈진실을 파헤치자면 팩트와 사건의 분석 이전에 먼저 저널리즘의 진실에 대한 이해를 거쳐야 한다. 진실의 문제에서 먼 항해를 시작해야 한다. 저널리즘의 진실은 철학적 진실과 다르다. 또 진실은 증거에 대해 확률적으로 비례하는 진술이 아니다. 증거가 달라지면 진실도 달라지는 과학적 진실과 다르다. 코바치와 로젠스틸(Kovach and Rosenstiel, 2001)은 저널리즘의 진실은 절대적 진리나 철학적 진리가 아니며 현실적으로 추구할 수 있고 추구해야 하는 것을 말한다고 했다. 실현가능한 실체적 진실이어야 한다는 것이다. 그렇다면 이는 구성적 진실, 즉 저널리스트가 만드는making 진실이라고 할 수 있다. 저널리즘의 진실이 언제나 중의적일 수밖에 없는 이유가 여기에 있다. 놀랍게도 지금까지 저널리즘은 중의성을 내세우면서 논란에서 벗어나고자 했다. 요컨대 우리는 저널리즘의 진실을 재해석해야 그다음으로 나아갈 수 있다. 이런 점에서 본 연구는 저널리즘 논의에서 생소한 진본성authenticity의 개념을 진실의 대체 개념으로 주장한다. 그리고 진본성을 통해 저널리즘 진실을 철학적 논쟁에서 빼내 보다 실천적인 것으로 재해석해야 한다고 본다. 저널리스트는 사회문제를 파고드는 탐구자다. 탐구자로서 저널리스트는 객관적이어야 하지만 객관성은 진실만큼 희미한 개념이다. 탐구자는 검증을 원한다. 그러나 이 또한 한계가 있다. 저널리스트는 진술을 강요할 수 있는 경찰이나 검찰의 조사권이 없다. 그렇다면 저널리즘의 진실을 파악하기 위해서는 다른 관점에서 접근할 필요가 있다. 바로 진실의 소스라고 불리는 진본성을 통한 접근이다. 에르미다(Hermida, 2015)는 저널리스트의 가치는 진본정보 발견자authenticator의 역할을 수행한다는 데 있다고 했다. 또 반 레이우엔(van Leeuwen, 2001)은 진본성은 진실의 잠재적 소스라고 지적했다. 진본성은 저널리스트가 진실을 탐구할 수 있는 실체적 대상인 것이다. 진본성을 찾아내는 것이 진실에 다가설 수 있는 길이라는 말이다. 진본성은 독창적인 것이기도, 원래의 것이기도 하지만 보다 훨씬 복잡한 의미를 갖고 있다. 진본성은 생산자와 소비자 사이의 합의가 가능한 영역이라는 점에서 진본성은 보다 현실적이고 실체적이라고 할 수 있다. 진본성은 타협이 가능하고 진화가 이루어지는 영역에 해당한다. 3장은 진본성을 통해 저널리즘의 진실을 새로 해석하고자 한다.

4장은 '시간과 장소의 소멸'을 분석할 것이다. 사건의 진본성을 실체로 드러내는 조건은 시간과 장소라고 본다. 즉 시간과 장소는 진본성의 핵심 요소라고 할 수 있다. 모든 커뮤니케이션이 그렇지만 특히 뉴스 사건은 시간과 장소의 함수다. 두 조건과 관련된 팩트의 변화는 뉴스의 속성을 변화시킨다. 뉴스의 본질에 대한 이해는 여기서 단초를 구할 수 있다. 뉴스 팩트는 뉴스를 만드는 숙련공의 직업적 관행과 뉴스 조직의 다양한 자원들을 기반으로 생산된 뉴스 안에서만 분명하게 드러나므로(Ericson et al., 1987) 이의 분석을 통해 사건과 팩트가 저널리즘과 어떤 관계를 갖는지를 이해할 수 있다. 그런데 사건을 가장 구체적으로 파악할 수 있는 근거인 시간과 장소가 뉴스에서 사라지고 있다. 특히 장소가 소멸되고 있다. 하비(Harvey 1989)는 '시간-공간의 압축' 이론을 통해 커뮤니케이션의 속도가 높아질 때 지리적 공간은 불가피하게 압축되거나 흐려진다고 분석했다. 뉴스의 장소는 공동체의 정체성을 드러내는 요소다. 어셔(Usher, 2019/2020)에 의하면 저널리스트는 '장소 만들기place making'를 통해 권력을 구축하는 '장소 메이커place-maker'다. 장소를 통해 드러나는 실체와 현상을 다양한 관점에서 판단하고 평가하는 장소 통제력이 저널리즘의 존재방식이라는 것이다. 장소의 소멸은 공동체의 소멸이고 이는 뉴스의 사회적 기능이 사라진다는 것과 같은 의미다. 자신이 사는 삶의 실체를 이해하던 수용자들이 방향을 잃고 혼돈에 빠질 수밖에 없다. 시간과 장소에 대한 인식을 재구성하는 것은 저널리스트가 해결해야 할 당면과제라고 할 수 있다. 진본성을 실체적으로 드러내는 시간과 장소의 붕괴는 진본성을 유동적이고 상대적인 것으로 만들어간다.

5장에서는 '사건의 본질'을 분석하고자 한다. 4장에서 분석한 것처럼 시간과 장소의 붕괴로 저널리즘의 진본성을 찾아내는 것이 점점 어려워지고 있다. 이제 사건은 시간과 장소만으로 설명하기가 곤란하다. 이런 점에서 사건의 본질에 대한 이해가 중요하다. 사건에 대한 지금까지의 논의들은 사건을 고립적, 정태적 존재로 다룬다. 사건이 변화를 거듭한다는 점을 제대로 분석하지 못했다. 5장은 사건이 무엇인가에 대한 근본적인 관점의 수정을 요구한다. 얼핏 보면 사건이란 저널리스트에게 그냥 주어진 것이라고 할 수 있다. 사건이 먼저 존재하고 뉴스가 뒤따른다는 것은 사건이 주어지는 것임을 의미한다. 사건은 결코 만들어진 결과가 아니다. 그렇기 때문에 정태적으로 고정된 것이 아니다. 사건은 끊임없이 움직인다. 사건의 본질은 프로세스다. 사건을 프로세스로 이해하는 것은 사건이 정태적으로 결정된 것으로 보는 태도, 즉 사건을 구성하는 변수들만 파악하거나 인과관계만 파악하면 사건을 이해할 수 있다는 전통적 사건 인식과 전혀 다르다. 프로세스 관점은 사건의 두 핵심 요소인 '무엇'과 '어떻게'를 동시에 포괄할 수 있는 설명력을 갖고 있다. 이는 변수 중심의 정태적 인식인 분산이론의 한계를 극복할 수 있는 시각을 제공해준다. 프로세스는 실체적으로 존재하는 것들과 이들의 되어감becoming이 독특한 관계를 형성하면서 이루어진다. 사건의 동사적 속성과 명사적 속성이 서로를 보완하면서 프로세스를 이어간다. 그렇게 프로세스를 포착할 수 있는 프레임을 구성함으로써 저널리즘은 세계 또는 사건을 제대로 다룰 수 있다. 또한 프로세스는 뉴스의 생산 과정을 설명할 수 있는 프레임의 역할을 한다. 프로세스는 자원과 행동의 상호의존성에 의해 성격이 결정된다. 뉴스 생산에서 사건은 자원으로 행동은 생산으로 각기 다른 속성의 기능을 가진다. 사건과 생산, 자원과 행동 사이에서 이루어지는 다양한 형태의 상호의존성을 파악하는 것이 사건 프로세스 규명의 관건이다. 이와 같은 관점을 통해 사건 묘사에 매달리는 팩트중심주의와 반대로 해석을 지향하는 구성주의의 이분법을 극복할 수 있다. 또 저널리즘 진본성의 변형 과정을 설명해줄 수 있다. 사건과 생산 사이의 관계는 긴장, 갈등, 타협 등 다양한 형태로 이루어진다. 사건과 생산이 어떤 관계를 맺든 사건 프로세스의 분석은 진본성의 발견에 초점을 맞춘다. 이런 점에서 사건의 프로세스적 이해는 저널리즘의 궁극적 목적에 다가설 수 있는 길이라고 할 수 있다. 프로세스가 무엇인지 이해함으로써 사건을 다루는 저널리즘의 새로운 방법론적 근거를 세울 수 있다고 본다. 분석을 통해 프로세스 관점에서 사건을 다룸으로써 진본성을 보다 효과적으로 포착할 수 있다는 점을 제시하고자 한다.

6장 '사건 프로세스'는 사건 프로세스의 특성을 파악하고 이것이 구체적으로 어떻게 작동하는지를 분석한다. 앞서 지적한 것처럼 뉴스 이전에 사건이 존재한다. 저널리즘은 눈에 띄는 사건을 관찰하고, 팩트를 비롯해 사건에 개입하거나 관계되는 모든 것을 이야기하는 활동이다(Freitas and Benetti, 2017). 사건을 언어로 전환하는 저널리스트의 서사적 개입 이전의 사건을 파악하는 것이 뉴스 생산의 시작이다. 저널리스트는 사건의 전형성을 파악하고 이런 성질들이 속한 범주를 확인한다. 사건의 전형성과 범주에 따라 뉴스 레퍼토리들이 만들어지기 때문에 저널리스트는 사건이 어느 레퍼토리에 속하는지를 구분해낸다. 사건들은 전형성과 범주의 전략적 구성망에 걸려들면서 뉴스 가치를 갖는 것이다. 그러나 이는 뉴스 사건을 정태적이고 결정론적인 것으로 본다는 한계를 안고 있다. 슈톰프카(Sztompka, 1991a)는 사회현상을 이해하기 위해서는 사회적 되어감social becoming의 속성을 가진 독특한 개인-구조장individual-structural field을 이해해야 한다고 강조했다. 사건은 사람과 사회구조가 상호작용하면서 사회적 의미를 만들어가는 역동적인 것이다. 사건 또는 사건을 낳는 세계의 본질은 안정적인 것이 아니라 시간적 연속성을 갖는 프로세스라는 입장을 보여준다. 지금까지 저널리즘은 사건을 전형성과 범주에 따라 추상화하여 뉴스를 만들어왔지만 역동적 변화가 일어나는 사건의 프로세스를 파악하기 위해서는 다른 접근법이 필요하다. 헌즈(Hernes, 2008)가 강조한 것처럼 추상화는 사건을 충분하게 또 제대로 설명해주지 못한다. 추상화는 특히 사건의 되어감을 표현하지 못한다. 이는 동사적 속성이 강력하게 작동하면서 이루어지기 때문이다. 그러나 명사적 속성 역시 되어감의 바탕에 있다. 이 역시 저널리스트가 찾아내야 할 중요한 탐색 대상이다. 사건 프로세스의 전략적 되어감은 이렇게 진행된다. 사건 프로세스에 대한 분석은 사건의 되어감을 파악하는 것이다. 프로세스가 사건의 발전을 보여주는 독특한 방식인 되어감 속에서 진본성을 찾아낼 수 있다. 되어감의 구체적 작동 메커니즘으로 명사적 프로세스와 동사적 프로세스 그리고 이들의 통합에 대해 분석해 진본성 파악을 위한 저널리즘의 사건 프로세스 목적과 방법을 구축할 수 있을 것이다.

　사건의 프로세스 속성을 파악했다면 이제 이를 뉴스로 만들어야한다. 실천의 장으로 이동해야 한다. 7장과 8장은 이에 대한 논의다. 7장 '결정적 사건'은 결정적 사건을 뉴스로 만드는 방법에 대한 분석이다. 저널리즘은 결정적 사건을 뉴스로 만든다. 또는 뉴스가 되는 대부분의 사건은 결정적 사건이다. 이로 인해 뉴스 만들기는 결정적 사건을 중심으로 한 전략적 행위라고 할 수 있다. 그런데 저널리스트들이 결정적 사건이 뭔지 또 결정적 사건을 뉴스로 만드는 방법은 어떤 것인지 정확하게 터득하는 것은 쉽지 않다. 결정적 사건이란, 사건을 경험하는 사람들에게 결정적 영향, 즉 심대한 영향을 미치는 사건을 말한다(Webster and Mertova, 2007). 경우에 따라서는 사건의 내용과도 관계없이 다만 영향력의 심각성만 문제가 되기도 한다. 때론 저널리스트에게 결정적인 사건일 수도 있고 공동체의 집단기억에 중요한 사건일 수도 있다. 사건이 되어가는 독특한 방식이 결정적 사건을 만들기도 한다(Tuchman, 1978). 결정적 사건은 사회뿐만 아니라 저널리즘 내부에서 일어나기도 하고 그 영향 역시 저널리즘 내부와 외부 모두에서 나타날 수 있다. 중요한 것은 영향을 파악하는 방법이다. 이 장은 사건 프로세스의 맥락을 따라가야 한다는 점에 주목한다. 추동세력, 전환점, 사건 네트워크, 구성요소 등이 조합되는 독특한 방식을 탐색해야 사건 프로세스의 맥락을 짚어낼 수 있다. 플래너건(Flanagan, 1954)이 주로 보건학에 적용해온 결정적 사건기법Critical Incident Technique을 이런 점에서 효과적인 분석모델로 이용할 수 있다.

8장 '전략적 무지'는 결정적 사건의 결함을 보완하기 위한 뉴스 만들기다. 세상의 일들이 모두 결정적 사건은 아니다. 일상생활에서 일어나는 다양한 문제들은 결정적 사건과 같은 영향력은 없지만 얼마든지 뉴스가 된다. 이 장에선, 일들 속에 내재된 뉴스 가치를 어떻게 파악할 것인가에 대한 해답으로 시퀀스 분석을 다룬다. 시퀀스 분석은 역피라미드의 전통적 뉴스 스토리 구성에서는 찾아볼 수 없는 접근이다. 1960년대 이후 등장한 소설쓰기식의 뉴저널리즘이나 내러티브 뉴스 등에서 시퀀스의 중요성이 제기되곤 했지만 본격적인 시퀀스 분석이라고 보기는 어렵다. 여기서는 무지의 시퀀스를 찾아낼 것을 주장한다.

결정적 사건은 특정한 요소를 수용하는 대신 다른 것들은 배제한다. 전형성이나 범주에 포함되지 못하면 배제한다. 배제된 뉴스는 무지 ignorance의 공간에 버려진다. 가장 엄밀한 지식체계를 주장하는 과학조차도 무지를 전략적으로 이용한다. 저널리즘은 말할 것도 없다. 무지는 지식이 아니지만 부정적 지식이나 무식과도 다르다. 앎의 한계를 전략적으로 설정함으로써 배제된 지식이다(Gross, 2007). 무지는 상대적이다. 어떤 사람들에게는 중요한 의미를 갖기도 한다. 의도적 무지는 편파적 왜곡의 결과일 수도 있다. 무지의 시퀀스를 발견해내는 것은 결정적 사건의 분석만큼 중요하다. 무지가 간단하지 않은 것처럼 시퀀스 역시 단순히 순서를 말하는 것이 아니다. 시퀀스는 시간의 흐름에 따라 사건 사이클의 특정 시점에 나타나는 요소들로 구성된다. 분석의 대상인 사건 프로세스가 존재하고, 이를 해석하고 의미를 구성하는 인식 주체가 존재하며, 인식 주체가 사건 프로세스를 분석할 도구 또는 방법이 존재해야 한다. 이들의 상호작용을 거쳐 사회현상이 드러난다(Halinen et al., 2013). 무지의 시퀀스를 분석할 수 있을 때 뉴스는 달라질 수밖에 없다.

9장 '결론: 시스템 C'는 지금까지 전개된 논의의 정당성을 뉴스 생산 방법에서 확보할 수 있다는 점을 분석하며 마무리하려고 한다. 진본성 발견은 뉴스 생산의 정당성을 확보해야 한다. 엑스트룀(Ekström, 2002)은 저널리즘의 정당성은 세계의 본질에 대한 앎의 타당성, 앎이 맞느냐 틀리느냐의 진실성, 나아가 앎의 진실 또는 허위 여부에 있지 않고 아는 방법의 정당성에 있다고 주장했다. 뉴스를 생산하는 방법의 정당성이 무엇보다 중요하다. 뉴스 생산의 정당성은 생산 시스템과 밀접한 관계가 있다. 특히 생산 시스템의 안정성이 중요하다. 불확실성의 세계, 즉 사건 프로세스의 불확실성을 분석하는 뉴스 생산은 전통적으로 저널리스트 중심의 생산 방법과 뉴스 조직 중심의 생산 방법이 긴장하기도 타협하기도 하며 진행된다. 이것이 시스템 A다. 그런데 현실의 불확실성을 가중시키는 사회 유동성의 증가는 두 생산 시스템의 관계를 흔들어놓았다. 시스템 B는 탈조직의 생산을 주장하면서 정반대 입장을 취한다. 저널리즘의 폐쇄성을 극복해야 문제가 해결된다고 본다. 그러나 시스템 B가 내세우는 가치들은 모두 문제가 있다. 책임성, 새로운 민주주의의 가능성 모두 보장할 수 없는 생산 시스템이다.

팩트와 사건의 프로세스를 파악하는 것, 결정적 사건과 무지의 시퀀스를 탐색하는 것 등은 뉴스룸 안에서만 유효한 폐쇄적 관행으로, 가능한 것이 아니다. 전통적인 저널리즘은 저널리스트 개인 중심과 조직 중심의 생산 방법을 갖고 있지만 탈진실을 둘러싼 복잡한 문제들은 이제 더 이상 저널리즘 내부에서 해결할 수 없다. 이런 주장은 이미 많은 연구에서도 제기되어왔다. 〈저널리즘을 넘어서Beyond Journalism〉(Deuze and Witschge, 2018), 《진실의 쇠퇴》(Kavanagh and Rich, 2018), 〈후기 산업 모델 저널리즘Post-industrial Model Journalism〉(Anderson et al., 2012), 〈유동저널리즘Liquid Journalism〉(Deuze, 2007a) 등의 연구들은 뉴스 생산의 개방성을 통해 저널리즘이 직면한 문제들을 해결할 수 있음을 주장하고 있다. 전통적 생산 시스템인 시스템 A와 사회 유동성의 증가에 대응하는 것을 목적으로 하는 시스템 B 모두 한계가 분명하다. 두 시스템의 관계를 안정시킬 수 있는 조정 기제를 구성하는 것이 중요하다. 이런 이유로 본 연구는 A, B의 생산 시스템의 문제들을 조율할 수 있는 시스템 C를 제안한다. 이는 시스템 B의 창의 프로세스와 시스템 A의 경영 프로세스를 연결시키는 데 초점을 맞춘다. 이를 통해 생산 시스템을 구성하는 다양한 요소 사이의 연결점을 구성하고 단절의 위험을 방지하며 충돌을 예방하고자 한다. 중재와 수평적 네트워크의 구축이 필요하다는 점을 분석할 것이다.

2장

팩트의 곤란함

팩트와 진실

탈진실이 팩트 혼란에서 비롯되는 것은 분명하다. 이 때문에 탈진실 바로잡기는 팩트에 대한 이해에서 시작해야 한다. 그런데 사람들이 접하는 사회적 현상은 팩트가 아니라 사건이다. 화이트헤드(Whitehead, 1929)가 지적한 것처럼 사회적 현상들의 실체는 직접 관찰할 수 없다. 사건을 통해서만 이를 인식할 수 있다. 나아가 그는 사건 역시 우리가 직접 파악할 수 없다고 주장했다. 슈톰프카(Sztompka, 1991b)가 말한 대로 사건은 끊임없이 움직이기 때문이다. 그런데도 우리는 사건을 팩트로 이해하려고 한다. 사건을 구성하는 많은 팩트들은 복잡하게 얽혀 있다. 관계를 포착하는 것은 쉽지 않다. 대신 눈에 띄는 팩트로부터 인식하게 된다. 화이트(White, 1970)가 말한 것처럼 팩트는 사건보다 큰 것이기도 하지만 사건은 분명히 팩트들로 구성된다. 반허스트와 나이팅게일(Barnhurst and Nightingale, 2017)은 저널리스트의 취재가 노동labour에서 일work로 진행된다고 지적했는데 뉴스 역시 팩트라는 노동에서 사건이라는 일로 넘어간다고 할 수 있다. 사건을 이해하기 전에 먼저 팩트가 뭔지 이해하는 것이 순서다.

팩트는 사물, 사건, 세계에 대한 지식을 구성하는 기본적인 정보

요소다. 팩트는 개별 지식과 공동 지식의 두 가지 차원에서 작동한다 (Brown, 1953). 개별 지식 차원에서 팩트는 '의식의 사건events of consciousness'을 구성한다. 의식의 사건은 시각, 청각, 미각, 후각, 촉각 등 다양한 종류의 감각들을 사고, 기억들과 통합해서 감지하는 것을 말한다. 공동 지식 차원의 팩트는 커뮤니케이션과 관계있다. 사람들 사이의 커뮤니케이션이 이루어질 때 팩트는 상징의 형태로 커뮤니케이션을 작동시켜 준다. 뉴스가 다루는 팩트는 후자다. 공유할 수 있는 상징을 통해 팩트를 커뮤니케이션함으로써 지식을 구성한다. 사람들은 저널리스트가 제공하는 팩트가 주어진 실체given reality에 근거한다고 본다. 뉴스가 사건의 실체를 전달한다고 믿는 것은 팩트 때문이다.

팩트는 실제로 존재하거나 일어난 것 또는 실체적 존재를 가진 것을 말한다(Henshall and Ingram, 1991; Regmi and Bal, 2015). 그런데 팩트는 실체와 아무 상관이 없는 것이기도 하다. 옥스퍼드 사전에 의하면 팩트란 '알려졌거나 진실한 것으로 증명될 수 있는 것'을 말한다(Oxford Learner's Dictionaies, 2020). 팩트는 증명가능한 진실이라는 것이다. 이 정의는 사회과학적 논의로 충분히 대답하기 어려운 철학적 질문을 제기한다. '안다는 것'은 무엇을 의미하는가라는 질문이 그렇다. 더 큰 문제는 팩트와 진실을 연결시키고자 한다는 점이다. 우리는 진실한 것을 어떻게 증명할 수 있는가. 진실이 존재한다는 것, 그것만이 유일한 진실인지를 어떻게 확신할 수 있는가. 대안팩트라는 말처럼 서로 갈등적인 진실을 내세우는 팩트들은 없는가. 팩트에 대한 논의는 언제나 진실과 연결하고자 한다. 그러나 진실이 무엇인가에 대해 충분한 합의가 이루어진 적은 없다. 팩트를 진실과 혼동하면 안된다. '인종청소는 나쁘다'는 진실이지만 팩트는 아니다. 팩트는 진실해보이기도 하고 진실일 수도 있지만 반드시 진실과 일치하는 것은 아니다. 팩트는 반드시 실체로 존재하는 것은 아니다. 그런가 하면 웨들(Weddle, 1985)은 팩트는 누가 그것에 대해 생각하든지 상관없이 존재하는 일의 상태states of affairs라고 정의했다. 같은 맥락에서 미첼 등(Mitchell et al., 2018)은 팩트는 정확성이나 부정확성과 관계없다고 지적했다. 구체적이거나 추상적이거나 관계없다. 팩트의 속성이 이렇다면 이를 진실과 연결시키는 것은 무리가 따른다.

그럼에도 불구하고 팩트는 언제나 진실과 붙어 다닌다. 특히 팩트는 진실과 일치한다고 본다. 팩트를 제대로 이해하자면 진실과의 관계를 따지지 않으면 안된다. '진리대응론correspondence theory of truth'은 진실은 팩트와 일치해야 한다고 주장한다(Marian, 2020; Ward, 2020). 팩트와 진실의 일치는 두 가지 경로를 통해 가능하다. 먼저 '언어적 일치'다. 팩트 진술factual statement은 객관적 근거에 기반해 증명되거나 부정되지 못하는 것에 대한 진술을 말한다(Mitchell et al., 2018). 언어를 통한 팩트 진술이 진실이기 위해서는 진술을 진실로 만드는 세계 안의 사건의 상태와 진술이 일종의 구조적 동형성isomorphism을 가져야 한다(Russell, 1998 [1918]; Wittgenstein, 2001 [1921]). 언어적 진실은 문장 안에 제시된 객체 또는 목적어가 실체, 즉 팩트라고 판단될 때 성립된다. 그러자면 먼저 진실하다고 판단되는 요소가 주어-술어 구조subject-predicate structure로 이루어져야 한다. 술어가 객체와 일치하고 또 일치할 때만 진실하다. 예를 들어 '매트 위에 고양이가 있다'는 진술은 물리적 세계 안에 고양이와 매트가 존재하고, 고양이가 매트 위에 있음으로써 매트와 관계되고 또 그렇게 관계될 때만 진실이다. 진술의 주어, 목적어, 동사에 각각 일치하는 고양이, 매트, 고양이와 매트의 관계가 없으면 이 진술은 허위가 된다. 이것이 언어적 진실이다. 이를 '객체 기반 진리대응론'이라고 부르기도 한다(Marian, 2020).

올리버(Oliver, 1998)의 설명에 의하면 팩트는 좀 더 복잡한 방식으로 진실 일치를 끌어낸다. 첫째, 팩트는 문장의 지시대상referents으로서 기능한다. '고양이가 매트 위에 앉아 있다'라는 문장이 진실하기 위해서 이 문장은 '고양이가 매트 위에 앉아 있다'는 문장 안에서 지시된 팩트를 지칭해야 한다. 문장 안에 팩트요소가 존재해야 하는 것이다. 그래야 팩트는 문장의 진실성을 확인시켜주는 지시대상으로 기능할 수 있다. 이는 앞서 언급한 마리안(Marian, 2020)의 논의와 동일하다. 둘째, 진실된 문장의 진실구성자truth-makers로서의 팩트다. '고양이가 매트 위에 앉아 있다'는 실체로서의 팩트일 수도 있다. 실체적 팩트가 존재하므로 이 진술은 진실한 것이다. 팩트는 문장을 진실한 것으로 만드는 데 필수적이다. 사전에 팩트가 존재해야 이를 근거로 진실된 문장을 만들 수 있다는 것이다. 셋째, '부루투스가 그를 찔렀기 때문에 시저는 죽었다'라는 문장처럼 인과관계어causal relata로서의 팩트다. 팩트는 인과관계를 구성하고 충족시키는 기능을 한다. 즉 언어적 진실을 위한 팩트는 문장 안에서의 팩트, 실체로서의 팩트, 인과관계로서의 팩트 등으로 구분할 수 있다.

물론 팩트는 언어 구조 안에서만 존재하는 것은 아니다. 팩트는 당연히 실체로 존재한다. 실체와 일치하는 팩트의 존재를 확인하는 것이 중요하다. 진실 역시 실체를 가진 팩트에 근거해야 한다. 이런 진실을 '팩트 기반 진실'이라고 부른다(Künne, 2003). 이는 언어적 진실과 대비해 과학적 진실이라고 부를 수 있다. 무어(Moore, 1953)와 러셀(Russel, 1905)은 진실보유요소가 주어-술어의 언어적 구조를 갖고 있다고 전제하지 않는다고 주장했다. 진실은 진실보유요소의 언어적 구조가 보여주는 명확한 지시성이 없어도 성립이 가능하다고 본다. 올리버(Oliver, 1998)의 두 번째 주장인 진실구성자로서의 팩트는 실체적 팩트이지만 문장과 관련된 실체적 팩트다. 여기서 말하는 팩트는 언어 구조와 관계없다. 일치하는 팩트가 실체로서 존재할 때 믿음은 진실이며 일치하는 팩트가 없다면 그 믿음은 허위라는 것이다. 또한 실체와 일치하는 부분으로서의 팩트가 존재해야 한다. 진실은 실체로서의 팩트와 관련성을 갖고 구성되는 것, 다시 말해 실체적 팩트의 특정 비율만큼 특정된 관계를 가진 관계적 속성이라 볼 수 있다(Marian, 2020).

현실에서 팩트의 역할은 훨씬 크다. 실제 사회 현실의 진실은 언어적 진실이나 과학적 진실보다 훨씬 복잡하기 때문이다. 다양한 수준의 팩트들이 복잡하게 연결되어 사회 현실이 만들어진다. 여기서의 진실은 언어적 진실이나 과학적 진실보다 팩트 의존도가 더 크다. 혼데리치(Honderich, 1995)의 논의를 보자. '파리는 프랑스의 수도다'라는 문장이 진실성을 가지려면 먼저 문장에 나타난 주어, 목적어, 술어의 팩트들 사이의 문장구조가 정확하게 일치해야 한다. 언어적 진실의 조건을 충족해야 한다. 더 중요한 것은 실체의 존재다. 파리, 프랑스, 수도라는 팩트들의 실체가 존재해야 한다. 또 파리라는 장소와 프랑스라는 장소가 실제로 존재해야 하고, 수도라는 개념이 존재해야 하며, 프랑스는 파리를 수도로 결정하는 정부를 구성할 수 있는 국가여야 하고, 실제 프랑스 정부는 파리를 수도로 결정하는 실체여야 한다. 이 모든 요소가 검증가능한 정확성을 가질 때 파리는 프랑스의 수도라는 진실이 성립된다. 이는 팩트 기반 진실, 즉 과학적 진실을 말한다. 사회 현실은 이처럼 팩트가 언어적 진실은 물론 과학적 진실 모두를 구성해낼 때 진실한 것이 된다.

사회 현실을 다루는 저널리즘의 팩트는 언어적 진실은 물론 과학적 진실을 충족시킬 수 있어야 한다. 저널리스트가 수집한 팩트들은 다른 팩트들과 복잡한 관계를 형성하며 뉴스로 구성된다. 이런 관계들 때문에 팩트가 의미를 얻는다. 관계 또는 관계하는 방식이 달라지면 의미는 달라진다. 팩트가 뉴스를 통해 사건으로 진화하는 것은 특정한 방식으로 팩트들 사이의 관계를 구성한다는 것을 의미한다. 팩트들 사이의 연결이 추상적이거나 복잡하거나 또는 부정적일 때 그 구성은 보다 복잡해진다(Honderich, 1995). 그 의미도 간단하게 적시하기 어려워진다. 아무튼 팩트는 그 자체로 뉴스가 되는 것이 아니라 팩트들 사이의 연결을 통해 뉴스로 되어가는 것이다. 헌즈(Hernes, 2008)의 지적처럼 과거의 데이터인 팩트는 사건이라는 틀을 통해 미래로 연결된다.

한편 저널리즘에서의 언어적 진실은 뉴스가 '스토리텔링'이라는 독특한 커뮤니케이션에 의해 작동한다는 점과 밀접한 관계가 있다(Erison, 1998). 뉴스 스토리텔링의 팩트는 설(Searle, 1995)이 말한 공공의 합의, 인간적 합의를 통해 진실을 확보할 수 있다. 스토리텔링에 대한 합의를 강조한다는 것은 뉴스의 진실이 팩트의 실체, 즉 팩트의 존재보다 이를 묘사하는 기술description의 가능성에 더 의존한다는 점을 시사한다. 뉴스의 스토리텔링이 뉴스의 언어적 진실에 미치는 영향이 그만큼 크다는 것이다. 물론 진실을 인식하기 위해서는 커크와 밀러(Kirk and Miller, 1986)가 지적한 것처럼 먼저 실체와 직접 관계있는 팩트가 존재해야 한다. 누가 보더라도 실체 또는 이를 구성하는 팩트가 동일한 형태로 존재해야 한다. 이를 팩트의 존재 조건이라고 부를 수 있다. 팩트는 어떤 외부 상황과 상관없이 독립적으로 존재하는 일의 상태states of affairs를 말한다(Textor, 2011; Weddle, 1985). 그러나 팩트의 존재 조건은 진실의 원재료를 충족시키는 데 그친다. 구바와 링컨(Guba and Lincoln, 1994)의 지적처럼 실체가 독립적으로 존재하더라도 이를 완벽하고 정확하게 기술해야 진실로 성립된다. 팩트와 일치하는 문장의 기술을 통해 진실일치성을 확보할 수 있다. 뉴스 스토리텔링과 같은 기술 조건을 충족하는 것이 언어적 진실을 구성하는 데 무엇보다 중요하다.

뉴스의 기술 조건인 스토리텔링은 특히 저널리스트가 전적으로 통제한다는 점에 주목해야 한다. 팩트는 저널리스트와 독립적으로 존재하거나 발생한 것이므로 저널리스트가 이에 개입하거나 통제하는 것은 거의 불가능하다. 팩트를 선택하는 정도에 그친다. 이에 비해 스토리텔링은 이미 발생한 팩트에 대한 저널리스트의 대응이다. 저널리스트는 팩트를 기술할 때 거의 완벽한 통제력을 갖는다. 팩트에 기반해야 한다는 것을 제외하면 기술의 관점, 스타일, 흐름 등 거의 모두를 통제할 수 있다. 분석이나 해석, 의견 등을 통해 저널리스트는 자신의 경험을 개입시켜 뉴스를 작성한다. 뉴스 스토리텔링의 본질은 이런 것이다. 언어적 진실을 겨냥한 뉴스 스토리텔링은 과학적 진실의 실체인 팩트에 대한 사람들의 합의를 얻기 위한 전략적 접근이라고 할 수 있다. 다시 말해 팩트는 진실을 구성하는 데 필수적인 요소이지만 팩트 자체가 진실을 담보해주는 것은 아니다. 팩트가 진실과 관계를 형성하는 과정에는 언어 구조, 기술 조건, 나아가 뉴스 스토리텔링과 같은 독특한 커뮤니케이션이 개입한다. 요컨대 팩트는 진실이 아니며 진실을 담보해주지도 않는다. 스토리텔링이라는 독특한 커뮤니케이션 전략을 가진 저널리즘의 경우는 더욱 그렇다.

팩트의 기능

멀리건과 코레이아(Mulligan and Correia, 2020)는 팩트가 세 가지 기능을 한다고 적시했다. 첫째, 팩트는 진실을 내재한 진실담지자 truth-bearer의 기능을 한다. 팩트를 제시함으로써 진실을 주장할 수 있다. 둘째, 일의 상태가 가진 내용을 드러내준다. 우리는 팩트를 통해 현재 일어나고 있는 사건의 실체를 알 수 있다. 셋째, 실체가 갖고 있는 독특한 측면들을 구체화해준다. 실체의 속성을 예시로 보여주거나 속성들 사이의 관계를 구성해준다. 뉴스가 다루는 팩트도 이런 기능들을 갖고 있어야 한다. 뉴스는 사회적 팩트를 다룬다. 그리고 뉴스의 팩트는 개인이 아니라 집단, 사회에 의해 생성된다(Hadden, 1997). 팩트가 원형 현실brute reality에 근거를 두고 있다는 점에서 독립적 실체임은 틀림없다(Gauthier, 2005). 사회적 팩트를 처음으로 분석한 뒤르켐(Durkheim, 1895/1982)이 팩트는 행위자를 강제한다고 지적한 것은 타당한 이해다. 팩트가 행위자에 대해 독립적으로 존재하므로 행위자는 이를 받아들일 수밖에 없다는 것이다. 그러나 원형 현실은 사회구성원들의 상호작용에 의해 형성되는 것이다. 따라서 팩트도 사회적 상호작용으로 만들어지는 사회적 실체라 할 수 있다. 뉴스로 편입되기 이전에 이미 사회적으로 구성된 실체인 것이다. 그러므로 저널리스트가 처리하는 팩트는 구성된 현실에서 생성된 팩트다.

보다 주목해야 할 것은 저널리즘이 팩트를 다루는 독특한 방법이다. 저널리즘은 그 방법 덕분에 전문 영역으로 자리를 잡을 수 있었다. 저널리스트는 객관적 규범에 따라 팩트를 다룬다. 팩트는 입증 가능성, 경험적 구체성, 진실성을 확보해야 비로소 이해가 가능하다(김봉순, 2020). 저널리즘은 팩트를 확보할 수 있는 표준, 규범, 방법, 소스 네트워크 개발의 전문성 덕분에 뉴스 지식 주장news knowledge claims 을 할 수 있다(Carlson, 2009). 팩트가 외부지표에 의해 드러난다는 뒤르켐(Durkheim, 1895/1982)의 지적도 팩트를 다루는 방법을 보여준다. 저널리스트는 지표 관련성을 기준으로 팩트를 검증한다. 증거, 수치, 통계, 데이터, 문서 등이 팩트의 지표 관련 근거들이다. 팩트와 관련된 지표들은 팩트 검증의 기준으로 적용되기도 한다. 터크먼(Tuchman, 1972)이 뉴스 생산을 팩트의 검증 절차라고 이해한 것처럼 뉴스가 제공하는 팩트는 팩트 자체가 아니라 지표를 바탕으로 검증된 팩트다. 팩트가 드러내는 것은 실체가 아니라 지표와 관련된 속성들인 것이다. 지도가 영토가 아니라는 코지프스키(Korzybsky, 1931)의 은유처럼 팩트에 대한 저널리스트의 설명은 실체가 아니다. 저널리스트의 전문성은 이런 것이라고 할 수 있다. 팩트를 다루는 전문성을 근거로 저널리스트는 뉴스를 지식이라고 주장할 수 있다(Carlson, 2009). 팩트를 기반으로 생산한 뉴스 지식의 가치 때문에 저널리즘은 독특한 뉴스 인식론의 정당성을 주장할 수 있다. 사람들은 저널리스트에 의해 전문적으로 처리된 팩트를 통해 정보에 대한 비판능력을 키울 수 있다. 즉 저널리스트는 구성된 사회 현실에서 생성된 팩트를 자신의 규범과 방법에 맞추어 구성한다. 그래서 고티에(Gauthier, 2005)는 뉴스를 '중층적 구성물layering of constructs'이라고 불렀다.

검증된 팩트를 기반으로 하는 뉴스는, 개인은 물론 사회가 민주적 통치를 위해 필요로 하는 의사 결정의 근거가 된다. '검증을 거친 팩트'란 다시 말해 합의된 팩트를 의미한다(Kavanagh and Rich, 2018). 뉴스는 검증되고 합의된 팩트를 제공해주기 때문에 사람들이 이를 의사 결정에 적용할 수 있는 것이다. 브루어스마(Broersma, 2010)에 의하면 사람들은 자신과 관련된 상황과 사건의 의미를 형성해주고 행동의 의사 결정에 적용할 수 있는 믿을 만한 팩트를 제공하는 숙련 기술을 저널리스트가 갖고 있다고 믿는다. 달리 말하면 뉴스는 검증되고 합의된 팩트를 통해 사람들에게 영향력을 미치는데, 이는 팩트의 권력적 속성을 보여준다. 역사적으로 충분히 설명가능한 주장이다. 우튼(Wootton, 2017)이 제시한 17세기 인쇄술의 발달에 따른 정보의 변화를 살펴보자. 인쇄술이 발달하면서 이용가능한 정보량이 대폭 늘어났다. 이에 따라 정보가 정확한가를 판단하는 방법에 규칙이 만들어지기 시작했다. 목격자나 소스를 인용하거나 실험을 반복하고 또 정보들을 비교할 수 있었다. 규범과 방법들을 통해 팩트에 대한 신뢰는 커졌다. 그러면서 팩트는 기존의 권위적 권력을 대체할 수 있는 하나의 권력으로 성장하게 되었다는 것이다. 뒤르켐(Durkheim, 1895/1982)이 말한 팩트의 지표 관련성은 팩트에 권력을 부여하는 중요한 방법을 의미하는 것이다.

저널리즘이 팩트를 다루는 또 하나 독특한 점은 소스를 이용한다는 점이다. 라우(Lau, 2004)에 의하면 저널리스트가 팩트를 발견했다고 할 때 정작 그가 발견한 것은 팩트가 아니라 팩트주장fact-claim이다. 그는 저널리스트는 팩트주장을 실체로부터 분리함으로써 객관성을 과시한다고 지적했다. 소스는 저널리스트의 팩트주장을 충족하기 위한 조건으로 제시된다. 뉴스가 사람들로부터 정당성을 인정받는 것은 팩트주장의 소스가 명시되고 팩트가 실체적으로 입증될 수 있다는 가정을 받아들이기 때문이다(Wien, 2005). 뉴스는 또 팩트주장에 대해 반대 입장을 가진 소스의 팩트주장도 수용하는 전략적 의례를 통해 균형을 잡기도 한다(Tuchman, 1972).

팩트의 지표 관련성이나 소스 인용을 통한 팩트주장은, 뉴스가 제시하는 팩트주장의 주체인 소스와 검증 주체인 저널리스트의 개입에 의해 드러나는 것임을 보여준다. 팩트는 실체적이며 독립적이지만, 뉴스의 팩트는 저널리스트와 소스로부터 독립된 객체가 아니다. 영토는 팩트지만 지도는 사실성facticity에 해당한다. 이는 뉴스의 팩트는 팩트가 아닌 사실성이라는 것을 의미한다. 우튼(Wootton, 2017)은 사실성은 관찰가능한 팩트에 기반을 두지만 팩트 그 자체가 아닌 팩트에 내재된 성질을 말한다고 이해했다. 때문에 팩트는 필연적인 것이 아닌 조건적인 것으로서 그럴 수도 그렇지 않을 수도 있는 사실성이라고 주장했다. 사실성은 팩트의 노출, 특히 노출 빈도 수준과 관계있다. 헤이든(Hadden, 1997)은 팩트는 일정 수준보다 높은 빈도로 드러나는 통상성을 가질 때 유용성과 우월성을 갖는다고 지적했다. 일정 수준 이상의 노출 빈도가 사실성의 조건이라는 것이다.

그런가 하면 마라스(Maras, 2013)는 사실성은 경험, 정보, 진술 등이 팩트가 되는 일련의 조건 또는 '팩트로 되어가는 것에 대한 검증을 묘사하는 것이라고 지적했다. 사실성이 팩트로 되어감이라는 점과 관련해 라파울과 멜슨(Raffoul and Melson, 2008)은 사실성은 이유reason의 팩트라고 주장했다. 실체적 팩트가 아닌 특정한 이유를 동반한 팩트라는 것이다. 사실성에 대한 논의들은 뉴스의 팩트가 가진 명확한 한계를 보여준다. 법학이나 과학처럼 증거를 통해 팩트를 확증하는 검증이나 논리의 프로세스가 확립되어 있지 않다. 마라스(Maras, 2013)는 마감시간, 팩트와 의견의 분리를 주장하는 객관주의 등 뉴스 생산 관행의 다양한 제약 때문에 검증 프로세스가 제대로 구축되지 못했다고 보았다. 뉴스의 팩트는 사실성이지만 이마저도 검증이나 논리적 프로세스가 미약한 사실성인 것이다. 터크먼(Tuchman, 1978)이 제시한 사실성의 망web of facticity은 뉴스가 팩트를 구성하기 위해 얼마나 전략적으로 접근하는지를 보여준다. 첫째, 소스의 발언이 팩트가 아닐지라도 '발언을 했다'는 팩트를 보도한다. 둘째, 팩트를 알 것처럼 보이는 인물 혹은 기관을 중심으로 보도한다. 셋째, 소스를 직접 인용한다. 이러한 방식을 통해 저널리스트는 소스의 발언을 교묘하게 팩트로 만드는 것이다. 뉴스의 팩트는 자족적인 것이 아니며 사실성의 망에 걸려든 팩트일 뿐이다. 이 망은 팩트를, 알려진 것what is known과 알려지는 방법how it is known 사이의 관계를 확정해주는 저널리스트의 뉴스 생산 전문성에 의해 만들어진다(Maras, 2013). 뉴스의 팩트는 구성되는 것이며 구성된 결과는 팩트가 아닌 사실성인 것이다.

　　사실성의 논의는 팩트를 진실과 연결시키는 것은 분명한 무리가 따른다는 것을 보여준다. 팩트가 가진 복잡한 속성들은 진실과 전혀 관련이 없다. 이는 팩트의 구성 메커니즘을 통해 쉽게 확인할 수 있다. 키아(Chia, 2000)는 의미가 명확하게 성립되기 전의 사건은 의미의 이미지들이 떠다니는 혼돈에서 벗어나지 못한다고 말했다. 저널리스트가 처음 사건을 접할 때 상황이 이런 것이다. 혼돈을 헤쳐 나가기 위해 저널리스트는 먼저 5W1H의 질문을 던진다. 사람들은 통상 5W1H를 팩트로 이해하며 팩트는 이들로 구성된다고 본다. 이처럼 팩트는 누구나 확인하고 이해할 수 있는 정보로 만들어진다(Mason, 2012). 저널리스트는 이들을 수집해 사건의 의미를 추적하고 뉴스 스토리를 만든다(Urquhart and McIver, 2005). 즉 팩트는 사건을 이해하는 최소한의 근거이며 사건의 의미를 추적해 들어갈 수 있는 출발점이다.

5W1H를 좀 더 분석해보자. 이는 두 종류로 구분할 수 있다. 메이슨(Mason, 2012)에 의하면 '누가', '무엇을', '언제', '어디서'에 대한 답들은 이야기의 원소요소primitive element다. 원소요소는 데이터베이스 정보의 전자적 정보복구, 즉 검색의 기준으로 적용된다(Mason, 2012). 증명, 검증 등 과학적 합의가 가능한 팩트이기 때문이다(Evered, 2005; Kunze, 2001). 이는 다시 둘로 나뉜다. 에버레드(Evered, 2005)와 메이슨(Mason, 2008)은 '언제'와 '어디서'는 기원 또는 출처provenance이며 '누가'와 '무엇'은 주제aboutness에 대한 속성들을 정의해준다고 지적했다. 원소요소는 사건을 구성하는 실체적 정보를 제공함으로써 팩트가 기본 조건을 갖출 수 있게 해준다(Mason, 2008).

그런데 원소요소는 검색어에 대응해서 측정되는 정보처리information processing의 결과일 뿐이다(Mason, 2008). 검증, 재현이 가능하지만 이것만으로는 불완전한 팩트다. 의미를 갖지 못하기 때문이다. 원소요소는 '어떻게', '왜'에 대한 답을 추가할 때 의미를 가지게 된다(Mason, 2008, 2012). 뉴스의 이야기와 의미는 '어떻게', '왜'의 질문들이 원소요소들에 맥락을 부여함으로써 가능해진다. 그래서 맥락요소라고 부를 수 있다. 맥락이란 사건, 진술, 아이디어 등이 충분히 이해되고 평가될 수 있도록 해주는 상황 또는 환경을 말한다(Literary Devices, 2021). 또 상호 관련된 사건의 조건들을 의미하기도 한다(Mer-

<표1> 질문의 성격

질문 속성	질문 영역	질문	질문	질문 영역	질문 속성
정보에 대한 핵심 질문	전자적 정보복구를 위한 원소 질문	누가	누가	저널리스트의 질문	설명을 위한 핵심 질문
		무엇을	무엇을		
		언제	언제		
		어디서	어디서		
			어떻게		
			왜		

*Mason (2012) p. 178 참조

riam-Webster, 2021). 맥락을 통해 수용자들은 팩트를 이해할 수 있다. 그런데 맥락요소는 원소요소처럼 과학적 합의를 끌어낼 수 있는 검증이나 증명이 어렵다. 인간의 의도가 개입되기 때문이다. 메이슨(Mason, 2012)의 지적처럼 뉴스 생산은 원소요소와 맥락요소를 통합하면서 팩트의 의미를 형성하지만 동시에 저널리스트의 상상력과 자기 이해도 개입된다. 동일한 사건 현장을 취재한 저널리스트들의 뉴스 스토리가 각기 다른 것은 맥락요소의 차이와, 원소요소와 맥락요소의 결합방식에 차이가 있기 때문이다. 원소요소로서의 팩트는 검증이 가능하지만 의미를 갖지 못하고 맥락요소는 의미는 가졌지만 검증은 불가능하다.

5W1H는 팩트 구성의 최소요건에 지나지 않는다. 5W1H만으로는 팩트를 정확하게 정의하기 어렵다. 당연히 합의된 정의를 형성할 가능성은 낮다. 정보의 충분성, 정의의 정확성, 정의에 대한 합의구축 모두 불가능하다. 팩트는 진실을 제시하지 못함은 물론 사건을 충분하게 설명하지도 못한다.

팩트 처리

팩트는 저널리스트의 처리를 거쳐야 진실과 이어질 수 있다. 저널리스트는 어떻게 팩트를 처리하는가. 팩트의 지표 관련성처럼 저널리즘은 팩트 처리processing의 전문적 규범과 방법을 갖고 있다. 말하자면 저널리즘은 팩트 처리의 프로페셔널리즘이다. 팩트 처리 전문성의 제 1 목표는 사건을 있는 그대로 재현하는 것이다. 다시 말해 사건에 내재된 일의 상태로서의 팩트를 재현하는 것이다(Gauthier, 2005). 보그만(Borgman, 1999)의 지적처럼 재현은 시간적·공간적으로 멀리 있는 것들을 드러내는 것이다. 콜먼(Coleman, 2005) 역시 재현을 부재와 실재 사이의 중재 또는 매개를 의미한다고 지적했다. 재현의 대표적 사례가 사진이다. 사진은 그 자리에 없었던 사람에게 실체와 똑같은 이미지를 보여준다. 얼마나 동일하게 반영되었는지가 재현 성공의 기준이다. 사건 현장에 있지 않았던 수용자에게 마치 눈앞에서 사건을 보는 것처럼 전달하고자 하는 것이 뉴스다. 뉴스는 언어나 이미지를 매개로 사건을 상징적으로 구체화해 재현하고자 한다. 재현은 뉴스를 신뢰하게 하는 가장 중요한 기반이다.

그러나 보그만(Borgman, 1999)은 재현에 동원되는 팩트들은 실체를 밝혀주지만illuminate 동시에 실체를 변형시키고transform 박탈displace한다고 지적했다. 뉴스는 사건을 재현하고자 하지만 있는 그대로를 전달하지 못한다. 저널리즘이 팩트를 다루는 실상은 이렇다. 재미있게도 보그만(Borgman, 1999)은 재현의 실패를 다른 관점에서 이해했다. 변형과 박탈은 팩트 안에 내재된 사건을 물질적으로나 도덕적으로 더 풍부하게 해준다는 것이다. 사건을 재현하는 과정에 팩트의 속성이 달라진다는 것을 알 수 있다. 보그만(Borgman, 1999)은 이와 같은 변화를 팩트가 자연의 기호에서 관습적, 문화적, 사회적 기호로 전환되는 것이라고 설명했다. 이런 주장은 팩트 재현이 애초에 실체를 있는 그대로 완전한 형태로의 재현을 목적으로 하지 않는다는 것을 암시한다. 재현을 통해 드러내고자 하는 것은 자연 상태의 실체가 아니라 문화적, 사회적 실체다. 저널리즘이 재현한 팩트는 사회적 의미를 더한 문화적·사회적 팩트인 것이다.

어쨌든 저널리즘은 엄밀한 의미의 팩트 재현에 실패한다. 재현 실패는 저널리즘 영역에서만 일어나는 것은 아니다. 문학, 예술, 철학, 기호학 등 다양한 영역에서 나타나며 그 양상도 다양하다. 또 재현 실패에 대한 설명도 다양하다. 공통된 지적은 이것이 지시대상, 즉 실체 또는 사건의 상실과 관련 있다는 것이다. 뇌스(Nöth, 2003)는 재현 실패란 지시대상의 상실로 실체를 변형시키거나 없애버려 팩트를 인식할 수 없는 상태를 의미한다고 지적했다. 팩트 재현 실패로 뉴스는 재현대상인 사건으로부터 점점 멀어지고 결국 지시대상인 사건이 뉴스에서 사라지게 되는 것이다.

팩트 재현 실패는 재현 과정에서 불가피하게 개입하는 매개 때문에 일어난다. 언어나 이미지를 매개로 수용자가 부재했던 시간과 공간에서 일어난 사건을 상징적으로 구체화하는 것이 뉴스다. 재현을 제시 presentation와 비교하면 보다 선명해진다. 뇌스(Nöth, 2003)에 의하면 제시는 즉각적으로 의식에 제공되는 것, 즉 매개의 개입이 없는 상태에서 현상을 전달하는 것을 말한다. 그는 제시를 정교화하고 재생산하고 복제하기 위한 기호학적 처리가 이루어진 것이 재현이라고 지적했다. 기호학적 처리란 바로 언어나 이미지의 상징적 매개를 말한다. 제시된 것에 '한번 더once more' 처리를 한다는 것이다. 저널리스트의 팩트 처리는 바로 재현 과정에 개입하는 매개행위를 의미한다. 팩트 재현 실패는 팩트를 제대로 처리하지 못하기 때문에 일어난다. 처리방식이 문제인 것이다. 우선 의심해볼 수 있는 대상은 팩트 소스다. 저널리스트에게 팩트를 제공하는 취재원은 그 전에 먼저 자기 입장에서 팩트를 처리한다. 팩트에 대해 1차 정의를 하는 것이다. 취재원으로부터 팩트를 제공받아 이를 수용자에게 제공하는 저널리스트는 처리된 팩트에 다시 처리를 가하는 2차 정의를 한다. 저널리즘의 팩트 처리는 이처럼 이질적인 주체에 의해 이중의 처리를 거친다. 팩트 실패가 일어나기 쉬운 처리구조인 것이다.

팩트 처리를 보다 복잡하게 만드는 것은 저널리스트와 수용자의 묵시적 관계다. 콜먼(Coleman, 2005)은 재현을 저널리스트와 수용자의 묵시적 관계를 통해 설명했다. 그는 재현을 계약 재현과 영구 재현으로 구분했다. '계약 재현'은 재현 주체인 저널리스트와 수용자가 일종의 계약을 맺은 상황에서 이루어지는 재현이다. 저널리스트는 뉴스를 객관적으로 생산하고 수용자는 이를 신뢰한다는 상호관계가 마치 계약처럼 전제되어 있다는 것이다. 그 때문에 수용자는 뉴스가 지시하는 것, 다시 말해 뉴스가 재현해서 제시한 팩트를 실체로 받아들인다.

이에 반해 '영구 재현'은 수용자가 사안마다 저널리스트가 제공하는 재현에 대해 숙고하는 것을 말한다. 영구 재현의 수용자는 마치 배심원과 같이 사안마다 재현의 진정성을 따진다. 마노비치(Manovich, 2001)가 말한 모든 사람이 타인과 직접 협상해야 하는 상황에서의 재현이다. 수용자는 신뢰할 수 없는 저널리스트에 의해 재현되는 지시대상을 실체라고 믿지 않는다. 팩트 재현이 실패하는 것이다. 이 순간 팩트가 재현하는 지시대상은 사라지고 만다. 개별 수용자들이 지시대상을 직접 다루는 것은 각자가 팩트를 다르게 이해한다는 것을 의미한다. 이렇게 되면 사건은 파편화되고 공유할 수 있는 독립적이고 실체적인 지시대상은 사라진다.

팩트의 재현 실패를 초래하는 보다 심각한 문제는 저널리즘의 자기 지시적self-referential 태도다. 이는 저널리즘 내부에서 논의한 것을 뉴스로 생산하는 것을 말한다. 마르쿠스(Marcus, 1997)는 뉴스 보도가 사건과 팩트에 대한 리포트가 아니라 다른 뉴스 조직의 리포트에 대한 리포트가 되고 말았다고 비판했다. 사건에 대한 뉴스가 아니라 다른 뉴스 조직의 보도에 대한 뉴스라는 것이다. 그래서 마르쿠스(Marcus, 1997)는 팩트를 제대로 지시대상으로 삼고 있는지 의심할 수밖에 없다고 지적했다. 이와 같은 자기 지시적 태도는 팩트를 제대로 재현할 수 없음은 물론, 당연히 실체로서의 사건은 뉴스에서 사라지게 한다. 자기 지시적 팩트 재현은 관행처럼 행해지기도 했다. BBC는 한때 두 개 이상의 독립적 보도에 의한 검증을 요구하는 '투-에이전시 룰'을 적용한 바 있다(Schlesinger, 1987). 두 개 이상의 뉴스미디어가 독립적으로 다루지 않았다면 어떤 보도도 제대로, 또 적합하게 확인된 것으로 받아들여서는 안된다는 것을 말한다. 동일한 뉴스를 보도한 다른 뉴스

미디어를 검증의 근거로 삼는다는 것이다. 뉴스 조직들 사이의 상호 확인을 증명방식으로 이용하는 관행이다. 《뉴욕타임스The New York Times》나 《워싱턴포스트》 등 주요 미국 신문들이 뉴스 이슈를 공유하면서 뉴스 의제의 폭을 넓혀나가는 것도(Cotter, 2010) 이런 범주에 포함할 수 있다. 일종의 '확장된 미디어화extended mediatization' 현상이다(Thompson, 1995). 자기 지시적 팩트 재현은 저널리즘 공동체의 자기복제나 마찬가지다. 저널리즘의 폐쇄적 관행이 재현 실패를 낳는 것이다.

물론 저널리즘의 팩트 처리 방법 모두가 문제가 되는 것은 아니다. 검증을 보자. 검증은 팩트의 진위를 파악하기 위한 중요한 팩트 처리 방법이다. 팩트는 객관적 근거에 기반해 증명되거나 부정되지 못하는 것에 대한 진술이기 때문에(Mitchell et al., 2018) 논리적으로 증명될 수 있어야 한다. 팩트는 검증과 증거의 뒷받침을 통해 증명될 수 있다. 팩트에 대한 증명이나 검증은 팩트가 실제로 존재하고 일어난 어떤 것이며 그 실재와 사건의 발발 여부가 진실해야 하기 때문에 요구되는 것이다(Henshall and Ingram, 1991; Regmi and Bal, 2015).

정보를 외부에서 수집하는 것이 뉴스 지식 생산의 핵심이므로 검증은 소스에서 시작한다. 이때 진술자의 권위가 중요하다. 믿을 만한 권위자에 의한 진술일 경우 이를 검증된 팩트로 받아들일 수 있다. 정확하게 권위있는 소스를 발굴해내는 것은 검증의 한 방법이다. 그러나 그보다 본질적인 검증은 저널리스트에 의한 검증이다. 코바치와 로젠스틸(Kovach and Rosenstiel, 2001)이 강조했듯이 저널리즘은 검증의 체계다. 뉴스 생산의 핵심은 검증에 있다. 검증은 과학적으로 팩트를 설명하고 해석하는 것을 말한다(Gower, 1997). 가설에 대한 지지와 기각을 얻어낼 수 있어야 한다. 이를 위해 반복해서 수행할 수 있는 세심한 관찰과 실험을 실시하며 얻은 경험적 증거를 바탕으로 측정할 수 있어야 한다. 터너(Turner, 1985)가 '네가 측정하는 것이 네가 얻는 것', '측정되는 것이 얻어지는 것', '한때 얻어진 것은 반복해서 모방할 수 있다', '측정할 수 없다면 존재하지 않는 것' 등을 주장한 것처럼 사회현상은 데이터의 수집과 이에 대한 측정을 통해 검증된다. 세밀한 데이터의 수집을 통해 검증되는 추상적 법칙이 사회를 효과적으로 설명할 수 있다는 것이다. 엄격한 검증 절차를 요구하는 정밀 저널리즘(Meyer, 1991)은 가설과 방법론, 증거들을 공개해 외부의 검증을 받는 사회과학적 연구방법론을 이용한다(Friend, 1994; Jurgensen and Meyer, 1992; Reisner, 1995). BBC(BBC, 2019)는 가장 효과적인 검증과 증거로서 연구나 조사 등을 제시했다. 그래서 수학, 통계, 과학 법칙, 법률, 역사, 측정, 관찰 등에 의한 진술을 팩트로 받아들인다. 완전한 검증은 증명된 것proven이라고 할 수 있다(BBC, 2019). 그러나 뉴스는 증명된 팩트만 다루는 것이 아니다. 확률적 팩트probable fact, 확률적 거짓probable lie 까지도 팩트로 다룬다(Henshall and Ingram, 1991). 확률적 팩트는 증명할 수 없지만 합리적으로 진실하다고 믿을 만한 것처럼 보이는 팩트를 말한다. 진실을 말할 수 있는 위치에 있는 사람이나 거짓말을 할 이유가 없는 사람에 의한 진술과 같은 것이다. '기획재정부장관이 4조 원의 세금이 더 걷혔다고 말했다'면 이는 확률적 팩트에 해당한다. 확률적 거짓은 믿기 어렵지만 진실일 수 있는 진술을 말한다. '수상이 열여섯 살 연하의 모델과 비밀결혼을 했다'는 말은 가능성이 낮아 보이지만 팩트일 수 있다.

검증을 통해 팩트 정확성을 추구한다는 것은 팩트를 보다 완전한 형태로 재현하겠다는 의지를 의미한다. 저널리스트는 이를 통해 사회적 역할의 정당성을 얻는다(Shapiro et al., 2013). 엑스트룀 등(Ekström et al., 2020)이 지적한 것처럼 검증된 팩트를 기반으로 하는 뉴스정보는 개별 시민은 물론 민주주의 통치를 위해 가장 중요한 요소의 하나다. 사건에 대한 인식의 보편성을 확보하려면 팩트들 사이의 관련성을 구축해야 하는데 이는 검증을 통해 이루어질 수 있다(Buser and Rooze, 1970). 그러나 뉴스가 다루는 팩트가 증명된 팩트, 확률적 팩트, 확률적 거짓 등을 포함한다는 것은 그만큼 팩트를 검증을 통한 처리가 쉽지 않다는 점을 보여준다. 골드스타인(Goldstein, 2007)이 지적한 것처럼 형사나 판사와 달리 저널리스트는 소스에게 진실을 말하도록 강제할 권력이 없다.

저널리즘의 팩트 처리는 주로 관행에 의존한다. 검증 방법들도 그렇지만 팩트의 사건 관련성에 대한 판단은 더욱 그러하다. 사건과 팩트의 관련성을 판단하고 평가하는 기준이 과거 유사한 사건들에 대한 반복된 보도를 통해 축적된 경험들, 즉 관행이라는 것이다. 특정 사건을 뉴스의 사건으로 끌어들일 때 자신의 주관적 경험과 지식뿐만 아니라 저널리즘 공동체가 오랜 시간 축적해온 지식과 연결시키는 것처럼(Ericson et al., 1987), 저널리스트는 관행적 기준에 따라 팩트의 사건 적합성을 평가한다(Barnhurst, 2014). 관행적 보도 기준을 적용해 팩트를 사건과 연결시키고자 하는 것이다. 관행적 판단은 효과적일 수도 있다. 사건의 표면에 드러난 이유와 다른 의미들을 포착할 수 있다(Kallinikos, 2006). 그렇기 때문에 에릭슨 등(Ericson et al., 1987)은 팩트는 자명한 것이 아니며 뉴스로서 구성될 때 드러나는 것, 즉 뉴스로서 분명히 드러나는 것이라고 강조했다. 팩트가 관행에 따라 처리되어야 뉴스로 명확해진다는 것이다.

저널리스트의 팩트 처리는 의견 구성과 밀접한 연관성이 있는데 이때도 관행이 중요한 영향을 미친다. 무엇보다 팩트와 의견의 분리가 어렵다. 에릭슨(Erison, 1998)은 뉴스 스토리텔링은 정보의 시각화인데 이 때문에 팩트와 의견의 혼재는 피하기 어렵다고 강조했다. 그는 팩트는 저널리스트의 설명, 분석, 의견을 결합해 만들어지는 스토리텔링을 통해 수용자들의 마음속에 시각화된다고 지적했다. 저널리스트는 시각화를 위해 중요한 특징을 갖고 있는 일탈을 뉴스 가치의 기준으로 적용하는데 이는 저널리스트의 주관에 의해 선택되고 결정될 수밖에 없다. 이때 팩트는 저널리스트의 의견과 뒤섞이게 된다. 뉴스 문장이 가진 독특한 문학적 속성의 커뮤니케이션 관행 또한 팩트와 의견의 경계를 무너뜨리는 요인이다(Ericson, 1998). 또 레그미와 발(Regmi and Bal, 2015)의 주장처럼 의견은 팩트를 기반으로 할 때 가치가 드러난다. 이 때문에 저널리스트는 의견을 제시할 때 언제나 팩트를 동원하고자 한다. 좋은 의견 기사일수록 관점을 보강하기 위한 근거로서 팩트를 많이 동원한다(New York State Reading Association and New York Newspapers Foundation, 2019). 뉴스 스토리 구성을 위해 팩트와 의견의 경계를 무너뜨리는 것은 전략적인 선택이라고 할 수 있다.

요컨대 저널리즘의 팩트 처리는 팩트가 드러내고자 하는 사건을 그대로 재현하기 어렵다. 또 팩트 검증과 사건 관련도 판단은 관행에 의존한다. 의견이 팩트를 동원하는 것은 오히려 팩트를 왜곡할 위험도 있다. 이처럼 팩트를 진실로 연결시킬 수 있는 가능성은 희박하다.

팩트의 진화

팩트의 또 다른 특성은 진화한다는 것이다. 번지(Bunge, 1997)는 팩트를 구체적 사물의 상태나 변화라고 정의했다. 일의 상태라고 했던 웨들(Weddle, 1985)의 정의를 받아들이지만 팩트는 상태의 변화까지 포괄한다고 이해했다. 이는 팩트의 진화가능성을 인정하는 것이다. 팩트의 변화는 팩트의 성장에서 쉽게 파악할 수 있다. 칼리니코스(Kallinikos, 2006)는 정보 성장이론을 제시했다. 팩트, 데이터, 정보의 관계는 뒤에서 요하네슨 등(Johannessen et al., 2002)의 논의에서 다시 언급하겠지만, 이 이론은 팩트 성장을 이해할 수 있는 메커니즘을 잘 보여준다. 칼리니코스(Kallinikos, 2006)에 의하면 정보는 지시대상의 특정한 측면에 대한 묘사인데 이는 이미 존재하는 묘사와의 관계를 제시하는 방식으로 이루어진다. 기존의 묘사를 급진적으로 변화시키는 도전적 묘사는 새로운 그림을 창출하게 된다. 반대로 기존 묘사를 유지하고자 하는 묘사는 이와 부합하는 묘사를 제시하게 된다. 정보는 이와 같은 방식으로 자기 증식 프로세스를 거쳐 성장하고 변화하고 진화한다.

　이러한 현상은 디지털 환경에서는 쉽게 관찰할 수 있다. 칼리니코스(Kallinikos, 2006)는 거대한 데이터 세트 안에서 관련성에 따라 데이터들끼리 조합하면서 새로운 데이터가 생성되는 것처럼, 정보는 정보로부터 정보가 생성되는 자기 지시적 성장을 한다고 주장했다. 이는 정보를 저장하고 처리하고 업데이트하고 재결합시키는 등 다양한 방식으로 정보 가치를 유지하기 위함이다. 정보가 자기 주도적으로 확장한다는 것이다(Arthur, 1988). 자기 지시적 정보 성장과 치환가능한 정보 구성은 정보 수명이 짧아지고 정보 가치가 순간적으로 사라지는 디지털 환경에서 더 강화된다. 정보의 소멸성이 커지기 때문이다. 정보의 소멸성은 정보를 유용하게 만드는 동시에 무용하게 만든다. 정보가 단시간에 소멸하면서 그 효용성은 급격하게 떨어지지만 이 때문에 새로운 정보에 대한 필요성은 커진다. 변화를 통해 가치를 구성할 수 있는 새로운 정보의 수요가 늘어나는 것이다. 그래서 정보 소멸성은 부정적인 것이 아니라 역설적으로 유용하다. 폰 포에르스터(von Foerster, 1967)가 말한 것처럼 정보 성장은 시간에 따라 달라진다. 시간에 따라 증식되는 정보는 이전의 정보와 관련성을 갖고 있지만 그 속성은 지속적으로 변한다. 뉴스정보는 이런 속성을 그대로 갖고 있다.

팩트 역시 변한다. 이는 설(Searle, 1995)이 제시한 사회 현실social reality 이론에서 분명하게 확인할 수 있다. 설(Searle, 1995)은 인간적 합의human agreement 또는 공동의 합의common agreement를 얻어낸 팩트만이 객관적 팩트objective facts라고 주장했다.[2] 돈이나 재산, 정보, 결혼

---

2 인간적 합의 또는 공동의 합의만이 객관적 팩트라는 주장은 팩트의 복잡성을 낳는다. 마테우치(Matteucci, 2012)는 그렇다면 사회적 팩트는 사람들 사이의 관습에 불과하며 관습은 시간에 따라 변하기 때문에 팩트는 결국 유동적임을 지적했다. 또 공동의 합의이므로 팩트를 뒤집을 수 있는 절차에 종속되기도 하며 경로의존성을 띠

등은 특정인만의 일이 아니다. 선입견, 평가, 도덕적 태도에서 벗어나 공동체에 속한 인간들의 합의에 의해 성립된 것들이다. 이런 요소들이 팩트라는 것이다. 특히 공동체의 합의에 의존하는 팩트를 '제도적 팩트 institutional facts'라고 부른다. 반대로 인간의 개입으로부터 완전히 벗어나 독립적인 팩트를 '비제도적 팩트'라고 부른다. 비제도적 팩트는 제도적 팩트의 원재료다. 이런 점에서 그는 비제도적 팩트를 '원형팩트 brute fact'라고 지칭했다. 원형팩트는 어떤 해석도 거치지 않은 채 관찰자가 자신의 통찰을 통한 경험을 가리킨다. 설명되지 않는 팩트, 즉 설명이 없는 팩트를 의미한다(Vintiadis and Mekio, 2018). 관찰자가 직접 감각하는 구체적 실체를 보여주는 팩트를 말한다(Hernes, 2008). 한마디로 원형팩트는 실체적 팩트다. 화이트헤드(Whitehead, 1929)의 말처럼 원형팩트는 통찰적으로 경험되는 것, 직접적으로 감각되어지는 것, 실제로 감각되는 것을 말한다. 실재하는 개별적이며 특정한 것을 말한다. 이는 세계와 인간이 반드시 가져야 하는 직접연결을 가능하게 해준다. 그렇기 때문에 원형팩트가 보여주는 세계는 개별적이고 특정한 세계들이다. 제도적 팩트는 원형팩트에 사회적 기능이 부여되면서 형성된다. 즉 인간이 만든 제도를 통해 그 존재가 드러난다. 대부분의 팩트는 원형팩트에서 제도적 팩트로 이행한다. 슈톰프카(Sztompka, 1991b)가 말한 사회적 되어감 원형팩트에서 제도적 팩트로의 이동을 통해 이루어진다. 이는 뉴스가 사건에 내재된 팩트를 다루는 방식이다. 이미 발생한 사건의 팩트는 뉴스가 되면서 사회적 의미를 갖는데, 변화는 바

기도 한다는 점도 지적했다. 이 때문에 사회적 팩트는 공동의 합의에 따라 복잡한 유착을 형성할 수도 있다고 보았다.

로 원형팩트가 제도적 팩트로 변하면서 이루어진다. 팩트는 잠재성을 갖고 있다. 팩트의 되어감을 통해 사회는 변하고 새로운 의미를 창출하는 프로세스를 만들어나간다. 화이트헤드(Whitehead, 1929)가 말한 창의적 진전이 바로 이와 같은 것이다.

팩트의 변화를 진화의 관점에서 살펴보자. 팩트의 위계는 원형팩트-사회적 팩트-제도적 팩트로 좀 더 자세하게 구분할 수 있다(Searle, 1995; Smith and Searle, 2001; Johannessen et al., 2002). 이 팩트들은 'X는 C의 맥락에서 Y의 의미를 갖는다(X counts as Y in circumtances C)'는 구성 규칙constitutive rules으로 설명할 수 있다(Smith and Searle, 2001). X는 물리적 존재이고 Y는 기능이며 C는 물리적 존재가 그 기능을 수행하도록 해주는 맥락, 환경, 조건이라고 할 수 있다. X를 원형팩트, Y를 사회적 팩트, C를 제도적 팩트라고 부른다. 1만 원짜리 지폐로 예를 들어보자. 종이는 X인 물리적 팩트 또는 물리적 객체다. 이것이 1만 원의 화폐가치를 갖는 것은 Y인 기능을 의미한다. 이 기능을 통해 1만 원권 지폐는 사회적 객체가 된다. 1만 원짜리 지폐를 이용할 수 있는 은행은 C인 환경 또는 조건이 된다. 우리가 경험하는 모든 팩트들은 이 세 영역 중 하나에 속한다.

저널리즘은 원형팩트를 수집해서 사회적 팩트로 만들어 뉴스를 생산한다(Smith and Searle, 2001; Johannessen et al., 2002). 고티에 (Gauthier, 2005)는 뉴스는 원형 현실brute reality 또는 이미 존재하는 사전 현실preliminary reality로부터 도출되는 것이라고 설명했는데 이는 설(Searle, 1995)이 말한 원형팩트를 창출하는 현실을 말한다. 사건의 재현을 위해 투입되는 것이 원형팩트이고 사건을 재현하기 위해 노력한 결과가 '사회적 팩트'[3]다. 사회적 팩트는 사회가 이를 오랫동안 수용하면서 제도적 팩트로 진화한다. 루벤(Ruben, 1997)은 이런 수용 과정에 개인적 또는 집단적 의도, 지위기능, 구성 규칙 등이 작용한다고 주장했다. 그렇다면 저널리즘이 생산하는 사회적 팩트는 공동의 합의에 개입하는 집단적 의도, 팩트가 수행하는 사회적 위상과 관련된 기능 즉 사회적 역할 그리고 팩트가 구체적으로 형성되는 조건 또는 맥락을 갖고 있어야 한다. 이와 같은 기준대로라면 소셜 미디어가 공급하는 정보는 사회적 팩트와는 거리가 멀다. 다만 저널리즘이 다루기 이전에는 드러나지 않았던 정보, 팩트, 스토리를 제공한다는 점에서 원형팩트 공급 역할을 수행한다고 볼 수 있다.

한편 고티에(Gauthier, 2005)는 뉴스를 중층적 구성물이라고 보았다. 저널리스트의 개입 이전에 이미 존재하는 원형 현실은 인간의 집합적 행동들에서 생성된다. 그래서 원형 현실은 사회적으로 구성된 현실이다. 저널리스트는 이렇게 구성된 현실을 이용해 뉴스를 구성하기 때문에 생산된 뉴스는 중층적 구성물이라는 것이다. 그렇다면 중층적 구

---

3 여기서 말하는 '사회적 팩트'는 사회학에서 논의하는 사회적 팩트의 개념과 구분된다. 뒤르켐(Durkheim, [1895] 2004)에 의하면 '사회적 팩트'는 '고정된 것이든 아니든 개인에 대한 외부의 제한을 실행하게 해주는 행동을 위한 모든 방법'을 말한다. 이때 사회적 팩트는 그런 방법들에 영향을 미치는 아이디어, 힘, 사물 등을 의미한다. 사회적 팩트는 사람들의 행위를 제약하도록 해주며, 일상생활에 영향을 미치는 법적이고 도덕적인 규칙뿐 아니라 타인과의 관계나 행태 패턴까지 모두 포함한다(Hughes and Kroehler, 2008). 따라서 사회적 팩트는 사람들이 이를 준봉해야 한다는 인식을 갖도록 만든다. 사회적 팩트는 사람들의 행동 속 특정한 패턴과 규칙에 사람들을 속박시킴으로써 행위를 제약하는 외부적 영향요소라는 것이다. 사회적 팩트는 무작위적 행위를 통제할 수 있는 사회적 한계를 제시하는 기능을 한다고 볼 수 있다.

성물이 과연 원형 현실을 제대로 재현할 수 있는가 하는 합리적 의심을 할 수 있다. 고티에(Gauthier, 2005)는 다시 설(Searle, 1995)의 원형 팩트, 사회적 팩트, 제도적 팩트의 위계 구조를 빌려 이를 설명했다. 뉴스가 토대를 두는 것은 원형팩트에 근거한 원형 현실이지만 생산 결과물인 사회적 팩트는 구성된 사회 현실이다. 저널리즘의 개입 이전에 별개로 존재했던 원형 현실은 뉴스 생산 과정을 통해 사회 현실로 변하는 것이다. 원형팩트가 사회적 팩트를 거쳐 제도적 팩트로 진화한다는 것은, 팩트가 뉴스의 영역으로 들어서면 팩트의 성격은 변할 수밖에 없음을 보여준다. 보그만(Borgman, 1999)이 말한 자연의 기호에서 관습적, 문화적, 사회적 기호로의 팩트의 전환은 바로 이런 변화를 의미한다.

그런데 팩트의 진화에는 다양한 의도가 개입한다. 윌슨(Wilson, 2007)은 진화 과정에 개인 의도뿐만 아니라 집단 의도가 개입한다고 지적했다. 특히 제도적 팩트는 팩트에 지위기능을 부여하는 집단 의도와 밀접한 관계가 있다고 보았다. 루벤(Ruben, 1997) 또한 팩트는 집단 의도, 지위기능, 구성 규칙 등에 의해 변한다고 지적했다. 구성원 공동의 합의를 구성할 때 집단적 의도가 개입한다. 팩트가 수행하는 사회적 기능 또는 역할에 의해 팩트는 사회적 위상을 갖게 된다. 그리고 이런 요소들이 작동할 수 있는 사회적 조건이나 맥락이 존재한다. 이는 어느 상황에서나 생길 수 있는 일들이다. 뉴스도 마찬가지라고 할 수 있다. 팩트의 위계 구조를 따라 다양한 사회적 의도와 기능 그리고 조건이나 맥락에 맞춰 팩트는 원형팩트, 사회적 팩트, 제도적 팩트의 위계를 따라 진화한다.

팩트는 다른 형식으로 진화하기도 한다. 요하네슨 등(Johannessen et al., 2002)은 팩트가 데이터, 정보, 지식으로 진화한다고 분석했다. 데이터는 세계에 관한 팩트들의 표현이다(Liew, 2013). 주어진 코드로 팩트를 체계화하고 구조화해서 생성된다. 이런 점에서 데이터는 코드화된 팩트라고 할 수 있다(Luhman, 1995). 코드 때문에 데이터는 검색이 가능하다. 루만(Luhman, 1995)은 데이터가 코드화되지 못하면 지식의 방해요소가 된다고 지적했다. 그러나 데이터 자체는 다른 데이터들과의 관계나 맥락을 형성하지 못한다. 데이터는 그 자체로 의미를 갖지 못하는 것이다. 팩트는 데이터 형식을 갖춤으로써 뉴스 생산에 진입할 수 있다.

정보는 데이터 코드를 이해할 수 있는 상태의 팩트를 말한다. 저널리스트는 데이터의 코드를 이해해야 이를 뉴스 생산에 투입할 수 있다. 정보는 팩트를 묘사할 수 있는 능력을 갖고 있다. 이는 정보가 관련된 의미, 함의, 의사 결정의 근거를 포함하는 메시지의 기능을 한다는 것을 의미한다(Liew, 2013). 데이터가 정보가 될 때 팩트는 관계와 맥락을 형성할 수 있다. 정보는 시간의 속성을 가지게 됨으로써 팩트의 의미를 형성할 수 있다. 또 다른 정보들과의 경계를 만들면서 이들과 구분되는 차별성을 만들어낼 수 있다(Johannessen et al., 2002).

팩트가 뉴스의 팩트가 되기 위해서는 정보에서 지식으로 진화해야 한다. 지식은 하나 이상의 목적을 위해 정보를 체계화하고 구조화해 만들어진 조직화된 정보다(Johannessen et al., 2002). 이는 사건의 정체성에 대한 인식know-what, 사건 구성과 관련된 행동know-how, 사건을 이해하는 방법know-way 등을 포함한다(Liew, 2013). 수용자가 소비하는 팩트는 뉴스 지식에 내재된 팩트다. 번스타인(Bernstein, 2009)은 지식이 저널리스트의 경험, 연구, 유사성, 연상, 인식 등에 의해 생성된다고 지적했다.

정리하면, 팩트는 결코 진실과 동의어가 아니다. 팩트는 진실의 필수 조건이지만 결코 진실과 일치하는 것이 아니다. 팩트와 진실은 직접적 관계를 갖고 있는 것이 아니다. 팩트가 진실을 부식시키기는 하지만 그렇다고 팩트의 문제가 해결된다고 해서 진실을 회복할 수 있다고 장담할 수는 없다. 저널리즘의 팩트 처리에 의해 진실로 구현될 가능성이 생길 뿐이다. 문제는 재현, 검증, 관행 등 저널리즘의 팩트 처리는 언제나 불완전하며 실패 확률이 높다는 점이다. 여기다 팩트는 진화한다. 저널리즘이 다루는 사회적 팩트는 뉴스 지식으로 진화하면서 다양하고 복잡한 사회요소들과 긴밀한 관련성을 구축한다. 이 과정에서 사회적 의미, 기능, 맥락, 조건 등과 결합된다. 이런 결합을 통해 팩트는 다양한 속성과 많은 관련 정보를 포괄하면서 뉴스 지식으로 진화한다. 그러나 저널리즘의 전문적 처리도 이를 완전한 진실로 연결하지 못한다. 이런 불완전함과 진화 때문에 탈진실이 비집고 들어설 틈새는 더 커진다. 요컨대 저널리즘 진실을 팩트의 문제로 다루는 것은 무리가 있다. 그렇다면 탈진실의 문제는 진실 자체에 대한 점검을 필요로 한다. 진실에 대한 치밀한 분석과 재정의를 위한 논의가 필요하다. 3장에서는 이를 분석할 것이다.

3장

진실의 대체

저널리즘의 진실

'탈진실'은 진실을 벗어난 것을 말한다. 이를 논의하자면 진실이 무엇인지 정확하게 인식하는 것에서 시작해야 한다. 그렇다면 진실, 특히 저널리즘의 진실은 무엇인가. 팩트가 진실이 아니라면 팩트의 거짓과 참을 판단하는 것으로 진실을 파악할 수 있다는 생각은 잘못된 것이다. 진실의 모습이 명확하게 드러날 때 탈진실의 진상을 적시할 수 있다. 그러나 이는 쉬운 작업이 아니다. 모든 것이 불확실성에 빠져드는 유동성 시대를 저널리즘이 피해갈 수는 없다. 저널리즘의 진실 역시 불확실성에 빠져들고 있다. 지금까지 저널리즘은 생산 시스템이 시장을 통제하는 산업혁명기의 논리인 산업 모델의 틀로 유지되어 왔다. 디지털 테크놀로지가 확산되면서 산업 모델은 유효성을 잃어버렸고 이제 후기산업 모델의 저널리즘이 새로운 논리로 자리 잡고 있다. 연구자들은 수많은 암울한 전망을 내놓고 있다(Anderson et al., 2012). IT 플랫폼의 다양한 기술 지원을 등에 업고 사람들은 저마다의 정보를 만들어낸다. 뿐만 아니라 그것들이 모두 의미가 있다고 주장한다. 실제로 주류 저널리즘도 그런 정보들을 무시하지 못하는 상황이다. 또 수용자들은 주류 저널리즘의 채널을 우회하고 있다. IT 플랫폼이 뉴스를 집적集積

하니 굳이 언론사 사이트를 찾아갈 필요가 없다. 우선은 언론사 플랫폼을 우회하는 정도겠지만 시간이 지나면 IT 플랫폼들이 뉴스 콘텐츠를 생산하거나 생산을 통제하게 될 것이다. 이렇게 되면 주류 저널리즘은 뉴스 소비 네트워크에서 소외되고 만다. 이용자 네트워크를 기반으로 신속하고 지속적이며 간단한 커뮤니케이션을 무기로 시장을 파고드는 소셜 미디어로 인해 주류 저널리즘은 더 이상 안락한 시장 지배자의 자리에 머물 수 없게 됐다. 이대로 간다면 그저 수많은 생산자 가운데 하나가 되고 말 것이다.

분산플랫폼distributed platform은 이런 현상을 더욱 극단적으로 몰아간다. 벤튼(Benton, 2015)의 말처럼 버즈피드BuzzFeed와 같은 분산플랫폼은 소셜네트워크의 흐름 안에서만 작동하는 자기 충족적·폐쇄적 메커니즘이다. 주류 저널리즘이 이 흐름에 끌려 들어가면 어떤 일이 벌어질까. 페이스북은 저널리즘에게 쉽게 거부할 수 없는 협상을 요구한다. 개별적이고 분리된 저널리즘 사이트가 아니라 자신의 플랫폼을 통해 뉴스를 내보내라고 한다. 그 편이 효율적이라는 것이다. 분산플랫폼은 이용자들이 뉴스에 보다 빠르게 접근하고 뉴스 콘텐츠를 쉽게 공유할 수 있게 해준다. 분산플랫폼을 이용하면 이용자 수를 효율적으로 늘릴 수 있는 것은 사실이다. 여기다 이용자 데이터를 뉴스 기업에게 주겠다고 하니 그걸 이용해 더 많은 광고를 확보할 수 있다. 대신 콘텐츠 파편화가 심해지면서 뉴스 기업은 개별 뉴스 아이템을 연결하는 일관된 편집 전략을 구사하기 어려워진다. 이는 궁극적으로 뉴스 생산의 하부구조를 와해시킬 것이 분명하다. 뉴스 콘텐츠와 광고 전략을 전략적으로 연결하는 것도 불가능해진다. 로퍼(Roper, 2015)의 지적처럼 뉴스 기업은 자신이 생산하는 뉴스 콘텐츠에 대한 통제권을 포기해야 한다. 이것이 그들이 치러야 할 대가다.

디지털로 인해 뉴스 생태계의 판도가 흔들리고 있지만 그마저도 뚜렷한 방향이 드러나지 않고 있다. 이러한 흐름은 그렇지 않아도 명확한 정의를 내리기 힘든 저널리즘의 진실을 더욱 혼란스럽게 만든다. 기존의 정의를 가능하게 했던 모든 근거들이 무너지고 있어 그 정의들이 더 이상 유효하지도 않다. 모든 상황이 저널리즘의 진실을 설명하기 어렵게 만든다. 그럼에도 불구하고 코바치와 로젠스틸(Kovach and Rosen-stiel, 2001)이 주장한 것처럼 저널리즘의 제1 의무는 진실의 추구다. 누구도 이런 주장이 틀렸다고 보지 않는다. 그런데 아이로니컬하게도 뉴스는 진실을 주장하지 않는다. 맥네어(McNair, 1998)가 내린 뉴스의 정의를 보자. "실제 사회의 알려지지 않은 새로운 현상에 대한 진실성이 담긴truthful 진술이거나 기록이라고 주장하는claims to be 문자, 음성, 영상의 형태로 수용자에게 제시된 저자에 의해 구성된authored 텍스트"를 뉴스라고 했다. 뉴스는 진실을 주장하지 않는다. 뉴스는 진실 그 자체가 아니다. '진실성이 담긴' 것, 즉 진실 근접성이며 그마저도 '주장할' 뿐이다. 저널리즘을 문제 삼을 때 뉴스가 진실한가를 따지지만 저널리즘은 애초 진실을 내놓는다고 말한 적 없다. 좀 더 살펴보자. 뉴스가 진술이거나 기록을 다룬다고 했다. 뉴스는 저널리즘 또는 저널리스트가 본래부터 갖고 있는 지식에서 생성되는 것이 아니다. 뉴스의 원재료는 내재적 자원이 아니라 외부에서 생산된 것들이며 뉴스는 이를 전달할 뿐이다. 또 뉴스 스토리는 '문자, 음성, 영상의 형태'로 제시된다고 했는데 이를 처리하는 독자적 방법이 무엇인지에 대한 언급이 없다. 과학적 생산 방법은커녕 뉴스 생산 방법에 대한 관심이 없는 것처럼 보인다.

근대 저널리즘이 자기 존재의 정당성 근거로 내세웠던 권력 감시라는 독트린doctrine도 허술하다. 뉴스는 저널리스트가 '주장하는' 것이고 '저자에 의해' 구성되는 것이므로 이는 자기 독트린에 불과하다. 할린(Hallin, 1992)이나 젤리저(Zelizer, 2004)는 감시견 또는 권력 감시라는 독트린은 누가 부여한 것이 아니라 저널리즘 스스로 주창한 것이라고 지적했다. 권력 감시의 정당성은 사회가 아니라 저널리즘이 스스로 부여한 것이다. 또 '실제 사회의 알려지지 않은 새로운 현상'을 다루어야 하는데 저널리즘 상업주의는 사회 유동성과의 접점이나 연결고리를 만드는 데 실패했으니 이 역시 온전하게 짚어낸다고 보기 어렵다. 그렇다면 맥네어(McNair, 1998)의 정의는 뉴스가 대단히 전략적이라는 것으로 이해할 수 있다. 저널리즘이 민주주의의 척도로 여론 형성과 토론의 장으로 자리 잡았던 것은 전략이 잘 작동했기 때문이다. 앞에서 지적한 요소들은 저널리즘 진실을 문제삼을 때 공격할 수 있는 핵심들인데 뉴스는 빠져나갈 여지들을 다 마련해 놓고 있는 것이다. 그러나 다른 관점에서 보면 저널리즘은 복잡한 전략들을 통해 진실을 진실 근접성이라는 보다 손에 잡히는 개념으로 진화시킨다고 할 수 있다. 아무튼 저널리즘의 진실은 그 정체를 쉽게 파악하기 어렵기 때문에 현실적으로 성취하기도 어렵다.

어쩌면 저널리즘의 진실은 저널리즘이 만들어낸 신화일지도 모른다. 저널리즘은 자신만의 독특한 방식으로 팩트를 찾아내고 분석해 독특한 커뮤니케이션방식으로 뉴스를 만들어낸다(Hermida, 2015). 그 결과가 저널리즘만의 독특한 진실이다. 브로어스마(Broersma, 2010)에 의하면 가십, 팸플릿, 뉴스레터를 비롯한 근대 뉴스물들과 달리 신문은 의견이나 허구가 아니라 팩트라는 누구나 믿을 수 있는 정보를 공급하면서 차별성을 가졌다. 의견views이 아닌 뉴스news를 보도했던 것이다. 그는 신문은 팩트에 근거를 둔 뉴스 보도라는 독자적인 커뮤니케이션방식을 통해 진실을 제공한다고 주장하면서 명성을 얻었다고 분석했다. 그 방식에 사람들은 신뢰를 보냈다. 저널리스트가 이를 수행할수 있는 전문성을 가졌다고 보았던 것이다. 저널리스트는 의사 결정의근거가 되는 팩트를 제공하는 숙련 기술을 가진 자라고 여겼다. 사건의 의미를 정확하게 제시해주기 때문에 뉴스를 바탕으로 자신들이 어떻게 행동할 것인지 의사 결정을 내릴 수 있다고 생각했다. 저널리즘은이런 논리를 사람들에게 각인시켜 왔다. 저널리즘은 진실을 보도한다고 믿도록 만드는 데 성공했던 것이다. 저널리즘의 진실은 이처럼 저널리즘의 존재 정당성을 위한 저널리즘의 고안이라고 할 수 있다. 그만큼저널리즘의 진실은 독특한 것이다.

저널리즘의 진실은 구체적으로 어떤 속성을 갖고 있는가. 호위치(Horwich, 1990)는 진실을 실체 또는 팩트와 일치하는 것, 생각들의 긴밀한 연결성coherence of ideas, 제대로 정당화된 신념 또는 성공적인 예측 등을 말한다고 이해했다. 퀸네(Künne, 2005)는 여기에 더해 합리적으로 수용할 수 있는 신념, 유용한 생각 등도 진실에 포함했다. 주목할것은 메킨타이어(MacIntyre, 2006)의 주장이다. 그는 진실은 성취된 이해achieved understanding로서 탐구활동 실천의 목표라고 적시했다. 진실은 있는 그대로의 것이기도 하지만 인간이 이를 확보했을 때, 즉 제대로 이해했을 때 얻을 수 있는 결과물이라는 것이다. 논의들을 놓고보면 진실은 단순히 '있는 그대로의 것'이라는 사실주의적 진실에서'성취된 이해'라는 구성주의적 진실에 이르기까지 그 의미의 폭이 대단히 넓다는 것을 알 수 있다.

저널리즘의 진실은 이런 철학적 진실과 다르다. 증거에 대한 확률적 비례의 진술로서 증거가 달라지면 진실도 달라지는 과학적 진실과 도 다르다. 코바치와 로젠스틸(Kovach and Rosenstiel, 2001)은 저널리즘 의 진실은 절대적 진실이나 철학적 진실이 아니며 현실적으로 추구가 가능하고, 추구해야 하는 진실이라고 정의했다. 메킨타이어(MacIntyer, 2006)가 주장한 성취된 이해나 탐구활동의 실천으로서의 진실과 유사 한 맥락이다. 사람들이 뉴스정보를 통해 이해할 수 있으며, 현실적 이 유에서 반드시 확보해야 하는 가치가 저널리즘 진실이라는 것이다. 말 하자면 저널리즘의 진실은 실현가능하고 이해가능한 것이어야 한다. 이처럼 저널리즘의 진실은 개념적인 것이 아니라 실체적이고 현실적 가치를 지닌다. 수용자가 실제로 그 가치를 느낄 수 있는 구체성을 띠 는 것이다.

워드(Ward, 2019)는 이런 특성을 가진 저널리즘의 진실은 커뮤니 케이션을 통해 구현된다고 보았다. 뉴스라는 공적 커뮤니케이션이 저 널리즘의 진실을 만들어내는 중요한 메커니즘이라는 것이다. 즉 저널 리즘의 진실은 저널리즘과 사회의 커뮤니케이션, 사람들 사이의 커뮤 니케이션, 저널리즘과 사회 시스템과의 커뮤니케이션 등을 거쳐야 가 능하다. 이는 진실이 형성되는 과정, 다시 말해 뉴스 생산에 주목할 것 을 요구한다. 뉴스의 생산행위, 생산 과정, 배포 등에 대한 이해가 중요 하다. 뉴스 생산이나 커뮤니케이션의 조건이 달라지면 진실의 모습도 달라진다. 저널리즘의 진실은 뉴스 생산에 의해 드러난다. 때문에 이를 확정적으로 규정하는 것은 불가능하다.

저널리즘의 진실이 철학적 진실과 다르다고 했지만 이 역시 사실 주의적 진실에서 구성주의적 진실에 이르는 넓은 스펙트럼을 갖고 있 다. 통상적으로 이해하는 저널리즘의 진실은 사실주의적 진실에 해당한다. 사실주의는 진실이 독립적으로 존재하는 실체로부터 드러난다고 본다. 이때 관찰자인 저널리스트가 누구든지 이에 영향을 미치지 못한다. 진실은 저널리스트의 인식과 판단으로 결정되는 것이 아니다. 실체가 있어 그로 인해 진실은 이미 존재한다. 팩트와 진실은 일치한다는 논리다. 진실은 있는 그대로여야 한다. 있는 그대로의 세계와 일치하거나 적어도 적합한 것이 저널리즘의 진실이다(Ward, 2009). 따라서 진실은 의도가 깔린 저널리스트의 개입을 거부한다. 진실은 있는 것을 어떤 틀에 의해 정당화justification함으로써 얻을 수 있는 것이 아니라고 본다. 이런 사실주의 진실이 사람들이 통상 생각하는 진실이다. 워드(Ward, 2020)는 이를 '상식적 사실주의 진실'이라고 불렀다.

사실주의 진실에 있어 저널리스트는 어떤 역할을 할까. 진실이 있는 그대로의 실체에서 드러난다고 해서 저널리스트가 아무런 역할을 하지 않는 것은 아니다. 저널리스트는 실체, 즉 사건을 정확하게 관찰하고 이를 정확하게 묘사해야 한다. 워드(Ward, 2009)는 저널리즘은 일상생활을 취재하는 숙련 기술이라고 지적했다. 슈드슨(Schudson, 1978) 역시 저널리스트는 알려진 사실alleged facts을 그냥 있는 그대로 전달할 수 있다고 강조했다. 실체를 정확하게 관찰하고 이해하고 묘사하는 역량을 갖고 있다는 것이다. 또 진실을 내재한 실체들은 객관적 검증이 가능하며 검증을 통해 진실을 확보할 수 있다. 저널리스트는 검증을 통해 진실을 확인할 수 있는 역량을 갖추었다고 본다(Ward, 2020).

그러나 구성주의는 이런 논리들을 부정한다. 퍼트넘(Putnam, 1981)은 사실주의가 중요한 오판을 한다고 주장했다. 독립적으로 존재한다고 생각하는 실체는 그냥 드러나는 것이 아니며 저널리스트와 같은 관찰자가 자신의 시각으로 이해할 수 있지도 않다고 비판했다. 그에 의하면 실체를 이해하기 위해서는 특정한 방법을 필요로 한다. 도구도 필요하다. 이는 실체와 도구를 분리할 수 없다는 것을 의미한다. 워드(Ward, 2020)의 말처럼 실체를 도구와 분리하면 실체를 알 길이 없어진다. 진실은 진실을 탐구하는 최선의 방법을 발견함으로써 확보가 가능하다. 진실 탐구를 위한 방법은 진실의 개념적 틀과 증거를 평가하는 잣대를 필요로 한다. 이를 통해서만 실체를 알 수 있고 또 진실에 도달할 수 있다. 그렇다면 저널리즘의 진실은 결국 저널리스트의 관점과 개념적 도구에 따라 결정되는 상대적인 것이 된다. 진실은 사실주의가 주장하듯 실체 그 자체가 아닌 것이다. 오히려 이를 정당화하고 합리화할 수 있는 저널리즘의 실용적 방법들이 보다 본질적이다. 진실은 이런 방법들을 통한 합리적 정당화rational justification라고 할 수 있다(Ward, 2020). 이런 논리로 보면 사실주의의 치명적 문제가 무엇인지 분명해진다. 실체와 방법 또는 도구를 분리하려는 것이다. 저널리스트의 숙련 기술이 문제가 아니라 숙련 기술과 실체의 관계를 떼어내려는 것이 문제다.

진실의 불가능성

사실주의의 진실은 실체로부터 드러난다고 했는데 이는 진실이 객관성과 밀접한 관계임을 의미한다. 객관성은 저널리즘의 중요한 관행이다. 사실주의에서는 주장이 객관적이면 그 주장은 진실이라고 본다(Ward, 2020). 객관성을 저널리즘 진실의 등가물로 이해하는 것이다. 또 저널리스트는 객관보도를 할 수 있는 숙련 기술을 갖고 있다고 본다. 먼저 저널리즘 객관성이 등장한 배경을 간단하게 살펴보자. 저널리즘의 객관성은 19세기 중반 전신telegraph의 발명에서 비롯되었다. 뉴스 조직은 전신 덕분에 뉴스를 신속하게 전송할 수 있게 되었다. 이때 AP통신 등의 뉴스통신사들이 대거 등장했다. 많은 양의 뉴스를 빨리 전달할 수 있다는 점은 통신사비즈니스의 핵심이었다. 뉴스비즈니스를 더 성장시키기 위해 이들은 새로운 뉴스 스타일을 만들어냈다. 팩트 중심 뉴스였다. 대중을 대상으로 하는 역피라미드형 팩트 중심 뉴스 스타일을 발전시켜 나간 것이다(Mindich, 1998). 팩트 중심 뉴스는 시장에서 뉴스 상품을 보다 효율적으로 판매할 수 있는 시장 전략으로서도 성공을 거두었다. 그전까지는 소수의 정파적 이해에 초점을 맞춘 의견 중심의 뉴스가 지배적이었다. 저널리즘이 의견 중심의 뉴스에서 벗어났다는 것은 저널리즘이 대중을 대상으로 한 보편적 사회 시스템으로 성장하는 데 중요한 전기가 되었다. 이처럼 객관보도가 저널리즘의 중요한 가치 기준으로 자리를 잡으면서 현대 저널리즘의 모습을 갖추게 되었다. 이후 객관성은 개념적으로나 실천적으로 틀을 다져왔다. 그리하여 객관성을 사건에 대한 사실적이고 정확한 기록으로서 오직 팩트만 보도하고 저널리스트의 의견, 해석, 전망 등은 제외해야 얻을 수 있는 것이라고 이해하고 있다(Ward, 2009). 저널리즘은 반드시 팩트에 기반해야 하고 균형과 공정성을 지켜야 하고 편향되지 않아야 하고 독립적이어야 하고 해석하지 말아야 하고 중립적이어야 한다. 저널리즘은 객관성을 위한 규칙, 태도, 기준들을 하나의 독트린으로 정교하게 발전시켜 왔다.

저널리즘의 진실이 객관성을 짝으로 끌어들이고자 했던 과정은 충분히 이해할 수 있다. 그러나 최근 저널리즘의 진실은 객관성 때문에 오히려 곤란한 처지에 빠지게 되었다. 몇 가지 문제가 있다. 하나는 저널리즘의 상업성이다. 워드(Ward, 2005)의 지적처럼 상업적 이익에 매몰된 뉴스 기업이 객관적이고 불편부당한 정보를 공급할 것이라고 믿기는 어렵다. 이보다 근본적인 문제는 저널리스트의 숙련 기술에 대한 의구심이다. 실체를 정확하게 파악하기 위한 사실주의적 방법들, 즉 저널리스트의 숙련 기술은 현실적으로 많은 문제와 한계를 안고 있다. 골드스타인(Goldstein, 2007)은 객관성을 추구하는 저널리스트의 뉴스 생산 방법을 과학자와 경찰, 검사 등 정보를 기반으로 진실을 추적하는 다른 전문직과 비교 분석했다. 결과에 따르면 저널리즘의 팩트 수집 기술은 객관성을 보장하기에 결코 충분하지 않다. 과학자들은 실험이나 현장 관찰을 할 수 있고 경찰은 누군가를 체포하거나 증언하도록 강제할 수 있고 검사는 면책을 내세워 정보를 얻을 수 있다. 저널리스트는 이런 효율적이고 강제적인 수단과 권한을 갖고 있지 않다. 법조영역의 방법을 채택하는 것이 효율적이지만 마감시간이라는 생산 메커니즘의 제약 때문에 그럴 시간적 여유가 없다. 저널리즘이 주로 이용하는 숙련 기술이란 일화적 증거, 공식 문서, 주요인물 인터뷰 등을 수집하는 것인데 이는 모두 인간의 의도가 끼어들 수밖에 없는 결함을 안고 있다. 엄밀한 과학적 조사의 관점에서 보면 모두 오염된 증거들이다. 사건이나 이슈를 직접 목격하는 경우가 거의 없는 저널리스트로서는 증거들을 모아 사건이 어떻게, 왜 일어났는지 재구성하는 것이 전부다. 물론 저널리즘 또한 실체를 정확하게 보여주는 과학적 증거 수집 방법을 적용할 수도 있다. 사회과학 연구방법을 통해 증거를 수집할 것을 주장하는 정밀 저널리즘(Meyer, 1991)은 통상적인 경우와 다르다. 가설과 방법론, 증거를 공개해 외부의 검증을 받는 등 사회과학 연구방법을 이용함으로써 객관성을 확보할 수 있다(Friend, 1994; Jurgensen and Meyer, 1992; Reisner, 1995). 탐사보도에서 이런 접근들을 많이 확인할 수 있다. 그러나 탐사보도는 2008년 금융위기 당시 철저히 무너졌다. 뉴스 비즈니스가 쇠퇴하면서 지원을 받지 못하자 탐사보도는 축소되었고 시도되더라도 제 기능을 충분히 발휘하지 못하는 불능 상태에 빠져버렸다. 방법론의 과학성을 내민 저널리스트의 숙련 기술은 믿을 만한 것이 아니기도 하지만 방법이 있다고 하더라도 언제나 가능한 것이 아닌 것이다.

저널리즘은 객관성 실현을 위한 현실적 방법으로 분리를 내세운다. 팩트를 지키기 위해 팩트와 의견, 저널리스트와 사건을 분리해야 한다고 본다. 연구자들은 분리를 객관성의 기본적인 논리로 이해한다.

맥네어(McNair, 1998)는 객관성의 주요 조건으로 팩트와 의견의 분리를 꼽았다. 슈드슨(Schudson, 1978)도 저널리즘의 객관성은 주관적 가치평가로부터 분리가능한 사실을 독립적으로 검증할 수 있다는 조건을 충족해야 확보된다고 주장했다. 가장 엄격한 사실주의라고 할 수 있는 실증주의positivism의 객관성 논리를 살펴보자. 먼저 인간이 인식하는 세계 그 자체가 그것을 바라보는 환경이나 과정과 별개로, 절대적으로 유일하게 정의 상태로 존재해야 한다(Kirk and Miller, 1986). 누가 보더라도 세계, 사건, 현상은 동일한 형태로 존재해야 한다. 워드(Ward, 2005)는 이를 존재론적 객관성이라고 불렀다. 웨들(Wedddle, 1985)의 말처럼 팩트는 어떤 사람이 그에 대해 어떻게 생각하든지에 상관없이 존재하는 일의 상태를 말하는데 이는 세계가 독립적 실체로 존재한다는 것, 즉 존재 조건을 의미한다. 이를 바탕으로 두 번째 조건인 세계에 대한 기술description 조건이 성립된다. 구바와 링컨(Guba and Lincoln, 1994)은 외부 세계에 대한 기술이 가능하며 또 그것을 정확하게 기술할 수 있어야 객관성을 주장할 수 있다고 보았다. 따라서 기술 조건은 객관성의 구성 조건이라고 부를 수 있다. 세계는 독립적으로 존재하므로 이것이 무엇인지 안다는 것은 인간이 아니라 세계가 결정한다. 존재 조건과 기술 조건은 사건과 사건에 대한 표상이 직접적으로 일치하는 관계를 갖도록 해준다. 객관성은 이때 구현된다. 분리의 효용 가치는 분명히 크다. 팩트와 의견을 분리해 구현된 객관성이 뉴스의 질을 높여주는 것은 당연하다. 거틀러(Gertler, 2013)가 지적한 것처럼 뉴스의 질은 화제성, 상호작용성, 투명성, 포괄성, 관련성 등을 기준으로 측정할 수 있는데 이 기준들 모두 팩트를 의견과 분리해 객관성을 충족해야 가능하기 때문이다.

문제는 이런 실증주의적 객관성은 현실에서는 실현이 불가능하다는 점이다. 관찰자가 외부에 있는 현실세계를 관찰하고 기술할지라도 이때 관찰하고 기술하는 주체가 대상을 선택하는 불가피한 일이 일어난다(Willig, 2001). 사람들은 저마다 가진 주관적인 경험을 통해 세계를 이해하려고 한다(Best, 1989). 현실세계에 대한 인간의 인지와 이해는 아무리 잘해도 편파적일 수밖에 없다. 객관성의 존재 조건이 주장하듯이 사회문제는 접근하는 주체와 상관없이 독립적으로 존재하는 사회 조건의 산물이라는 식으로 접근해서는 왜 특정한 문제가 사회문제로 정의되는지를 설명할 수 없다(Hilgartner and Bosk, 1988). 여기다 현실적으로 외부 세력들이 개입한다. 간스(Gans, 1979)가 말했듯이 취재원은 자신이 제공하는 모든 정보를 저널리스트가 무조건 받아들이기를 원하는 자들이다. 직접 여론조사를 하지 말고 외부조사 결과만 이용해야 한다는 수동성과, 여론조사 결과를 해석하지 말고 있는 그대로 전달해야 한다는 순수성의 원칙(Meyer, 1991)에 매인 저널리스트들을 이들이 그냥 놔둘 리 없다.

　　객관성을 위한 분리주의는 예기치 않은 문제를 낳을 수 있다. 극단적 분리주의는 모든 현상으로부터 저널리즘을 분리할 것을 고집하는 냉소주의를 초래하기도 한다. 냉소주의는 무조건 사건으로부터 거리를 두고자 한다. 저널리즘은 시민과 사회체제 사이에 반드시 필요한 유기적이고 필수적인 관계를 부정하고 동시에 자신도 시민과의 관계를 끊어버리게 된다. 저널리즘은 자신을 통해 연결되는 모든 사회관계들을 스스로 붕괴시켜 버리고(Lambeth, 1986) 이 때문에 결국 자신에 대한 신뢰마저 무너뜨리게 된다는 것이다(Hardt, 1998). 분리는 얼핏 타당한 것 같지만 이는 시민과 저널리즘의 분리, 사회 담론과 시민사회의 괴리, 시민의 소외, 문제 해결책의 부재, 극단적 태도로 이어진다. 연구자들은 저널리즘 위기의 원인을 이것에서 찾기도 한다(반현, 2000; 윤태진과 강내원, 2001; 최영, 2002; Fallow, 1996; Merritt, 1995; Rosen, 1994). 이에 더해 분리를 고집하면 저널리스트가 수행할 수 있는 다른 많은 가능성은 제약될 수밖에 없다. 저널리스트의 다양한 생각과 해석이 배제되어 버린다(Ward, 2009). 사건이 가진 복잡성을 제대로 파헤치기도 어렵고 다양한 각도에서 사건을 이해하는 것도 가로막힌다.

이처럼 당위성에도 불구하고 객관성은 실현가능하다고 보기 어렵다. 당연히 이를 통해 저널리즘의 진실을 확보할 수 있다는 주장도 현실성이 떨어진다. 엉뚱한 부작용을 낳을 수도 있다. 더욱이 저널리즘이 객관성을 제대로 지켜낼 수 있다고 주장하기 어려운 일들이 빈발한다. 부끄러운 사례 하나가 있다. 이라크 전쟁을 정당화해주었던 대량 학살 무기에 대한 기사를 작성한《뉴욕타임스》의 주디스 밀러Judith Miller의 고백을 보자. 나중에 대량 학살 무기가 존재하지 않았다는 사실이 드러났다. 그러자 그는 저널리스트의 일은 정부의 정보를 평가하는 것이 아니고 독립적인 정보 분석가도 아니며 독자에게 정부가 생각하는 것을 전달하는 것뿐이라고 항변했다(Klein, 2015). 객관 보도를 있는 그대로 전달하는 것으로 생각하면 객관성은 결코 진실에 도달할 수 없음은 물론 진실과 반대되는 결과를 낳을 수 있음을 그대로 보여준 사례다. 이런 각성은 그전에 이미 일어났다. 제1차 세계대전 동안 각국이 팩트 보도의 형식을 내세워 전방위로 추진했던 선전 선동은 큰 성공을 거두었다. 그러나 후에 선전 선동이 왜곡한 실상이 드러났다. 순진한 사실주의naive realism나 단순한 연대기적 팩트 전달로 저널리즘이 진실을 성취할 수 없음을 깨닫게 되었다. 팩트의 외형을 갖춘 정보라면 무조건 받아들여 단순히 전달만 하는 것은 문제가 있다는 것을 알게 된 것이다. 이후 팩트는 반드시 검증을 거쳐야 한다는 요구가 일기 시작했다(Schudson, 1978).

저널리즘 객관성의 한계는 이처럼 분명하다. 워드(Ward, 2005)는 객관성을 둘러싼 조건들은 신화나 마찬가지라고 잘라 말했다. 실현할 방법도 마땅찮고 방법이 있다 하더라도 이를 제대로 적용하는 것은 어렵고 힘들다. 설령 그것이 가능하다 해도 바람직하지도 않다고 본다. 공식 팩트에만 매달리면 발생 기사의 포맷에 제한된 뉴스만 내놓게 된다. 이렇게 되면 저널리즘의 다양한 가능성은 위축될 수밖에 없고 뉴스 비즈니스 역시 효율성이 떨어진다(Ward, 2020). 또한 객관 보도는 현실과 거리가 먼 요구조건이다. 복잡한 현실세계에서 일어나는 사건들은 설명되고 해석되지 않으면 이해하기 어렵다. 개별 사건들을 보다 자세하게 방송하는 미국의 지역 텔레비전과 라디오들은 설명과 해석을 당연히 선호한다. 이들의 입장에서 보면 객관성을 추종한다는 것은 분석, 해석, 의견 제시, 캠페인 등 저널리즘의 다양한 기능을 위축시키는 비효율적인 방법일 뿐이다. 때문에 객관성이 자유 언론을 위축시키기도 한다는 지적마저 나온다(Baldasty, 1992; Campbell, 2001). 복수의 목소리들이 경쟁해야 하는 사상의 시장에서 다양한 시각이 등장할 가능성을 제약하면 저널리즘의 민주주의적 역할은 불가능해진다는 것이다. 이런 맥락에서 제도에 대한 비판과 시민권을 위한 투쟁을 강조하는 1960년대의 저항적 사회 문화adversarial culture는 객관성에 대해 회의적이었다.

디지털 테크놀로지로의 전환이 가속화되는 후기모더니즘 환경에서는 저널리즘의 객관성에 대한 회의가는 점점 더 커진다. 디지털 테크놀로지 덕분에 모든 사람이 자신의 생각, 의견을 개진할 수 있게 됐다. 시티즌 저널리즘citizen journalism에서 블로그, 소셜 미디어에 이르기까지 개인과 미디어 또는 개인과 개인 사이의 상호작용이 갈수록 커지고 있다. 여기에는 주관적 접근이 더 적합하다(Ward, 2020). 즉시성, 상호작용성, 공유성, 네트워킹 등 테크놀로지가 가진 특성을 바탕으로 제도권 저널리즘의 편집을 검증하고 게이트키핑gate keeping을 제한하고 편견과 의견의 표현 등을 강조하는 새로운 뉴스 생태계가 만들어진다. 이는 객관성을 내세우는 전통 저널리즘과 전혀 다른 현상들이다. 새로운 환경에 적응하고자 한다면 저널리스트는 즉각적 커뮤니케이션 상황에 신속하게 대응할 수 있어야 한다. 디지털 테크놀로지 기반의 이른바 '혼종 미디어mixed media' 시대로 들어서면서 팩트에 대한 세심한 검증과 객관성을 주장해온 프로페셔널 저널리즘은 심각한 도전에 직면할 수밖에 없다(Ward, 2009). 당연한 귀결로 객관성에 근거한 저널리즘 진실의 주장은 더 이상 근거를 주장하기 어렵다. 더욱이 저널리즘 환경과 생산 조건의 변화로 이에 제대로 대응할 여유조차 없는 상황이다.

저널리스트의 탐구

저널리즘의 진실을 객관성과 등가물로 이해하는 것은 논리적으로나 현실적으로나 유효성을 주장하기 어렵다. 맥퀘일(McQuail, 2005)의 지적처럼 객관성은 언제나 철학적 논의의 수렁에서 빠져나오지 못하는 개념이다. 물론 객관성의 가치를 부정하는 것은 아니다. 다만 실현가능성을 문제 삼는 것이다. 또 실제 뉴스 생산에 적용할 때 많은 문제를 야기할 뿐만 아니라 적용하고자 하는 목적도 잘못된 것임을 지적하는 것이다. 이러한 문제 제기는 진실과 관련해 객관성을 다른 관점에서 보아야 한다는 지적으로 이어졌다. 워드(Ward, 2009)는 객관성은 진실이라는 목적을 위한 도구인 동시에 얼마나 진실에 가까이 다가갔는지 측정하는 기준이지 그 자체를 저널리즘의 진실로 받아들여서는 안된다고 강조했다. 오버홀저(Overholser, 2006)도 객관성은 저널리즘의 진실을 검증하는 프로세스에 적용되는 기준이라고 주장했다. 객관성은 또 저널리스트의 행위를 설명해주는 개념이다. 워드(Ward, 2009)의 지적처럼 객관성은 경험이 많은 프로페셔널 저널리스트의 뉴스 생산 행위를 파악하고 평가할 수 있는 표식, 즉 프로페셔널리즘의 조건이다. 이처럼 저널리즘 객관성의 용도는 다른 데 있다.

객관성과 프로페셔널 저널리즘이 관계가 있다는 지적은 저널리스트의 뉴스 생산행위를 좀 더 자세하게 살펴볼 필요가 있음을 보여준다. 객관성을 오로지 팩트로만 환원시키는 사실주의는 저널리스트의 뉴스 보도행위를 수동적인 것으로 오해하게 만든다(Ward, 2005). 저널리스트를 수동적으로 사건을 관찰하고 전달하는 녹음기로 이해한다는 것이다. 그러나 뉴스 생산은 저널리스트의 능동적 행위다. 저널리스트는 선택의 주체이고 정보를 필터링을 하면서 사건과 현상을 해석하고자 한다. 능동적이고 적극적으로 실체를 파악하려는 탐구자inquirer다(Ward, 2009). 저널리스트를 탐구자로 이해하면 저널리즘의 진실은 전혀 다른 맥락에서 접근할 수 있게 된다.

'탐구'는 직접 확인할 수 없는 것을 찾아 나가는 것을 말한다. 복잡하고 위험한 환경을 조사하면서 현상을 이해하고자 할 때 나타난다. 객관성이나 진실은 직접 묘사가능한 것이 아니고 있는 그대로를 객관성이나 진실로 받아들일 수도 없다. 이러한 점에 주목해 워드(Ward, 2005)는 탐구를 통해 진실에 접근할 수밖에 없다고 주장했다. 학크(Haack, 1997)도 탐구의 이런 속성에 기대어 탐구를 거쳐 더 이상 현상에 대해 질문을 하지 않고 만족할 때 이를 진실이라고 볼 수 있다고 주장했다. 탐구는 진실을 찾기 위한 적극적 태도다. 저널리스트는 자신을 둘러싼 세계를 정확하게 또 포괄적으로 해석하고자 하는 적극적 탐구자다. 저널리스트가 능동적 탐구자라는 점을 이해하면 저널리즘의 진실, 저널리스트, 객관성의 관계는 바뀐다. 저널리즘 진실에 있어 객관성의 위상은 그만큼 줄어들고 대신 저널리스트의 책임성이 그보다 중요한 요소로 떠오르게 된다(Overholser, 2006). 사실주의적 저널리즘의 진실은 객관성을 바로 옆에 두고 저널리스트는 수동적 존재로 좀 더 멀리 위치시켰다. 그러나 저널리스트가 능동적 탐구자라는 점을 받아들이면 객관성은 저널리즘의 진실에서 한발 뒤로 물러서고 대신 저널리스트가 가장 중요한 자리를 차지하게 된다. 객관성과 저널리스트의 관계도 변한다. 객관성은 탐구자인 저널리스트가 진실을 추구할 때 이용하는 도구 또는 방법이 된다. 저널리스트의 해석을 검증할 때 객관성은 엄격한 잣대로 적용된다. 객관성을 방법으로 또 기준으로 적용해 실체를 파악하고자 하는 행위가 탐구인 것이다. 진실과 일치하는 조건으로 이해했던 팩트는 객관성의 많은 기준 가운데 하나다. 이렇게 되면 객관성은 사실주의의 객관성에서 저널리스트의 인식을 통해 도달할 수 있는 인식론적 객관성으로 이동한다(Ward, 2005; Megill, 1994). 외부 세계의 독립적 존재와 일치하는 것을 말하는 존재론적 객관성이 아니다. 외부 세계를 인식하고 실체를 다루는 방법이므로 인식론적으로 객관적이다.

워드(Ward, 2020)는 탐구자로서의 저널리스트가 저널리즘의 진실에 이르기 위해 진실의 이해와 진실에 대한 욕망의 두 조건을 충족해야 한다고 지적했다. 저널리스트가 사건의 진실을 파악하는 방법을 가져야 하고 또 진실을 추구하려는 욕망이 충분해야 한다는 것이다. 앞서 살펴보았듯이 진실 파악 방법의 핵심은 객관성이다. 이는 탐구의 객관적 방법, 즉 정확성, 완성도, 논리적 일관성과 같은 평가 기준으로 측정할 수 있다. 진실 추구의 욕망은 저널리스트의 책임과 동일하다. 사회적 감시견과 같은 저널리즘의 사회적 의무를 충분히 인식하는 윤리적 요구조건으로 이를 설명할 수 있다. 따라서 저널리즘의 진실은 사건을 다루는 적확的確한 방법과 사건과 관련된 저널리스트의 책임성이 동시에 충족될 때 얻을 수 있다. 팩트 전달을 고집하는 객관성의 한계에도 불구하고 이는 방법론 또는 도구로서 여전히 중요한 의미를 갖고 있다. 그 의미는 이를 도구로 다루는 저널리스트의 탐구행위를 통해 구현된다. 저널리스트들은 자신들이 이 둘을 구현한다고 주장한다(Ward, 2005). 사물의 있는 그대로를 묘사한다고 주장하는 한편 소스, 증거, 분석이나 검증의 방법에 의존해 자신의 주장이 맞다고 강조한다. 엄격한 객관성을 주장하는 존재론적 객관성과 저널리스트의 탐구를 강조하는 인식론적 객관성은 갈등적이거나 선택해야 할 문제가 아니다. 서로 다른 영역의 이슈들이며 뉴스 생산 과정에서 함께 이루어져야 하는 것들이다. 저널리즘의 진실은 양자의 효율적인 통합에 달려 있다.

객관성의 방법적 속성과 탐구자로서의 책임은 뉴스 생산 과정 전반에 걸쳐 통합되어야 한다. 엑스트룀과 웨스트룬트(Ekström and Westlund, 2019)의 지적처럼 저널리즘의 진실은 프로페셔널의 뉴스 생산 관행을 통해 정당화된다. 저널리스트가 뉴스 생산에 적용되는 저널리즘 공동체의 생산 규범을 준수해야 생산 결과물인 뉴스가 진실한 것임을 인정받을 수 있다는 것이다. 공정성, 균형성 등이 그와 같은 규범이다. 외부 세계의 실체를 공정하게 판단하기 위해 객관적 기준을 적용하여 시각의 균형을 이루고 소스들을 공정하게 다루는 것을 말한다. 저널리즘의 진실을 확보하기 위해서는 객관성과 저널리스트의 탐구에 생산 관행과 같은 생산행위의 프로페셔널리즘을 추가해야 한다는 것이다. 객관성과 저널리스트의 탐구는 뉴스 생산이라는 저널리즘의 체계 안에서 관련된 규범들을 준수하면서 이루어질 때 그 결과를 진실한 것으로 인정할 수 있다. 이를 워드(Ward, 2005)는 절차적 객관성이라고 불렀다. '절차적 객관성'이란 뉴스 생산이 객관적 기준을 지키는 것, 즉 저널리즘 공동체가 오랜 시간 축적한 생산 규범인 생산 관행을 지키는 것을 말한다.

절차적 객관성으로서의 뉴스 생산 관행의 많은 규범들은 저널리스트가 팩트를 처리하는 데 적용된다. 코바치와 로젠스틸(Kovach and Rosenstiel, 2001)은 저널리즘의 진실은 팩트 정확성보다 더 큰 것이라고 지적했다. 이는 팩트 검증을 의미한다. 팩트는 검증이라는 처리 절차를 거쳐야 한다. 단순히 팩트를 정확하게 전달하는 것만으로 팩트 처리가 끝나는 것이 아니다. 허미다(Hermida, 2015) 역시 진실의 가장 중요한 조건으로 팩트 검증을 꼽았다. 팩트 검증의 첫 번째 조건은 '팩트 정확성'이다. 팩트 정확성은 사건에 관련된 많은 목소리로 인한 혼란을 방지해준다. 때문에 팩트 정확성은 저널리즘 진실의 토대가 된다고 본다. 두 번째 조건은 팩트 소스와 팩트 수집 방법의 투명성이다. 보도 이후에 다른 저널리스트는 물론 수용자들이 팩트를 검증할 수 있는 근거를 명확하게 제시하는 것을 말한다. 이 조건을 충족해야 향후 추가적 조사나 취재가 가능해진다.

골드스타인(Goldstein, 2007)은 팩트 검증 조건을 충족시킬 수 있는 검증 프로세스를 소개했다. 전통적인 방법은 두 개의 독립된 소스로부터 확인하는 것이다. 그러나 그는 주로 법조영역에서 적용하는 '증거 일치consilience of evidence' 방법을 추천했다. 이는 검사가 사건과 일치하는 서사 구조를 주장할 수 있는 다양한 증거들을 제시하는 것을 말한다. 마찬가지로 저널리스트는 다양한 소스로부터 근거들을 수집해 일관된 팩트를 발전시켜 나가야 한다. 팩트의 의미나 구성이 일관성을 갖도록 근거들을 지속적으로 보강하는 것이 중요하다. 이러한 팩트 검증을 바탕으로 맥락 구성, 해석, 의견 제시, 비평이 가능하다. 저널리스트는 뉴스를 통해 사건에 대한 토론을 제공하는데 바로 이것이 토론을 시작할 수 있는 지점이다. 다양한 이해를 가지기 위한 우선 조건이 팩트 검증인 것이다. 저널리즘 진실은 여기서 가능해진다. 코바치와 로젠스틸(Kovach and Rosenstiel, 2001)은 팩트를 바탕으로 형성되는 다양한 유형의 토론이 축적되면서 저널리즘의 진실이 드러난다고 강조했다. 검증가능한 팩트와 이를 토대로 형성된 시민들 사이의 토론이라는 검증 프로세스를 통해 저널리즘 진실의 모습이 드러난다는 것이다. 토론을 통해 진실을 얻어낸다는 점 때문에 저널리즘은 독자적 위상을 확보할 수 있다. 이는 저널리즘의 진실이 저널리스트의 뉴스 생산 태도와 역량과 밀접한 관계가 있다는 것을 보여준다. 팩트 검증은 토론을 형성하는 지속적 프로세스이지 정태적이고 결론적인 것이 아니다. 허미다(Hermida, 2015)가 지적한 것처럼 팩트 검증 프로세스는 저널리즘이 독특한 커뮤니케이터의 지위를 인정받을 수 있는 자격조건이라고 하겠다.

진본성

여기까지는 저널리즘의 진실을 찾아가는 방법들에 대한 논의다. 객관성에 매몰되지 말고 탐구하는 자세를 가져야 한다. 팩트 검증을 통해 사람들 사이의 토론을 형성하는 프로세스를 지속해야 한다. 그래야 저널리즘의 진실이 드러난다. 그런데 이는 진실에 이르는 방법이지 진실 그 자체는 아니다. 이것만으로는 저널리즘의 진실이 무엇인지 알 수 없다. 이제 그 정체를 파악할 차례다. 진실은 어떻게 설명하든지 개념적인 것이다. 저널리즘의 진실은 개념의 굴레를 벗어나야 한다. 코바치와 로젠스틸(Kovach and Rosenstiel, 2001)의 말처럼 저널리즘의 진실은 뉴스 생산을 통해 실현할 수 있는 것이고 또 실현해야 하는 진실이다. 사실주의가 강조하는 상식적 진실이 아니라 보다 구체적인 내용을 갖고 있어야 한다. 손에 잡히는 것이어야 한다. 그러자면 저널리즘 진실의 내용을 구체성을 지닌 모습으로 그려낼 수 있어야 한다. 진실을 조작적으로 정의해야 할 필요가 있다는 것이다. 허미다(Hermida, 2015)는 저널리즘 진실과 관련해 '진본성' 개념을 제시했다. 저널리즘 진실의 조작적 정의로서 진본성을 분석해볼 필요가 있다. 엔리(Enli, 2015)에 따르면 진본성은 현대사회의 핵심이며 '진실 가치성truthworthiness'과 밀접한 관련이 있다. 진실 가치성이라는 애매한 표현은 앞서 살펴본 저널리즘 진실의 실제 모습인 '진실 근접성'과 같은 의미로 이해할 수 있다. 그만큼 진본성은 저널리즘 진실의 대체 개념으로 받아들일 만하다고 본다. 허미다(Hermida, 2015)는 저널리스트의 핵심 가치는 '진본정보 발견자 authenticator'의 역할에 있다고 강조했다. 피카르드(Picard, 2009)가 저널리스트의 노동 가치는 저널리스트의 독창성 수준에 비례한다고 지적한 것도 저널리스트가 사건과 관련된 진본성을 찾아낼 수 있는 능력을 갖고 있음을 시사한다.

반 레이우엔(van Leeuwen, 2001)은 진본성은 '진실의 잠재적 소스'라고 지적했다. 진본성 없이 진실을 주장하기 어렵다는 것이다. 진실의 개념적 모호함과 달리 보다 구체적이다. 주의해야 할 것은 진본성은 다의적이라는 점이다. 우선 진본성은 순수함, 진실, 실체 등을 지칭한다 (Grayson and Martinec, 2004). 진짜real, 실재의actual, 순수한genuine, 있는 그대로의bona fide 것이다. 그런가 하면 구성된 독창성staged authenticity(MacCannell, 1973), 직조된 것fabricated(Belk and Costa, 1998), 상징적이고 지표적이고 가설적인 것이라고 이해하기도 한다(Grayson and Martinec, 2004). 이는 진본성이 맥락적이고 목표 의존적인 개념이라는 것을 보여준다. 진본성은 '있는 그대로'에서 '구성된 것'이라는 정반대의 성질까지 포괄할 정도로 복잡하다. 그렇기 때문에 저널리즘 진본성에 대한 논의는 세심한 주의를 요구한다.

진본성은 저널리즘을 비롯한 미디어와 깊은 관련이 있다. 피터슨 (Peterson, 2005)은 진본성은 내재된 본질이 아니고 만들어지는 것이라는 점을 강조했다. 때문에 특정한 형식의 진본성 작업을 거칠 것을 요구한다. 진실이 구성되는 것이라는 앞선 논의처럼 진본성 역시 구성되는 것임을 적시한 것이다. 반 레이우웬(van Leeuwen, 2001)은 저널리즘을 세계의 진본성을 다양한 관점에서 드러내는 전략적 구성물이라고 이해했다. 그렇다면 저널리즘 진본성은 전략적 선택에 의해 구성된 것이라고 할 수 있다. 텔레비전 인터뷰의 전략적 진본성을 보자. 사람들의 말을 있는 그대로 전달하는 텔레비전 인터뷰는 다른 어떤 대화보다 진본성을 가졌다고 받아들이게 만든다. 편집되지 않은 인터뷰와 인터뷰이interviewee의 즉각적 반응은 인터뷰가 진실의 소스가 되는 진본성을 갖고 있다는 점을 받아들이게 만든다는 것이다. 텔레비전 인터뷰는 진본성 전략인 것이다. 연구자들은 저널리즘의 진본성을 비롯한 미디어의 진본성을 주어진 진본성ascribed authenticity(Moore, 2002), 매개된 진본성mediated authenticity(Enli, 2015), 사회적 구성물social construct(Peterson, 2005)이라고 보았다. 피터슨(Peterson, 2005)의 말처럼 진본성은 다른 것에 비해 현저하게 드러나는 속성을 통해 우리에게 구체적 현상으로 제시되는 것이다.

진본성은 이처럼 다양한 사물이나 현상에 적용할 수 있는 느슨한 개념이다. 무어(Moore, 2005)는 진본성이 사물이나 세계에 내재된 본질이 아니라 문화적·역사적으로 만들어지는 것이라고 이해했다. 중요한 것은 이 과정에 해석의 노력이 투입된다는 점이다. 피터슨(Peterson, 2005)이 말한 특정한 형식의 진본성 작업이란 해석을 말한다. 진본성은 해석된 결과이지 사물이나 실체의 속성이 아니라는 것이다. 또한 피터슨(Peterson, 2005)은 진본성은 누군가에 의해 또는 누군가를 위해, 무엇인가에 의해, 무엇인가를 위해, 성과에 의해, 또 성과를 위해 만들어진 주장이라고 해석했다. 그러면서 이는 다른 사람에 의해 수용될 수도 있고 거부될 수도 있다고 지적했다. 사회적 구성물인 진본성의 효력은 상대적이라는 것이다. 시간에 따라 사람에 따라 상황에 따라 달라지고 변하는 유동적인 것이라는 것이다. 이런 유동성은 수용자의 개입 때문에 일어난다고 볼 수 있다. 피터슨(Peterson, 2005)의 말처럼 진본성은 이를 경험하는 수용자가 경험 대상인 실체에 부여함으로써 구성된다. 그리고 수용자들은 진본적 경험에 몰입함으로써 진본성을 주장하게 된다. 길모어와 파인(Gilmore and Pine, 2007) 역시 진본성을 수용자 필요성을 중심으로 이해했다. 진본성이 수용자의 경험적 개입에 의해 드러나는 속성이라는 것이다.

그렇다고 진본성의 생산자가 아무런 역할을 못하는 것은 아니다. 본질적으로 진본성은 생산자의 전략적 구성에 의해 이루어진다. 다시 피터슨(Peterson, 2005)의 논의를 보자. 그에 의하면 진본성 구성을 위한 '진본성 작업authenticity work'의 핵심은 생산자가 저자로서의 지위를 확인하는 데 있다. 특히 미디어와 같이 창의성을 필요로 하는 영역에서 진본성은 작품 또는 콘텐츠를 생산하는 저자 지위와 직접 연결된다. 예술 세계의 작품 진본성은 작품 자체의 질이 아니라 작가가 다른 작가나 영향요소로부터 영향을 받지 않았다는 점에 의해 결정된다. 피커링(Pickering, 1986)의 지적처럼 진본성은 그것의 구성자에 따라 달라지는 상대적 개념이다. 뉴스가 저자에 의해 진실이라고 주장되는 텍스트라고 정의했던 맥네어(McNair, 19999)의 주장도 이런 맥락에서 이해할 수 있다. 진실 주장, 즉 진실 근접성은 진본성과 같은 의미 선상에 있다. 때문에 저널리즘 진본성은 프로페셔널 저널리스트의 저자적 정체성과 연결시켜 이해하는 것이 중요하다. 저널리즘 유동성이 더욱 심해지는 혼란 가운데 저널리즘 진본성의 가치를 창출할 수 있는 역량을 가진 프로페셔널 저널리스트의 역할이 그만큼 중요하다.

진본성과 저널리스트의 관계는 엔리(Enli, 2015)가 주장한 매개된 진본성mediated authenticity의 논의에서도 확인할 수 있다. 그에 따르면 매개된 진본성은 커뮤니케이션의 성공에 의해 형성된다. 커뮤니케이션은 저널리스트와 수용자 사이의 타협을 끌어낸다. 타협의 실상은 이렇다. 실체에 대해 수용자가 가진 기대치가 있다. 저널리스트는 이에 대해 수용자 기대치와 일치하는 콘텐츠를 생산한다. 저널리스트와 수용자는 타협을 위해 상호작용을 한다. 타협이 성공할 때 진본성이 형성된다. 그렇다면 진본성은 저널리스트와 수용자 사이에서 만들어지는 사회적 구성물이라고 할 수 있다. 진본성의 구성적 속성은 진본성이 독립적 실체를 가지는 것이 아님을 의미하기도 한다. 엔리(Enli, 2015)는 이를 '진본성 환상authenticity illusion'이라고 불렀다. 수용자가 커뮤니케이션에 의한 구성물을 진본성으로 받아들이기 때문에 진본성이 성립된다는 것은 이 진본성이 사실은 환상이라는 것이다. 매개된 진본성은 진본성 환상을 성공적으로 구성함으로써 얻을 수 있다. 결국 미디어에 의해 매개된 진본성은 진본성의 진위 여부를 확인할 수 없으며 다만 생산자와 수용자가 이를 진본성으로 받아들이는 진본성 계약authenticity contract을 맺음으로써 진본성을 수용하는 셈이다(Enli, 2015). 이는 콜먼(Coleman, 2005)이 주장한 전통적 미디어의 수용자 관계를 설명하는 미디어의 계약 재현과 같은 논리다. 수용자는 생산자인 저널리스트가 재현하는 뉴스를 신뢰한다는 계약에 의해 뉴스를 소비한다는 것이다. 수용자는 저널리스트가 진본성을 가진 뉴스를 제공할 것이며 저널리스트가 그런 기대치를 충족할 수 있는 능력을 갖고 있다고 기대한다. 또 저널리스트는 수용자가 자신이 제공하는 뉴스를 진본이라고 생각할 것이라고 믿는다. 양자의 관계는 신의에 기반한 계약으로 맺어진다.

아무튼 저널리즘 진본성의 매개된 진본성은 독특한 특징을 보여준다. 진본성의 매개는 저널리스트와 수용자 사이의 타협 또는 계약에 의해서 이루어진다. 진본성이 구성된다는 것은 저널리스트와 수용자 사이의 진본성 계약대로 뉴스를 성공적으로 만듦으로써 실현되는 것을 말한다. 진본성을 인식하는 것은 저널리스트와 수용자가 진본성의 뉴스를 성공적으로 커뮤니케이션했음을 의미한다. 이는 진본성 구성이 독특한 프로세스를 거쳐 이루어진다는 것을 보여준다. 진본성 계약, 진본성 구성, 진본성 인식 등의 과정을 거친다는 것이다. 뉴스 상품을 '지속적 창의성 상품'이라고 이해한 피카르(Picard, 2005)의 지적은 저널리즘 진본성 생산의 논리를 제시해준다. 뉴스 상품은 생산자가 지속적인 질의 향상을 통해 상품에 대한 추가적 소비를 끌어내는 데 초점을 맞추어야 한다. 이를 위해 뉴스 조직은 수용자의 독특한 가치 인식을 제대로 이해해야 한다. 나아가 이들과의 관계를 지속시킬 수 있는 전략을 마련해야 한다.

진본성 계약, 진본성 타협, 진본성 구성, 진본성 환상 등의 논리들은 진본성의 최종 구성과 별개로 저널리스트의 진본성과 수용자의 진본성이 본래 별개로 존재한다는 것을 의미하기도 한다. 길모어와 파인(Gilmore and Pine, 2007)은 두 진본성은 본질적으로 구분된다는 점을 강조했다. 생산자 진본성은 생산자가 스스로 인식하는 진본성이다. 생산자는 사물에 내재된 그 자체의 진본성을 추구한다. 이에 반해 수용자 진본성은 '진본성이라고 하는 것이 나한테 어떤 것을 제공해주는가'에 초점을 맞춘다. 자기의 관심이나 이해와 어떤 관련성을 갖고 진본성을 따진다. 그렇다면 양자의 타협에 의한 진본성은 생산자나 수용자의 진본성과 다른 제3의 진본성일 수밖에 없다.

이런 특성은 저널리즘에서 특히 강하게 나타난다. 저널리스트의 뉴스 가치 기준과 수용자의 기준이 전혀 다르기 때문이다. 좋은 뉴스가 반드시 수용자의 선택 기준이 되는 것은 아니다. 저널리스트가 판단하는 좋은 뉴스의 기준과 수용자의 기준은 다르다. 기준이 가치관과 이해관계 때문에 다른 것은 당연하다. 그러나 뉴스의 경우 다른 이유가 작용한다. 무엇보다 수용자의 뉴스 소비가 결코 합리적이지 않다. 수용자는 아무리 좋은 뉴스도 자신의 사상과 맞지 않으면 의식적으로 무시하는 합리적 무시rational ignorance(Downs, 1957)를 일삼는다. 저널리스트의 주관적 생산물인 뉴스에 대해 똑같이 주관적으로 판단하고 무시하는 대칭적 무시symmetrical ignorance(Caves, 2000)도 행한다. 저널리즘의 진본성 확보가 어려운 것은 비단 수용자의 비합리성 때문만은 아니다. 뉴스의 내재적 가치를 제대로 판단하기 어렵다는 점도 문제다. 뉴스의 상품 가치가 복잡해 수용자가 이를 정확하게 판단하기 어렵다. 뉴스와 같은 비가시적 상품에 내재된 가치들은 전통적인 방법의 거래나 가격책정 전략으로 평가하기 어렵다(Goldfinger, 2000). 가격이 가치와 비례하지 않기도 한다. 홀브룩과 허쉬만(Holbrook and Hirschmann, 1982)은 비가시적 상품은 수용자의 객관적이고 합리적인 정보 처리에 의한 이성적 소비의 논리가 제대로 작동하지 않는다고 말했다. 모든 상품의 구매가 그렇듯이 인간의 인지에는 한계가 있고 구매 결정을 위한 정보는 불완전하고 또 항상 정보 비대칭이 존재한다(이성섭, 2012). 뉴스의 경우 이런 문제는 더 심각하다. 수용자는 뉴스 내용의 내재적 가치를 따지는 데서 그치지 않는다. 내용을 표현하는 방식이나 전달하는 수단 등에 대한 감각적이고 심미적인 즐거움에 대해서도 가치를 느낀다. 나아가 시간 보내기, 놀이, 감정의 반영 등 주관적 경험도 가치판단에 영향을 미친다(Mathwick et al., 2001). 감성, 맥락, 상징 등은 합리적이지도 실용적이지도 않은 기준들이다. 수용자의 경험이 이런 비실용적 소비행태에 영향을 미친다. 이성섭(2012)은 이런 경우 상품의 내재가치보다 주관적 경험에 초점을 맞추는 소비가 더 강하게 나타난다고 지적했다. 상품을 구매하고 소비할 때 자신의 이해관계에 초점을 맞추지만 현실적으로 자신의 이해관계와 완전히 일치하는 상품은 존재하지 않는다. 이성섭(2012)은 이때문에 수용자는 상품 또는 생산자에 대한 공감과 동의에 기반해 상품을 구매한다고 주장했다. 이를 '관계교환 relation exchange'이라고 불렀다. 수용자는 상품의 내용이나 상품을 생산한 생산자에 대해 공감을 느끼고 이에 동의할 때 그리고 상품이나 생산자가 자신의 이해관계에 대해 공감하고 동의했다고 느낄 때 상품을 구매한다. 진본성 계약은 이처럼 관계교환이 일어나는 메커니즘과 동일하다고 볼 수 있다. 관계교환의 상품 구매는 표준화되지 않는 비非포맷 상품에서 특히 크게 나타난다(이성섭, 2012). 비가시적 포맷 상품의 특성이 강해 상품의 가시적 표준화가 거의 불가능한 상품인 뉴스 상품(Aris and Bughin, 2009)이 대표적이다. 김사승(2013a)은 관계교환에 의해 생성되는 상품 가치를 '관계가치'라고 불렀다. 그렇다면 진본성 계약은 관계가치에 대한 생산자와 수용자의 타협이라고 할 수 있다.

뉴스의 진본성 계약을 위한 공감과 동의를 강조했지만 저널리즘의 입장에서 수용자의 이해관계를 완전하게 공감하고 동의하는 것은 쉬운 일이 아니다. 뉴스 소비는 수용자의 경험재적 소비, 창의적 소비라는 독특한 소비행태로 이루어지기 때문이다. 뉴스 소비는 수용자의 경험, 즉 상품의 서비스나 브랜드에 대한 수용자의 해석(Frow and Payne, 2007)에 바탕을 둔다. 경험에 의한 소비가 일어날 때 관계교환이 이루어지는 것이다. 이를 '경험 소비'라고 부르는데 루이스와 챔버스(Lewis and Chambers, 2000)에 의하면 경험 소비란 상품과 서비스와 환경의 조합으로부터 수용자가 끌어내는 총체적 결과를 말한다. 경험 가치 또는 관계가치는 뉴스가 경험재이기 때문에 불가피하게 일어난다. 경험재란 수용자 개인의 소비 경험에 따라 상품에 대한 가치평가가 달라지는 상품을 말한다(Nelson, 1970). 뉴스는 대표적인 경험재다(Hamilton, 2004; Nelson, 1970: Reca, 2006). 수용자는 자신의 경험과 이해를 바탕으로 일단 소비를 한 다음에 가치를 평가한다. 사람마다 각기 다른 경험과 이해를 갖고 있다. 공중연동이론Theory of the interlocking public을 통해 뉴스와 수용자 관계를 분석한 코바치와 로젠스틸(Kovach and Rosenstiel, 2001)은 무관심, 관심, 이해관계 등으로 이를 구분했다. 수용자는 자신과의 이해관계가 높을수록 뉴스에 대한 관여도가 높아진다. 이해관계의 강화, 관여도의 증대는 보다 적극적이고 능동적인 뉴스 소비를 끌어낸다. 이를 찬-옴스테드(Chan-Olmsted, 2006)는 '관여적 소비'라고 설명했다. 저널리즘 진본성은 당연히 수용자가 뉴스 이슈에 대해 높은 관여 의도 또는 높은 수준의 이해관계를 가질 때 이루어진다.

아리스와 버긴(Aris and Bughin, 2009)은 이런 상황에선 창의적 뉴스 소비가 일어날 수 있다고 지적했다. 그에 의하면 '창의적 소비'란 수용자가 자신의 이해를 통해 상품의 가치를 판단하는 것을 말한다. 생산자와 수용자, 또 수용자들 사이의 상호작용이 가능한 디지털 테크놀로지 환경에서 창의적 소비의 경향은 더욱 강화된다. 수용자들이 뉴스 가치, 정체성, 의미 등을 다른 사람들과 공유하려고 하면 창의적 소비는 집단화되기도 한다. 창의적 소비가 집단화되면 원래 생산자가 의도했던 뉴스 상품의 속성은 사라지고 집단적 해석만 남게 된다. 저널리즘 진본성의 경우도 마찬가지라고 할 수 있다. 창의적 소비는 상품에 대한 생산자의 통제력과 권위를 해체할 정도로 수용자의 영향력을 강화시킨다. 이렇게 되면 생산자와 수용자 사이의 타협에 의한 진본성 계약은 지켜질 수 없게 된다.

수용자가 추구하는 저널리즘의 진본성은 자신의 이해관계에 초점을 맞추기도 하지만, 비합리적인 소비행태를 보이기도 한다. 주관적 경험에 근거하고 나아가 창의적이기도 하다. 저널리스트가 이를 충족할 수 있는 타협책을 제공하는 것은 사실상 불가능하다. 대신 수용자의 진본성 인식이 궁극적으로 지향하는 목표를 파악하는 것이 현실적이라고 할 수 있다. 수용자들이 뉴스로부터 얻고자 하는 진본성은 불편, 불만, 위험 등 일상생활에서 생기는 다양한 문제를 해결하는 데 초점을 맞춘다. 서비스 저널리즘의 논의는 수용자의 진본성이 목표로 삼는 구체적 내용을 제시해줄 수 있다고 본다(Eide, 1997: Eide and Knight, 1999). 문제 해결에 필요한 것은 단순히 정보를 전달하는 뉴스가 아니다. 서비스 저널리즘은 우선 수용자들이 가진 불만과 이들이 처할 수 있는 위험과 관련된 이슈들을 문제화problematization하는 데 초점을 맞추어야 한다고 본다(Eide, 1997: Eide and Knight, 1999). 문제가 무엇인지 드러나 있을 때는 불만이 생기지만 문제가 드러나지 않고 잠재되어 있을 때는 위험을 안게 된다. 어느 경우든 문제를 구체적으로 적시함으로써 경고를 보내야 한다. 그러자면 저널리즘은 진단적diagnostic이 아닌 예측적prognostic인 정보를, 반응적responsive이기보다는 사전행동적proactive인 정보를 제공해야 한다. 이를 통해 수용자 개인의 대처능력을 향상시킬 수 있다.

진본성 실천

저널리즘 진본성은 뉴스의 진본성을 구성하는 저널리스트의 태도가 중심이 되어야 한다. 이런 맥락에서 무어(Moore, 2005)와 엔리(Enli, 2015)는 저널리즘 진본성의 핵심은 '무엇이' 진본성인가가 아니라 '누가' 진본성을 구성하는가에 있다고 주장했다. 저널리즘의 진본성은 저널리스트의 진본성에서 찾아내려는 노력이 필요한 것이다. 사실 사건의 진본성은 우리가 따질 수 없으며 이를 다루는 저널리스트에 의해 드러날 수밖에 없다. 피터슨(Peterson, 2005)이 지적한 것처럼 저널리스트의 진본성 작업이 중요한 것이다. 실존주의 저널리즘existential journalism 이론은 저널리즘 진본성을 위한 저널리스트의 중요성을 자세히 설명하고 있다. 이는 실존주의 철학의 영향을 받은 메릴(Merrill, 1977/1989/1996)이 주로 주창主唱했다. 그는 실존주의 저널리즘은 진본성을 추구하는 것에 기반을 둔다고 주장했다. 또 저널리즘 진본성은 실존적 진본성을 정체성으로 삼는 저널리스트에 의해 가능한 것이라고 보았다. '실존적 저널리스트'란 지속적으로 자신을 보다 정직하고 개인적이며 개입적이고 능동적이며 책임감 있고 윤리적으로 만들어가는 저널리스트를 말한다. 저널리스트의 실존적 정체성이 저널리즘의 진본성을 구축하는 근거가 된다는 것이다. 주목해야 할 것은 저널리즘 진본성이 실존적 저널리스트에 의해 자동적으로 만들어지는 것이 아니라는 점이다. 메릴(Merrill, 1996)은 저널리즘 진본성은 저널리즘의 권력을 바탕으로 만들어진다고 강조했다. 이 권력은 실존적 저널리스트의 뉴스 생산행위들이 축적되면서 구축된다. 슈드슨(Schuson, 1995)이 말했듯이 저널리즘의 권력은 사물이 진실한 것이라고 선언하는 권력이다. 뿐만 아니라 그런 선언을 드러내는 형식을 제공하는 것 역시 저널리즘의 권력이다. 형식과 스타일은 저널리스트가 공중과 연결되는 사회적 코드를 의미한다. 진본성을 구성하는 권력 때문에 수용자들은 사건에 대한 저널리스트의 해석과 관점을 자연스러운 것으로 받아들이고 정당화해준다. 이때 저널리즘 진본성의 계약이 실현되는 것이다.

그러나 저널리즘의 권력 또는 저널리스트의 실존적 위상이 언제나 유지될 수 있는지는 미지수다. 특히 개별 저널리스트가 이와 같은 위상을 가질 수 있는지는 장담할 수 없다. 저널리스트는 개인의 주관적 경험을 투사하고 때로는 개인적 이해관계를 추구하기도 한다(Holt, 2012). 이런 위험은 소셜 미디어에서 쉽게 확인할 수 있다. 더피(Duffy, 2017)는 소셜 미디어를 점령한 인플루언서들이 진본성을 목적의 수단으로 이용한다는 점을 분석했다. 이들에게 진본성이란 독자나 잠재적 광고주를 끌어들이는 수단일 뿐이다. 바넷-와이저(Banet-Weiser, 2012)가 지적한 것처럼 사람들은 진본성을 상업성과 반대로 이해한다. 진본적이라면 상업성을 띠지 않으리라고 믿는 것이다. 그러나 브랜드 문화를 보라. 브랜드 문화는 브랜드를 진본성으로 이해하고 진본적 공간이 브랜드가 된다(Banet-Weiser, 2012). 브랜드 구축 전략의 일환으로 진본성을 소비자와 연결하는 것이다.

저널리즘이 필요로 하는 진본성은 브랜드로서의 진본성은 아니다. 또 개별 저널리스트의 개인적 진본성 인식에 의존해서도 안된다. 저널리즘 진본성을 확보하려면 뉴스 생산 관행과 뉴스 텍스트를 중심으로 접근하는 것이 필요하다. 개별 저널리스트에게 맡겨두는 것이 아니라 생산 관행, 생산 전략 등 뉴스 생산을 둘러싼 체계적 접근에 초점을 맞추어야 한다. 이때 전략의 목표는 사건을 정확하게 재현해준다고 믿게 만드는 것이다. 팩트의 단순한 전달이 아니라 뉴스 텍스트가 프로페셔널의 손길로 만들어진다는 것을 믿도록 하는 것이다. 뉴스 텍스트는 이런 프레임을 만들어내도록 고안된 것이다(Broersma, 2010).

먼저 뉴스 생산 관행의 전략적 속성이다. 저널리스트는 뉴스 생산 관행을 조작해주는 관습화된 형식들을 발전시켜왔다. 사건을 공적 담론으로 만들 때 공적 소스들이 제공해주는 공적 지식을 단순히 전달하거나 재현하는 것이 아니라 자신들의 지식을 포함한다(Matheson, 2000). 뉴스 텍스트가 프로페셔널의 전문성에 의해서 만들어진다는 것을 주장하는 것이다. 둘째, 뉴스 텍스트의 전략적 속성이다. 사건의 단순 전달, 재현을 위한 묘사는 팩트 중심으로 구성된다. 이때 이용되는 역피라미드형 기사 구조는 동원되는 모든 팩트들이 정확하고 객관적인 것임을 설득한다(Broersma, 2008). 인터뷰도 뉴스 텍스트 전략의 하나다. 인터뷰는 당연히 저널리스트의 판단에 의해 구성되지만 수용자들은 인터뷰라는 텍스트의 전략을 받아들인다. 인터뷰는 시간적으로나 공간적으로 실제 상황에서 일어난 대화를 그대로 재현하는 것이라고 받아들이기 때문이다(Broersma, 2010). 뉴스 텍스트의 장르나 스타일은 저널리즘의 이런 전략들을 담고 있다. 이처럼 저널리즘의 생산 관행과 텍스트 전략은 저널리스트가 진본성을 제공해주는 충분한 능력을 가졌음을 신뢰하게 만든다(Eason, 1982).

또 다른 중요한 요소는 뉴스 조직의 역할이다. 아도르노(Adorno, 1973)는 개인이 사회나 제도의 영향에서 벗어나 독립적으로 자유를 향유할 수 있다거나 이를 쉽게 얻을 수 있다고 보는 것은 안이하고 잘못된 생각이라고 비판했다. 개별 저널리스트의 행위 역시 뉴스 조직의 영향을 벗어나 작동하기 어렵다. 저널리즘 진본성은 양자의 상호작용을 통해 일어난다고 보아야 한다. 뉴스 생산 관행과 뉴스 텍스트 전략도 뉴스 조직이 그 중심에 있다. 이는 저널리즘의 신뢰성에 대한 분석을 보면 쉽게 이해할 수 있다. 피터슨(Peterson, 2005)의 말처럼 진본성은 신뢰성을 부여하기 위해 다양한 사물이나 현상에 느슨하게 적용되는 사회적 구성물이다. 저널리즘도 마찬가지다. 아펠만과 선다(Appelman and Sundar, 2016)의 분석에서 알 수 있듯이 뉴스처럼 대량으로 매개되는 커뮤니케이션의 신뢰도는 저널리스트뿐만 아니라 생산 시스템을 운영하고 통제하는 뉴스 조직과도 밀접한 관련이 있다. 저널리스트들은 자신을 고용한 뉴스 조직의 신뢰성을 앞세워 자신의 신뢰도를 끌어낸다. 같은 논리로 저널리즘 진본성은 저널리스트뿐만 아니라 뉴스 조직에 대한 신뢰성을 바탕으로 한다. 뉴스는 그래서 조직적 생산물이다.

이런 점에서 저널리즘의 진본성은 조직적 진본성 또는 제도적 진본성이라고 할 수 있다. 제도적 진본성은 뉴스 신뢰도의 기준이다. 민디치(Mindich, 2004)에 의하면 저널리스트는 자신에 대한 신뢰를 자신이 생산하는 뉴스 스토리로 평가받는 것이 아니라 오랜 시간 축적된 뉴스 조직의 평판으로 평가받는다. 그 평판은 개별 저널리스트들의 문제를 수정하는 메커니즘으로 작용할 수 있다. 같은 맥락에서 수용자 역시 개별 저널리스트에 대한 신뢰를 뉴스 조직에 대한 평판으로 결정하기도 한다. 뉴스 스토리 하나하나를 근거로 판단하지 않는다는 것이다.

뉴스 조직의 신뢰도에 근거한 제도적 진본성은 독특한 기법을 필요로 한다. 매개된 진본성은 영화 감독에서부터 뉴스 편집자에 이르기까지 모든 프로페셔널 커뮤니케이션 프로세스에 의해 구성된다. 엔리(Enli, 2005)는 여기에 일곱 가지 공통된 기법이 적용된다는 점을 분석했다. 첫째, 예측성predictability이다. 이는 미디어가 장르적 관습을 지키는 것을 말한다. 둘째, 동시성spontaneity이다. 동시성은 콘텐츠가 과거의 사건을 기록한 것이지만 실시간에 즉흥적으로 만들어진 것처럼 보이게 하는 것을 말한다. 셋째, 즉시성immediacy이다. 이는 실황중계와 같은 것이다. 생산자와 수용자가 사건의 '지금성nowness'을 공유하는 것을 말한다. 넷째, 고백성confessions이다. 콘텐츠가 믿을 만한 것처럼 보이기 위해 팩트나 감정을 노출시키는 것을 말한다. 다섯째, 일상성ordinariness인데 콘텐츠에 등장하는 인물들이 일반인처럼 보이게 하는 것을 말한다. 여섯째는 양면성ambivalence으로 어떤 것이 양면적인 것처럼 보일 때 더 진본적으로 보인다는 점을 이용하는 것이다. 일곱째, 불완전성imperfection이다. 너무 완전하면 신뢰가 가지 않는다는 점을 주의하는 것을 말한다. 이런 기법들은 단시간에 또 개별 저널리스트가 즉흥적으로 만들 수 있는 것이 아니다. 오랜 시간에 걸친 뉴스 생산 관행과 텍스트 전략에 녹아 있는 것들이다. 엔리(Enli, 2005)는 이것들을 '제도적 진본성의 기법'이라고 불렀다. 그는 저널리스트를 비롯한 미디어 생산자들이 이 기법들을 다양하게 조합하면서 진본성 환상을 구성한다고 지적했다. 수용자들은 진본성 환상을 수용하거나 수정해 해석한다. 이는 진본성에 대해 생산자와 수용자 사이의 일종의 계약이 이루어지는 모습이라고 할 수 있다. 진본성 기법은 생산자와 수용자 사이의 타협이 커뮤니케이션 성공의 핵심이라는 것이다. 진본성을 둘러싼 커뮤니케이션은 사건에 대한 지식과 진본성의 본질적 소스임을 보여준다. 그러므로 매개된 진본성 그리고 매개된 커뮤니케이션은 일상생활, 특히 불안정하고 불확실한 유동적 삶에서 필수라고 할 수 있다.

한편 진본성은 다양한 모습을 띠는데 이들 사이에는 하나의 위계가 존재한다. 진본성의 경제적 가치를 분석한 길모어와 파인(Gilmore and Pine, 2007)은 경제재의 다섯 가지 경제적 가치 구성 동력을 통해 진본성이 다양하게 구성될 수 있음을 분석했다. 이들은 자연적natural 진본성, 독창적original 진본성, 예외적exceptional 진본성, 참조적referential 진본성, 영향력influential 진본성 등의 다양한 구성으로 진본성은 진화할 수 있다고 보았다.

이에 대해 자세히 살펴보자. 첫째, 자연적 진본성은 원재료의 진본성을 말한다. 인간의 손이 닿지 않고 유지되어 인공적이지 않고 합성되지 않은 자연 상태의 존재를 진본성으로 평가한다. 유기농식품 생산자, 천연비누 등이 그런 예다. 둘째, 독창적 진본성은 원재료를 상품으로 구성할 때 얻을 수 있는 것이다. 디자인의 독창성, 유사한 종류 중 최초의 것, 이전에 인간의 눈으로 보지 못한 것, 복제나 모방이 아닌 것을 상품의 진본성으로 평가한다. 셋째, 예외적 진본성은 서비스의 진본성을 말한다. 이례적으로 우월한 방식으로 서비스를 수행하는 것을 예외적 진본성으로 평가한다. 넷째, 참조적 진본성은 경험에서 창출된다. 기존에 존재하는 것을 모방하는 것이 아니라 이로부터 맥락을 끌어내 참조하는 것으로서 역사적 맥락을 확보하는 것을 의미한다. 그런 점에서 이는 관련성을 통해 진본성을 주장한다. 마지막으로 영향력 진본성은 관련된 다른 요소들에 변화를 일으키는 진본성이다. 다른 실체들에 영향력을 행사하는 것을 말한다. 다른 실체의 변화를 통해 영향력을 측정할 수 있다.

진본성의 진화가능성은 사건은 물론 뉴스 생산 모두에 적용할 수 있다. 사건의 진본성이 진화하는 과정 역시 자연 상태에서 시작해서 사건이 사회에 미치는 영향력을 갖는 것으로 진화한다. 사건이 인지되기 이전의 상황은 모든 사회현상이 복잡하게 뒤엉킨 혼돈의 상황일 것이다. 자연적 진본성은 여기에 묻혀 있다고 할 수 있다. 독창적 진본성은 사건이 드러날 때의 진본성이다. 기존의 지배질서 안에서 새로움을 드러내는 순간이다. 기존 질서에 잡음을 제공하는 단계라고 할 수 있다. 예외적 진본성은 사건이 기존 질서에서 벗어나려는 움직임이 일어날 때 구성된다. 잡음이 기존 질서의 방해요소로 등장하는 순간이다. 방해가 진행되면 기존 질서와 새로운 질서 사이의 타협이 이루어진다. 타협은 서로를 인정함으로써 가능하다고 보면 이는 상대를 참조하는 참조적 진본성이라고 할 수 있다. 타협을 통해 이루어진 균형은 깨어지기 마련이다. 충돌이 일어날 수도 있다. 이때 지배질서의 유지 또는 재편이 이루어지는데 어느 경우든 충돌에서 이긴 쪽이 사회에 대한 지배적 영향력을 행사하게 된다. 영향력 진본성이 드러나는 순간이다. 진본성이 혼돈에서 충돌로 이어지는 과정은 대단히 역동적이다. 자연 상태에서 충돌을 통해 영향력의 주체가 결정되기까지 진본성을 둘러싼 변화는 사건 프로세스의 진화가 저관련성에서 고관련성으로, 저개입성에서 고개입성으로, 고해결성에서 저해결성으로, 저가시성에서 고가시성으로 다시 저가시성으로 이동한다는 것을 알 수 있다.

진본성 찾기를 위한 뉴스 생산의 진화 프로세스를 다음과 같이 제시할 수 있다. 자연적 진본성은 사건과 관련된 원재료인 팩트의 진본성

을 의미한다면, 독창적 진본성은 수집된 팩트 중에서 다른 저널리스트
가 확보하지 못한 독점적 팩트에서 찾을 수 있다. 예외적 진본성은 서
비스의 예외성으로서 뉴스 스토리가 특정한 집단을 염두에 두는 것을
의미한다. 참조적 진본성은 사건의 관련성, 배경, 맥락을 역사적 경험
에서 찾아내는 것을 말한다. 사건에 대한 분석 기사는 참조적 진본성을
확보할 수 있다. 영향력 진본성은 의견 기사를 통해 창출할 수 있다.

　진본성의 다양한 측면은 저널리즘의 진본성이 역동적으로 변해
가는 것임을 보여준다. 팩트의 진본성부터 영향력이라는 권력을 통한
진본성까지 저널리즘 진본성의 역동성과 영역을 파악할 수 있는 근거
로 삼을 수 있다. 동시에 진본성의 다양한 형태에서 일종의 위계적 흐
름을 읽을 수 있다. 위계를 이룬 진본성들 사이에 상호작용이 이루어지
면 진본성의 진화 프로세스가 구축될 수 있다고 본다. 자연 상태의 원
재료의 진본성은 가공에 투입되는 디자인 독창성으로, 가공의 독창성
은 다시 다른 가공 과정과 비교 우위를 갖는 예외적 진본성으로, 예외
적 진본성이 역사적으로 축적되면서 관련성과 맥락을 내재하는 참조
적 진본성으로, 참조적 진본성은 그 영향력을 행사해 다른 실체를 변형
시킬 수 있는 영향력 진본성으로 이어질 수 있다. 진본성은 시간의 경
과와 관련성의 범위를 확장하면서 하나의 흐름을 갖고 진행될 수 있는
것이다. 원재료 진본성에서 영향력 진본성으로의 이전은 시간이 갈수
록 진본성의 범위가 확장되면서 이로 인한 변화의 범위와 힘이 커진다
고 할 수 있다. 진본성은 이런 프로세스를 거치면서 그 원재료는 조작
되고 포맷의 기준을 충족하면서 거대한 수용자에게 도달할 수 있는 진
본성 콘텐츠로 만들어진다(Enli, 2005). 저널리즘 진본성 역시 이미 결
정된 어떤 의미나 속성이 아니라 프로세스를 이루는 단계들을 거치면

서 구성된다. 뉴스 생산의 라이프사이클을 따라 진본성의 진화가 이루어질 수 있다고 본다. 발생 기사가 분석 기사로, 분석 기사가 의견 기사로 이어지는 라이프사이클은 위계적 진본성들 사이의 진화 프로세스와 맥을 같이 한다. 진본성의 진화 프로세스는 그만큼 진본성이 역동적이고 유동적이라는 것을 보여준다.

여기서 주목해야 할 것은 영향력 진본성이다. 수용자는 자신의 문제를 해결하기 위해 변화를 추구한다. 이를 위해 적극적 행동을 하고자 하며 뉴스 소비 역시 이러한 관점에서 전략적으로 행한다. 저널리즘은 진본성의 구현을 위해 수용자가 문제 해결을 할 수 있도록 해야 한다. 저널리즘이 수용자의 변화를 창출하는 데 가장 효율적인 방법은 무엇일까. 길모어와 파인(Gilmore and Pine, 2007)은 진본성 가치의 최고 수준은 영향력 진본성이라고 지적했다. 수용자 개인 또는 집단의 욕망을 성취하도록 도와주는 것, 중요한 사회적 요구들을 해결하고 효과적 결과를 얻을 수 있도록 지원하는 것, 생산자가 제공하는 상품이나 서비스에 중요한 의미를 통합시키는 것 등을 통해 영향력 진본성을 성취할 수 있다고 보았다. 이러한 속성들은 궁극적으로 수용자의 변화를 창출하는 것을 목표로 삼는다. 이렇게 보면 저널리즘 진본성은 수용자 변화와 생산자 영향력의 상호작용이라고 할 수 있다. 이 상호작용은 관계교환을 통해 일어나며 그때 저널리즘 진본성이 실현되는 것이다. 저널리즘 영향력이 저널리즘에서 수용자로 향하는 일방적 관계가 아니라 상호작용적이라는 점을 주의해야 한다. 나폴리(Napoli, 2014)는 미디어의 영향력은 미디어가 수용자에게 개입하는 것은 물론 수용자의 미디어 개입에 의해 더욱 강화될 수 있다는 점을 분석했다. 개입이 미디어 영향력을 형성하는 중요한 매개요소라는 것이다. 소셜 미디어 테크놀로지에서 보듯이 테크놀로지 발전은 수용자 개입을 강화한다. 수용자들은 단순히 콘텐츠에만 개입하는 것이 아니며 IT 플랫폼과 같은 정보기술에도 개입한다.

　요컨대 저널리즘 진실은 팩트의 진위와 전혀 다른 것이다. 저널리즘의 진실은 철학적 진실이나 과학적 진실과 다르다. 연구자들은 이것이 추구해야 하고 추구할 수 있는 진실이라고 주장한다. 저널리즘 진실은 실현가능한 실체적 진실이라는 것이다. 이런 점에서 진실의 소스라고 불리는 진본성을 통해 저널리즘 진실에 접근하려는 시도는 중요한 의미가 있다. 진본성은 생산자와 소비자 사이의 합의가 가능한 영역이라는 점에서 보다 현실적이고 실체적이라고 할 수 있다. 진본성은 타협이 가능하고 진화가 이루어지는 영역이다. 저널리즘 진본성은 저널리즘 진실의 허약한 논리를 보다 구체화할 수 있는 개념이라고 할 수 있다. 진본성은 저널리즘 진실의 소스다. 저널리즘 진실의 토대가 되는 객관성의 불안정하고 불확실한 논리에서 벗어나 저널리스트의 탐구자로서의 정체성을 수용할 수 있는 개념이기도 하다. 또한 유동성 사회와 유동적인 저널리즘의 복잡성과 혼돈 속에서 저널리즘 진실을 드러낼 수 있는 전략적 속성도 갖고 있다. 주목해야 할 것은 저널리즘 진본성은 상대적 개념이며 수용자와 타협을 거쳐 이루어지는 커뮤니케이션이라는 점이다. 때문에 진본성이 저널리즘 진실의 소스로 작동하자면 커뮤니케이션이 무엇보다 중요해진다. 저널리스트의 역량은 커뮤니케이션을 구성하는 역량이라고 할 수 있다. 저널리스트는 실존주의 저널리즘이 강조하는 개별 저널리스트일 수도 있고 제도적 진본성의 중심인 뉴스 조직일 수도 있다. 이들의 가치는 독특한 생산 기법과 생산 관행을 갖고 있다는 데 있다. 나아가 진본성은 과정적이고 단계적이다.

저널리즘 진본성은 프로세스를 통해 접근해야 한다. 진본성은 진실의 조작적 정의이자 대체 개념이며 구체화라고 할 수 있다. 진본성의 확보 방법과 진본성의 내용이 어떤 것인지도 손에 잡힌다. 진본성에 대한 논의들은 탈진실을 정확하게 짚어낼 수 있는 근거를 제공해준다고 본다.

4장

시간과 장소의 소멸

시간

진본성은 유동적이고 상대적이다. 이는 수용자와 타협을 거쳐 이루어지는 커뮤니케이션이다. 저널리즘 진본성을 확보하는 것은 쉬운 일이 아니다. 그럼에도 저널리즘은 반드시 이를 파악해야 한다. 그럼으로써 사건을 제대로 이해할 수 있다. 이 장에서는 진본성 파악을 위해 특히 초점을 맞추어야 하는 요소를 다루고자 한다. 우리가 알고자 하는 것은 특정한 현상, 사건의 진본성이다. 사건의 핵심은 시간과 장소이며 따라서 시간과 장소는 진본성의 핵심이다. 시간과 장소는 사건을 구성하는 팩트의 출처를 의미한다(Evered, 2005; Mason, 2008). 즉 사건의 근거다. 최근 시간과 장소가 뉴스에서 소멸하는 현상이 점점 강화되고 있다. 디지털 테크놀로지가 변화를 초래하고 있다. 진본성 파악을 위한 저널리즘의 구체적 노력은 시간과 장소에 대한 분석에 초점을 맞추어 접근해야 한다고 본다.

뉴스가 다루는 사건은 시간과 장소의 함수다. 뉴스는 시간과 장소를 통해 사건의 토대를 구체적으로 드러낸다. 슈미츠 바이스(Schmitz Weiss, 2015)의 말처럼 사건은 공간적 현상인 동시에 시의성timeliness에 의해 결정된다. 시의성은 단순히 사건이 일어난 시점을 말하는 것이 아니다. 시간 흐름의 특정한 지점이 뉴스의 의미와 가치를 결정하는 것을 말한다(Carlson and Lewis, 2019). 즉 사건이 시간과 공간 속에 숨은 역사적 맥락과 연결될 때 이를 시의성이 있다고 이해한다. 예를 들어 행진이나 페스티벌 등이 벌어지는 공적 장소에 대해 사람들이 당대의 문화적 전통과 맥락을 공유할 때 행진과 페스티벌은 시의적절한 의미를 가진다. 사회적 사건을 다루는 뉴스는 사건의 시간과 공간을 구성함으로써 사건이 왜 뉴스로 다루어질 만한 공적 의미를 갖는지를 주장할 수 있다. 저널리스트의 활동도 시간과 장소에 얽혀 있다. 뉴스룸이라는 생산 공간 안에서 마감시간을 지켜냄으로써 사건의 뉴스 가치를 구체적으로 생산해낼 수 있다. 뿐만 아니라 뉴스가 형상화되는 뉴스 스토리 역시 시간과 장소를 기준으로 삼는 텍스트다. 에릭슨(Ericson, 1998)이 말한 뉴스 스토리의 시각화는 사건의 시간과 장소의 시각화라고 할 수 있다. 바흐친(Bakhtin, 1981)은 텍스트를 이해하기 위해 시간과 공간의 연결성을 주장한 크로노토프chronotope 이론을 제시했다. 크로노토프는 서사의 바탕을 형성하는 시간과 공간의 매트릭스를 말한다. 시간과 공간은 사물의 관계를 구성함에 있어 상호의존적이며 불가분의 관계를 갖고 있다고 본다. 어떤 시점에서 일어나는 현상은 시간과 공간이 분리되지 않고 본질적으로 연결되어 있다는 것이다.

디지털 환경에서의 시간과 공간의 연계성은 문제적 현상으로 나타난다. 뉴스 생산과 소비의 속도 증가는 뉴스 의미를 결정하는 시간과 공간에 중요한 영향을 미친다(Hemmingway, 2004). 속도는 시간을 변화시키는 것으로 그치지 않는다. 하비(Harvey, 1989)가 말한 것처럼 속도 증가는 시간과 공간의 압축을 초래한다. 시간을 축약하는 속도 증가는 지리적 공간을 축소시키고 심지어 소멸시켜 버릴 수 있다. 산업혁명기에 기차가 등장하자 그것이 정차하지 않은 많은 지역의 경제적 가치가 사라져 버리는 현상이 일어났다. 이를 '시간에 의한 공간의 소멸'이라고 부른다. 뉴스에서도 이런 현상이 발생한다. 크레이그(Craig, 2016)는 뉴스의 속도 증가가 공간 소멸로 이어지고 이는 다시 인간의 존재방식에 심각한 변형을 낳는다고 진단했다. 속도 증가에 따른 시간의 변화와 함께 공간은 확장되기도 하지만 동시에 축소되기도 한다. 시간도 영역에 따라 속도는 빨라지기도 하지만 느려지기도 하며 나아가 다른 방향으로 움직이기도 한다(May and Thrift, 2001). 디지털 시대의 뉴스의 시간과 공간의 변화로 이를 접하는 수용자들의 경험은 한층 더 복잡해진다. 그러므로 저널리즘의 시간과 장소를 새로운 관점에서 살펴볼 필요가 있다.

먼저 시간이다. 시간은 다양한 의미를 갖고 있다. 슐츠(Schultze, 2007)가 정의를 내린 것처럼 시간은 한 시대를 다른 시대로 연결해 지속성을 갖도록 해주는 문화현상이다. 시간의 이동을 감지할 수 있다는 것은 우리를 둘러싼 현실의 변화를 이해할 수 있다는 것을 의미한다. 시간이 시대와 문화를 드러내는 방식은 다양하다. 맥타가트(McTaggart, 1908)는 시간을 역동적 'A 이론의 시간'과 상호구속적 'B 이론의 시간'으로 나누었다. 전자는 '23년 전', '지금부터 3년' 등으로 표현되는 절대적 시간을 의미한다. 시계로 측정할 수 있는 시간이다. 연속적 시간을 말하며 연대기가 대표적이다. 이는 시간이 순차적으로 과거에서 현재, 미래로 이동하는 역동적이라는 것을 보여준다. 실비에(Sylvie, 2003)는 이를 크로노스chronos라고 지칭했다. 그가 카이로스kairos라고 부른 B 이론의 시간은 좀 더 복잡하다. '바로 이전', '지금 이후'와 같은 상대적 시간을 말한다. 사건과 관련된 특정한 시점의 시간을 가리킨다. 이때 시점들 사이의 관계가 중요하며 특정한 시제는 없다tenseless. 인간의 사회 활동에 따라 다르게 인식되는 시간이 이에 해당한다.

엘리아스(Elias, 1992)는 시간은 사회적 상징성을 갖는다고 지적하면서 시간을 좀 더 자세하게 구분했다. 첫째, 의사소통의 상징체계, 즉 의미로서의 시간인데 이때 시간은 단어와 개념이 한데 어우러진 의미 패턴을 갖는다. '해질 무렵' '어스름 달빛 아래' 등이 그런 것이다. 둘째, '태도 정향orientation'을 위한 시간이다. 사회적으로 제도화된 도구로서의 시간이다. 가령 시계에 나타나는 제도적 시간인 '오전 7시 30분' '11월 1일' 등이 이에 해당한다. 셋째, 인간의 행위를 규제하기 위한 시간이다. 이 시간은 행동을 결정해주는 지침으로서 실제 행위와 결합된다. '회의 51분 전' '아직 세 번 더 회의를 해야 한다' 등을 말한다.

뉴스에서 시간은 다양한 기능을 한다. 시간 분석을 통해 뉴스는 사건의 변화를 일으키는 다양한 수준과 요인들을 설명해줄 수 있다(Zelizer, 2013). 장기간에 걸쳐 형성된 변화 패턴에 영향을 미치는 규범적 요인들을 밝혀낼 수도 있다. 누군가의 이해관계에 의해 어떤 목적을 위해 어떤 함의들이 변화를 추구하거나 저항하도록 만드는지를 설명할 수 있다는 것이다. 이런 맥락에서 젤리저(Zelizer, 2018)는 시간은 뉴스를 이해하는 통로라고 강조했다. 보드커와 소내벤드(Bødker and Sonnevend, 2017)에 의하면 뉴스가 제시하는 시간은 복합적이다. 뉴스는 사건을 '지금'의 사건으로 느낄 수 있는 동시성 또는 현재성을 창출한다. 미래의 윤곽을 그려주고 과거에 대한 기억과 이해를 만들어낸다. 이를 근거로 사건에 내재된 일상적인 것과 비통상적인 것을 골라낼 수 있다. 뉴스의 시간은 사건의 실체에 접근할 수 있는 통로의 역할을 하는 것이다. 시간을 놓고 저널리즘과 사건은 변증법적 관계를 갖는다

(Craig, 2016). 저널리즘은 사건의 시간 리듬에 반응하지만 동시에 사건의 시의성과 속도에 영향을 줄 수 있다. 정부 기관과 같은 취재대상 영역의 활동시간에 따라 저널리스트가 사건을 다루는 태도가 결정된다. 반대로 정부 관료들이 조간 마감시간에 맞추어 기자회견을 여는 것처럼 이들 역시 뉴스 생산의 관행적 시간성에 맞추어 사건을 구성하기도 한다. 시간을 두고 저널리즘과 사회는 타협하기도 한다.

뉴스의 시간은 사건의 시간과 이를 뉴스로 구성하는 생산의 시간으로 구분할 수 있다.[4] 초기 뉴스 생산에 관한 연구들은 주로 사건의 시간에 초점을 맞추었다(Schlesinger, 1977; Schudson, 1986; Tuchman, 1978; Zelizer, 2018). 반허스트와 나이팅게일(Barnhurst and Nightingale, 2017)은 19세기 근대 저널리즘이 성립된 이후 뉴스는 시간을 추적해왔다고 지적했을 정도로 저널리즘은 사건의 시간에서 뉴스 가치를 찾고자 했다. 이때 사건의 시간은 사건을 선택하는 기준을 말한다. 사건의 시간은 관점에 따라 다른 의미와 가치를 갖는다. 실비에(Sylvie, 2003)는 이를 세 가지로 구분했다. 첫째는 순차적 시간으로서 사건이 일어난 순서를 설명할 때의 시간이다. 둘째는 시의성의 시간이다. 사건이 일어난

---

4 시간은 뉴스 소비에 영향을 미치기도 한다. 적소이론을 비롯한 많은 연구들이 미디어 소비가 시간의 함수라는 점을 분석했다(Albarran and Arrese, 2003; Chan-Olmsted, 2006; Dimmick, 2003; Goldhaber, 1997; McDonald and Dimmick, 2003; Vogel, 1998). 뉴스의 소비 가치는 구매 이후 소비자가 시간을 투입해 소비를 해야 비로소 나타난다(Dimmick, 2003). 뉴스의 상품 경쟁력은 소비 시간, 소비 빈도 및 반복, 다른 상품의 소비 시간 등 시간을 기반으로 한 경쟁력이다(Goldhaber, 1997). 뉴스 생산이 시간의 함수인 것처럼 소비 역시 시간의 함수인 것이다. 저널리스트는 뉴스 소비의 시간성을 생산 과정 속에서 고려하지만 이 연구에서는 사건의 시간과 관련된 생산의 시간에 초점을 맞춘다.

시점과 관련 요소들 사이의 관계 또는 사건과 관련된 다른 사건들과의 관계를 보여주는 시간을 말한다. 셋째는 속도다. 사건의 변화가 일어나는 빈도나 리듬을 말한다. 실제 뉴스 생산 과정에서는 이 세 유형의 시간이 별개로 나타나는 경우는 없다. 따라서 뉴스는 이 세 가지 시간을 효율적으로 또 전략적으로 구성할 수 있어야 한다(Huy, 2001; Sylvie and Witherspoon, 2002).

사건의 시간은 사회적 시간을 의미한다. 근대 사회의 시간은 선형적 흐름을 중요하게 여겼다(Barnhurst and Nightingale, 2017). 이후 사건의 속도는 점점 빨라졌다. 디지털 시대 시간의 속도는 더욱 빨라졌다. 카스텔스(Castells, 1996, 2000)는 '무시간적 시간timeless time'의 개념을 제시했다. 커뮤니케이션 테크놀로지에 의한 속도 증가로 선형적 시간의 흐름은 붕괴되고 결국 시간을 없애버리는 지경에 이르렀다고 보았다. 절대적 시간은 무너졌다. 시간은 이제 커뮤니케이션에서도 영향력을 잃고 있다. 커뮤니케이션 속도의 증가와 커뮤니케이션의 동시성 또는 실시간성으로 대체되고 있다. 무시간성은 새로운 성격의 속도에 대처하기 위한 전략이라고 할 수 있다.

보다 관심을 기울여야 하는 것은 생산의 시간이다. 사건의 시간을 생산으로 끌어들여야 하기 때문이다. 생산의 시간은 사건의 시간과 다른 가치 체계를 갖고 있다. 뉴스룸의 시간을 보자. 뉴스룸의 시간은 슐래진저(Schlesinger, 1977), 피카르드와 그뢴룬트(Picard and Grönlund, 2003), 실비에(Sylvie, 2003) 등의 연구가 잘 분석하고 있다. 취재에서부터 편집에 이르기까지 뉴스 생산은 시간을 중심으로 움직이는 각기 다른 행위로 구성된다. 슐래진저(Schlesinger, 1977)는 이렇게 작동하는 뉴스 조직을 '시간 기계time-machine'라고 불렀다.

시간 기계는 다양한 시간으로 돌아간다. 슐래진저(Schlesinger, 1977)에 의하면 생산행위의 순차성으로서의 시간, 행위 계획으로서의 시간, 속도로서의 시간 그리고 이 세 가지 시간 속성들의 정기적 순환성을 의미하는 주기로서의 시간 등으로 나눌 수 있다. 이 모든 시간 속성이 뉴스 생산에 적용된다. 첫째, 순차성 시간이다. 이는 계획-수집-선택-표출 등에 나타나는 시간이다. 적어도 논리적으로 각 단계는 다른 단계와 구분되는 시간대에서 진행된다. 실비에(Sylvie, 2003)의 지적처럼 이 시간대는 구조적으로 관행화되어 있다. 둘째, 행위 계획으로서의 시간이다. 저널리스트는 생산 단계에 따라 각기 다른 생산행태를 적용한다. 생산 단계에 적합한 생산행태를 적용해 저널리스트는 스스로 뉴스 생산 단계의 시간을 통제한다(Huy, 2001; Sylvie and Witherspoon, 2002). 그들은 마감시간에 맞출 수 없는 사건은 뉴스에서 배제시키는 식으로 시간을 통제한다. 셋째, 속도의 시간이다. 이는 경쟁자보다 빠른 시간에 보도하는 것을 말한다. 사건의 시간과 함께 생산의 시간에서도 속도는 중요하다. 속도는 뉴스 생산에서 시간의 역할이 가장 잘 드러나는 개념이다(Schlesinger, 1977). 생산의 시간은 템포, 지속성duration, 동시성, 반복, 지연, 순서매김, 시의성, 지속성, 맥락, 중지, 미적거림 등 다양하게 나타날 수 있지만 사실 이것들은 모두 속도를 나타내는 개념들이다(Zelizer, 2018). 궁극적으로 생산의 시간은 속도로 나타난다고 할 수 있다. 생산 시간의 속도는 무엇보다 순간성에 의해 가치가 결정된다. 속도 때문에 뉴스 상품은 소멸성을 갖게 된다. 슐레진저(Schlesinger, 1977)의 분석처럼 뉴스는, 특히 텔레비전 뉴스는 소멸성을 띤다. 소멸성의 상품은 즉시성에 의해 가치가 결정된다. 즉시성이라는 가치가 사라지기 전에 보도하는 속도가 무엇보다 중요하다.

뉴스룸의 시간은 뉴스 생산의 시간 구조time structure를 형성한다(Sylvie, 2003). 각 생산 단계에 따라 지속되는 시간의 길이가 달라서 생산 속도도 달라진다. 저널리스트들은 생산의 시간 구조에 맞추어 자신의 시간 리듬과 시간 형식을 만들어낸다(Orlikowski and Yates, 2002). 저널리스트들은 뉴스의 시간 구조에 적합한 생산의 시간들을 위해 자신의 행위 패턴들을 예상하고 다른 저널리스트들과 공유한다. 이를 실비에(Sylvie, 2003)는 '시간성의 규범'이라고 불렀다. 생산의 시간은 마감시간을 정점으로 구조화된다는 점에 주목해야 한다. '마감시간'이란 뉴스 콘텐츠가 기사 작성, 편집, 디자인의 손을 떠나 인쇄와 배포로 이동해야 하는 시간을 말한다(Picard and Grönlund, 2003). 모든 생산의 시간은 마감시간의 종속변수가 된다(김사승, 2015). 순간성의 시간은 마감시간에 가까울수록 뉴스 가치가 높아진다. 순차성의 시간은 마감시간을 향한 생산 단계들의 순서에 의해 유지된다. 마감시간에 따라 취재 및 편집의 계획에 활용되는 시간은 제한될 수밖에 없다. 속도의 시간역시 마감시간이 가까워질수록 속도를 높여야 한다는 점에서 마감시간에 종속된다. 주기성은 마감시간을 전환점으로 삼아 순차성에서부터 계획성에 이르기까지 일련의 과정이 진행되고 다시 순차성으로 이어지는 시간의 유형을 반복하며 확보된다. 마감시간은 뉴스 생산의 모든 시간 유형을 통제하는 지배적인 시간이라고 할 수 있다.

　　사건의 시간과 생산의 시간이 완전히 별개로 작동하는 것은 아니다. 생산의 시간은 사건의 시간에 적절하게 대응하며 이를 통해 사건의 시간은 재구성하면서 뉴스의 시간을 만들어낸다. 생산의 시간은 사건의 시간을 수용하기 위해 다양한 생산 전략을 구성해야 한다. 이런 점에서 뉴스의 시간에서 점점 중요해지는 것이 속도다. 뉴스의 속도는 세

가지로 구분할 수 있다. 첫째, 절대적 속도로서 보도 속도를 말한다. 이는 시장에서의 경쟁 우위를 차지할 수 있는 가장 중요한 요소다(Craig, 2016). 보도 속도는 고품질 뉴스 생산의 지표로 여겨져왔다. 시의성도 보도 속도에서 나온다고 본다. 시의성은 특정한 시간 지점이 뉴스 가치와 의미에 영향을 미치는 것을 말하기도 하지만(Carlson and Lewis, 2019) 효과적인 보도 시간의 선택을 의미하기도 한다(Sylvie, 2003). 사건 발생 시점과 거리가 짧을수록 사건 재현의 수준이 높아진다고 본다. 가능한 빨리 제공된 뉴스가 좋은 뉴스라고 보는 것은 이 때문이다. 뉴스비즈니스에서는 속도가 다른 어떤 요소보다 상위의 가치를 갖는다. 둘째는 관계적 속도다. 이는 뉴스가 출입처와 같이 사건이 발생한 영역의 시간 리듬에 맞추는 것을 말한다. 관계적 속도를 통해 뉴스는 사회적 시간을 구성한다(Carlson and Lewis, 2019). 이를 위해 '출입처'라는 공적 시스템의 운영시간과 취재가 밀접하게 연결되어 있어야 한다. 출입처의 절차와 작동 메커니즘에 시간적으로 연결되어야 한다. 즉 이들의 활동 시간에 맞추어 취재가 이루어질 수 있도록 뉴스 생산 활동의 시간을 구성해야 한다. 이런 점에서 뉴스는 소스인 공적 영역이 만들어내는 의미 구성 프로세스에 참여한다고 할 수 있다. 셋째는 상대적 속도다. 일상생활의 속도는 상대적이다. 특정 경험의 속도가 증가한다는 것은 다른 영역의 경험 속도는 상대적으로 느려진다는 것을 의미한다. 철도 도입에 따른 교통 속도의 증가는 마차와 같은 다른 운송 수단의 속도가 상대적으로 느려진다는 것을 의미한다(May and Thrift, 2001; Parkins and Craig, 2006). 일상생활 속에서 우리는 다양한 속도를 경험한다. 다양한 속도들 사이의 타협이 이루어지는 것을 경험하기도 한다. 크레이그(Craig, 2016)는 이를 '변증법적 관계의 속도'라고 불렀다. 뉴스도 마찬가지다. 뉴스 생산의 시간과 출입처의 시간 사이의 타협도 변증법적 관계의 속도다. 소스들이 급하면 뉴스 생산 마감시간이나 방송시간에 맞추어 보도자료를 내놓는다.

사건 시간의 속도 증가에 대응하기 위해 생산의 시간 역시 속도를 높여야 한다. 대신 보도의 정확성과 사건에 대한 숙고를 포기해야 한다. 이를 포기하고 나면 뉴스는 단순해진다(Zelizer, 2018). 이런 문제에 대처하기 위해 슈드슨(Schudson, 1986)은 뉴스는 복수의 사건 시간을 '계속되는 현재continuous present'로 만든다고 보았다. 각기 다른 시간의 사건을 통합해 사건이 시간적으로 이어지고 있는 것처럼 만든다는 것이다. 젤리저(Zelizer, 1993)는 이를 저널리즘이 '이중시간double time'을 구성하는 것이라고 지적했다. 이렇게 함으로써 사건시간에 내재되어 있는 과거와 미래의 시간은 언제나 뉴스의 현재에 대한 기록에 뒤엉켜 드러나게 된다(Barnhurst, 2011). 뉴스의 현재성은 다양한 시간들의 관련성을 구성하면서 만들어진다는 말이다.

쉘러(Sheller, 2015)는 이런 현상이 '뉴스의 지금성nowness of news'을 초래한다고 주장했다. 실시간성, 동시성은 저널리스트가 사건 시간의 흐름을 똑같이 따라갈 것을 요구한다. 이는 수용자나 심지어 사건의 주동세력인 뉴스행위자도 마찬가지다. 뉴스행위자, 저널리스트, 수용자는 이전엔 서로 다른 시간 속도를 갖고 있었지만 이러한 특성들 때문에 모두 동일한 시간 속도를 받아들여야 한다. 이렇게 되면 슐레진저(Schlesinger, 1977)의 지적처럼 프로페셔널 저널리스트가 누려왔던 사건과 관련된 시간의 독점 또는 시간에 대한 통제는 더 이상 유지하기 어려워진다. 앞서 말한 것처럼 저널리스트의 시간 통제는 정해진 생산 단계에 따른 생산행태의 적용을 통해 가능했지만 이것이 불가능해지는 것이다. 예정된 순서에 의해 진행되는 생산 프로세스가 작동하기 어려워지고 저널리스트의 시간 통제는 불가능해진다. 뉴스의 '지금성'은 또 끊임없이 즉각적 업데이트를 요구한다. 이렇게 되면 저널리스트는 사건을 플롯을 가진 하나의 이야기로 구성하는 스토리텔링을 할 수 없게된다. 대신 비선형적 보도를 전략적으로 택할 수 있다. 즉 뉴스는 사건이 일어나고 종료된 뒤 이를 보도하는 순차적 선형적 접근을 하지 않고진행 중인 사건을 생중계하면서 사건과 뉴스가 동시간성을 갖게 된다. 때로는 뉴스를 완전히 개방해 사건이 일어나기도 전에 앞서 보도하기도 한다. 아직 확실하게 종료되지 않은 사건을 대체 사건으로 만들어내는 독특한 생산방식을 도모하기도 한다. 이렇게 되면 사건과 뉴스가 한데 뒤엉키게 된다. 결국 슈드슨(Schudson, 1986)이 말한 '계속되는 현재 continuous present'가 만들어지는 것이다. 이렇게 되면 사건의 시간과 뉴스의 시간은 서로 구분할 수 없는 상황에 처하고 만다. 당연히 소스 검증, 루머 검증이 제대로 이루어지지 못하고 잘못된 정보의 구전 확산을 초래하기도 한다. 사건과 뉴스의 선형성을 유지할 때는 뉴스 조직이 이런 문제들을 통제할 수 있었지만 이러한 상황에서는 불가능하다.

디지털 환경에서는 속도 증가를 생산이 따라잡지 못한다. 이렇게 되면서 저널리스트는 디지털 플랫폼에서 행위 주체가 아니라 배경으로 밀려난다(Martin, 2015). 속도, 달리 말해 뉴스의 흐름을 통제하지 못하기 때문이다. 시의성timeliness, 동시성simultaneity, 생중계와 같은 실시간성liveness, 즉각성instantaneity, 가속화acceleration, 즉시성 등은 빠른 뉴스가 더 나은 뉴스의 핵심이라는 개념을 강화한다(Zelizer, 2018). 앞의 논의들은 이렇게 되면 전통적인 생산의 시간은 사라질 수밖에 없다는 것을 보여준다.

장소

    기에린(Gieryn, 2000)이 지적한 것처럼 장소는 물리적 요소이며 실체를 갖고 있다. '장소'란 어떤 특정한 지점에서의 사물 또는 객체들의 조합, 즉 사물들의 조합assemblages이다(Latour, 1996; MacKenzie, 1990). 다름, 권력, 불평등, 집단행동 등의 사회 프로세스들은 우리가 디자인하고 만들고 이용하고 저항하는 장소의 물질적 형식들을 통해 일어난다(Habraken, 1998). 사람들이 장소를 만들고 투자하고 작동시킨다. 기에린(Gieryn, 2000)에 따르면, 장소는 위치, 물질적 형식, 의미 등 세 가지 속성이 하나로 통합됨으로써 존재할 수 있다. 통합을 통해 장소는 충분성plenitude과 완결성completeness을 갖게 된다. 그는 장소를 물리적 요소들의 단순 집합으로 이해하는 환원주의reductionism와 장소를 둘러싼 다양한 환경적 요소에 의해 장소가 결정된다는 환경 결정론environmental determinism 모두 틀렸다고 본다. 부르디외(Bourdieu, 1990)가 지적한 것처럼 장소의 물리적 속성과 장소에 대한 해석은 모두 자율적으로 작동한다. 어느 것에 의해 어느 것이 일방적으로 결정되는 것이 아니다. 장소는 다른 사회적 문화적 실체들과 순환적인 관계를 갖고 있으며 관습과 제도를 통해 만들어진다(Giddens, 1984). 장소는 사회적 삶을 매개한다(Abu-Lughod, 1968). 요컨대 장소에는 사회현상이 녹아들어 있다. 사회의 다양한 특성이 구현되는 구체적 실체라는 것이다. 따라서 장소는 사건 재현의 핵심 요소라고 할 수 있다.

장소는 두 가지 관점에서 이해해야 한다. 시간과 마찬가지로 이 역시 생산과 사건의 두 관점에서 접근할 수 있다(Usher, 2019). 장소는 저널리스트가 뉴스 생산에 들어갈 수 있는 실체적 근거다. 사건이 일어난 장소가 존재함으로써 사건은 뉴스로 다루어진다. 동시에 장소는 사건에 상징적·문화적 중요성을 부여한다. 또한 장소는 사건과 관련된 가치, 규범, 인식을 형성해주는 근거다. 어셔(Usher, 2019)에 의하면 장소가 물질적 속성을 갖고 감성적 영향력을 갖는 영역이기 때문에 이러한 의미를 갖는다. 이런 맥락에서 칼슨(Carlson, 2017)은 장소에 대한 인식은 저널리스트가 세계를 아는 근거가 되며 동시에 저널리스트 주장의 정당성을 제공한다고 지적했다. 장소는 물질적으로 구성되는 구체적 실체인 동시에 사회적으로 구성되는 저널리즘 담론이라고 할 수 있는 것이다. 저널리즘이 장소를 중요하게 여겨야 하는 이유다.

장소와 공간의 개념적 경계는 분명치 않다. 커뮤니케이션 이론은 장소보다 공간의 개념을 주로 이용하지만 저널리즘 연구자들은 이를 뒤섞어 사용해왔다. 슈미츠 바이스(Schmit Weiss, 2018)는 '공간 저널리즘spatial journalism'의 개념을 제시했다. 이는 물리적이고 증강적이며 augmented 가상적이기도virtual 한 공간, 장소, 위치 등을 위치 프로세스와 위치 실행으로 통합하는 새로운 저널리즘이라고 정의했다. 복잡한 설명이지만 공간 저널리즘은 정보와 지리적 공간을 장소 기반 지식으로 연결시켜주는 것이라고 할 수 있다. 그는 공간과 장소 사이의 차이를 명확하게 구분하지 않고 지리적 위치를 사건이 일어난 공간과 장소로 모호하게 이해했다. 그럼에도 불구하고 공간 저널리즘 개념은 수용자가 가진 지리적 선호도, 즉 장소에 대한 이해관계가 중요하다는 점을 주장했다는 점에서 의미가 크다. 어떤 지역 뉴스가 주민들에게 관심을 끄는가를 설명하자면 장소를 동원해야 가능하다. 그런가 하면 기에린(Gieryn, 2000)은 장소는 공간이 아니라고 주장했다. 공간은 거리, 방향, 규모, 형태, 양 등의 추상적 기하학geometry요소다. 따라서 물질적 형식과 문화적 해석과는 거리가 있다(Hiller and Hanson, 1984). 세르토(de Certeau, 1984)는 공간에 독특한 사물이나 의미, 가치 등을 독특하게 모아놓는 작업이 끝났을 때 장소가 된다고 정의했다. 르페브르는 우리가 공간을 범주화하고 분류하고 이름을 붙이며, 이어 장소를 만든다고 지적했다(Lefebvre and Nicholson-Smith, 1991). 이들의 정의에 따르면 공간과 장소는 분명히 구분된다. 장소는 방이나 건물, 도시와 같이 사람, 관행, 객체, 재현 등에 의해 채워진 공간이다. 장소는 우리가 의미를 부여하는 공간이다. 즉 공간에 대한 특정한 의도나 의미가 작용해 구체성을 띠는 현실로 드러날 때 그 공간을 장소라고 볼 수 있다. 장소가 이처럼 물리적이고 구체적인 정체성을 갖는다면, 공간은 개념적이고 분석적이다. 따라서 장소를 지리나 경계나 영토와 같은 지도적 은유와 혼동해서는 안된다(Gieryn, 1999). 요컨대 장소는 가상의 것이 아니라 실체를 갖고 있다. 이런 관점에서 보면 사이버 공간에서는 장소가 존재하지 않는다. 따라서 사건을 다루는 뉴스에서는 공간보다 장소가 더 적합한 개념이라고 할 수 있다. 장소는 공간보다 커뮤니케이션의 구체성을 확실하게 보여주고 사람들의 실체적 존재를 직접 확인해준다. 반허스트와 나이팅게일(Barnhurst and Natingale, 2017)도 장소는 실체 재현을 추구하는 뉴스의 핵심 구성요소라고 강조했다.

파파카리시(Papacharissi, 2015)는 커뮤니케이션에서 장소가 갖는 속성을 몇 가지로 구분했다. 먼저 장소는 사람들의 행위가 일어나는 물리적이고 구체적인 지점이다. 행위는 특정한 장소를 근거로 삼아 일어난다. 장소가 없으면 행위는 일어날 수 없다. 둘째, 장소 역시 그곳에서 일어나는 행위와의 관계를 통해 유지된다. 장소의 의미가 지속되는 것은 행위와 장소가 유기적으로 관계를 형성하기 때문에 가능하다. 셋째, 장소에는 권력 구조가 반영된다. 행위 주체와 장소의 관계는 권력의 특성을 드러내는 표현이다. 넷째, 장소를 통해 행위 주체는 다양한 가능성을 가질 수 있다. 장소를 근거로 행위 주체는 현재는 물론 미래의 행위를 수행할 수 있는 잠재력을 갖게 된다. 요컨대 장소는 인간행위가 다양한 모습으로 생성될 수 있는 물리적이고 구체적 기반이다. 이런 속성들은 저널리스트가 사건을 조사하고 분석할 때 적용해야 하는 항목들이라고 할 수 있다. 같은 맥락에서 테일러(Taylor, 1999)도 모든 인간 행위는 장소를 포함하므로 이를 근거로 물리적으로 증명될 수 있다고 지적했다. 어떤 일이든 어떤 장소에서 일어나며, 장소는 물리적 실체를 갖고 있다. 그런 점에서 장소는 삶을 꾸려가는 환경이며 인간이 자기 행위의 의미와 정체성을 도출하는 환경이다. 이는 장소가 행위에 대해 수동적인 관계로만 존재하는 것은 아니라는 것을 의미한다. 기에린(Gieryn, 2000)의 말처럼 장소는 환경이나 부산물이 아니라 게임의 플레이어인 행위 주체다. 인간의 사회적 삶에 독립적인 영향력을 가진 세력이라는 것이다. 지리학자 투안(Tuan, 1977/2001)이 토포필리아topophilia라는 개념을 제시하면서 장소를 절실한 가치의 중심center of felt value이라고 강조한 것은 장소가 그런 의미를 갖고 있다는 판단을 보여준다.

장소가 물질적이고 구체적인 동시에 문화적이고 상징적이라는 말은 그 자체로 독립적이며 구체적인 의미를 갖고 있다는 것을 말한다. 어셔(Usher, 2019)는 장소의 구체적 의미는 두 가지 요소에 의해 드러난다고 주장했다. 첫째, 지리적이고 물질적인 환경으로서의 장소다. 뉴스에서 장소는 대상, 물리적 구조, 행동을 위한 요소로 나타난다. 이들은 저널리스트가 장소를 이해할 때 먼저 파악해야 하는 요소들이다. 둘째, 행동과 의미가 만들어지는 곳으로서의 장소다. 뉴스의 대상은 그곳에서 살아 움직이며 저널리스트는 이들을 파악해야 한다. 저널리스트, 수용자, 사회 시스템 등이 장소와 상호작용하는 현상, 관행이 구축되는 현상, 다양한 형식으로 문화적 의미를 구성하는 프로젝트 등을 파악하는 것이 중요하다. 이와 같은 장소의 구체성은 장소가 사회적 삶이 이루어지고 역사적 변화가 일어나는 사건의 중요한 구성요소가 되는 근거임을 보여준다(Friedland and Bode, 1994). 장소가 사건이 일어나는 근거가 된다는 것은 중요한 의미를 가진다. 장소와 사건의 연계성 때문에 사람들은 다른 사람들과 서로 장소를 공유한다고 느낀다. 즉 이런 식으로 장소를 통해 공동체 인식을 가질 수 있다. 어셔(Usher, 2020)에 따르면 이런 장소에 대한 공유감은 사회적 응집력을 창출한다. 장소의 의미를 파악하기 위해서는 특정한 장소가 어떻게 사회적 의미를 갖고 나아가 이 장소가 어떻게 사회적 삶의 중요한 요소가 되었는가를 분석해야 하는 것이다(Gieryn, 2000). 장소에 대한 저널리즘의 분석도 마찬가지다. 이런 분석을 통해 저널리즘은 물리적 장소가 사회적 의미의 장소로 만든다. 저널리스트는 사회적 의미의 장소를 구성하는 사람인 것이다.

그렇다면 저널리즘은 장소의 의미를 어떻게 드러내는가. 우선 이름, 이름 붙이기, 정체성 확인, 재현 등이 없으면 장소는 성립되지 못한다(Gieryn, 2000). 뉴스는 이 속성들을 장소에 부여하는 독특한 기능을 수행한다. 이를 통해 장소는 구체성과 지속성을 확보할 수 있다. 물리적이고 구체적인 장소는 뉴스를 통해 역사, 유토피아, 위험 또는 안전, 정체성 또는 기억 등을 부여받음으로써 뉴스의 장소가 된다. 장소는 물리적으로 존재하는 독립적 실체이지만 동시에 저널리스트에 의해 만들어지는 구성적 존재다. 객관적 실체인 동시에 구성물이라는 이중적 속성을 내포하고 있다. 그래서 슈미츠 바이스(Schmitz Weiss, 2015)는 장소는 단순한 우편번호로 나타나는 고정된 개념이 아니라 보다 유동적인 뭔가로 이해해야 한다고 주장했다. 소자(Soja, 1996)의 지적처럼 사람들은 장소에 대해 해석하고 이야기하고 인식하고 느낌을 가지며 이해하고 상상한다. 동일한 장소의 의미나 가치는 고착된 것이 아니라 변하기 쉬우며 따라서 불안정하고 유동적인 것이라고 할 수 있다. 의미나 가치는 장소와 무관한 사람이나 문화에서는, 즉 공동체의 일원이 아니면 의미나 가치를 받아들일 수 없다. 그마저도 시간이 지나면 변할 수 있고 도전을 받을 수 있다. 장소의 유동성은 장소가 관계에 따라 의미가 달라지는 상대적 속성에서 비롯된다(Wilken, 2008). 사람들이 사는 삶, 특히 공동체의 삶과 관계되기 때문이다. 저널리즘은 장소를 공동체 삶의 유동성이 일어나는 현상으로 접근해야 한다. 공동체 소속감을 형성하고 공동체 정체성을 장소를 통해 제시해야 한다. 그러므로 뉴스의 장소는 공동체의 구현이라고 보는 것이 타당하다.

터크먼(Tuchman, 1978)은 뉴스가 장소를 통해 공동체의 의미를 구현하는 방법을 구체적으로 설명했다. 수용자들은 사건이 일어난 장소, 사건과 관련된 특정한 조직, 사건의 주제 등을 기준으로 뉴스에 접근한다. 이 가운데 장소가 가장 중요한 요소다. 뉴스의 장소는 특정한 지점이기도 하지만 지역 뉴스, 전국 뉴스와 같은 지역을 의미하기도 한다. 저널리스트가 다루어야 할 지역으로서의 장소는 뉴스 조직 내부에서 설정한 경계에 따라 달라진다. 취재 주체도 뉴스 조직이 결정한다. 지역으로서의 장소는 뉴스 조직의 정체성과 밀접한 관련이 있다. 뉴스 조직이 자리한 위치, 저널리스트의 물리적 위치, 취재원의 위치 등이 지역으로서의 장소와 관련성이 중요하다. 저널리즘은 이처럼 장소에 대해 적극적으로 개입하고자 한다. 어떤 사건은 전국 뉴스가 되고 다른 사건은 지역 뉴스가 되는 것은 이들 사이의 연계성에 의해 결정된다. 장소는 개념적인 것이 아니라 물리적이고 구체적인 것이다.

장소에 대한 저널리즘의 역할은 공동체의 구현에서 그치지 않는다. 전쟁이 일어난 국가의 특정한 장소에 대한 뉴스를 생각해보라. 란타넨(Rantanen, 2009)이 말했듯이 뉴스는 수용자가 속한 실존적 범위를 넘어서는 외부 세계를 인식할 수 있도록 해준다. 이를 통해 사람들은 자신이 속한 공동체를 넘어 보다 큰 세계의 한 부분이 되는 경험을 하게 된다. 이런 경험을 제공함으로써 저널리즘은 독특하고 상징적이며 문화적인 권위를 인정받는다. 이를 어셔(Usher, 2019)는 '장소 신뢰 place trust'라고 불렀다. '장소 신뢰'란 사람들은 사건과 관련해 사건의 장소에 있는 사람 또는 그 장소의 지식을 가진 사람을 신뢰한다는 것을 이른다. 저널리스트가 지식 혹은 정보를 제공해줄 때 신뢰가 구축된다. 저널리즘의 장소 신뢰는 사건을 장소에 근거한 실체적 경험들과 통합함으로써 가능해진다. 지식 공급자, 신뢰받는 제도, 문화적 권위로서의 저널리즘의 역할을 주장할 수 있는 출발점은 저널리스트의 장소에 대한 이해능력에 있다. 저널리즘에 대한 장소 신뢰가 없다면 사람들은 직접 경험하지 못하는 세계에 대한 합의에 이르기 어렵다. 그렇다면 장소 신뢰는 저널리스트의 사회적 기능을 판단할 수 있는 결정적 요소라고 볼 수 있을 것이다. 이처럼 장소와 저널리즘의 관계는 복합적이다. 저널리즘은 장소에 의미를 제공해주는 대신 사람들로부터 신뢰를 확보할 수 있다. 반대로 저널리스트가 장소를 제대로 이해하지 못하거나 장소에 대한 지식이 부족하면, 특히 그 지식이 틀리면 저널리즘의 신뢰는 깨어진다.

그런가 하면 저널리즘은 장소를 재구성하기도 한다. 장소의 차별성을 드러내는 것으로 시작한다. 기에린(Giery, 2000)의 지적처럼 장소는 사람들의 삶의 범주들을 구분하고 이를 기준으로 어떤 것을 수용하고 배제하는 방식으로 일상생활의 관행적 요소들을 차별화한다. 차별성은 위계로 나타나기도 한다. 여성의 가사 노동과 직장 노동의 구분이 여성 정체성의 차별성을 드러내는 것과 같은 논리다. 좋은 위치를 차지한 집단들에게 중요한 기회를 부여하거나 그것을 확장할 수 있게 해주면서 다른 장소들과의 위계를 구성하고 또 강화한다. 장소의 권력이 만들어지는 것도 결국 차별성을 통한 장소 재구성에 의한 것이다. 뉴스는 이렇게 장소의 권력을 만들어낸다. 물론 장소 권력은 물리적 실체적 장소가 아니라 장소에 대한 초상화 같은 것이다. 장소 권력은 있는 그대로의 장소가 아니라 장소에 대한 의미부여, 주관적 평가처럼 마치 장소의 초상화를 그리듯 장소를 재구성하면서 만들어진다. 가령 화면에 나오는 범죄현장은 어느 곳이나 유사한 것으로 보이게 만드는 전형성을 통해 재구성하는 등의 방법을 동원한다.

장소 재구성과 같이 저널리즘은 '장소 만들기'를 한다. 이를 위해 저널리스트는 먼저 뉴스와 장소를 연결하면서 장소에 개입하고자 한다. 장소 개입은 저널리즘의 의지를 드러내는 것이다. 장소를 이해하고 장소의 차별성과 위계를 구성하면서 뉴스의 장소로 만들고자 하는 것은 장소에 대한 통제력을 가지려는 의지를 말한다. 어셔(Usher, 2019/2020)는 이런 점에서 저널리스트는 장소 만들기를 통해 권력을 구축하고자 하는 '장소 메이커place-maker'라고 주장했다. 장소 만들기에 대해 좀 더 알아보자. 기에린(Gieryn, 2000)에 의하면 건축가, 도시계획가 및 지역 계획가, 도시경관 건축가, 인테리어 디자이너, 지도 제작자, 조사자, 문화재 보호주의자 등이 장소 메이커다. 장소를 강조하는 전문성을 지닌 PR 전문가도 장소 메이커라고 할 수 있다. 이들은 장소 만들기를 통해 정치적, 경제적 권력을 확보한다. 장소 만들기는 이들만의 관행을 통해 이루어진다. 관행에 따라 장소를 만듦으로써 자기만의 장소 만들기 영역에 대한 관할권을 주장함으로써 시장에서 이를 방어할 수 있다. 이때 장소 메이커들은 전문성을 확보한다(Brain, 1991). 장소 만들기 관행은 특히 그 절차의 표준화를 강조한다. 장소 만들기에 대한 전문성을 바탕으로 저널리스트는 장소가 가진 문화적 권위를 정당화하고 장소라는 공동체에 소속된 구성원들을 사회화시킨다(Hughes, 1996). 사건과 관련된 장소를 묘사하고 장소와 관련된 정보를 제공하면서 공동체의 의미를 구성해서 제시한다. 건축가는 사람들이 장소와 연결해 바라보고 느낄 수 있는 스타일을 판다.

장소 만들기는 공동체의 통합을 위한 저널리즘의 필수적 역량으로 이상화되어 왔다. 사람들이 자신이 사는 장소와 굳건한 관계를 가질 수 있게 해주고(Park, 1923) 민주주의의 개념을 제시해준다(Anderson, 1983/2006). 공동체의 존재방식도 장소를 통해 고민할 수 있게 해주고(Habermas, 1962/1991), 가치를 공유하는 공동체를 하나로 묶어준다(Nord, 2001/2007). 경쟁과 갈등을 해소해줄 수도 있다(Gutsche and Hess, 2019). 다른 사람과 연결된 장소에서는 경쟁과 갈등이 불가피하

게 나타나는데 이때 저널리즘의 장소 만들기는 문제의 분석과 해결책
을 도출하는 방법이기도 하다.

저널리즘이 장소 만들기에 동원하는 방법은 다른 영역의 장소 만
들기와 구분되는 특징이 있다. 스토리텔링이 대표적이다. 저널리즘은
장소 지식을 이용해 장소에 대한 스토리를 구성한다. 특정 사건이 일어
난 곳을 이야기해줄 뿐 아니라 사람들이 사는 공동체로서의 장소에 대
해서도 서술해준다. 또한 이웃과 우리가 사는 도시, 나라, 세계에 대해
설명하기도 한다. 스토리텔링은 이를 통해 공동체의 공적 이슈를 제시
하고 공동체를 유지하는 역할을 한다. 장소에 대한 스토리텔링을 무기
로 저널리스트는 장소에 있었던 사람보다 그 장소를 더 잘 아는 최고의
'장소 아는 자place-knower'의 위상을 차지해왔다(Thussu, 2006). 사람
들은 자신의 관점만으로 세상의 모든 것을 알 수도 경험할 수 없기 때
문에 보지 못하는 것을 이야기하는 사람을 신뢰할 수밖에 없다(Usher,
2020). 저널리스트는 그 장소에 있었음과 장소 만들기를 통해 사회적
복잡성을 줄여주는 독특한 기능을 수행하는 것이다(Luhmann, 2017).
그런가 하면 기에린(Gieryn, 2000)은 정체성 확인, 명시하기, 디자인하
기, 구성하기, 이용하기, 해석하기, 기억하기 등을 장소 만들기의 방법
으로 제시했다. 포함과 배제의 방법을 통해 물리적 경계는 물론 상상의
경계를 구축하는 것도 방법이다(Massey, 1993).

저널리즘은 독특한 장소 만들기 방법들을 통해 저널리즘의 권력
을 구축한다. 신문 이름에 지명을 붙여 지역성을 드러내는 것도 장소에
대한 문화적 권위와 권력 그리고 충성도를 구축하는 일종의 장소 만들
기를 통한 권력 구성이라고 할 수 있다(Massey, 1993). 이는 모두 공동
체와 관련된 장소에 대해 중요한 관계를 내재한다는 점을 근거로 삼는

다. 저널리즘의 장소 기반 권력은 두 가지 요소로부터 생겨난다(Usher, 2019). 하나는 근접성, 사건 중심 보도, 자신의 직접 목격담 등 저널리스트가 '현재' '이곳'이라는 장소와 관련된 속성들을 통제할 수 있다는 점이다. '거기에 자리 잡고 있음being emplaced there'이 바탕에 깔려 있는 것이다. 이는 저널리스트의 장소 근접성이 무엇보다 중요하다는 것을 보여준다. 저널리스트는 근접성을 통해 의사 결정을 내린다(Schmitz Weiss, 2015). 뉴스는 사건이 얼마나 가까이 있느냐에 의해 결정된다. 사건이 일어난 장소가 수용자와 얼마나 가까운지가 제1 조건이 된다. 다른 하나는 이와 관련된 저널리스트의 경험, 사전 인식 등이다. 장소를 재현하는 역량과 그 역량에 대한 사람들의 신뢰가 중요하다. 사건이 일어난 장소에 대한 지식 생산 역량을 의미한다. 즉 장소 만들기의 권력은 사건 목격을 말하는 '거기에 있음being there'과 장소 재현을 의미하는 '거기에 대해 이야기하기telling there'에서 창출된다. 이를 구성해내는 것이 저널리스트의 역량이다. 물론 '거기에 있음'만으로는 부족하며 궁극적으로는 '거기에 대해 이야기하는 것', 즉 무엇이 거기에서 일어났는지를 커뮤니케이션하는 방법의 전문성이 필요하다. 장소와 저널리즘의 이런 관계들은 저널리즘이 장소 관찰 비즈니스place-observing business 또는 장소 만들기 비즈니스place-making business임을 말해준다. 그곳에 있지 않은 사람들에 대해 행사할 수 있는 권위와 권력은 저널리즘이 비즈니스로 작동할 수 있게 해주는 결정적인 조건이다. 때문에 저널리스트는 장소 재현의 헤게모니를 가진 자라고 할 수 있다.

한편 장소는 끊임없이 만들어진다(Gieryn, 2000). 추상적인 공간으로부터 경계가 만들어질 때 장소가 만들어진다. 그러다 정체성이 분명히 드러나고 의미를 갖게 되고 이름이 부여되며 중요성이 추출될 때 장소는 새로 만들어진다(Etlin, 1997). 의미 형성에 따라 변화가 일어나면서 장소는 끊임없이 만들어진다. 사람들이 특정한 속성이나 의미를 사회적 특성들이 한데 모인 곳에 부여함으로써 만들어지기도 한다. 우리의 것 또는 그들의 것, 안전하거나 위험한 것, 공적이거나 사적인 것, 친숙하지 않은 것 또는 알려진 것, 부자 또는 가난한 자, 검은 것 또는 흰 것, 아름다움 또는 추함, 새로움 또는 오래된 것, 접근가능한 것 또는 그렇지 못한 것 등 사람들의 삶 속 모든 속성이 장소에 스며들어 있다. 이들 속성이 어떻게 제시되는가에 따라 장소는 위계화된다. 저널리즘과 장소의 이와 같은 관계들을 놓고 어셔(Usher, 2020)는 저널리즘의 장소 만들기가 '뉴스 지도 만들기news cartography'와 같다고 이해했다. 현실의 복잡성을 줄이고 해소하면서 안정화시키는 장소 만들기는 중요한 것을 판단하고 선택해 정보의 복잡성을 줄이는 지도 만들기와 같다는 것이다. 특정 장소와 이에 대한 뉴스는 공동체의 의미를 지도화하는 방법을 통해 의미를 갖는다(Schmitz Weiss, 2015). 저널리스트들이 공동체라는 장소에서 일어난 뉴스 사건을 정의하고 맥락화함으로써 사람들은 자신이 속한 공동체의 사건들을 이해하고 다루는 방법을 결정할 수 있다. 저널리즘이 장소를 어떻게 다루느냐에 따라 구성원들이 세계와 현실을 이해하고 대응하는 방법이 달라진다. 저널리즘은 달리 말해 뉴스 지리news geography, 즉 저널리스트들이 공동체와 그 구성원들을 특정한 장소와 관련해 위치시키는 재현의 공간을 생산하는 것이다(Gasher, 2007).

공동체의 붕괴

이처럼 저널리즘의 정당성과 권력을 제공해주는 장소나 시간이 뉴스에서 소멸되고 있다(Barnhurst, 2000; Barnhurst and Nightingale, 2017; Nerone, 2009). 시간과 장소는 물론 행위 주체의 소멸까지 일어나고 있다. 이는 저널리즘 정당성과 권력의 위기로 이어질 것이다. 뿐만 아니라 사건의 진본성을 파악해야 하는 저널리즘의 역할이 무너질 수 있다. 이런 점에서 시간과 장소의 붕괴에 대한 자세한 분석이 반드시 필요하다. 먼저 행위 주체의 소멸을 보자. 뉴스에 드러나는 '누구who'는 사건과 직접 관련된 구체적 행위 주체라야 한다. 그러나 이들이 아니라 일반적인 사람들이 더 많이 등장하고 있다. 장소, 즉 '어디where'에 대한 정보도 마찬가지다. 사건 현장을 적시하는 거리 주소가 뉴스 스토리에서 사라졌다. 사건이 구체적으로 어디서 일어났는지 알 수 없다. 사건을 나타내는 '무엇what'의 경우 구체적이고 직접 관련된 사건들은 점점 줄어들고 있다. 시간을 나타내는 '언제when'도 사라져가고 있다. 분석 기사들이 늘어나면서 시간은 무시간적 추상화timeless abstraction의 흐름 속에 사라지고 있다. 구체적 시간은 희미하게 드러날 뿐이다. 사건 발생의 구체적 시간을 제시하는 '지금now'이 사라지면서 사건 발생 자체에 대한 정보들도 지워지고 있다. 뉴스에서 사라지고 있는 시간(언제), 장소(어디서), 행위 주체(누가), 사건(무엇) 등은 사건의 구체성을 드러내는 증거들이다. 이는 앞서 분석한 것처럼 팩트의 가장 기본적인 요소들이다. 사건은 이러한 요소를 증거로 설명이 가능하다. 근거리에 삶을 영위하는 공동체에 속한 사람들에게 영향을 미치는 현재의 사건 또는 실체를 묘사할 수 있는 것은 이들 덕분이다. 사건을 구성하는 필수적 팩트들임에도 불구하고 뉴스에서 밀려나고 있다.

시간과 장소의 붕괴를 가져오는 가장 중요한 요인은 디지털 테크놀로지다. 특히 두 가지에 주목할 필요가 있다. 하나는 뉴스 집적 테크놀로지다. 수용자가 뉴스 콘텐츠를 직접 생산하고, 큐레이팅하고, 공유할 수 있도록 해주는 테크놀로지들이 뉴스 집적이라는 새로운 현상을 만들어낸다. 사건 현장에 있지 않은 수용자에게 마치 지금 현장에 있는 것처럼 전달하는 것이 저널리즘의 시간과 장소의 논리다. 수용자가 직접 사건을 경험하지 않는다는 점에서 이는 원격실천 모델telepractice model이라고 할 수 있다. 집적에 의한 뉴스의 흐름은 시간과 장소의 원격실천 모델을 붕괴시킨다(Sheller, 2015). 집적된 뉴스에서 시간과 장소는 의미가 없어지고 이 때문에 뉴스 콘텐츠의 흐름은 변하고 만다. 아들러(Adler, 2013)는 독특한 감각을 가진 특정 분야의 전문가들에 의한 집적이 점점 증가하고 있다는 점에 주목했다. 그는 집적 현상을 강화하는 네 가지 경향을 제시했다. 첫째, 폭증proliferation이다. 뉴스 소비를 효율적으로 또 쉽게 할 수 있게 해주는 채널, 포맷, 새로운 테크놀로지가 폭증하고 있다. 둘째, 수용자의 참여다. 수용자가 뉴스의 생산과 배포에 개입하고 참여하는 현상이 늘어나고 있다. 이는 소셜 미디어의 공유, 코멘팅, 블로깅, 사진이나 오디오 비디오 콘텐츠의 포스팅 등을 통해 일어난다. 셋째는 개인화다. 이메일, 모바일 앱, 소셜 미디어 등의 뉴스스트리밍이 개인화를 강화한다. 넷째는 소스의 혼재다. 소수의 주류 저널리즘과 관계를 맺는 전통적 소스보다 소셜 미디어 이용자, 특히 젊은 층이 선호하는 광범위한 비주류의 다양한 뉴스 채널이 제공하는 소스들이 늘어나면서 소스 혼란을 초래한다. 디지털 생태계에서 뉴스 집적은 피할 수 없다는 것을 알 수 있다.

또 하나 주목해야 할 것은 모바일 테크놀로지다. 모바일 테크놀로지는 저널리스트가 뉴스 내용을 위해 사건을 취재하는 동안 현장정보나 사진, 비디오 등을 동시간에 배포하면서 사건을 드러내고 수용자들이 그 뉴스에 관해 관심을 갖도록 만든다. 수용자들이 뉴스 흐름에 참여하면서 뉴스 내용이 달라진다. 이는 역으로 뉴스에 대한 소비자의 태도도 바꾸어놓는다. 이렇게 되면 광범위하고 비동시적이며 가볍고 항상성을 가진 커뮤니케이션 시스템이 만들어진다. 상시적이면서 비동시성을 갖는 커뮤니케이션 시스템이 만들어지는 것이다. 비동시적 커뮤니케이션은 뉴스를 중심으로 새로운 유형의 상호작용이 창출한다.

허미다(Hermida, 2010)가 주창한 앰비언트 저널리즘ambient journalism이 그것이다. 이는 정보를 수집하고 커뮤니케이션하고 공유하고 표출하며 동시에 다양한 목적을 위해 봉사할 수 있는 다양한 수단을 제공하는 인식 체계를 말한다. 상시적 비동시성의 커뮤니케이션 시스템은 수용자가 뉴스의 시간과 장소로 들어갈 수 있도록 해주는 새로운 유형의 몰입을 만들어낸다. 몰입은 생산자와 수용자의 공동 생산과 콘텐츠 공유를 가능하게 하면서 동시에 둘 사이의 경계를 허문다. 이 때문에 사건과 뉴스 사이의 경계도 무너진다. 수용자는 뉴스 생산 사이클의 한 부분이 되고 이로 말미암아 생산자에서 수용자로 이어지는 뉴스 사이클의 선형적 흐름이 허물어진다. 뉴스가 사건을 따라가는 선형적 흐름은 더 이상 존재하지 않는다. 때로 사건과 뉴스는 동시간성의 관계를 갖기도 한다. 뉴스 생산의 완전한 개방으로 뉴스가 사건에 앞서 진행되기도 한다. 원격실천 모델의 뉴스 흐름은 사건 현장의 시각과 뉴스 보도 시각 사이의 시간 지체를 이용하는데 이것이 무너지는 것이다. 모바일 테크놀로지의 속도가 이를 더욱 부추긴다. 속도는 시간을 무너뜨리는 주원인이다. 증언, 목격자, 시민기자들의 정보를 동시간으로 뉴스로 만들고 소비하는 상황은 쉘러(Sheller, 2015)가 말한 '뉴스의 지금성'이라는 새로운 속도를 만들어낸다. 시간의 붕괴를 막기 위한 '느린 뉴스 slow news'를 주장하기도 하지만(Le Mausurier, 2016) 속도 중심의 변화를 되돌리기는 쉽지 않아 보인다. 시간은 무너질 수밖에 없다.

　뉴스에서 시간과 장소가 소멸된다는 것은 도대체 무엇을 의미할까. 먼저 장소 소멸의 의미를 살펴보자. 장소 소멸은 뉴스가 장소라는 물리적 실체를 재현하지 못하기 때문에 일어난다. 장소 재현의 실패는 공동체의 기반에 대한 논의를 할 수 없게 된다는 것을 의미한다. 저널리즘이 공동체에 대한 역할을 수행하지 못하게 되는 것이다. 기에린(Giery, 2000)의 지적처럼 장소는 사람들을 육체적으로 물리적으로 한 곳에 존재하도록 묶어두는 공동체의 결속 기제다. 사람과 장소 사이의 감정적 유대가 만들어짐으로써 지리적 장소와 이의 의미가 통합된다. 장소귀속감을 가지는 것이다. 장소귀속감은 감정적 의미를 투사하는 공간과 이웃에 대한 상호작용을 의미하며 이는 문화적으로 서로 공유하는 프로세스로부터 창출된다. 도심의 장소들은 다양성, 관용, 정교화, 사회화, 공적 참여, 코스모폴리타니즘, 통합, 세분화, 개인적 네트워크 형성 등으로, 또 대처, 빈번한 즉각적 상호작용, 자유, 창의성 등을 내재하는 공동체의 근거로 묘사되어왔다(Fischer, 1977/1982).

공동체를 위한 장소가 사라지면 공동체도 사라질 수밖에 없다. 세 넷(Sennett, 1990)은 장소를 통한 공동체 유지는 개입engagement에 의해 이루어지며 이로부터 멀어짐estrangement은 공동체의 와해를 초래한다고 보았다. 익명성, 분리, 외로움, 계산적 이기주의, 사유화, 분리, 개인주의, 포기, 분리, 지방색의 편협성parochialism, 고립, 두려움, 분리, 정신병 등으로 묘사되는 공동체는 장소의 의미가 사라진 곳이다(Halpern, 1995). 뉴스에서 장소가 사라진다는 것 역시 공동체의 와해를 의미한다. 장소의 상실은 개인적 정체성, 집단적 정체성, 기억, 역사, 동시에 심리적 부유함 등의 함의를 황폐화시킨다(Fullilove, 1996). 자신의 장소를 갖지 않고 산다는 것은 존재가 사라진다는 것이나 마찬가지다.

연구자들은 뉴스 이슈의 선택과 생산의 동일성 때문에 실제 사건이 일어난 장소의 실체적이고 물리적인 지리적 속성이 없어졌다고 분석했다(Brooker-Gross, 1985). 반허스트(Barnhurst, 2016)는 이런 맥락에서 모든 장소를 동일한 것으로 묘사하고 지구촌이라는 이름으로 전 지구적 일체성togetherness을 주창하는 논의들을 비판했다. 전혀 다른 뉴스 이슈임에도 불구하고 구조적으로 또는 외형적으로 장소 동일성을 띠는, 말하자면 동형이류isomorphism의 뉴스가 장소를 소멸시켰다는 것이다. 장소를 구체화하고 또 장소의 의미를 차별화하기 위한 구체적 조건은 거리다. 어셔(Usher, 2019)는 뉴스미디어들이 친숙한 뉴스 환경 속에서 뉴스 사건들을 한데 담아냄으로써 거리의 차별성을 없애 버렸다고 지적했다. 거리의 차별성을 없애 모든 장소를 동질적인 것으로 여기게 만든다는 것이다. 그러나 이런 문제들은 피할 수 없을 것 같다. 어셔(Usher, 2019)는 후기 자본주의 시대의 어떤 것도 한 장소에 대한 경험을 다른 장소에 대한 경험과 진정으로 구분하지 못한다고 지적했다. 모건(Morgan, 2004)은 이를 '지리의 죽음death of geography'이라고 불렀고, 벌킬리(Bulkeley, 1998)는 '지리는 죽었다geography is dead'고 선언했다. 그러나 저널리스트들은 장소 소멸의 위험과 긴급성을 충분히 이해하지 못하고 있다(Usher, 2019). 장소를 완벽하게 전달하지 못하면서도 문제의 심각성을 제대로 느끼지 못하고 있다. 이는 그 장소는 물론 거기에 사는 사람들에게 부정적 영향을 미친다. 뉴스의 장소가 변하면 뉴스 생산 관행 역시 변할 수밖에 없다. 장소에 대한 저널리스트의 관계도 변한다. 이는 저널리스트와 공중의 연결을 단절시키는 위험을 안고 있다. 머시(Mersey, 2009)가 지적한 것처럼 지리는 시민과 저널리즘 모두에게 중요한 것이다.

시간 역시 소멸되고 있다. 시간은 본질적으로 실체의 시간을 그대로 유지하기 어려운 속성을 갖고 있다. 사실 시간은 복잡하고 복합적인 성질을 갖고 있어 쉽게 소멸할 수 있다. 뉴스 스토리텔링에서처럼 시간은 선형적·자연적 시간에서 벗어나 다양하게 재개념화되는 경우가 많다. 아담(Adam, 1995), 파킨스와 크레이그(Parkins and Craig 2006)는 측정가능하고 반복가능한 '비시간성 시간non-temporal time'을 주장했다. 이는 시간의 흐름에서 벗어나 순차성을 지키지 않아도 되는 비선형적 시간이다. 그런가 하면 포착할 수는 없지만 구성적 속성을 가진 선형적 시간도 분명히 존재한다. 시간 흐름에 대한 경험을 강조하는 '시간성 시간temporal time'은 선형적 경험의 시간이다. 홀(Hall, 1959)은 시간을 단일연대기monochronic와 복합연대기polychronic로 구분했다. 단일연대기는 한 번에 하나의 일만 일어난다고 보지만, 복합연대기는 복수의 일이 동시에 일어날 수 있다고 본다. 맥타가트(McTaggart, 1908)는 시간을 A이론 시간과 B이론 시간으로 구분했다. 전자는 시간에 대한 현실주의적 접근으로서 시간을 일련의 순차적인 시간성의 위치로 이해한다. 과거에서 현재, 미래로 이동하는 시간을 말한다. 후자는 시간에 대해 시점이 없고 현실 불변의 관점에서 이해하고자 한다. 이전, 이후 등의 상대적 시간을 의미한다. 쉘러(Sheller, 2015)가 말한 '뉴스 지금news now'의 개념은 디지털 시대에 저널리즘에서 사건과 뉴스 사이의 순차성이 뒤집히는 상황을 설명한다. 사건에 대한 보도가 더 이상 사건이 발생한 뒤에 따라가는 것이 아니라 동시적으로 또는 사건의 완전한 공개 이전에 뉴스가 제시되기도 한다. 이런 변화는 분명히 선형적이고 순차적인 뉴스의 시간을 붕괴시킨다.

시간의 붕괴는 이처럼 시간에 내재된 복잡한 속성들 때문에 불가피하게 일어날 수밖에 없다는 점을 인정해야 한다. 저널리스트가 분화되는 시간들을 충분히 따라잡는 것은 거의 불가능하다. 맥타가트(McTaggart, 1908)가 시간은 A이론 시간과 B이론 시간의 대결이라고 주장했다는 점에 주목해보자. 서로 다른 종류의 시간들 사이에는 호혜적 상호작용만 이루어지는 것이 아니다. 시간은 복잡한 상황에 대한 예상하기 어려운 반응들로 형성되는 것이라고 이해한다. 전혀 다른 시간은 전혀 다른 반응을 만들어내므로 둘 사이의 타협은 불가능하고 대립만 남는다. 그렇다고 시간은 빈 칠판처럼 상황에 대한 반응만으로 만들어지는 것이 아니다. 코셀렉(Kosellek, 2004)이 말했듯이 근대성처럼 새로운 것에 대한 관심이 커지면 보다 미래 시점을 향한 요구가 많아진다. 반대로 구체적이고 특정한 것에 대해 관심을 가지면 현재 시점에 더 집중한다. 코셀렉(Kosellek, 2004)의 설명을 받아들이면 서로 다른 유형의 시간들의 독립적 진행들 사이의 상호작용은 이런 것이라고 할 수 있다. 시간은 환경에 대해 반응하기만 하지 않는 것이다.

　뉴스 속도 역시 시간의 소멸을 초래하는 원인이다. 템포, 지속성, 동시성, 반복, 지연, 순서 매김, 시의성, 맥락, 중지, 미적거림 등은 속도의 개념이다. 속도가 이처럼 다양해지면서 전통적 뉴스의 시간은 붕괴된다. 저널리즘이 속도의 시간을 뉴스에 적절하게 수렴하는 것은 아직까지 성공적이지 못하다. 수용자의 뉴스 소비 속도도 문제가 된다. 디지털 테크놀로지 기반의 뉴스 소비는 비시간성의 방식으로 일어난다. 수용자는 시간 흐름에 따라 사건의 전개를 따라가지 않고 뉴스 스토리에 계속 남을 수 있다. 개인과 집단 사이의 복잡한 시간 교차가 일어나고 사적 시간과 공적 시간이 함께 만들어질 수도 있다. 디지털 테크놀로지 기반의 뉴스 소비는 시간 흐름의 진행과 다르게 이루어질 수 있는 것이다.

　저널리즘이 복수의 시간성에 의존하는 것은 새로운 현상은 아니다. 슈드슨(Schudson, 1986)이 제시한 뉴스의 '지속적 현재continuous present' 개념이나 젤리저(Zelizer, 1993)의 저널리즘 '이중시간double time' 개념 그리고 '과거와 미래의 시간은 언제나 저널리즘의 현재에 대한 기록에 엉켜 있다'는 반허스트(Barnhurst, 2011)의 주장 등을 생각해 보라. 그러나 디지털 테크놀로지는 새로운 방식으로 시간을 복잡하게 만든다. 예를 들어 확실하게 종료되지 않은 사건에 대응해야 한다. 소네벤드(Sonnevend, 2018)의 분석처럼 이를 위해 저널리즘은 지속성을 유지할 수 있는 대체 사건을 만들어낸다. 이는 뉴스 생산의 시간 관행을 더욱 복잡하게 만든다. 조정되지 않은 시간에서 타협된 시간으로 이동할 수 있는 기술적 환경을 이용한 인터넷의 중복적 노출 역시 시간의 복잡성을 심화시킨다. 물론 타넨바움-와인블라트와 나이저(Tenenboim-Weinblatt and Neiger, 2015)가 분석한 것처럼 인쇄매체와 온라인처럼 서로 다른 테크놀로지는 서로 다른 시간성을 촉진한다. 그러나 매체 사이의 경계가 붕괴되면 시간의 혼란은 피할 수 없게 된다.

시간과 장소의 소멸은 뉴스의 커뮤니케이션에 큰 영향을 미친다. 하비(Harvey, 1989)는 '시간-공간의 압축' 이론을 통해 커뮤니케이션 속도가 높아질 때 지리적 공간은 불가피하게 압축되거나 흐려진다는 점을 분석했다. 산업혁명기 철도의 발명에 의한 운송수단의 속도 증가가 공간을 축소한다는 점을 파악한 막스(Marx, 1993/1939-41)의 '시간에 의한 공간의 소멸' 논의를 발전시킨 것이다. 이에 대해 메이와 스리프트(May and Thrift, 2001)는 삶의 속도가 단순히 가속되거나 공간이 붕괴되기보다는 시간과 공간의 본질과 경험을 보다 복잡하게 재구성한다고 보았다. 공간은 확장되기도 하고 축소되기도 하며 이 가운데 장소의 정체성은 혼란에 빠질 수밖에 없게 된다. 시간의 속도가 가속화하기도 하고 또 느려지기도 하며 심지어 다른 방향으로 이동하기도 한다. 이렇게 되면 우리가 사는 삶의 실체에 대한 이해도 혼란에 처할 수밖에 없다. 저널리즘의 혼란은 더 말할 것도 없어진다. 시간과 장소의 붕괴, 이를 제대로 대처할 방법이 찾지 못하고 있는 저널리즘, 이러한 가운데 탈진실은 쉽게 돌아나는 것이다. 탈진실의 또 다른 원인은 여기에 있다고 하겠다.

5장

사건의 본질

사건의 구분

앞에서 논의했던 맥네어(McNair, 1998)의 '뉴스의 정의'를 다시 보자. 그는 '실제 사회의 알려지지 않은 새로운 현상에 대한 진실성이 담긴 진술이거나 기록이라고 주장하는 문자, 음성, 영상의 형태로 수용자에게 제시된 저자에 의해 구성된 텍스트'를 뉴스라고 했다. 저널리스트, 진실 등이 이 정의의 기둥이라고 강조했다. 그런데 뉴스의 시작은 문장의 맨 앞에 나오는 '실제 사회의 알려지지 않은 새로운 현상'이다. 바로 사건이다. 사건이 없으면 뉴스도 없다는 말도 있다. 저널리스트의 진실 추구 행위는 사건 발생에서 시작한다. 풀러(Fuller, 1996)의 정의도 보자. 그는 '뉴스는 뉴스 조직이 자신이 봉사하는 특정 공동체에 중요하거나 이해관계가 있는 일들matters에 관한 최근에 학습한 것에 대한 보고'라고 정의했다. 사건이란 이해관계를 갖고 있는 일을 의미한다. 사건은 이해당사자와 연결시켜 생각해야 하는 일이다. 뉴스 조직도 많은 이해당사자 가운데 하나다. 사건은 새로운 현상이라는 중립적 의미에서부터 뉴스 생산 주체인 뉴스 조직을 비롯해 다양한 이해당사자가 개입하는 뉴스의 시작점이다. 대부분 저널리즘 연구는 맥네어(McNair, 1998)가 그랬던 것처럼 사건이 아니라 저널리스트에 주목한다. 사건은 저널리스트가 구성해내는 저널리즘 진실에 가려 잘 드러나지도 않는다. 사건을 뉴스가 존재하기 위한 전제조건으로, 다시 말해 당연히 전제된 것으로 보기 때문이다. 이들의 관심은 사건의 등장 이후에 이를 처리하는 데 있다.

그러나 뉴스란 무엇인가라는 질문에 답하자면 뉴스의 손아귀에 걸려든 세계는 어떤 것인가, 즉 사건이란 무엇인가라는 질문을 제일 먼저 해야 한다. 저널리즘은 눈에 띄는 사건을 관찰하고 사건의 표면적 현상에서 사건을 구성하는 팩트에 이르기까지 저널리즘이 사건을 이야기로 만들기 이전의 세계에 존재했던 모든 것을 이야기하는 활동이기 때문이다(Freitas and Benetti, 2017). 세계는 그 자체로 뉴스가 되는 것이 아니다. 또 세계에서 일어난 일 모두가 뉴스가 되는 것도 아니다. 저널리스트의 선택을 받아야 한다. 저널리스트는 자신과 다른 타자적 현상alterity을 뉴스의 대상으로 인식한다(Freitas and Benetti; 2017). 그렇다고 모든 사건이 저널리스트의 선택을 거쳐야 결정되는 것은 아니다. 테러, 대형화재, 지진은 저널리스트의 선택이 아니다. 저널리스트가 개입하기 이전에 객관적 사건이 존재한다. 사건은 분명히 저널리스트의 주관적 세계 바깥에 존재한다. 사건은 주관적 선택과 객관적 세계 사이의 긴장을 통해 뉴스 안으로 진입한다고 보는 것이 타당하다.

정보의 관점에서 보면 뉴스가 다루는 사건은 객체object, 속성관계property relation, 시간 간격time interval 등으로 구성된다(Radinsky et al., 2012). 객체는 현상으로 드러난 사건의 외형을 말한다. 물리적일 수도 추상적일 수도 있다. '속성관계'는 객체, 즉 사건을 구성하는 속성들 사이의 관계를 말한다. 행위, 행위자, 도구, 위치 등이 객체의 속성들이다. 객체와 객체의 속성관계는 시간 간격에 따라 의미가 달라진다. 사건은 이런 요소들의 다양한 조합을 통해 드러난다. '미군은 2004년 10월 이라크의 무기고를 폭격으로 파괴했다'라는 사건의 속성을 해체해보자. 이 사건은 파괴-행동, 미군-행위자, 무기고-객체, 폭격-도구, 이라크-위치, 2004년 1월-시간 등의 속성들로 구성되어 있다. 사건은 행위자의 행위가 어떤 도구를 통해, 언제 어디서 일어났는가를 통해 구성되는 것이다. 이 뉴스의 경우 미국이 이라크를 공격했다는 사실을 특정 행위, 특정 객체, 특정 도구, 특정 시점, 특정 지점이라는 속성들과 이들 사이의 관계를 통해 사건으로 구성하고 있다. 사건은 객체들의 속성관계를 중심으로 구성되지만 그 구성이 의미가 있어야 한다. 의미를 구성하는 독특한 방법이 이야기다. 이야기는 사건을 두드러지게 드러내는 방법이다. 현시화를 통해 사건 의미를 정확하게 제시할 수 있다. '어떤 이야기인가'라는 것도 사건의 의미가 어느 정도 이야기 가치가 있는가에 달려 있다. 이야기는 뉴스의 전략적 의미 구성 방법인 셈이다.

이처럼 사건은 뉴스의 중심이지만 연구자로부터 제대로 관심을 받지 못했다. 개념 정의도 정확하게 이루어지지 못했다(Olsson, 2010). '실제적 사회 세계의 알려지지 않은 새로운 현상'(McNair, 1998), '뉴스 조직과 공동체에 중요하거나 이해관계가 있는 일들'(Fuller, 1996)이라는 정의에서 크게 벗어나지 못하고 있다. 한셀과 인그램(Henshall and Ingram, 1991)이 유네스코의 지원을 받아 개발도상국 저널리스트의 훈련을 위해 만든 뉴스 매뉴얼은 현장기자들을 위한 기본적인 취재 지침서다. 여기서도 사건에 대한 구체적인 논의는 없다. 새로움, 비통상성, 흥미 또는 중요성, 인간 관계성 등의 뉴스 밸류news value를 기준으로 제시하고 있다. 뉴스 밸류가 높을수록 더 나은 뉴스가 된다고 지적했다. 동시에 근접성, 개인적 영향, 뉴스 습득방식 및 경로 등은 사건의 정의라기보다 더 나은 사건 선택의 조건이다. 사건에 대한 정의는 없고 사건 선택 기준만 나열하고 있는 것이다. 올슨(Olsson, 2010)이 정확하게 지적한 것처럼 사건의 개념을 명확하게 설정하지 못하면 저널리즘이 사건들을 다루는 방법에 대한 체계적 인식을 구축하기 어려워진다. 또 사건을 이야기화하는 저널리스트의 행위들을 설명할 수 없다. 더 나은 뉴스 생산을 위한 고민의 근거도 마련하지 못한다. 사건을 제대로 이해하는 것은 저널리즘 연구의 토대를 마련하는 것이나 마찬가지라고 볼 수 있다.

저널리즘 사회학 연구들은 사건을 비관행적인 현상, 통상적이지 않은 현상이라고 보았다. 반츠(Bantz, 1990)와 버코위츠(Berkowitz, 1992)는 '대단한 이야기what-a-story'를, 간스(Gans, 2004)는 '깜짝 놀랄 만한 이야기gee-whiz story'를, 에릭슨(Ericson, 1998)은 '일탈'을 사건이라고 이해했다. 사람의 주목을 끌 만한 이상징후를 보이는 것이 사건이라는 것이다. 그런가 하면 사건은 재난, 위기 등 일상생활을 둘러싼 환경의 물리적 이변을 가리키기도 한다. 뉴스가 다룰 만한 사건의 자격을 부여할 수 있는 기준을 모든 경우에 맞도록 제시하는 것은 당연히 불가능하다. 사건은 불가측적이기 때문이다. 그러므로 사건에 대한 고민은 사건의 기준이 아니라 사건을 뉴스로 끌어들일 때 저널리즘이 어떤 전략을 취하는지에 초점을 맞추어야 한다. 저널리즘은 몇 가지 전략을 구사한다. 첫째, 범주화categorization다(Berkowitz, 1992; Molotch and Lester 1974; Schlesinger, 1977). 범주화는 저널리스트가 사건을 다룰 때 대처할 수 있는 범위를 설정하는 것을 말한다. 범주는 오랜 시간 축적된 보도 경험을 토대로 만들어진다. 그리고 저널리스트는 범주 안에 들어오는 것과 그렇지 않은 것을 기준으로 사건을 선택하고자 한다(Bantz

1990; Molotch and Lester 1974; Berkowitz 1992). 이렇게 함으로써 사건의 불가측성이나 불확실성을 다룰 수 있다. 둘째, 비관행성non-routine 여부다(Berkowitz, 1992). 사건을 '대단한 이야기' 또는 '깜짝 놀랄 만한 이야기'라고 정의하는 것은 사건에 내재된 어떤 '놀라운' 측면이 관행적 경로에서 얼마만큼 이탈했는지를 따져서 판단한 결과다. 그래서 일탈을 뉴스 선택의 기준으로 삼는다(Ericson, 1998). 이와 같이 사건을 판단한 경험들이 축적되면 비관행적 사건들을 구분할 수 있는 범주가 만들어진다. 셋째, 전형화typification다(Tuchman, 1973). 이는 과거 사건들이 가진 전형적 특성을 찾아내 사건 판단에 적용할 수 있는 기준으로 만드는 것을 말한다(Tuchman, 1973). 전형화를 통해 사건들을 다양한 유형들로 구분할 수 있다. 사건을 레퍼토리화할 수 있다는 것이다(Tuchman, 1973). 사건의 레퍼토리화는 뉴스 조직이 정기적으로 또 안정적으로 뉴스를 생산하고 지속적으로도 생산할 수 있도록 해준다(Olsson, 2010). 사건의 복잡성을 일일이 판단할 필요없이 통상적 유형의 레퍼토리에 맞는 사건들을 선택하면 되기 때문이다. 레퍼토리는 사건들이 뉴스로 들어올 수 있는 진입지점 역할을 한다. 일상적 사건이 사건으로 편입되는 것은 물론, '대단한 이야기'들 역시 레퍼토리의 기준을 통해 사건으로 진입할 수 있다. 주목할 것은 이런 전략들이 하나같이 축적된 기존의 보도 경험을 바탕으로 만들어진다는 것이다.

이런 논의들은 저널리즘의 사건 선택 전략이 철저히 경로 의존적이라는 것을 보여준다. 범주화와 전형화로 사건을 판단하는 것은 범주나 전형성에 따라 사건의 의미를 고정시켜 판단하고자 한다는 것을 의미한다. 이렇게 되면 범주 바깥의 사건, 즉 경로를 벗어난 사건을 다루는 데는 한계가 있다. 범주와 전형성은 축적된 보도 경험의 빈도에 따라 결정되기 때문에 확률적일 수밖에 없다. 이는 변수 중심의 분산이론과 유사하다. 범주와 전형성에 의해 사건을 판단한다는 것은 사건을 범주와 전형성이라는 독립변수에 의해 결정되는 종속변수로 만드는 것이나 마찬가지다. 이렇게 되면 개별 사건이 가진 구체적이고 독자적인 속성을 제대로 드러내지 못한다. 사건의 실체와 직접 관계도 낮아질 수밖에 없다. 범주와 전형성을 벗어나는 사건들을 제대로 처리할 수 없다는 것이다.

한셸과 인그램(Henshall and Ingram, 1991)의 뉴스 매뉴얼을 보자. 이들은 갈등, 재난, 비극, 진전, 발전, 범죄, 돈, 약자, 종교, 유명인, 건강, 성, 기후, 식음료, 오락, 스포츠, 인간관심사 등을 사건으로 제시했다. 이들의 말처럼 이런 것들은 사건의 범주가 아니라 사건의 속성들이다. 반드시 비관행적이지도 일탈적이지도 않은 것들이다. 유명인, 식음료, 건강, 오락, 스포츠, 인간 관심사 등의 뉴스는 일상생활과 관련된 연성뉴스들이다. 놀라움, 일탈 등을 보여주는 경성뉴스의 범주 내 뉴스들과 다르다. 이를 통해 뉴스가 다루는 사건을 '대단한 이야기'라는 기준만으로 가려낼 수 있는 것이 아니라는 것을 알 수 있다. 협의의 뉴스는 놀라움, 일탈을 범주로 삼는 경성뉴스라고 한다면 광의의 뉴스는 여기다 일상적 관심사의 연성뉴스까지 포함한다. 이 둘을 구분하는 또 다른 기준은 시간이다. 터크먼(Tuchman, 1978), 패터슨(Patterson, 2000), 슈메이커와 코헨(Shoemaker and Cohen, 2006), 웰던(Weldon, 2008), 보츠코우스키(Boczkowski, 2009) 등은 배포 긴급성을 기준으로 경성뉴스와 연성뉴스를 구분했다. 경성뉴스는 긴급하게 배포되어야 하지만 연성뉴스는 그렇지 않다. 사건은 각기 다른 '시간 리듬temporal rhythm'을 갖고 있다. 배포 긴급성을 요구하는 비관행적 사건의 시간 리듬은 일정하지 않다. 짧고 비정기적이다. 배포 긴급성이 크지 않은 연성뉴스는 그 반대다. 시간 리듬은 사건의 전개 과정이나 속도는 물론 뉴스 생산 속도에도 영향을 미친다. 또한 이는 뉴스 수집부터 취재원 관계방식, 뉴스룸 내부 저널리스트들 사이의 관계, 뉴스 생산 운영방식 등 뉴스 생산행태 전반에 영향을 미친다(Tanikawa, 2017). 즉 라딘스키 등(Radinsky et al., 2012)이 지적한 것처럼 사건은 독자적인 시간 리듬을 갖고 전개되는 시간의 함수인 것이다. 이러한 점에서 시간은 사건을 구분해주는 새로운 기준이라고 할 수 있다. 시간 리듬의 기준에 맞는 사건을 포착하는 것이 관건이다.

해석을 공유한다는 점에서 저널리즘 공동체를 해석 공동체라고 부른 젤리저(Zelizer, 1993)의 해석공동체 이론도 사건의 구분 기준을 제시한다. 사고처럼 특정한 시점에 그 속성이나 의미가 표면에 드러나는 사건들은 '국지적 해석 모드local mode of interpretation'에 따라 해석된다. 사건과 직접 관계가 있는 요소들이 이 해석의 핵심이다. 목격, 감시견 역할, 거기에 있음 등 사건과 사건 관찰이 동시간에 이루어졌음을 내세워 해석의 권위를 주장한다. 그러나 이런 해석은 저널리즘 공동체 안에서 과거부터 학습된 교훈, 다시 말해 축적된 보도 경험들을 바탕으로 이루어진다(Olsson, 2010). 이는 앞서 말한 '놀랄 만한 이야기'의 사건들이 가진 경로 의존적 속성과 동일하다. 저널리즘 공동체가 해석을 공유하는 만큼 이런 사건은 예측가능하고 누구나 이해할 수 있는 분명한 방식으로 처리된다. 사건에 대해 경로 의존적 해석을 하는 것이다. 국지적 해석 모드는 경로 의존적 해석 모드를 따라야 한다는 점에서 엄격한 해석이라고 할 수 있다. 국지적 해석 모드는 해석공동체로서의 저널리즘의 경계를 보다 공고하게 만든다(Zelizer, 1993).

이에 비해 '지속적 해석 모드durational mode of interpretation'는 오래전에 일어난 사건의 의미를 현재의 사건에 부여해 다루는 것을 말한다. 이렇게 되면 저널리스트가 사건을 직접 경험하지 못한다는 한계를 극복할 수 있다. 이때 저널리스트는 역사가나 과거 회상가recollector의 역할을 한다. 올슨(Olsson, 2010)은 이런 해석 모드에 적합한 사건은 저널리즘 역사의 한 부분이 되는 사건이라고 지적했다. 베트남전쟁이 그런 예다. 오래전에 일어났지만 전쟁 보도라는 보다 큰 시간 범위 안에 포함시켜 현재 사건과 관련해서 다루어진다. 그러나 저널리스트는 베트남전쟁에 대한 과거의 해석에서 벗어나 느슨한 해석을 할 수 있다. 국지적 해석 모드에서 보여주었던 엄격한 해석에서 벗어나 사건에 대해 서로 다른 해석과 관점을 적용한다. 사건에 대한 다양한 해석, 사건의 전개와 발전이 가능해 변화의 잠재력을 가진 사건들이 이런 해석 모드에 적합하다.

위의 분석들에서 알 수 있듯이 저널리즘은 사건을 도식적으로 때로는 이분법적으로 이해해왔다. 젤리저(Zelizer, 1993)는 사건이 국지적 해석 모드에서 지속적 해석 모드로의 이전가능성이 있음을 지적하기도 했다. 현재 발생한 국지적 해석의 대상이 되는 사건은 시간이 지나면서 지속적 해석 모드에 의해 해석되는 사건으로 이동할 수 있다는 것이다. 그럼에도 불구하고 사건은 두 해석 모드의 틀을 크게 벗어나지 못한다.

뉴스 사건의 본질

　　중요한 것은 사건은 고정된 것이 아니라는 점이다. 발생 기사-분석 기사-의견 기사의 라이프사이클을 따라 진행된다. 사건에 내재된 에너지가 달라지기 때문이다. 멘처 등(Menczer, et al., 1994/1995)은 사회 행위 주체가 성장, 생존, 재생산, 소멸하는 데 유일하게 작용하는 요소가 에너지라고 지적했다. 에너지는 행위 주체의 생애를 관통하면서 이용되고 축적된다. 에너지가 얼마나 축적되는가가 행위 주체의 재생산과 소멸을 결정한다. 이들은 또 행위 주체가 과업을 효율적으로 수행할수록 관심과 인기를 재생산하고 해당 영역의 지배력을 강화할 수 있다고 지적했다. 그러면서 사건의 생명은 지속되고 또 강화된다. 사건의 생명력 역시 사건에 내재된 에너지에 의해 결정된다. 특정한 사건이 뉴스의 사건으로 편입되는 것은 사건의 탄생 시점이 아니라 성장 시점이다. 사건 자체는 그 이전에 발생했다고 보아야 한다. 사람들의 관심을 끌 만한 에너지가 축적된 뒤에야 사건으로 평가받을 뿐이다. 사건에 대한 보도가 많아지거나 고품질의 뉴스 스토리를 생산할수록 사건은 더 오래 유지되고 관련 이슈 영역에서 지배적 담론으로 자리 잡을 수 있게 된다. 새롭고 더 많은 팩트가 공급될수록 사건의 에너지는 커지고 사건은 발전한다. 사건의 활동성이 강해지기 때문이다. 그러나 대부분의 경우 시간이 흐를수록 새로운 팩트의 공급이 줄어들고 사건의 에너지는 약화된다. 사건의 에너지 변화는 사건이 특정 시점에서 정태적으로 고착되는 것이 아니라 진행, 진전, 발전한다는 것을 명심해야 한다.

사건이 에너지 변화에 따라 역동적으로 변하듯이 사건은 결코 단순하지 않다. 그냥 일어난 일이 아니다. 세계, 사물은 물론 그 속에서 일어나는 사건이 안정적 본질을 갖고 있다고 보는 입장을 '본질론'이라고 한다. 물질 형이상학substance metaphysics과 같은 주류 철학은 우주는 변하지 않는 것이며 물질은 존재하는 그 자체만을 필요로 한다는 본질론을 주장한다(Greene, 2014). 이는 추상적이고 정적인 것을 유동적이고 특정한 구체적 성질보다 우선시하고, 이를 분석하기 위해서 현상을 객관화하고 분절한다(Nayak and Chia, 2011). 또한 이들은 본질의 근거인 실체substance란 물질과 직접 관련된 구성으로서 시간적 연속성을 갖고 있다고 본다(Whitehead, 1926). 실체 또는 물질의 본질은 시간이 흘러도 영속되는 것이라고 이해하기 때문이다. 그러나 화이트헤드(Whitehead, 1929)는 그런 실체는 존재하지 않는다고 주장했다. 이는 본질은 존재하지 않는다고 주장하는 '비본질론non-foundationaliism' 또는 '재본질론re-foundationalism'의 입장이다(Stenner, 2007). 이 주장에 의하면 세계 또는 사물의 안정적 본질이 무엇이라고 확정적으로 말하는 것은 어렵거나 불가능하다(Rescher, 1996). 사물들 사이의 관계 또는 세계의 관계를 구성하는 주체는 본질이 아니라 사건이라고 본다. 그래서 세계는 실체가 아니라 사건으로 인식된다. 실체가 없는 상황에서 실제로 그것이라고 말할 수 있는 모든 것은 사건 또는 사건에 대한 경험뿐이다. 나아가 우리가 사건을 경험하는 것은 사례occasion나 일어남

happening에 대한 경험이다. 때문에 화이트헤드(Whitehead, 1929)는 사건이 아니면 세계가 무엇이라고 개념화할 수 없다고 갈파했다. 실체를 완전히 알 수 없는 상황에서 세계는 사건을 통해 구성될 수밖에 없기 때문이다. 이와 같은 통찰이 주장하듯이 뉴스가 다루는 사건은 본질론의 실체가 아니라 비본질론의 사건이라고 보는 것이 타당하다. 사건을 고정되었거나 결정된 것으로 이해하는 저널리즘의 전통적 이분법은 틀린 것이라고 본다.

사건은 일어난 일에 대해 사회적으로 구성된 것이다(Berger and Luckmann, 1972). 사건은 특정한 배경이나 맥락을 내재한 사회적 현상이다. 사회가 구성한 것이며 사회와 별개로 존재하는 것이 아니다. 사건을 분석한다는 것은 사건의 사회구성적 현상을 분석하는 것이다. 또 사건은 주어진 시간 또는 주어진 기간 동안 일어나는 단일한 행동 또는 서로 연결된 행동들로부터 생성된다(Buttriss and Wilkinson, 2006). 사건은 본질적으로 특정 시간 또는 시간의 흐름에 대한 인간의 인식과 연결되어 있다. 사건의 변화를 인식하는 것은 사건과 시간의 관계 때문이다. 사람들은 시간의 흐름과 서로 다른 유형의 사건이 겪는 변화를 이해하면서 사건을 인식한다. 사건의 시간성이 중요하다는 것이다. 할리넨과 톤루스(Halinen and Törnroos, 1995)는 사건을 구성하는 주요 요소를 시간, 사회적 의미, 행동 그리고 이것들의 의미를 구성해주는 구조라고 주장했다. 또 사건은 이런 요소들을 통해 시간 속에서 일어난 사회적 행동들을 이해할 수 있는 지점을 제공해준다고 설명했다. 사건-시간-변화를 한 묶음으로 생각해야 한다는 것을 알 수 있다.

이처럼 사건은 뉴스의 대상이 되는 사회적 행동들을 이해하기 위한 진입지점이다. 헤다와 톤루스(Hedaa and Törnroos, 2008)에 의하면 사건은 행위자의 인식과 해석을 통해 정의된다. 그래서 사건은 관계적이다. 특정한 사건 네트워크의 맥락을 갖는 것이다. 이들이 주장하듯이 사건의 네트워크 속성은 다양한 측면에서 확인할 수 있다. 사건들은 상호 관련되어 있어 이를 분석할 때 최소단위는 개별 사건 또는 단일 사건이 아니라 사건 쌍dyad이 된다. 따라서 상호연결된 사건들이 보여주는 특정한 흐름, 즉 변화를 분석함으로써 사건을 이해해야 한다. 당연히 이런 흐름은 방향성을 갖고 있다. 사건의 방향성이 사건 네트워크를 형성하고 끌어가는 동력인 것이다.

저널리즘 입장에서 중요한 것은 이처럼 복잡한 성질을 가진 사건을 어떻게 알아채며 또 어떻게 드러내는가다. 사건에 대한 본격적 논의는 여기서 시작된다. 슈톰프카(Sztompka, 1991a)는 사회적 팩트 또는 사회적 사건은 끊임없이 움직이기 때문에 인식하는 것이 쉽지 않다고 지적했다. 사건을 인식하려면 독특한 방법이 필요하다. 헌즈(Hernes, 2008)는 추상화abstraction, 단순화simplification, 재현representation 등의 방법을 동원해야 한다고 주장했다. 화이트헤드(Whitehead, 1929)는 그중에서도 추상화에 주목했다. 객체는 존재하지만 이는 사건으로부터 추상화된 것이다. 우리가 사건을 인식할 수 있는 것은 추상화 덕분이다. 슈톰프카(Sztompka, 1991b)에 따르면 사회적 사건의 추상화는 복잡한 메커니즘으로 이루어진다. 사건의 잠재적 가능성이나 특성 또는 경향 등을 암호화하고encoded 은유한다. 또 사건의 특정 성질들을 두드러지게 드러내는 방법을 이용하기도 한다.

그런데 추상화가 보여주고자 하는 것은 사건이지만 실제 추상화되는 것은 사건의 속성을 구성하는 팩트다(Whitehead, 1929). 사건 추상화를 이해하자면 팩트에 대한 이해가 선행되어야 한다. 화이트헤드

(Whitehead, 1929)는 추상화되기 이전의 팩트를 '원형팩트brute fact'라고 불렀다. 2장에서 살펴본 것처럼 원형팩트는 직접적으로 통찰되었거나 경험되는 것, 다시 말해 직접 감각한 것, 실제로 감각되는 것을 말한다. 그래서 개별적이고 특정한 것이다. 우리는 원형팩트를 통해 사건과 연결된다. 즉 원형팩트 덕분에 사건을 경험할 수 있다. 헌즈(Hernes, 2008)는 원형팩트가 복잡하게 뒤엉켜 있고 유동적이고 해독불가능한 사건의 실체를 그대로 갖고 있다는 점을 강조했다. 이 때문에 추상화가 필요하다. 추상화를 거쳐야 원형팩트가 이해가능한 상태가 된다. 원형팩트에 대한 추상화를 통해 비로소 사건이 드러난다. 나아가 추상화된 원형팩트에 대한 직접적이고 구체적 경험은 사건의 의미를 만들어낸다. 이를 통해 우리는 사건에 대한 인식을 확장할 수 있다. 다른 사건과 연결시킬 수 있게 된다는 것이다(Hernes, 2008).

문제는 어떤 추상화도 이런 의도나 목적을 제대로 달성하지 못한다는 점이다. 추상화가 사건을 충분하게 또 제대로 설명하지 못하고 실패하는 것이다. 헌즈(Hernes, 2008)의 지적처럼 추상화를 통해 추출해낸 사건의 속성들은 원형팩트가 내재하고 있던 원래의 구체적 경험으로 다시 연결되지 못한다. 화이트헤드(Whitehead, 1929)도 추상화가 원형팩트의 맥락을 제대로 짚어내지 못한다고 지적했다. 이렇게 되면 추상화에 동원된 구체적 실체, 구체적 경험, 원형팩트, 나아가 사건과의 관련성이 드러나지 못하고 결국 왜곡되기도 한다. 화이트헤드(Whitehead, 1929)는 실패한 추상화는 실체를 잘못 결합한 접합물과 같은 것이라고 설명했다.

추상화의 실패처럼 재현 역시 실체를 정확하게 드러내지 못한다. 물론 재현은 실체와 정확하게 일치하는 결과를 만들고자 하는 것은 아니다(Chia, 1999). 대신 재현은 숨겨진 힘을 계산하고 이상한 것을 탐색한다(Hernes, 2008). 이는 추적할 수 없는 실체를 다루는 방법이다. 사건을 '현재, 여기here and now'에서 일어난 일처럼 있는 그대로 드러내고자 하는 것이 아니라 그것이 다른 시공간에서 일어날 수 있는 일에 미치는 영향을 탐색하고자 한다. 이를 위해 재현은 구분distinction을 적용한다. 구분은 오랜 시간 축적되고 발전해온 인식의 범주를 기준으로 이루어진다(Tsoukas and Papoulias, 1996). 물론 이는 사회 시스템에 내재된 것들이다. 구분은 공간을 분할하는 것과 같다(Cooper, 2005). 구분이 더 진행되면 세분화로 이어진다. 사건을 세분화함으로써 불확실하고 유동적인 세계를 이해하고 대응하기가 보다 쉬워진다(Hernes, 2008). 말하자면 뉴스가 사건을 재현한다는 것은 수용자들이 인식해야 하는 사건을 동시대적 이해의 공간으로 분리하고 구분하고 세분화하면서 드러내는 것을 의미한다. 구분이 정확하게 이루어질 때 사건은 구체성, 차별성, 국지성 등을 확보하면서 뉴스 가치를 갖게 된다.

구분, 분할, 세분화는 현재의 사건을 이전이나 이후에 일어난 다른 사건들과 분리한다. 분리를 통해 사건은 독특한 시공간의 위치를 차지한다. 이는 논리적으로 타당한 지적이다. 그러나 화이트헤드(White-head, 1929)에 따르면 분리는 사건을 고립적으로 이해하는 '단순한 위치simple location'로의 설정이다. 이것으로는 사건이 어떻게 일어나는지 설명할 수 없다. '단순한 위치'는 사건의 고립성을 의미한다. 사건을 단순한 위치로 고립시켜 고정하면 사건을 정확하게 이해할 수 없게 된다. 사건의 재현은 실패하게 되는 것이다. 슈톰프카(Sztompka, 1991b)가 지적한 것처럼 사회적 사건은 다른 사건들과 연결되어 다양한 성질들이 뒤섞이면서 복잡해진다. 사건은 하나의 사건이 다른 사건을 내재하고 있으며 서로 연결되어 있다(Hernes, 2008). 사건은 고립적이지 않을 뿐만 아니라 다른 사건들과 복잡하게 얽혀 있다. 그러므로 사건을 생각할 때 무엇보다 그것의 연계성에 주목해야 한다. 사건은 개별 사건으로서 의미를 형성할 수 없고 복수의 사건 사이의 연결에 의해 의미가 구성되는 것이다. 사건은 늘 사건 쌍 또는 사건 네트워크를 이룬다.

사건 네트워크에 주목해보자. 할리넨과 톤루스(Halinen and Törnroos, 2013)는 사건은 단일 사건으로 이루어지는 것이 아니라 대부분 복수의 사건이 네트워크를 형성하면서 진행된다고 주장했다. 사건이 진행된다는 것은 사건 자체의 변화뿐만 아니라 사건 네트워크의 변화가 이루어진다는 것을 의미한다. 그린(Greene, 2014)이 지적한 것처럼 모든 사물은 다른 사물과의 관계relationship에 의해 존재한다. 개별적 사건들은 다른 사건들과의 관계 속에서 순간순간의 의사 결정을 거치면서 사회적 실체로서의 속성을 갖추게 된다. 사건이 다른 사건들과의 관계를 갖지 못할 때 사건은 존재하지 못하게 된다(Rescher, 2000). 이를 놓고 화이트헤드(Whitehead, 1929)는 사건은 정적인 현상이 아니라 경험의 순간들로 구성되는 프로세스의 시리즈라고 설명했다. 개별 사건은 다른 사건들의 영향을 받으며 자기의 정체성을 만들어내고 스스로 다른 경험으로 자신을 밀어나간다. 모든 경험의 순간들은 서로 개입하면서 상호관계를 갖는다(Whitehead, 1929). 이처럼 사건이 사건 네트워크 안에서 진행되고 진전되며 발전하는 프로세스라는 점을 받아들이면 사건의 분석을 통해 우리는 사건 자체에 대한 이해뿐만 아니라 사건을 둘러싼 세계를 인식할 수 있게 된다.

사건 네트워크는 시간을 고리로 이루어진다. 대개 사건을 과거에 일어난 것이며 현재에는 더 이상 존재하지 않는 것으로 생각한다. 물론 시간적 순차성에 따라 진행된다. 사건이 일어난 과거는 현재에는 더 이상 존재하지 않는다. 과거는 현재와 직접 경험의 관계가 없다고 생각할 수 있다. 그러나 사건이 일어난 사회 현실은 역동적이다. 과거는 현재에 존재하지 않는 것이 아니라 존재하지 않음에도 불구하고 현재와 연결되어 있다는 점을 이해해야 한다. 사건의 변화는 무작위적인 것이 아니라 과거에서 현재로 또 미래로 이어지는 방향성을 갖고 흘러가는 것을 의미한다. 사건의 흐름은 사건 네트워크 안에서는 보다 복잡하게 진행된다. 앞서 지적한 것처럼 사건은 사건 네트워크 안에서 연결된 쌍으로 구성되어 있다(Hedaa and Törnroos, 2008). 특정한 사건은 상호 관련된 복수의 사건이 하나의 흐름을 구성하면서 진행된다. 이렇게 연결된 사건들은 언제나 과거, 현재, 미래라는 시간 위치를 기준으로 분리되며 이에 따라 사건의 무게감이 달라진다. 외견상 유사한 사건들도 시간 위치에 따라 의미의 크기가 달라진다. 이런 점에서 헌즈(Hernes, 2008)는 사건은 특정 시공간에서 실체들 사이에서 특정한 관계들이 만들어지는 지점이라고 설명했다. 이렇게 만들어진 관계들은 미래의 사건들을 위한 데이터를 형성하면서 이전되고 이를 통해 과거 사건은 현재 및 미래 사건과 연결된다. 레셔(Rescher, 1996)는 사건의 이런 특성을 시간 구속성이라고 불렀다. 사건은 특정한 상태를 지속하는 것이 아니라 시간에 따라 변한다. 사건을 정해진 또 지속되는 속성이 아니라 변하는 것이라고 보면 사건의 구체성과 독자성이 드러난다. 이런 독자성이 바로 사건의 구체적 실체인 것이다.

사건 네트워크를 바탕으로 사건들은 복잡하게 연결되고 시간에 의해 구속된다. 사건이 역동성을 갖게 된다. 슈톰프카(Sztompka, 1991a)가 사회 현실은 단순히 존재하는 것이 아니라 일어나는 것이라고 지적한 것도 사건의 역동성을 지적한 것이다. 아보트(Abbott, 2016)는 세계는 물에 떠 있는 것처럼 불안정하고 불가측적이고 급변하고 포착하기 어렵다고 주장했다. 레셔(Rescher, 1996)는 사건은 시공간에 따라 구체성이 달라지는 변하는 존재라고 지적했다. 사건을 창출하는 사회현상은 관찰자의 외부에 독립적으로 고립적으로 별개로 존재하는 정태적 실체가 결코 아니다. 페티그루(Pettigrew, 1997)는 현실은 역동적이다 못해 날아다닐in flight 정도로 포착하기 어려운 실체라고 토로했다. 사건을 제대로 보기 위해서는 역동적 변화를 포착하는 방법을 찾아야 한다.

변화의 이해: 분산이론과 프로세스이론

사건의 역동성, 즉 사건의 변화를 파악하는 방법은 크게 두 가지가 있다(Mohr, 1982; van de Ven, 1992). 하나는 분산이론variance theory 기반의 분석이고 다른 하나는 프로세스 분석이다. 분산이론부터 살펴보자. 이는 전통적인 변화 분석 방법이다. 아보트(Abbott, 1995)는 분산이론은 인과관계로 얽혀있는 사건, 사례의 속성들과 관련된 요소들을 변수variable로 정의하고 변수들을 각기 분리시켜서 상호영향 관계를 이해하고자 하는 이론이라고 정의했다. 변수 사이의 인과관계를 설명하려고 할 때 전조변수인 독립변수 X는 결과인 종속변수 Y를 창출할 수 있는 필요충분조건이 된다(Poole et al., 2000). 모(Mohr, 1982)가 말했듯이 분산이론은 독립변수와 종속변수 사이의 단일하고 동질적인 관계를 가정하고 둘 사이의 변화를 측정하고자 한다. 이는 독립변수와 종속변수의 관계가 단일성을 갖고 있다고 보기 때문에 가능하다. 마커스와 로비(Markus and Robey, 1988)의 말처럼 원인과 결과가 선형구조를 나타내며 인과관계가 단방향으로 구성된다. 선형적 인과관계에서는 요인factor(독립변수) X는 결과effect(종속변수) Y와 일치한다.

반데벤(van de Ven, 1992)의 지적처럼 분산이론은 인과관계를 통해 변화를 설명하고자 한다. 또 특정 독립변수의 영향에 따라 나타나는 결과인 특정 종속변수의 분산 정도로 변화의 수준을 파악하고자 한다(Mohr, 1982). 달리 말하면 이는 변수와 변수 가치의 변화를 측정하는 것을 말한다. 버튼-존스 등(Burton-Jones et al., 2015)은 이론은 개념 concept과 관계relation로 구성된다고 했는데 이런 논리를 적용하면 변수는 개념에 해당하고 변수 가치와 이의 변이는 개념들 사이의 관계라고 볼 수 있다. 변수가 가진 속성가치의 변이를 통해 변수들 사이의 관계가 드러난다. 분산이론은 변수들 사이의 인과관계에 초점을 맞춘다. 독립변수는 반드시 특정한 종속변수를 낳는다. 복잡한 경우 종속, 독립, 매개mediating, 조절moderating 등의 다양한 변수들을 연결해서 결과의 변이를 설명할 수 있다(Cloutier and Langley, 2020). 이들은 상태를 묘사하는 변수들로서 현상, 이슈, 사건과 관련된 선행조건과 그 결과는 무엇인가라는 질문의 답을 구하기 위해 적용된다(van de Ven, 1992). 분산이론의 강점은 왜 독립변수가 종속변수에 영향을 미치는가를 설명함으로써 변화의 논쟁점들을 명확하게 제시해준다는 점에 있다. 투입과 산출 관계를 중심으로 한 분석에서 이런 강점이 잘 드러난다. 분산이론이 말하는 변화란 독립변수가 특정한 기간 동안 만들어내는 변화다(van de Ven and Engleman, 2004). 변화에 대한 분산이론의 설명은 안정적이고 지속가능한 설명이라고 할 수 있다.

그러나 변화에 대한 분산이론의 설명은 한계가 있다. 이는 변화와 관련된 요소들이나 속성들을 변수로 이해하고자 하는 데서 비롯된다. 모(Mohr, 1982)가 지적한 것처럼 분산이론은 인과관계와 같이 변수들 사이의 관계를 구성하는 데 초점을 맞춘다. 분석대상이 되는 세계나 현상은 변수화된다. 그런데 이렇게 사회 현실을 변수로 이해하면 분석의 대상이 되는 실체나 사건은 정태적인 것이 되고 만다. 인과관계를 창출하는 것은 행위 주체가 아니라 변수가 된다. 저널리스트가 분산이론 관점에서 팩트를 수집한다면 인과관계의 표준화된 틀에 맞추어 정태적 요소들을 수집해야 한다.

알드리치(Aldrich, 2001)는 분산이론은 결과만 따라가는 결과 추수적outcome-driven 설명이라고 그 한계를 적시했다. 분산이론식으로 접근하면 저널리스트가 관찰하는 사회 현실을 이와 인과관계를 가진 과거의 사건과 연결하는 후행적 접근으로 설명하고 만다. 또한 반데벤과 엥글만(van de Ven and Engleman, 2004)에 따르면 분산이론은 독립변수와 종속변수의 차이에 대한 통계적 설명이다. 독립변수가 종속변수의 변화를 초래한다는 점에 초점을 맞추는 것이다(van de Ven and Engleman, 2004). 그리고 독립변수가 변하면서 초래되는 종속변수의 변화량, 즉 두 변수의 공변이에 주목한다(Burton-Jones et al., 2015). 두 변수 사이의 변이variations를 설명해주는 정도degree를 통계적으로 설명해주는 것이다. 변이, 차이difference의 정도를 변화로 인식하고 또 설명하려고 하는 것이다. 특히 결정계수R-squared의 관점에서 회귀선상에 얼마나 가까이 있는가를 놓고 변화와 변수들의 관계를 설명하고자 한다(Pentland, 1999).

이와 같은 분석은 사건을 특정 시점에서만 관찰한다(Aldrich, 2001). 시간 흐름에 대한 이해가 없다. 변화는 변화가 진행되는 시간과의 관계가 무엇보다 중요한데 시간의 의미를 확인할 수 없다. 시간과 상관없이 종속변수와 독립변수 둘 사이의 관계가 지속된다고 보기 때문이다(Burton-Jones et al., 2015). 결과에 대한 원인의 영향은 시간이 지나도 동일하다고 본다. 그러나 사회현상은 지속적으로 흐르는 시간의 영향에서 벗어날 수 없다. 분산이론은 시간이 사회현상에 미치는 영향과 의미를 축소하거나 없애버리고 마는 것이다. 때문에 분산이론의 분석은 당연히 사회현상을 분석하는 데 문제를 초래한다. 저널리스트가 분석하고자 하는 사건의 전체성을 파악할 수 없으며 수집된 정보들은 맥락과 무관한 것들이다. 아보트(Abbott, 1992)의 지적처럼 변수는 사회적 행위자가 아니다. 때문에 사회현상을 변수화된 관계로 이해하는 것은 사회현상에 내재된 스토리가 사라져버리는 것을 의미한다.

분산이론은 분석 대상의 시간성을 무시한 채 변화를 설명하고자 하기 때문에 사회현상의 진행되는 과정에 내재되어 있는 다양한 요소들 사이의 복잡한 조합을 발견하기 어렵다. 분산이론의 전통적인 분석 방법인 횡단적 모델cross-sectional model은 세계에 대한 부분적 그림만 제공하는데, 이는 바로 시간의 역할을 없애버리기 때문이다(Tsoukas and Hatch, 2001). 분산이론에서는 사회현상은 언제나 평형상태라고 가정하는데(Bromiley and Papenhausen, 2003; Meyer et al., 2005) 이는 사회현상에 내재된 변수들의 관계가 시간이 흐르면서 변화가 불가피하고 또 변화가 결코 동질적이지 않다는 점을 간과한 것이다(Mohr, 1982).

모리스(Morris, 2005)는 분산이론이 변화를 설명하는 데 한계를 노출하는 또 다른 문제는 연역적 접근이라고 지적했다. 이는 기존 이론으로부터 사건의 원인을 연역적으로 찾아내는 것을 말한다. 이를 통해 찾아내는 것이 가설과 변수다. 이어 변수가 존재할 때의 결과와 변수가 부재할 때 결과를 비교하는 방식으로 이들 인과변수들을 조작해 실험을 한다. 여기에는 실체에 대한 관찰과 확인이 없다. 양적 분석에 의한 통계적 의미만 남는다. 이를 넘어서는 실체적 의미를 주장하는 데 한계가 있을 수밖에 없다. 분산이론은 사회요소들의 다양한 관계와 패턴을 그려내는 데는 효율성이 높다(Mohr, 1982). 그러나 이와 같은 패턴들이 어떻게 성립되는지를 설명하지 못한다. 특히 시간의 경과를 통해 나타나는 패턴에 대한 설명을 제공하지 못한다. 그럼에도 분석결과를 일반화하고자 하면 사회현상에 내재된 맥락들을 오도할 수도 있다(Langley, 2007). 이는 특히 사회현상이나 조직의 변화 또는 변화의 프로세스를 연구하는 데 큰 한계로 작용한다. 연구자들은 독립변수와 종속변수의 인과관계의 설명은 사건의 전개, 질서, 순서에 관해 지극히 제한적이고 비현실적인 가정을 지적할 뿐이라고 지적했다(Abbott, 1983; Burton-Jones et al., 2015; Mohr, 1982; van de Ven and Huber, 1990).

프로세스이론은 이런 한계를 극복하는 데 효율적이다. 현실세계의 사건은 결코 고립적으로 존재할 수 없다. 페티그루(Pettigrew, 1997)의 주장처럼 프로세스이론은 변수 패러다임과 개별 원인을 이론화하고자 하는 분산이론에서 벗어나려고 한다. 프로세스이론은 분석단위, 변수, 속성, 원인, 변수 중심 결과의 틀에서 벗어나 맥락, 연결, 사건으로 분석의 초점을 이동시킨다(Abbott, 1995). 사회과학 연구가 분산이론에서 프로세스이론으로 이동하고 있다는 주장도 이런 배경을 갖고 있다(Markus and Robey, 1988; Mohr, 1982). 코넬리슨(Cornelissen, 2017)은 분산이론의 대안이 프로세스이론이라고 주장했다.

프로세스이론에 근거한 프로세스 분석은 사건은 역동적인 것이라고 이해한다(Langley, 2007). 사건은 단순히 존재하는 것이 아니라 일어난다(Sztompka, 1991b). 사회현상을 분석한다는 것은 현상의 존재 여부에 대한 답을 구하는 것이 아니라 진행되는 사건들을 묘사, 분석, 설명하는 것을 말한다. 그러자면 사회현상의 구체성what, 이유why, 방식how 등을 제시해야 한다. 슈톰프카(Sztompka, 1991b)가 지적한 것처럼 인간행위는 영속적으로 되어감의 프로세스에 놓여 있다. 프로세스 분석은 날아가고 있는in flight 역동적이고 포착하기 어려운 현실을 파악하기 위한 것이다. 사건의 진행을 따라가면서 변화를 설명하고 그 이유를 찾고자 한다. 이를 위해 움직임, 행동, 사건, 변화, 시간적 진화 등에 주목한다. 시간이 흐르면서 지속적으로 나타나는 활동과 사건을 포착하려고 한다. 사건이 특정한 현상을 드러내고 그 현상들이 진화하고 종료하는 방식을 분석하는 데 초점을 맞춘다(Langley, 1999; van de Ven, 1992).

프로세스 분석은 사회현상의 변화들을 사건의 순서에 따라 묘사하고자 한다. 즉 사건의 시퀀스를 통해 프로세스를 짚어나가고자 한다(Blau and Schoenherr, 1971). 반데벤(van de Ven, 1992)은 프로세스를 시간 경과에 따라 맥락을 갖고 드러나는 개별 또는 집단적 사건, 행동, 활동의 시퀀스라고 정의했다. 시간 경과에 따라 나타나는 사건의 시퀀스를 표현함으로써 사건의 변화를 설명할 수 있다. 그러자면 행동들의 순서, 생각의 이전 등을 보여주는 패턴을 찾아내야 한다. 반데벤(van de Ven, 1992)의 지적처럼 시퀀스 분석은 사건을 명시적으로 또 직접적으로 관찰한다. 사건에 어떤 실체나 이슈가 존재하며 이것들이 어떻게 발전하고 변하는가를 보다 구체적으로 설명하고자 한다. 시퀀스는 사건이 어떻게 진행되고 어떻게 구성되고 재생산되고 적응하며 정의되는가를 보여준다(Tsoukas and Chia, 2002). 페티그루(Pettigrew, 1992)는 시퀀스 분석을 통해 사람, 조직, 전략, 환경 등이 어떻게 또 왜 그렇게 행동하고 변하고 진화하는지를 찾아낼 수 있다고 강조했다. 다시 말해 프로세스 분석은 개별적 또는 집단적 행동이 어떤 시퀀스를 갖고 있으며 그것이 왜 어떻게 나타나는가를 묘사하고 분석하고 설명해준다(Pettigrew, 1997).

　분산이론과 프로세스이론의 분석 태도는 분명히 구분된다. 알드리치(Aldrich, 2001)가 제시한 결과 추수적 분석과 사건 추수적 event-driven 분석의 논의는 그 차이를 자세하게 보여준다. 결과 추수적 분석은 결과로 관찰된 것에 초점을 맞춘다. 결과와 그 전의 사건 발생 사이의 차이를 변화라고 본다. 그 차이가 인과적으로 어떤 유의미한 변화를 드러내는지에 주목한다. 차이를 변화라고 보는 것이다. 분산이론은 결과 추수적 접근이다. 독립변수와 종속변수 사이의 변이가 얼마나 큰 것인가 그 정도로 변화를 설명하는 것과 같다. 사건 추수적 분석은 반대다. 관찰되거나 기록된 사건에서 시작해 결과로 이어지는 과정을 따라 변화를 설명한다. 특정 사건을 미리 선택하고 이어 시간의 경과에 따라 이 사건에 의해 일어나는 다양한 일들을 수집한다. 사건이 어떻게 발전하고 진행되며 전개되는가를 변화로 이해한다. 사건에서 결과로 나아간다는 점에서 전향적 설명이라고 할 수 있다. 프로세스 분석은 사건 추수적 접근이다. 거식(Gersick, 1994)의 지적처럼 프로세스 분석은 사건들 가운데서 일어나는 발전적 프로세스를 이해하고자 한다. 프로세스의 시퀀스는 발전을 드러내는 방법이다. 시퀀스와 항상 같이 따라다니는 이야기는 변화의 진행을 묘사하는 방법이다.

　변화를 분석하는 방법을 선택하는 데 별다른 이유가 있는 것은 아니다. 어떤 현상에 대한 원인이 되는 사건을 추적할 때는 결과 추수적 접근이 유효하지만 특정한 사건의 전개, 진행, 발전을 파악하고자 한다면 사건 추수적 접근이 효율적이다. 그러나 어떤 결과가 특정한 사건 때문에 일어났다는 분석만으로 사건을 충분하게 설명했다고 보기는 어렵다. 결과와 사건이 언제나 반복될 수 있다고 볼 수는 없기 때문이다. 사건의 진행을 파악하자면 따라서 사건 추수적 접근이 필요하다. 사건의 변화 가운데서 일어나는 진행progression, 진전advance, 발전development의 프로세스를 이해할 수 있기 때문이다.

발전의 설명

　　날아다닐 정도로 역동적이고 포착하기 어려운 현실을 파악하기 위해 프로세스 분석은 진행, 진전, 발전을 통해 변화가 진행되는 과정 전체를 설명하고자 한다. 현상의 변화를 다루는 데 이는 두 가지 장점을 갖고 있다. 첫째, 프로세스 분석은 현상의 변화를 단순한 차이가 아니라 발전의 관점에서 설명해준다. 단순한 상태의 변화가 아니라 '어떻게 변했나'를 파고드는 것이다. 분석의 초점이 '무엇'이 아니라 '어떻게', '왜'로 이동한다. 따라서 프로세스 분석은 '무엇이 변화의 선행조건인가'라는 질문을 '어떻게 변화가 창발하고 발전하고 성장하고 소멸하는가'라는 식의 질문으로 수정한다(Robey and Bourdeau, 2005). 그리고 '사건이 시간의 경과에 따라 어떻게 변했나'와 같은 질문의 답을 구하기 위해 사건의 서사를 분석한다. 특정한 결과로 이어지는 사건의 순서를 설명하고자 한다. 개별적이고 집단적인 행동이 어떤 것이고 그것들이 왜, 어떻게 일어나는지를 묘사하고 분석하고 설명함으로써 사건의 심층구조를 파악할 수 있다. 프로세스 분석이 심층분석의 강점을 갖고 있음을 알 수 있다(Pentland, 1999). 반데벤과 풀(van de Ven and Poole, 1995)은 이와 같은 프로세스의 변화를 생성 메커니즘generative mechanism이라고 불렀다.

프로세스 분석이 새로움, 발전을 설명하는 데 강점을 갖는 것은 프로세스가 갖고 있는 비선형의 구조와 관련 있다. 알바레즈-바즈케스 (Álvarez-Vázquez, 2014)는 프로세스의 비선형성은 새로운 것을 생각할 수 있게 해주는 근거라고 보았다. 새로움은 예측할 수 없는 사건의 진행에서 생성된다는 것이다. 프로세스의 발전은 이를 말한다. 이런 점에서 그는 프로세스 분석은 성찰적 구성물reflexive construct이라고 이해했다. 프로세스로서의 사건의 의미는 진행되면서 형성된다. 그래서 사건은 구성적 실체다. 진행 중인 사건에 대한 성찰에 의해 새로움과 발전에 대한 이해가 구축되는 것이다.

두 번째 장점은 프로세스 분석은 시간의 개입을 중요하게 다룬다는 점이다. 그동안 사건을 분석할 때 시간은 그렇게 중요하게 다루지 않았다. 시간은 사건과 직접 관련이 없는 외부요인으로 평가되었다. 사건이 얼마나 지속되는가를 보여주는 시간 지속성은 측정되었지만 시간이 사건을 구성하는 핵심 요소라고 보지는 않았다(Bidart et al., 2013). 그러나 프로세스는 시간을 필요로 한다. 시간은 프로세스의 본질적 속성이다. 사건의 실체는 사건에 내재된 고정적 특성 때문이 아니라 프로세스의 특정한 시간 위치를 차지함으로써 드러난다. 프로세스 분석이 다루고자 하는 변화는 시간이 흐르면서 일어나는 변화다(Langley et al., 2013). 프로세스의 시간은 현재 존재하는 실체에 통합되어 있지만 사건의 흐름은 본질적으로 시간에 의해 이루어진다. 시간은 사건이 존재하는 위치를 구체적으로 확정해주지만 사건의 전체적 모습은 사건에 내재된 시간성temporality에 의해 변한다(Whitehead, 1929). 시간은 사건의 존재와 의미의 바탕이라고 할 수 있다.

아보트(Abbott, 2001)는 시간이 프로세스를 만들어간다고 보았다. 시간은 실체와 변수들을 시간 흐름에 따라 점진적으로 주조해나간다. 또 이들을 다른 실체와 변수들과 연결시킨다. 실체와 변수들을 진화시키는 것들과도 연결해준다. 시간을 무시하면 프로세스는 정태적인 현상들의 나열에 불과하다. 독립적인 사건과 사건의 현상들이 단순히 연대기적으로 연결되는 것을 진화라고 오해할 수 있다. 이렇게 되면 프로세스가 만들어내는 변화를 최종결과로 축소해 이해하게 된다(de Coninck and Godard, 1990). 나이야크와 키아(Nayak and Chia, 2011)의 지적처럼 이는 사건을 고립적으로 또 정태적인 것으로 이해하는 결과를 낳는다. 이런 태도는 사건이 가진 특정한 성질, 즉 사건의 정체성identity에 초점을 맞추어 사건을 이해하려는 것이다. 나이야크와 키아(Nayak and Chia, 2011)는 이렇게 함으로써 사건을 공간적 양으로 이해하게 된다고 지적했다. '시간의 공간화spatialization of time'가 초래된다는 것이다. 시간의 공간화는 움직임들을 공간 안에서 가둬두고 멈추게 만든다. 사건을 둘러싼 세계를 결정론적인 것, 주어진 것으로 생각하게 만든다. 결국 사건 프로세스를 프로세스의 최종 상태에 드러나는 결과물로 대체해버린다. 이처럼 시간의 공간화, 사건에 대한 공간적 사고는 시간에 따른 사건의 변화를 왜곡하고 만다. 프로세스 분석은 이와 같은 문제를 가장 경계한다. 시간의 경과에 따라 드러나고 발전하는 사건과 이의 변화를 다룸으로써 시간이 사회 현실에 미치는 영향을 중요하게 다룬다는 것이다(Chiles, 2003; Pettigrew, 1990; van de Ven, 1992). 특히 시간 순서를 중요하게 여기는데(Markus and Robey, 1988), 이는 선형적 시간 탓에 사건의 현상이 지속성을 갖기 때문이다. 물론 개개인이 경험한 시간들은 이질적이고 서로 비연속적이지만 이 역시 프로세스에서 중요한 역할을 한다(Bidart et al., 2013). 이를 위해 프로세스 분석은 다양한 시간 프레임을 적용할 수 있어야 한다.

주의해야 할 것은 단순한 시간적 순서는 프로세스가 아니라는 점이다. 시브트(Seibt, 2012)는 프로세스에 대한 가장 기본적인 이해는 시간적 발전temporal development이라고 강조했다. 프로세스가 주목하는 사건의 발전은 시간의 함수다. 사건의 발전은 시간이 흐름에 따라 이루어지는 진행, 진전, 발전 등으로 나타난다. 이는 프로세스의 시간은 시간의 방향성과 밀접한 관련이 있음을 의미한다.

프로세스는 과거를 보존해 현재로 넘겨준다. 과거는 사건을 통해 의미를 가지게 되지만 그 의미가 영향력을 행사할 수 있는 현재로 이동할 수 있어야 한다. 현재는 과거가 영향을 미칠 수 있는 유일한 장소다. 과거는 프로세스를 통하지 않고서는 현재로 이전할 수 없다(Wilterdink, 2018). 프로세스는 과거를 보존하고 현재에 살아 있게 만드는 메커니즘이다. 과거에 위치한 사건들을 현재의 의미와 영향으로 처리하는 작업과 같다. 이에 비해 분산이론은 시간과 관계없이 독립변수와 종속변수의 관계를 다루기 때문에 장기적 변화를 효율적으로 설명할 수 없다(Langley et al., 2013). 분산이론의 독립변수 X와 종속변수 Y는 시간과 관계없는 필요충분조건의 관계다. 선행사건 X는 결과인 Y의 필요조건인데 둘 사이에 시간이 개입함으로써 프로세스가 형성된다(Boudreau and Robey, 2005). 프로세스 분석은 시간의 흐름에 따른 변화를 파악하기 위해 종단적 접근을 한다(Markus and Robey, 1988). 시간의 흐름, 다시 말해 시간 순서에 따라 이루어지는 사건들 사이의 순서를 사건들을 연결하는 관계로 파악한다.

마르쿠스와 로비(Markus and Robey, 1988)가 말한 것처럼 대부분의 사회현상은 프로세스다. 사회의 모든 것은 구성하고, 재구성하고, 해체하는 프로세스 속에서 지속된다(Abbott, 2016). 사건은 사회 프로세스를 구성하는 자연적 단위다. 사회현상을 작동시키는 행위 주체들의 행동은 사회 프로세스 안에서 일어난다(van de Ven and Engleman, 2004). 때문에 아보트(Abbott, 1990)는 사건은 사회 프로세스의 단면을 드러내고 또 이를 단순화시키는 현상이라고 지적했다. 사건이라는 사회적 프로세스를 제대로 다루기 위해서는 과거, 현재, 미래로 연결되는 사건의 흐름을 파악해야 한다. 프로세스는 과거, 현재, 미래 등 각기 다른 시간의 사건이 연결되면서 만들어지기 때문이다. 프로세스 분석은 이런 사건 흐름을 설명하는 데 효율적이다(van de Ven and Engleman, 2004).

프로세스 분석은 또 복수의 사건을 결합해준다. 그리고 사건들의 결합을 통해 사건의 발전과 변화를 설명해준다(van de Ven and Engleman, 2004). 이는 사건들의 인과관계를 파악하는 것으로 시작한다. 서로 인과관계를 가진 개별 사건은 특정한 방향성을 갖고 특정한 결과를 향해 발전해나간다. 사건은 이전의 사건과 이후의 사건과의 결합에 의해 그 방향이 수정되기도 한다. 이렇게 함으로써 사회 프로세스에 내재된 사건의 발전을 확인할 수 있다. 사건들의 결합은 복잡하게 이루어진다. 따라서 프로세스 분석은 사회 프로세스의 통일성이 아니라 다양성을 설명하고자 한다. 다양한 결합으로 나타나는 사회 프로세스의 발전은 두 개 이상의 특정한 요소 사이의 결합 또는 분리를 통해 일어난다. 이 결합과 분리는 프로세스 참여자들의 상호자율적인 짝짓기나 재정렬을 통해 일어난다(Mohr, 1982). 이처럼 복잡한 사건들의 결합을 통해 사건 프로세스를 설명하기 때문에 프로세스 분석의 설명은 보편성을 얻을 수 있다(van de Ven and Engleman, 2004). 또한 프로세스 분석은 사건의 발전 패턴, 특히 발전 패턴의 새로움을 포괄할 수 있다는 점에서 사건 설명의 설득력이 있다고 할 수 있다.

요컨대 프로세스이론은 시간 경과, 시간 순서, 이에 따른 사건의 변화와 발전을 분석함으로써 사건을 이해하고자 한다. 프로세스 분석의 결과는 단순히 사건이 최종적으로 드러내는 현상을 설명하는 것이 아니라 시간 흐름에 따라 일어나는 사건의 발전에 대한 이해를 의미한다. 발전은 선형적 프로세스를 통해 진행되지만 이 과정에 참여하는 요소들은 반드시 선형적 인과관계, 다시 말해 독립변수와 종속변수의 관계만으로 연결되는 것이 아니다. 특정 결과를 창출하는 원인들은 다양한 요소와 방식으로 조합되기도 한다. 프로세스의 역동성은 이런 데서 창출된다.

그런데 아이러니컬하게 프로세스 분석은 프로세스의 안정성을 찾아내기도 한다. 프로세스 분석을 통해 파악하는 발전은 영속성을 갖고 진행된다. 때문에 발전의 계속성이 어떻게 등장하고 지속되는가를 확인하는 것이 중요하다. 발전을 순서와 질서의 관점에서 접근한다는 점도 프로세스 분석이 프로세스의 안정성을 확인해낼 수 있는 이유의 하나다. 사건이 프로세스를 거치면서 발전 속에 안정성이 형성되는 것을 파악하는 것이 중요하다. 이런 맥락에서 보면 뉴스 생산은 사건에 내재된 팩트의 본질적인 불안정성을 뉴스 텍스트로 안정화시키는 프로세스인데, 이때 사건 네트워크에 대한 분석을 통해 얻은 사건 프로세스의 진행, 진화, 발전에 내재된 의미를 부여한다고 볼 수 있다.

저널리즘 프로세스는 뉴스의 대상이 되는 사회 현실에 대한 이해에서 시작해야 한다. 고티에(Gauthier, 2005)가 주장한 사건의 중층적 구성물의 속성을 생각해보자. 사건은 저널리스트가 다루기 전에 이미 사회적으로 구성된 현실이다. 사회의 다양한 구성요소들이 개입해 만든 것이다. 설(Searle, 1995)이 말한 사회 현실social reality이란 사회적으로 구성된 현실을 말한다. 저널리스트가 사회 현실을 뉴스 가치를 가진 사건으로 선택하면 이는 사회 현실에서 저널리즘 현실journalistic reality로 이동한다. 저널리스트는 여기에 뉴스 구성행위를 더한다. 이것이 중층적 구성물의 논리다. 뉴스가 중층적 구성물이라는 것은 사회 현실이 저널리즘 현실로 들어오고 이것이 뉴스 사건으로 옮겨가면서 끊임없는 변화를 겪는다는 것을 함의하고 있다. 사회 현실로서의 사건은 과거의 사건에서 현재 사건, 미래 사건으로 진행, 진전, 발전의 프로세스에 따라가지만 변화의 방향성은 저널리즘의 중층적 구성행위에 의해 결정된다. 사건은 결코 특정한 시점에 확정된 결과론적 존재가 아니다. 사건의 속성들은 변한다. 특히 뉴스 생산 프로세스에 진입하면 해체되고 재구성된다. 프로세스는 이런 사건의 변화를 연속적인 흐름 선상에 있는 것으로 치환해서 이해할 수 있도록 해준다.

사건은 우리가 경험할 수 있는 세계의 기본 단위다(Hernes, 2008). 사건은 사회 프로세스의 작은 조각이다. 사회 현실은 언제나 다양한 사건들을 포함하며 사건들은 사회 프로세스를 통해서만 존재할 수 있다. 우리가 세계를 단면으로 볼 수 있는 것은 사건이 세계를 관통하기 때문이다. 사회 프로세스의 작동은 사건을 이해하지 않고는 불가능하다. 그런데 사건 역시 프로세스다. 사회현상의 이해는 현실적으로 사건 프로세스를 통해 접근할 수밖에 없다. 레셔(Rescher, 1996)의 말처럼 복잡한 사건 속에서 일어나는 변화가 의미하는 것들이나 변화를 일으키는 요소들이 체계적으로 연결되어 발전하는 것이 사건 프로세스다. 사건들은 다른 사건들과 우연하게 또는 기능적으로 상호연결되지만 이 연결은 체계적이다. 즉 사건 프로세스는 무작위적 변화나 흐름이 아니다.

근대 저널리즘 변화의 맥락은 분산이론에서 프로세스이론으로의 이동과 유사하다. 반허스트와 나이팅게일(Barnhurst and Nightingale, 2017)이 분석한 것처럼 묘사 중심의 사실주의 뉴스에서 해석 중심의 모더니즘 뉴스로의 이동은 팩트 전달의 분산이론식 접근에서 해석 중심의 프로세스 분석으로의 이동과 같은 맥락을 갖고 할 수 있다. 펜틀란드(Pentland, 1999)의 지적처럼 사건에 대한 이해는 표층구조의 묘사 수준에서 벗어나 해석을 위한 심층구조 파악을 요구한다. 이는 분산이론의 분석에서 프로세스 분석으로의 이동을 통해 가능하다. 좀 더 살펴보자. 프로세스 분석의 초점인 사건은 행위 주체와 맥락 사이의 상호작용이 일어나고 여기서 생성되는 변화가 장시간에 걸쳐 축적되어 일어나는 것이다. 뉴스가 다루고자 하는 사건은 이와 같다. 이의 심층구조는 왜, 어떻게 등의 질문을 통해 접근해야 한다. 로비와 부르디외(Robey and Bourdeau, 2005)는 변화에 관한 분석 틀은 언제, 어디서, 누가, 무엇에 대한 질문에서 어떻게, 왜 변화가 창발하고 발전하며 성장하고 소멸하는가라는 식으로 재구성해야 한다고 주장했다. 페티크루(Pettigrew, 1997)는 사건이 프로세스의 어느 지점에 위치하느냐에 따라 달라지는 의미는 이런 질문들을 통해 파헤칠 수 있다고 지적했다. 프로세스가 갖고 있는 독특한 사건 리듬 속 사건의 위치를 파악하는 것이 중요하다. 뉴스가 사건을 다루는 태도도 이와 같아야 한다.

로비와 부르디외(Robey and Bourdeau, 2005)는 프로세스 분석을 위해 시계열 분석과 같은 종단적 분석과 아카이브, 데이터 소스 등을 이용해야 한다고 강조했다. 이를 통해 사건 프로세스에 포함된 다양한 사건들을 수집하고 각 사건의 패턴, 특성 등을 비교해야 한다. 패턴을 구성하는 메커니즘 역시 프로세스 안에서 찾아내야 한다(Pettigrew, 1997). 이것이 사건에 대한 해석적 접근이다. 이런 해석적 분석을 통해 알바레즈-바즈케스(Álvarez-Vázquez, 2014)가 강조한 새로움과 발전을 추출할 수 있다. 특히 예측할 수 없는 발전으로 이어지는 특이성을 찾아내는 것도 가능하다. 이처럼 프로세스 분석은 현상의 패턴을 확인해줄 뿐만 아니라 새로운 발견, 예측할 수 없는 발견까지 가능하다. 뉴스가 사건으로부터 밝혀내고자 하는 것은 바로 이런 것들이다.

프로세스 분석은 알바레즈-바즈케스(Álvarez-Vázquez, 2014)와 펜틀란드(Pentland, 1999)가 말한 것처럼 설명을 제공한다. 이는 뉴스의 중요한 기능의 하나다. 프로세스 분석이 문제 해결에 적용하는 '왜'의 질문에 대한 답이 바로 설명이다. 사건의 현실은 단일한 인과사슬로는 설명할 수 없으며 복수의 인과관계로 만들어지는 인과관계 네트워크를 통해서 제대로 설명할 수 있다. 단일한 인과관계는 선형적 설명만 제공하는 데 그친다. 때문에 프로세스에 내재된 사건들 사이의 복잡한 관계를 설명하기에는 불충분하다. 사건의 복잡성을 설명하기 위해서는 사건들이 만들어내는 복수의 관계, 복수의 프로세스를 설명할 수 있는 틀이 필요하다. 알바레즈-바즈케스(Álvarez-Vázquez, 2014)와 펜틀란드(Pentland, 1999)는 프로세스 분석은 모든 현상을 설명할 수 있는 높은 수준의 설명력을 갖고 있어 사건 프로세스의 복잡성을 분석할 수 있다고 주장했다. 설명은 프로세스 흐름을 묘사하는 이야기방식으로 진행된다(Einhorn and Hogarth, 1986). 이야기는 프로세스에 나타나는 사건들 사이의 관계를 설명하는 방법이다(Pentland, 1999). 비다트 등(Bidart et al., 2013)이 프로세스는 이야기로 개념화되어야 한다고 주장한 것은 이런 이유에서다.

정리하면 사건은 프로세스다. 사건이 본질적으로 프로세스라는 위의 분석은 본 연구가 규명하고자 하는 저널리즘 진본성의 논의와 맥이 닿는다. 3장에서 분석한 것처럼 진본성은 구성적이다. 특히 길모어와 파인(Gilmore and Pine, 2007)이 제시한 경제재의 진본성 구성에 대한 논의를 상기해보라. 자연적 진본성에서 독창적 진본성, 예외적 진본성, 참조적 진본성, 영향력 진본성으로 이어지는 진본성의 다양한 모습은 그것의 진화를 보여준다고 분석했다. 사건 프로세스에 대한 분석이 추구하는 것 역시 이와 다르지 않다. 단순한 팩트의 발견은 자연적 진본성의 발견이라고 할 수 있지만 프로세스 분석이 궁극적으로 찾아내고자 하는 것은 진본성 진화의 다음 단계들이라고 할 수 있다. 프로세스의 심층분석을 통해 다양한 진본성들을 구성해낼 수 있다고 본다. 이러한 분석 결과를 토대로 다음 장에서는 뉴스가 다루는 사건 프로세스의 본질에 대해 좀 더 자세한 분석을 진행하고자 한다.

6장

사건 프로세스

사건의 되어감

5장의 논의를 통해 사건은 프로세스라는 것을 알았다. 화이트헤드(Whitehead, 1929)가 사건은 프로세스를 통해서만 존재가 가능하다고 지적한 것처럼 사건의 이해 역시 그렇다. 사건은 프로세스 안에서 구체적으로 드러난다(Hernes, 2008). 프로세스는 사건이 일어난 실제 세계의 의미를 구성해주며 사건은 프로세스의 특정 시공간에서 그 단면을 드러낸다. 이런 점에서 헌즈(Hernes, 2008)는 사건을 프로세스에서 도출된 추상성이라고 풀이했다.

우리가 인지하는 사건은 사건 자체가 아니라 사건 프로세스다. 우리는 사건 프로세스가 작동될 때 나타나는 독특한 특성과 작동행태 등을 사건으로 인식하는 것이다. 사건 프로세스는 과거와 현재의 상호작용으로 이루어진다(Nayak and Chia, 2011). 사건 속에 담긴 과거는 사건의 현재 조건이나 상황에 결합되어 사회현상으로 드러난다. 특히 인간행위가 개입한다. 사회현상을 일으키는 인간행위는 영속적으로 진행되는 프로세스를 역동적인 것으로 만들어간다. 페티그루(Pettigrew, 1997)가 '날아가고 있는' 것이라고 표현했을 정도로 사회 현실과 그 안에서 일어나는 사건은 역동적이다. 사건은 여기에서 발생한다. 주목할 것은 사건의 역동성은 언제나 다른 사건들과 연결하고자 하는 사건의 속성에서 비롯된다는 점이다. 연결되는 사건은 과거의 사건들일 수도 현재의 사건들일 수도 있다. 화이트헤드(Whitehead, 1929)는 사건들은 프로세스를 통해 연결된다고 지적했다. 헌즈(Hernes, 2008) 역시 사건은 하나의 사건이 다른 사건을 내재하고 있다는 점에서 서로 연결되어 있다고 보았다. 사건들 사이의 연결에 의해 사건 프로세스가 작동한다. 또 이 연결은 지속된다. 요컨대 사건이 프로세스로 존재하는 것은 개별 사건의 작동이 아니라 사건에 내재된 다른 사건들과의 상호작용 관계 때문이다. 겉으로는 독립적인 사건으로 보이지만 개별 사건으로 존재하는 것은 없다. 나아가 사건의 프로세스가 진행되는 한 사건은 결코 최종적인 것일 수 없다(Whitehead, 1929). 사건은 사건 프로세스에 의해 그 특성이 드러나는 것일 뿐 사건이 결정되는 것은 아니다. 그래서 레셔(Rescher, 1996)는 역동적인 현실에서 일어나는 사건은 프로세스 없이 아무것도 할 수 없다고 지적했다. 이런 식으로 프로세스는 현실에서 일어나는 수많은 사건을 지속적으로 통합한다.

사건 프로세스를 이해할 때는 사건 자체가 아니라 프로세스에 초점을 맞추어야 한다. 모든 실체적 사물이 변하는 역동적 사회 현실에서는 프로세스가 사건보다 더 본질적이다. 레셔(Rescher, 1996)나 바켄과 헌즈(Bakken and Hernes, 2006)는 사건 자체는 본질적인 것을 갖고 있지 않으며 프로세스가 어떤 것보다 중요한 본질적 요소라고 지적했다. 이들은 프로세스는 기본적으로 흐름을 창출하는 움직임movement이라는 점을 강조했다. 바켄과 헌즈(Bakken and Hernes, 2006)는 세계는 흐름으로 연결되어 있다고 단정했다. 이 흐름에는 행동, 정보 그리고 시간의 경과가 깔려 있다. 프로세스는 사건이 존재하기 위해서 또는 그 존재를 이해하기 위해서도 가장 기본적인 분석대상이다. 사건 프로세스를 분석하는 것은 사회현상에 내재된 점진성gradualness, 즉 서서히 변해가는 것을 인식하는 것을 말한다. 동시에 지속성과 단절성 사이, 항상성과 변화 사이, 실체와 흐름 사이의 구분과 차별성의 분석을 통해 파악할 수 있다. 사건 프로세스는 상반된 사회현상 사이에서 일어나는 흐름과 점진적 변화라고 할 수 있다. 진짜 존재하는 것은 개인도 초개인적 시스템이나 구조도 아니다. 사회적 되어감은 개인과 사회구조가 한데 작동하는 개인-구조의 장individual-structural field에서 일어난다 (Sztompka, 1991a). 개인-구조의 장은 끊임없이 변한다. 사건은 영속적인 프로세스의 형태로만 포착할 수 있다.

윌터딩크(Wilterdink, 2018)는 프로세스를 크게 세 가지로 구분했다. 첫째, 반복적 프로세스다. 이는 먹고 자고 일하는 일상의 습관처럼 반복되는 일로서 시간의 흐름에 따라 순서를 갖고 일어나는 프로세스다. 둘째, 축적적 프로세스다. 특정한 방향성을 갖고 계속 변화가 이루어지도록 만들어주는 작은 변화들의 축적으로 구성된 프로세스다. 언어학습과 같이 새로운 습관을 익히는 과정이기도 하다. 축적적 프로세스의 변화는 반복적이지 않으며 작은 변화가 더 큰 변화들과 연결된다. 셋째, 거시적 프로세스다. 이는 거시적이고 장기적이며 사회적인 프로세스다. 특정한 지향점을 갖고 진행되며 '-화-ation'로 묘사되는 사회발전을 목표로 한다. 민주화democratization, 농업화agrarianization, 산업화industrialization, 문명화civilization, 도시화urbanization 등과 같은 것이다. 이처럼 프로세스는 개인적 수준에서 사회적 수준까지 다양하며 반복, 축적, 발전 등의 독특한 특성을 갖고 있다.

반복, 축적, 발전 등의 속성은 변화가 프로세스의 전부가 아니라는 것을 시사한다. 사건 프로세스 역시 마찬가지다. 사회현상을 이해하기 위해 개인과 사회, 행동과 구조, 영속성과 변화, 또는 안정성과 움직임 등의 기존의 이분법적 구분에서 그치면 안된다는 슈톰프카(Sztompka, 1991b)의 주장에 주목해야 한다. 그에 의하면 사회의 실체는 이분법적 선택이 아닌 제3의 수준인 사회적 되어감이다. 사건 프로세스는 변하지만 그렇다고 변화 자체가 사건의 의미는 아니다. 어떤 의미로 되어 간다는 것이다. 레셔(Rescher, 1996)가 말한 것처럼 사건은 길고 복잡한 프로세스로 진행된다. 이는 사건이 다른 사건들과 연결되면서 불가피하게 일어난다. 사건들의 연결요소에 초점을 맞추는 것이 중요하다. 이 요소들을 바탕으로 연결된 사건 전체를 정교한 이야기들로 구성할 수 있다. 사건을 움직이는 일련의 행동들 사이의 거래들로 이야기가 짜여진다. 사건 프로세스의 이해를 위해서는 이 행동들과 행동을 둘러싼 환경요소들을 반드시 이해해야 한다. 사건 프로세스의 연결, 이야기, 거래 등이 보여주듯이 프로세스는 단순한 변화가 아니라 어떤 결과를 향해 가는 진행인데 되어감의 의미는 이런 것이라고 할 수 있다. 사건 프로세스의 이해는 사건을 되어감의 관점에서 접근해야 하는 것이다.

프로세스가 곧 되어감이라는 생각은 사회 실체가 갖고 있는 진실, 즉 진본성은 정태적이거나 고정적인 것이 아니라는 앞의 논의를 확인해준다. 저널리스트의 탐구를 팩트를 통해 정보나 지식을 얻고자 하는 사물 지향적 노력으로 이해하는 것은 잘못된 생각이다. 저널리스트 탐구의 목표는 팩트가 지시하는 실체적 세계가 아니라 팩트를 내재하면서 지속적으로 변하는 프로세스여야 한다. 뉴스를 구성하는 팩트, 정보 등을 최종 뉴스 스토리의 구성요소나 원재료로 이해하는 것은 뉴스를 물질이나 상품처럼 인식하는 사물지향적 태도다. 팩트는 그 자체로 사물이나 요소가 아니라 프로세스에 투입되는 실용적 자원이며 뉴스로 전환되는 변화 주체라고 보아야 한다(Whitehead, 1929). 저널리즘의 진 본성은 탐구, 발견, 구성, 확정, 커뮤니케이션 등이 이루어지는 사건 프 로세스의 분석을 통해 얻어지는 것이라고 할 수 있다.

슈톰프카(Sztompka, 1991b)의 되어감에 대한 논의를 계속 살펴보 자. 그는 사회는 영원한 것도 아니고 변하지 않는 것도 아니며 오히려 지속적으로 또 역동적으로 진행되는 프로세스라고 주장했다. 사회는 존재하기보다exist 발생하며occur 객체object가 아니라 사건들events 로 구성되고 또 '일어나는 것occure'이라고 말했다. 이처럼 사회는 본래 부터 존재해온 것이 아니라 일어나는 사건들에 의해서 구성된다. 사회 의 이해는 구조적 요소가 아니라 발생적 요소들에 주목해야 한다는 것 을 의미한다. 발생적 요소란 인간의 행동들 사이의 다양한 결합을 말한 다. 사건은 여기에서 일어난다. 때문에 사건은 되어감이다. 사건 프로세 스는 결정론적인 것이 아니라 지속적으로 진행되는 것이라고 한 것은 사건의 되어감 특성 때문이다. 페티그루(Pettigrew, 1997)는 이런 점에 서 사건 프로세스의 분석에서는 상태state를 나타내는 분산이론의 단 어들이 창발함emerging, 발전함developing, 변형됨transforming, 부식됨 decaying 등 다양한 형태로의 되어감을 나타내는 역동적 단어들로 대체 된다고 지적했다.

되어감은 역동적이지만 이는 선형적 흐름의 역동성이다. 사건은 선형적 흐름으로 진행되기 때문이다. 윌터딩크(Wilterdink, 2018)가 말 한 것처럼 사회적 현상들은 사건들의 선형적 표출이다. 아보트(Abbott, 2016)는 사건은 장기간에 걸쳐 유사한 방식으로 계속 반복되는데 이 역시 선형적 흐름의 하나라고 보았다. 이를 프로세스 선형성이라고 부른다. 물론 이는 되어감의 흐름이라는 점에서 단순한 반복과는 구분된다. 아보트(Abbott, 2016)는 사건이 프로세스의 선형성을 구성함으로써 lineage-making 사건의 안정성, 지속성, 역사성을 설명할 수 있다고 강조했다. 선형성 때문에 사건 프로세스는 안정적으로 진행될 수 있다. 사건 프로세스의 안정성 때문에 우리는 이를 충분히 인식할 수 있다. 그래서 나이약과 키아(Nayak and Chia, 2011)는 사건을 프로세스를 통해 상대적으로 안정된 관계를 구성하는 것이라고 정의했다.

되어감의 분석 유목들을 살펴보자. 존재하는 모든 것은 이미 만들어진 사물ready-made이 아니라 만들어지고 있는in the making 사물이다(James, 1925). 사건이 일어나는 사회는 즉각적으로 만들어지고 making 고쳐지고remaking 해체되면서unmaking 끊임없이 변한다. 이것이 프로세스다. 사건은 프로세스를 거치면서 끊임없이 변화, 창발 emergence, 자기변형을 겪는다. 그래서 사건 프로세스의 되어감은 사건의 변화, 생성, 흥성, 오래된 것의 지나감, 전혀 새로운 존재의 혁신적 창발 등에 초점을 맞추어 분석해야 한다(Rescher, 1996). 또 생산 결과물보다 행동을, 지속성보다 변화를, 계속성보다 새로움을, 결정론보다 개방성을, 물질보다 사건을 우선시해야 한다(Rescher, 1996/2000). 끊임없이 변한다고 해서 사건이 불안정한 것은 아니다. 프로세스를 통해 서로 다른 실체들이 관계를 형성하며 상호작용하는 것은 불안정한 상황을 해결하고자 하는 노력이다. 이와 같은 노력을 통해 되어감은 진행, 진전, 발전의 프로세스 어느 지점에서 안정적 상태를 갖게 된다. 우리가 인식하는 사건은 되어감 속에서 안정적 상태에 이르러 우리가 인식할 수 있게 된 순간의 사건인 것이다.

그런데 사건은 안정상태를 깨고 다른 안정성을 창출하려 하기도 한다. 내부에 다름과 긴장을 형성하는 다양한 관계를 내재하고 있기 때문이다. 나이약과 키아(Nayak and Chia, 2011)는 사건은 그 내부에 있는 상반된 속성들 사이의 긴장과 투쟁의 결과라고 주장했다. 이런 긴장이 존재하지 않으면 사건의 실체는 드러나지 않는다고 보았다. 사건은 긴장이 생기면서 드러난다는 것이다. 사건의 정체성은 이처럼 내적 긴장들에 의해 만들어진다. 프로세스를 통해 사건을 이해한다는 것은 사건의 상반된 속성들 사이의 긴장을 찾아내는 것이기도 하다. 사건 프로세스를 이해하지 못하면 내재된 긴장을 파악할 수 없고 따라서 사건을 이해할 수 없다. 사건을 이해했다는 것은 내부의 여러 다름 사이의 긴장이 균형을 이룬 상태, 즉 안정적 상태에 대해 이해했다는 것과 같다. 따라서 되어감은 긴장관계가 균형을 찾아가는 것이라고 정의할 수 있을 것이다. 다름-갈등-긴장-안정으로의 되어감을 분석하는 것이 사건 프로세스의 분석인 것이다.

　　사건의 속성상 되어감을 통해 사건 프로세스를 이해하는 것은 피할 수 없다. 화이트헤드(Whitehead, 1929)는 실체는 추상화된 것들이기 때문에 최종적인 상태가 무엇인지 드러낼 수 없다고 지적했다. 실체란 고정된 어떤 것으로 확정할 수 없다는 것이다. 그러나 추상화된 실체는 실체 그 자체는 아니다. 실체는 영원히 되어가는 것이며 이는 프로세스 안에서 존재한다. 그린(Greene, 2014)이 지적한 것처럼 어떤 것은 '그 자체itself'가 되기 위해 그것으로 되어가야만 한다. 되어감을 통해 실체는 존재의 정체성을 찾는 것이다. 사건도 마찬가지다. 그래서 화이트헤드(Whitehead, 1929)는 프로세스를 거친 사건은 확정되거나 고정된 것이 아니라 프로세스 안에서 되어가는 것으로 존재한다고 주장했다. 사건의 궁극적 실체는 바로 프로세스의 되어감인 것이다(Ingold, 2000).

사건 프로세스의 되어감을 분석함으로써 많은 문제들을 이해할 수 있다. 시버트(Seibt, 2012)는 되어감의 분석을 통해 사건이 발생하는 역동성 상황, 사건 흐름에 내재된 가치까지 이해할 수 있다고 보았다. 사건이 시공간적으로 존재할 수 있는 조건들, 이런 것들이 일어날 수 있게 하는 행동의 가치 등을 파악할 수 있다. 이는 저널리즘이 사건을 다루는 목표와 맥락이 같다. 뉴스는 첫째, 사건의 현재 상태를 파악하는 데서 그치지 않고 이를 바탕으로 사건이 특정한 목표를 향해 변하는 되어감을 파악하고 또 되어감이 일어나는 근거를 파악해야 한다. 둘째, 사건의 되어감에 대한 이해가 성립되면 사건이 존재하는 시공간적 조건들을 파악해야 한다. 셋째, 이 시공간적 조건들과 관련된 인간의 행동이 어떻게 일어나며 그 가치는 또 어떻게 구체적으로 드러나는가를 파악해야 한다. 사건은 되어감의 프로세스를 거쳐야 미래에 존재할 수 있다. 과거의 사건을 뉴스로 구성할 때 뉴스로서 의미를 가지는 것은 사건이 일어난 과거 시점에서의 의미 때문이 아니다. 보도 이후 수용자들이 인식하고 재구성하고 재현하고자 하는 시점, 즉 사건 발생 이후의 시점에서의 의미가 뉴스의 의미다. 과거 사건이 의미를 갖는 데 영향을 미칠 수 있는 유일한 장소는 현재다.

되어감에 주목해야 하는 보다 중요한 이유는 사건이 팩트를 다루는 태도와 관련 있다. 저널리스트가 사건을 선택할 때 직접적인 근거로 삼는 것이 팩트다. 그러나 결과만 드러내고자 할 때와 사건 프로세스를 통해 진행, 진전, 발전을 파악하고자 할 때 팩트를 다루는 방법은 달라진다. 결과를 파악하고자 할 때의 팩트는 그 시점에서 결정된 실체로 다루어진다. 그러나 사건 프로세스를 분석할 때는 헌즈(Hernes, 2008)가 강조했듯이 팩트는 과거에 대한 데이터로서 다가올 미래의 사건을 위해 공급된다. 지금 다루는 사건의 팩트는 과거 사건의 잔재로서 이를 통해 현재의 사건과 연결된다. 과거 사건의 팩트는 현재 사건을 위한 잠재성을 내재하면서 현재 사건으로 이어진다. 사건은 팩트를 공유하면서 과거, 현재, 미래 사건들이 연결되는 사건 프로세스를 만든다. 팩트는 데이터의 형태로 과거를 미래로 연결해 사건을 지속시키는 역할을 하는 것이다. 헌즈(Hernes, 2008)는 모든 과거의 사건은 미래의 사건들을 위한 데이터를 형성하는 사실적actual 사건이라고 규정했다. 사건 프로세스의 분석은 사건을 구성하는 팩트를 데이터로 삼아 미래의 사건으로 연결시켜야 한다는 것이다. 사건과 관련된 행위 주체들은 사건에 내재된 데이터 또는 팩트에 대한 이해를 기반으로 경험을 갖게 된다. 호신스키(Hosinski, 1993)의 지적처럼 데이터와 팩트는 주어진 조건이 아니라 행위 주체가 사건에 대해 주관적인 판단을 내리는 기반이다.

되어감이 과거에서 미래로 이동하는 현상을 논리적으로 설명해주는 것이 화이트헤드(Whitehead, 1929)가 제시한 잠재성potentiality과 실제성actuality의 논리다. 그는 과거 사건은 이미 성취된 것fulfillment이므로 실제성인 동시에 미래 사건을 구성해주는 역량을 가졌다는 점에서 잠재성이라고 주장했다. 현재 사건은 일어난 사건이므로 실제성이지만 미래 사건을 위한 데이터를 제공하므로 잠재성을 갖고 있다. 현재 사건의 실제성은 그 속성들이 미래 사건으로 투사되어 잠재성이 된다. 사건은 프로세스를 통해 실제성을 잠재성으로 전환한다. 실제성이 잠재성으로 연결됨으로써 사회는 지속가능해진다. 헌즈(Hernes, 2008)가 사건은 다른 사건들과 연결되어 프로세스를 구성할 때만 사건의 가치를 갖는다고 지적한 것도 같은 맥락에서다. 사건은 실제성과 잠재성을 동시에 갖는다. 사건의 잠재성과 실제성은 에너지 변화에 의해 일어난다고 할 수 있다. 현재 사건의 실제성은 사건의 에너지가 가장 높은 상태에서 나타난다. 미래 사건을 위한 잠재성의 에너지는 현재는 그 정도가 약하거나 드러나지 않지만 계속 강화되는 상태의 에너지를 갖고 있다. 사건 프로세스는 사건 에너지가 실제성에서 잠재성으로 이동하면서 진행되는 것이다. 잠재성은 슈톰프카(Sztompka, 1991a)가 지적한 것처럼 역량capacities, 능력abilities, 기술skills, 시설facilities, 자원resources 등을 기반으로 미래 사건을 위해 과거 사건들을 재구성한다.

다시 말해 되어감은 사건이 실제성에서 잠재성으로의 이동하는 것을 말한다. 화이트헤드(Whitehead, 1929)가 잠재성과 실제성의 개념을 사건 프로세스의 일반 법칙이라고 강조했을 정도로 이는 사건 프로세스의 되어감을 만들어내는 핵심 개념이다. 물론 사건의 잠재성은 동일한 시공간에 존재하는 과거 사건의 실제성에 의해서만 만들어지는 것은 아니다. 화이트헤드(Whitehead, 1929)는 잠재성은 사건 내외부 어디서나 생성된다고 지적했다. 뉴스가 다루는 사건이 그 사건 자체에 내재된 실제성뿐만 아니라 이를 둘러싼 외부의 다른 사건들에 의해서도 영향을 받는 것이다.

실제성에서 잠재성으로의 이동은 암호화encoding를 통해 이루어진다. 과거에 일어난 사건은 그 속성이 암호화되어 현재로 이전된다. 암호화된 과거 사건의 의미는 현재를 통해 드러난다. 현재가 과거 사건을 보존하는 것이다. 암호는 데이터의 형태로 팩트 속에 스며들어 전달된다. 사건 프로세스는 과거 사건들을 현재의 의미와 영향력으로 처리하는 암호화 작업이다. 헌즈(Hernes, 2008)에 따르면 실제성에서 잠재성으로의 전환을 가능하게 해주는 암호화는 데이터의 전환을 의미한다. 과거에서 현재로 연결된 사건은 구체화된 과거, 즉 과거가 결과로 드러난 결과적 사건consequential events이다. 우리가 목격하는 사건은 이와 같은 결과론적 사건이지만 여기에 이르기까지 사건은 데이터의 전환을 거쳐야 한다. '단순한 위치'의 데이터가 미래를 향한 움직임으로 전환해야 한다. 뉴스의 경우 이 전환은 뉴스행위자나 저널리스트가 개입해 이루어진다. 이들 행위 주체는 자신의 경험을 바탕으로 사건을 미래로 이끌어간다. '단순한 위치'에 머물던 사건을 구체성과 프레임을 갖는 사건으로 구성해 미래로 전환시킨다. 이는 저널리스트는 먼저 뉴스 대상이 되는 사건들을 단일한 일어남이나 '단순한 위치'에 고정된 사건에서 이동시켜 구체적 사건으로 구성해야 한다는 것을 시사한다. 이를 바탕으로 사건이 미래와 관련성을 갖게 된다. 이때 사건의 전환이 이루어진다. 사건의 뉴스 가치 역시 이때 만들어진다.

　실제성에서 잠재성으로의 전환, 또는 과거 데이터의 현재로의 전환으로 이루어지는 사건 프로세스는 일종의 위계적 과정을 거쳐 형성된다. 헌즈(Hernes, 2008)는 이를 철자letter, 단어word, 문장sentence 등의 연결을 예로 들어 설명했다. 단어의 첫 번째 철자가 결정되면 이 철자로 구성될 수 있는 단어는 그 순간 제한된다. 같은 논리로 단어가 결정되면 문장은 특정한 형태의 문장으로 선택이 제한된다. 첫 단어에 따라 의문문이 되든 평서문이 되든 결정된다. 같은 논리로 사건은 프로세스를 거치면서 그 전개가 제한된다. 사건 프로세스 전개가 특정한 형태를 띤다는 것은 패턴이나 구조를 갖는다는 것을 의미한다. 사건은 패턴이나 구조에 의해 성격에 달라진다. 헌즈(Hernes, 2008)의 이해처럼 사건이 기존의 구조나 패턴에 적합한 방식으로 진행되면 결정론적인 것이 된다. 이미 성격이 확정된 패턴에 따라 진행되기 때문에 사건의 성격도 그에 따라 결정된다. 이 경우 사건 프로세스의 패턴을 예측하고 구조를 파악하는 것이 사건 이해의 토대가 되는 것이다.

헌즈(Hernes, 2008)의 논의는 사건 프로세스가 전략적 속성을 갖고 있음을 보여준다. 앞서 지적한 것처럼 사건 프로세스가 되어감이라는 것은 이것이 무작위적인 것이 아니라 방향성을 갖고 진행된다는 것을 보여준다. 이는 사건은 개별적으로 존재하는 것이 아니라 복수의 사건이 연결되기 때문에 일어난다. 사건들은 서로 인접해서 일어난다. 사건의 인접성proximity은 사건이 유사한 속성들 사이의 연결을 가능케 하는 구조를 만들어낸다. 사건들 사이의 인접성에 의해 사건은 복수의 사건 프로세스의 한 부분을 차지하고 동시에 프로세스의 성격이 결정되기도 한다. 헌즈(Hernes, 2008)는 사건의 연결성을 바탕으로 사건 프로세스의 되어감이 갖고 있는 전략적 속성을 좀 더 자세하게 설명했다.

첫 번째 전략적 속성은 프로세스를 통해 새로운 사건들을 만들어낸다는 것이다. 화이트헤드(Whitehead, 1929)가 사건을 '단순한 위치'로 이해하는 것은 잘못된 것이라고 지적했듯이 사건 프로세스는 사건을 확정하는 데서 그치는 것이 아니다. 앞서 논의한 것처럼 사건은 시공간에 걸쳐 다른 사건들과 연결되어 있다. 헌즈(Hernes, 2008)는 사건들이 서로 연결될 때 사건은 새로운 사건의 전개를 위한 대리인 역할을 한다고 보았다. 이때 사건들을 결합하는 연결을 통해 과거의 사건과 미래의 사건들에 대한 이해를 가질 수 있다. 특히 새로운 사건에 대한 이해를 얻을 수 있다는 점이 중요하다.

두 번째 전략적 속성은 새로운 사건으로 연결할 수 있도록 해주는 패턴이 형성된다는 점이다. 화이트헤드(Whitehead, 1929)는 사건들이 패턴을 따라 연결되는 것을 결합concrescence이라고 지칭했다. 사건은 다른 사건과의 결합에 따라 과거의 사건으로 물러나고 사건 프로세스가 진행됨에 따라 사라질 수도 있지만 사건들의 연결 패턴은 사건보다 더 오래 지속된다. 이는 사건의 의미나 가치가 사건 자체가 아니라 연결 패턴에 의해 형성될 수 있다는 것을 의미한다. 연결 패턴은 사건의 속성들이 다른 사건으로 이전되고 그 사건에서 재조직될 수 있는 토대를 제공해준다.

세 번째는 관계의 변화다. 사건이 다른 사건들과 연결될 때 사건들 사이의 관계가 형성된다. 사건의 성격은 연결 이전과 이후에 달라진다. 헌즈(Hernes, 2008)에 의하면 이때 사건은 기존 관계들을 재생산하거나 강화하는 것에 그치지 않고 이 관계들을 변화시키기도 한다. 관계의 변화는 사건들 사이의 관련성relevance의 변화를 의미한다. 관련성은 유사한 속성들의 연결, 즉 연관성association을 말한다. 사건이 프로세스를 거치면서 다른 유사한 사건들을 지속적으로 재생산할 수 있는 것은 연관성 때문이다. 관계변화는 연관성 패턴의 변화를 의미한다. 연관성 패턴이 달라지면서 변화는 과거 사건과 구분되는 새로운 사건을 만들어내게 된다. 이에 따라 사건들은 되어감의 구분점marker을 만들어낸다. 이는 사건의 연결을 통해 프로세스가 겪는 차별적 단계들을 구분할 수 있다는 것을 의미하기도 한다.

새로운 사건의 생성, 사건들 사이의 연결 패턴 창출, 사건들 사이의 관련성 변화 등은 사건 프로세스가 사건의 진행, 진전, 발전을 가능케 하는 전략적 속성이다. 이는 사건 프로세스가 목적 지향적임을 확인시켜준다. 헌즈(Hernes, 2008)는 이 전략적 목표가 바로 '되어감'이라고 지적했다. 되어감은 서로 다른 역동적 사건들을 생성시키는 프로세스이며 동시에 사건의 존재방식이다(Seibt, 2017). 사건 프로세스를 분석한다는 것은 사건의 되어감이 일어나는 현상과 사건의 존재방식에 대한 분석이라고 할 수 있다.

뉴스가 다루는 사회적 사건의 되어감은 사회적 되어감이다. 슈톰프카(Sztompka, 1991b)는 사회적 되어감은 현상을 변화시킬 능력을 가진 사회적 행위 주체와 이들과 실제로 관련되어 일어나는 사회적 사건 사이에서 지속적으로 재생산되는 불가피한 긴장의 결과라고 지적했다. 그는 이를 사회의 자기 변형과 자기 창조의 지속적인 프로세스라고 지칭했다. 이 말에서도 확인할 수 있듯이 되어감은 화이트헤드(White-head, 1929)가 강조했던 프로세스의 두 축인 실제성과 잠재성의 상호 작용임을 알 수 있다. 사건은 실제로 구체화된 것과 잠재적으로 가능한 것 사이의 지속적이며 양면의two-sided 상호작용 속에서 구체화되는 프로세스인 것이다. 슈톰프카(Sztompka, 1991a)는 개인과 구조가 상호 작용하는 장인 사회는 결코 특정한 형태로 고정되는 궁극적 형식으로 존재할 수 없으며 언제나 되어감으로 존재한다고 강조했다.

되어감을 통해 사건 프로세스는 비로소 의미를 가질 수 있게 된다. 화이트헤드(Whitehead, 1929)가 되어감을 단순한 변화가 아니라 '창의적 진전creative advance'이라고 강조했던 것도 새로운 의미를 주목하라는 것이다. 되어감은 사건 외부에 존재하던 사회적 가치에 의해 정당화될 수 있다. 프로세스를 통해 사건에 내재된 것과 외부 요소들을 통합하는 것이 되어감이다. 사건의 의미 구성은 이런 식으로 이루어진다. 의미 구성이 이루어지면서 되어감이 성취된다. 뉴스 사건의 되어감 역시 의미 구성sensemaking과 같은 맥락이다. 달리 말해 헌즈(Hernes, 2008)가 지적한 것처럼 프로세스는 사건의 의미 구성에 개입한다고 하겠다. 사건의 정체성은 가치의 위치를 파악하는 것이 아니라 가치의 의미를 구성하는 데서 파악할 수 있다. 이때 사건은 어떤 것들과의 연결을 필요로 한다. 사건은 구조나 패턴 속에서 다른 사건들과 연결될 수 있어야 한다. 사건을 연결시키는 상위체제는 구조인데 이는 사회 시스템일 수도, 신화일 수도, 패턴일 수도, 모델일 수도 있다. 아무튼 사건의 의미 구성을 위한 다른 사건들과의 연결, 관련성의 확보는 구조, 패턴, 모델, 시스템에서 찾아야 한다. 구조, 패턴, 모델, 시스템 등은 사건이 다른 사건과 관련성을 갖도록 해주는 연결 메커니즘이라고 할 수 있다.

사건 프로세스의 두 언어: 명사와 동사

　사건 프로세스는 되어감의 프로세스다. 되어감을 통해 사건 프로세스는 많은 의미를 구성한다. 그렇다면 되어감을 구성하는 구체적인 동력은 어디에서 나오며 어떻게 작동할까. 화이트헤드(Whitehead, 1929)와 웨이크(Weick, 1979)는 사건 프로세스의 되어감이 궁극적으로 목표로 하는 의미 구성은 동사verb와 명사noun의 속성과 메커니즘에 의해 이루어진다고 설명했다. 사건 프로세스 분석에 명사와 동사라는 언어를 동원하는 것은 단순한 비유를 위한 것이 아니다. 명사와 동사가 갖는 속성과 사건 프로세스의 되어감이 이루어지는 복잡한 메커니즘 사이에 밀접한 연관성이 있기 때문이다. 웨이크 등(Weick et al., 2005)은 사건 프로세스에 대한 분석은 사회적 어휘들로부터 단어를 가져와 사회적 이데올로기를 이용해 의미를 구성하는 것이라고 주장했다. 사건을 설명하자면 명사, 동사 등의 '단어'를 가져와야 한다는 것이다. 사건 프로세스 역시 이렇게 설명할 수 있다고 본 것이다.

　화이트헤드(Whitehead, 1929)와 웨이크(Weick, 1979)는 동사적 프로세스와 명사적 프로세스를 집중적으로 분석했다. 사건 프로세스의 동사적 속성은 흐름, 애매함equivocality, 이전transference, 재성취reacomplishment, 공개unfolding, 창발 등과 같은 것이다. 이런 현상을 통해 사건이 갖고 있는 프로세스의 의미를 포착할 수 있다. 진행 중인 것, 유동적인 것, 불확실한 것, 새롭게 드러난 것 등에서 사건 프로세스의 동사적 의미를 찾을 수도 있다. 동시에 변수, 구조, 관행 등 분명하지도 않고 애매한 속성들 안에도 동사적 의미가 숨어 있다. 명사적 속성들 역시 사건 프로세스와 관련 있다. 물질, 사람, 돈, 시간, 문제, 해결책, 선택 등의 명사들은 사건을 둘러싼 상황을 통찰할 수 있게 해주는 요소들이다. 폰 포에르스터(von Foerster, 1967)는 사물을 지칭하는 명칭 또는 이름은 명사로서 공간적 추상성에 대한 언어적 재현이며, 사물의 변화와 진행을 지칭하는 동사는 시간적 추상성에 대한 언어적 재현이라고 지적했다. 명사와 동사 모두 추상화를 통해 움직임과 변화를 개념화할 수 있다는 것이다.

두 프로세스를 자세하게 살펴보자. 먼저 동사적 프로세스다. 웨이크(Weick, 1979)에 의하면 사건 프로세스의 동사적 현상들은 주로 개인의 관심과 행동과 관련 있다. 사람뿐만 아니라 사건에 개입하는 다양한 개입 요소들의 개별성도 포함된다. 사건의 가장 낮은 수준에는 개인의 행동과 개별 요소들의 움직임이 있다. 이것들은 주어진 환경이나 상황에 선택적으로 참여하고 행동하고 작동한다. 여기서 사건의 변화 가능성이 만들어진다. 긴급상황, 위기상황에서는 이들의 행동과 움직임이 구조, 제도, 규칙보다 더 중요한 역할을 한다. 사건을 둘러싼 구조, 또는 이에 영향을 미치는 구조와 관계없이 일어난다. 동사적 프로세스는 이런 행동을 통해 상태가 변형되는 것을 말한다. 그래서 레셔(Rescher, 1996)는 이를 '상태-변형 프로세스state-transformative process'라고 불렀다. 동사적 요소들에 의해 사건의 정태적 상태가 변화되는 것을 가리킨다. 레셔(Rescher, 1996)에 의하면 동사적 프로세스는 사건의 특정 상태를 드러내는 데 목적이 있는 것이 아니라 사건 프로세스 진행에 필요한 길을 마련하기 위한 변화를 목적으로 한다. 동사적 프로세스는 개인 및 개별 요소들의 행동 사이의 상호작용에 의해 진행된다는 점이 중요하다. 웨이크 등(Weick et al., 2005)은 이를 간주관적inter-subjective 상호작용이라고 불렀다. 개인 및 개별 요소들이 갖고 있는 주관적 입장들 사이의 상호작용이 사건 프로세스가 진행되게 해준다고 본다. 긴급상황, 돌발상황 등 분명한 변화가 발생하고 또 계속 움직이는in motion 사건에 대한 의미 구성은 간주관성에 의해 결정된다고 보았다. 즉 사람들 사이의 직접 커뮤니케이션이 동사적 프로세스의 의미를 구성한다는 것이다(Weick, 1979).

동사적 프로세스가 사건의 상태 변화를 의미한다면 명사적 프로세스는 사건 프로세스의 내용 변화와 관련 있다. 웨이크(Weick, 1979)는 사건 프로세스의 내용은 프로세스의 명사적 요소들 사이의 연결로 형성된다고 지적했다. 그에 의하면 명사는 표식label과 같은 것이다. 나이야크와 키아(Nayak and Chia, 2011)는 명사적 프로세스는 사건에 질서를 부여하고 예측가능하게 만들기 위해 고정된 것에 주목한다. 이것들에 이름을 부여하고naming 분류하면서 이론화하는 데 집중한다. 그래서 사물이나 사건을 개념화한다. 사건을 예측가능한 대상으로 이해하기 위해서다. 나이야크와 키아(Nayak and Chia, 2011)는 사건을 개념으로 바꾸는 명사는 정태적인 것, 분리되고 고립된 것, 독립적이고 자기충족적인 것을 선호한다고 지적했다.

명사적 프로세스는 생산물 차원과 구조 차원으로 구분할 수 있다. 레셔(Rescher, 1996)는 생산물 차원의 프로세스를 '생산물-생산 프로세스product-productive processes'라고 불렀다. 실체의 특성을 갖는 실질적 생산 결과물product을 생산하는 프로세스를 말한다. 이 프로세스는 다시 소유 프로세스owned process와 비소유 프로세스unowned process로 나뉜다. 소유 프로세스는 새들의 울음소리, 숲의 개화, 죽은 나무의 부패처럼 프로세스의 결과물을 소유하는 실체와 직접 연관이 있는 결과를 생성하는 프로세스를 말한다. 울음소리는 새와, 개화는 숲과, 부패는 죽은 나무와 직접 연관성을 갖고 있다. 비소유 프로세스는 실체와 결과물 사이의 관련성이 없는 프로세스다. 기온의 하강, 기후 변화, 번개의 번쩍임, 자기장의 요동 등이 그런 것이다. 기후라는 실체는 변화의 속성과 직접 관계가 없다. 소유 프로세스와 비소유 프로세스의 구분은 프로세스가 사건의 속성과 직접 관련되어 일어날 수도 있지만 전혀 관계없이 진행될 수도 있음을 보여준다.

구조 차원의 명사적 프로세스는 프로세스를 구조, 구조에 내재된 패턴 등으로 이해한다. 구조는 비가시적이어서 쉽게 이해하기 어렵다. 때로는 애매하기도 하다. 웨이크(Weick, 1995)가 말한 것처럼 구조에 주목하는 명사적 프로세스는 사건의 애매한 요소들에 대해 분명한 해석을 부여하면서 사건의 의미를 구성한다. 이를 통해 복잡한 현실을 해석할 수 있는 틀을 마련할 수 있다. 애매함에 대한 해석 프레임은 규칙, 습관, 관행 등의 구조에서 찾을 수 있다. 명사적 프로세스는 이처럼 사건의 애매함 또는 양의성equivocality을 분석할 수 있는 프레임을 제공해준다. 사건 프로세스의 해석 프레임 가운데 특히 중요한 것이 관행이다. 관행은 새로 일어나는 행동이 아니라 오랫동안 구축되어온 논리들에 의해 학습된 행동들을 말한다(Weick, 1995). 관행은 따라서 화이트헤드(Whitehead, 1929)가 말한 것처럼 추상화된 것이라고 볼 수 있다. 펠드만(Feldman, 2000)은 명사적 프로세스는 관행의 변화가 일어나는 것이라고 주장했다. 사건 프로세스를 분석하기 위해서는 관행 내부의 역동성을 파악하는 것이 중요한 것이다. 관행의 변화를 초래하거나 관행을 강화하는 요소들을 분석해야 한다. 그렇다면 관행의 변화는 어떻게 일어나는가. 웨이크(Weick, 1979)는 관행의 변화는 생성적 주관성 generic subjectivity에 의해 일어난다고 이해했다. 관행을 구성하는 내부 요인들의 상호작용에 의해 변화가 생성된다는 것이다. 그렇다면 제도, 규칙, 규범을 형성하는 다양한 요소들 사이의 상호작용에 의해 생성되는 관행의 변화가 사건 프로세스의 변화를 창출한다고 볼 수 있다. 이런 점에서 웨이크(Weick, 1979)는 명사적 프로세스의 의미 구성을 '생성적 주관성에 의한 의미 구성'이라고 불렀다.

한편 동사적 프로세스와 명사적 프로세스는 다른 속성의 결과물을 창출한다. 화이트헤드(Whitehead, 1938)에 의하면 동사적 프로세스는 구체적 경험을 만들어낸다. 이는 무의식적이고 즉각적이고 직접적인 경험과 차별화와 선택으로 나타나는 개념적 경험으로 구분할 수 있다. 직접 경험은 즉각적이고 임기응변적이고 통찰적이다. 개별적이고 국지적이므로 경험자는 이를 피할 수 없다. 개념적 경험은 누구나 수긍할 수 있는 당연한 방식에 의해 이루어지는 선택적 경험이다. 누구나 수긍할 수 있다는 점은 개념적 경험이 갖고 있는 합리성 때문에 가능하다. 경험에 기반해 많은 대안 사이에서 선택할 수 있고 내린 결정을 합리화할 수 있다.

화이트헤드(Whitehead, 1938)는 또 명사적 프로세스는 주관적인 추상화를 만들어낸다고 지적했다. 추상화의 대표적인 예가 관행이다. 관행은 특정한 유형의 조직화된 행동의 표식으로서 작동한다는 점에서 추상화된 프로세스라고 본다. 그는 사람들이 인식하는 모든 실체들은 사실 명사적 프로세스로부터 만들어진 추상화라고 주장했다. 사건 프로세스는 추상화를 만들고 추상화는 사건을 구성한다. 화이트헤드(Whitehead, 1938)는 명사적 프로세스에 의한 추상성은 세계에 대한 이해를 재생산한다고 주장했다. 복잡하고 애매한 세계에 대한 인식을 정리해주기 때문이다. 동시에 이의 변화가능성, 즉 사건 프로세스 이후의 새로운 프로세스를 위한 토대를 제공해준다. 정리된 인식을 기반으로 새로운 인식을 가질 수 있도록 해주기 때문이다. 이런 점에서 명사적 프로세스의 추상성은 정태적 실체가 아니라 되어감을 의미한다. 추상성은 언제나 무엇인가를 형성하고자 하는 것이며 결코 그 자체로 실체로 존재하지 않는다. 달리 말해 명사적 프로세스의 추상화는 끊임없이 동사적 프로세스의 경험을 창출한다는 것이다. 이와 같은 이유로 화이트헤드(Whitehead, 1938)는 사건 프로세스는 구체적 경험과 추상화 사이의 상호작용이라고 보았다. 또 개념적이고 선택적인 경험은 이런 합리적이고 당연한 선택의 방식 때문에 직접 경험과 명사에 의한 추상화의 중간에 위치한다고 이해했다.

프로세스이론가들은 동사적 프로세스를 더 편애한다. 갈턴(Galton, 2018)은 사건 프로세스의 진행에서 동사적 프로세스는 명사적 프로세스보다 더 본질적인 역할을 한다고 했고, 레셔(Rescher, 1996)는 사건 프로세스는 명사적 프로세스보다 동사적 프로세스에 의해 더 잘 드러난다고 주장했다. 심지어 웨이크(Weick, 1995)는 동사적 프로세스 때문에 우리는 삶을 지속되는 사건으로 받아들일 수 있다고 강조했다. 레셔(Rescher, 1999)는 그 이유를 자세하게 제시했다. 세계를 이해하는 데 있어 실체보다 행동이 우위에 있으며, 생산 결과물보다 프로세스가 우위에 있고, 지속성persistence보다 변화가 우위이며, 계속성보다 새로움 novelty이 우위에 있기 때문이라는 것이다. 웨이크(Weick, 1979)도 사건 프로세스를 떠올리는 현상은 흐름, 유동성flux, 순간적 출현momentary appearances 등이라고 지적했는데, 이들 역시 동사적 현상들이다. 동사적 프로세스의 강조는 프로세스 분석에서 명사를 축출해야 한다는 주장으로까지 이어졌다(Weick, 1979).

같은 맥락에서 웨이크(Weick, 1979)나 헌즈(Hernes, 2008)는 새로운 의미의 생성을 이해하기 위해서는 명사적 프로세스에서 동사적 프로세스로 전환해야 한다고 주장했다. 따라서 정적이고 잘 정의된 객체로서의 명사가 아니라 명사를 동사화하는 동명사를 이용해 명사에 움직임을 부여하는 것이 필요하다. 가령 조직보다는 조직화, 전략보다 전략화, 구조보다 구조화, 혁신보다 혁신화 등이 중요하다(Weick, 1979). 사건을 구성하는 실체나 사물들 사이의 정적인 관계가 아니라 이들 사이의 행동에 초점을 맞추는 것이 중요하다(Langley, 2007). 웨이크(Weick, 1979/1995)는 이를 통해 사건 프로세스의 의미 구성sense-making, 의미 부여sense-giving가 가능하다고 주장했다. 헌즈(Hernes, 2008)의 말처럼 사건 프로세스의 의미는 이 행동에 대한 통찰과 개별 행동들 사이의 간주관성에 의해 결정된다. 사건 프로세스가 움직이는 현상일 경우는 특히 동사적 프로세스를 파악해야 한다. 긴급상황, 돌발상황 등 변화가 극심한 현상을 다루는 사건의 의미 구성은 동사적 프로세스의 분석을 통해 접근해야 한다.

한편 사건 프로세스는 강한 프로세스와 약한 프로세스로 구분할 수 있다. 강한 프로세스는 사건은 프로세스 그 자체라고 본다. 클로티에와 랭글리(Cloutier and Langley, 2020)의 지적처럼 프로세스는 모든 것을 포괄한다는 관점의 프로세스를 말한다. 이에 따르면 사건을 구성하는 실체들은 프로세스의 결과물이지 프로세스에 앞서 선험적으로 또는 별개로 존재하는 것이 아니다. 실체들은 사건 프로세스가 시작되는 초기의 시발점instantiations이기는 하지만 강한 프로세스의 진행은 단순히 이들에 의해서나 이들에게 일어나는 것은 아니다. 강한 프로세스는 실체가 존재하는 방식이며 이를 통해 사건의 존재가 드러난다. 실체는 사건 프로세스에 의해 결정된다고 보는 것이다. 이런 점에서 레셔(Rescher, 2003)는 강한 프로세스로서의 사건 프로세스는 실체, 개인, 사건을 드러내면서 의미를 구성한다고 주장했다. 이런 점에서 강한 프로세스는 동사적 프로세스에서 일어난다고 할 수 있다.

이에 반해 약한 프로세스는 실체와 별개로 존재한다고 본다. 실체는 프로세스와 별개이며 선험적으로 존재한다는 것이다. 키아(Chia, 1999)는 약한 프로세스는 안정적 실체들 사이의 상호작용이라고 말했다. 정확히 말해 프로세스는 실체들이 상호작용함으로써 일어난다고 본다. 키아와 랭글리(Chia, 2000)에 의하면 행위자, 역할, 테크놀로지와 같은 실체들은 다양한 방법으로 상호작용하지만 실체들은 상호작용의 프로세스에 간섭받지 않고 그대로 유지된다. 클로티에와 랭그리(Cloutier and Langley, 2020)는 실체와 사물을 강조하는 약한 프로세스는 프로세스를 사물에 대해 일어난 일happening to things로 이해한다고 지적했다. 시간의 경과에도 불구하고 사물의 독특한 정체성은 그대로 유지된다고 보는 것이다. 사물의 정체성이 지속된다는 점을 통해 약한 프로세스가 구조나 관행에 초점을 맞추는 명사적 프로세스와 유사하다고 볼 수 있다. 사건 프로세스가 실체를 드러내고 결정하는 것이 아니라 사건 프로세스가 실체들로 구성된다고 보는 것이다.

강한 프로세스가 작동할 경우 프로세스에 개입하는 실체들은 프로세스에 함몰되고 만다. 약한 프로세스의 경우 프로세스가 진행됨에도 불구하고 실체는 그 존재를 유지할 수 있다. 강한 프로세스에서는 사건 프로세스의 의미 구성이 역동적으로 일어난다. 이때 사건 프로세스의 의미를 파악하는 것은 어렵지 않다. 그러나 명사적 프로세스가 약한 프로세스로 작동하면 사건 프로세스의 의미를 포착하는 것은 쉽지 않을 것이다. 구조, 관행, 관행 내부의 변화, 실체의 유지 등은 사건 프로세스의 진행, 진전, 발전을 파악하기 어렵게 만든다. 강한 프로세스와 약한 프로세스의 상호작용은 명사적 프로세스와 동사적 프로세스의 조화로운 상호작용이 힘든 것을 넘어서 사실상 같이 작동할 수 없는 것처럼 보인다. 그러나 동사적 프로세스가 명사적 프로세스를 압도한다는 주장처럼 강한 프로세스와 약한 프로세스의 관계도 그런 것은 아니다. 서로 다른 상황에서 작동한다고 보는 것이 타당하다. 화이트헤드(Whitehead, 1929/1933)는 동사적 프로세스의 가치를 주장했지만 그렇다고 명사적 프로세스의 가치를 완전히 부정하지는 않았다. 명사적 프로세스의 문제는 구조, 제도, 관행과 같은 명사적 요소가 사건 프로세스와 별개로 존재한다는 점이다. 화이트헤드(Whitehead, 1929/1933)는 명사가 자신이 창출한 프로세스로부터 분리되고 고립되고 단절된 상태로 존재하기 시작하면서 문제가 생기기 시작한다고 지적했다. 그는 이를 부적절한 구체화misplaced concretion의 오류라고 불렀다. 본질적으로 사건 프로세스와 무관하게 존재할 수 있는 실체는 없다. 그럼에도 불구하고 부적절한 구체화의 오류는 실체를 프로세스와 분리해 제대로 이해할 수 없게 만들어 버린다.

화이트헤드(Whitehead, 1929/1933)는 그럼에도 불구하고 사건의 추상화를 가능하게 해주는 명사는 프로세스의 중요한 역할을 수행한다고 보았다. 강한 프로세스 관점을 따르더라도 명사 만들기는 프로세스를 확실하게 파악하는 데 불가피한 요소다. 사건 프로세스의 의미를 구성하기 위해서 프로세스로부터 명사를 만들어내야 한다. 명사의 형성이란 실체를 추상화하는 것이며 이는 의미 구성의 필수적 요소다. 특히 안정된 시기에는 명사로 재현되는 생성적 주관성이 다양한 형식을 띠면서 프로세스를 끌어간다(Barley, 1986). 키보라(Ciborra, 2002)가 말한 절대적 시간, 다이어그램, 순서도 등의 구조와 구조 패턴에 지배되는 절차를 따라 프로세스가 진행된다. 또 즉시적이고 역동적인 변화가 일어나는 직접적 경험의 복잡성을 벗어날 수 있게 해주는 지금-여기의 플롯 역시 명사적 요소다. 플롯 덕분에 사건 프로세스는 안정적으로 진행될 수 있다. 플롯은 지금-여기의 유일하고 직접적인 경험을 반복과 대체가 가능하게 해주어 극복할 수 있도록 해준다. 패턴이나 플롯은 뉴스에서 중요한 의미를 갖는다. 뉴스도 반복되는 사건들을 패턴에 근거해 다룬다. 계기적 행사는 물론 특정한 사건은 특정한 패턴을 반복한다. 사건의 다양한 속성들 가운데 반복과 대체의 속성들, 즉 관행적 속성들이 사건 프로세스를 진행한다. 이들 모두 명사적 프로세스의 속성들이다.

그러나 안정적 상황은 언제나 변할 수 있다. 새로운 절차나 플롯이 등장하면 안정성은 깨지고 불확실성이 증가한다. 새로운 사건이 일어나면서 기존의 구조, 패턴, 플롯은 유효성을 잃기도 한다. 구조가 할 수 있는 것이 없어진다. 이렇게 되면 구조가 아니라 개별적 실체들의 행동이 중요해진다. 이들이 행하는 행동들 사이의 간주관성이 사건 프로세스의 의미를 구성한다. 동사적 프로세스의 메커니즘이 작동하는

<표2> 명사적 프로세스와 동사적 프로세스의 비교

명사적 프로세스	동사적 프로세스
변수, 양, 조직, 상황, 환경	언어, 말하기, 커뮤니케이션
구조 내부 생성	간주관성
구조, 패턴, 관행, 안정성, 기술적 인공물	흐름, 애매함, 유동성, 위기, 긴급, 순간적 출현
표식	개인 관심 및 행동
환경결정성	선택, 경험, 통찰
수동적, 조건적응적, 관행적 행동	능동적, 선택적, 즉각적인 행동
스크립트, 제도, 플롯, 추상화	개인 간의 직접 커뮤니케이션, 구체적 경험
반복, 대체	유일한 경험
절차	브리콜라주

것이다. 키보라(Ciborra, 2002)의 지적처럼 이때 브리콜라주bricolage[5]
나 임기응변이 등장해 지역적이고 단기적이며 갑작스러운 상황에 깔
린 복잡한 맥락 속으로 사건 프로세스는 끌려 들어간다. 이런 변화로
인해 명사적 프로세스의 생성적 주관성과 동사적 프로세스의 간주관
적 접근방식 사이의 긴장이 함께 일어난다(Weick, 1995). 화이트헤드
(Whitehead, 1929)의 지적처럼 개인들 사이의 직접 커뮤니케이션에 의

---

5 브리콜라주는 원래 프랑스어로 '여러 가지 일에 손대기' 또는 '수리'라는 사전적 의
미를 지닌 말이다. 레비스트로스는 신화가 세계를 현대인의 논리적 사고와는 판이
한 방식으로 세계를 설명하는 것을 묘사하기 위해 이 개념을 도입했다. 그에 의하면
원시사회의 문화 제작자인 브리콜뢰르bricoleur는 한정된 자료와 도구로 다양한 작
업을 수행하기 위해 임시변통에 능통한 사람이다. 이와 정반대인 인물형은 현대의
엔지니어engineer다. 그는 자기가 만들고자 하는 기계에 대해 정확한 개념과 설계도
를 가지고 시작하며, 또 철저하게 청사진을 이용하여 논리적 결론에 도달하는 사람
이다(한국문학평론가협회. 2006.《문학 비평 용어사전》. 국학자료원).

한 구체적이고 직접적 경험, 즉 동사적 프로세스의 경험은 제도, 플롯, 관행, 절차 등에 의한 명사적 프로세스의 추상화와 갈등과 긴장을 형성하게 된다.

명사와 동사의 통합

명사적 프로세스와 동사적 프로세스의 긴장과 갈등의 가능성에도 불구하고, 또 동사적 프로세스의 우월성에도 불구하고 두 프로세스 모두 사건 프로세스를 묘사하고 의미를 구성하는 데 필요하다. 어느 하나로만 사건 프로세스를 충분하게 설명하지는 못한다. 두 프로세스는 사건 프로세스의 전혀 다른 모습을 다루기 때문이다. 또한 사건 프로세스는 언제나 안정적인 것도 불안정한 것도 아니다. 사건을 둘러싼 상황은 언제나 유동적이다. 사건 프로세스의 의미를 정확하게 구성하자면 두 프로세스의 통합이 필요하다. 동사적 프로세스와 명사적 프로세스가 서로 어떻게 관련되는지, 어떻게 동사적 프로세스가 명사적 프로세스로 명사적 프로세스가 동사적 프로세스로 변하는지 분석해야 한다 (Bakken and Hernes, 2006). 말하자면 양자의 상호작용을 파악해야 한다.

두 프로세스는 전혀 다른 속성을 가졌지만 별개로 작동하는 것은 아니다. 알베슨과 캐리만(Alvesson and Kärreman, 2000)의 생각처럼 프로세스는 이들 사이의 대화와 같다고 할 수 있다. 랭글리 등(Langley et al., 2013)은 명사적 약한 프로세스나 동사적 강한 프로세스 모두 행동, 시간성, 흐름을 지향한다고 지적했다. 두 프로세스 모두 변화를 지향한다는 것이다. 때문에 명사적 프로세스와 동사적 프로세스가 통합될 수 있는 가능성은 역동적 사건 프로세스에서 더 커진다고 할 수 있다. 이 때문에 연구자들은 사건 프로세스의 분석은 명사적 프로세스와 동사적 프로세스 사이의 상호작용을 파악하는 것이 무엇보다 중요하다고 지적했다(Weick, 1979; Weick et al., 2005; Whitehead, 1929/1933). 그러나 두 프로세스 사이의 관계는 간단하지 않다. 상호작용 역시 쉽게 이루어지지 않는다.

두 프로세스의 상호작용관계를 쿠퍼(Cooper, 2005)는 '관계성rela-tionality'이라고 지칭했다. 그는 동사적 프로세스와 명사적 프로세스의 관계성은 양자의 상호작용이 실제성을 잠재성으로 이전시키는 것을 말한다고 지적했다. 그는 사건 프로세스의 명사적 변화와 동사적 변화는 현재의 사건을 미래의 사건으로 이동시킨다고 보았다. 두 프로세스의 관계성은 동일한 사건 프로세스의 진행과 관련된 것이 아니라 사건들 사이의 이전을 촉발하는 것이라는 주장이다. 이는 관계성이 사건 프로세스를 질적으로 변화시킨다는 것을 시사한다. 좀 더 살펴보자. 웨이크(Weick, 1979)에 의하면 사건 프로세스 안에서 행동하는 존재론적 실체, 즉 행위 주체는 동사적 프로세스를 만든다. 대신 사물의 의미를 구성하는 인식론적 실체는 명사적 프로세스에 의해 만들어진다. 두 프로세스 유형은 각기 다른 역할을 수행하므로 둘이 관계를 형성할 때 사건 프로세스는 새로운 사건 프로세스를 생성할 수 있다고 본 것이다.

그러나 두 유형의 프로세스가 분리 또는 단절되어 있는 것은 아니다. 양자의 상호작용이 충돌로까지 이어질 수 있는 것은 둘이 분리된 것도 단절된 것도 아니기 때문이다. 웨이크(Weick, 1995)는 두 프로세스의 관계성이 사건 프로세스를 작동시킨다고 보기도 했다. 간주관성

inter-subjectivity과 생성적 주관성generic subjectivity 사이의 이전이 이루어지면서 사건 프로세스가 진행된다는 것이다. 간주관성은 개인들 사이의 직접 커뮤니케이션에서 일어나는데 여기에는 규칙, 습관, 관행 등의 구조적 메커니즘에 의한 매개가 거의 개입하지 않는다. 반대로 생성적 주관성은 규칙, 습관, 관행 등의 구조에 내재되어 있다. 중요한 것은 두 프로세스 수준이 어떤 식으로 상호작용하는가 하는 점이다. 앞서 설명한 것처럼 두 프로세스의 작동을 결정하는 주관성은 본래 다른 수준에서 일어난다. 명사적 프로세스는 생성적 주관성의 수준에서, 동사적 프로세스는 간주관성의 수준에서 나타난다. 이는 동사적 프로세스와 명사적 프로세스가 의미를 구성하는 것은 서로 다른 영역에서 이루어진다는 것을 의미한다. 바켄과 헌즈(Bakken and Hernes, 2006)는 안정된 상황에서는 두 수준의 프로세스가 개별적으로 진행하는 것은 충분히 가능하며 나아가 둘 사이의 관계성도 상호호혜적이라고 보았다. 생성적 주관성은 간주관성을 위한 맥락을 구성해주기도 한다.

그러나 두 수준의 프로세스는 호혜적 관계성과 반대되는 갈등적 관계성을 나타나기도 한다. 웨이크(Weick, 1995)는 사건 프로세스는 이 두 수준 사이의 끊임없는 파동fluctuation으로 구성된다는 점을 강조했다. 바켄과 헌즈(Bakken and Hernes, 2006)는 이 파동은 때로 두 수준의 충돌을 일으키고 이 역시 사건 프로세스의 이전을 초래한다고 이해했다. 간주관성과 생성적 주관성 사이의 파동이 충돌을 낳고 그러면서 의미 구성의 중심이 어느 한쪽으로 쏠리면서 사건 프로세스의 의미가 만들어진다. 웨이크(Weick, 1995)는 이를 좀 더 상세히 설명했다. 그에 의하면 생성적 주관성의 수준에서 새로운 플롯이나 패턴은 오래된 것과 충돌하면서 그 자리를 차지한다. 이렇게 되면 생성적 주관성을 내재한 명사적 프로세스는 불확실성이 커진다. 안정성이 핵심인 명사적 프로세스에서 일어나는 불확실성은 자체 프로세스를 유지할 수 없도록 만든다. 불안정해진 명사적 프로세스를 해결하기 위해 간주관성의 동사적 프로세스가 개입한다. 명사적 프로세스 수준에서 충돌과 불확실성이 일어날 수 있다는 이런 논리는 동사적 프로세스에도 적용할 수 있다. 개인과 개인의 직접적 커뮤니케이션은 언제나 충돌의 가능성을 안고 있다. 역동적이고 확정되지 않은 프로세스가 이어지는 것이다. 이때 프로세스의 안정성을 구축하기 위해 구조와 관행을 강조하는 명사적 프로세스가 개입할 수도 있다. 웨이크(Weick, 1995)가 강조한 것처럼 명사의 생성적 주관성과 동사의 간주관성 수준 사이에는 언제나 긴장이 형성될 수밖에 없지만 각 프로세스 안에서도 긴장이 존재한다는 것을 알 수 있다. 또 보다 유동적인 동사적 프로세스와 보다 안정적인 명사적 프로세스는 서로 다른 방식으로 상호작용한다는 것도 알 수 있다. 이를 두고 바켄과 헌즈(Bakken and Hernes, 2006)는 양자의 상호작용은 상호긴장 속에서 일종의 변증법적 관계에서 이루어진다고 설명했다.

또 바켄과 헌즈(Bakken and Hernes, 2006)는 명사적 프로세스와 동사적 프로세스는 서로 지배적 위치를 차지하기 위해 충돌하기도 한다고 주장했다. 안정성이 깨어지는 역동적이고 불안정한 상황에서는 이와 같은 긴장은 필연적으로 일어난다. 바켄과 헌즈에 따르면 충돌은 사건 프로세스의 의미 구성 지배권 때문에 일어난다. 생성적 주관성은 간주관성의 맥락을 강조하지만 간주관성은 개인들 사이의 직접 커뮤니케이션에 의한 구체적이고 직접적 경험을 강조한다. 즉 개별 사건 프로세스를 기존의 제도적 맥락에 따라 의미를 구성하고자 하는 입장과 새로운 관점에서 해석하고자 하는 입장 사이의 투쟁이 일어난다는 것이다. 이렇게 둘은 사건 프로세스의 의미 구성을 위한 지배적 위치를 차지하기 위해 투쟁을 벌인다.

정리하면 두 프로세스 유형은 각기 다른 수준에서 작동하지만 행동과 행동을 위한 맥락 구성이라는 방식으로 밀접한 관계를 갖고 있다. 둘은 협력하기도 하지만 의미 구성의 지배권을 확보하기 위해 긴장, 갈등, 충돌, 경쟁을 한다. 이들의 관계가 어떻게 형성되느냐에 따라 사건 프로세스는 명사적 프로세스 또는 동사적 프로세스로 기울어지게 된다.

그러나 화이트헤드(Whitehead, 1929)는 두 프로세스가 관계성을 갖는 정도가 아니라 서로 연결되어 있다는 점을 지적했다. 동사적 프로세스와 명사적 프로세스는 분리될 수 없는 불가분의 관계로 서로 연결되어 있다는 것이다. 폰 포에르스터(von Foerster, 1967)는 둘은 분리 불가능하게 상호연결되어 서로에게 의미를 제공한다고 주장했고, 웨이크(Weick, 1995)는 사건 프로세스는 둘 사이를 진자처럼 이동한다고 했다. 헌즈(Hernes, 2008)는 불가분의 연결성을 구체적으로 제시했다. 사건 프로세스의 의미 구성은 명사적 프로세스요소인 물질, 사람, 돈, 시간, 해결책, 문제, 선택 등이 유입되는 사건의 와중, 즉 동사적 프로세스에서 이루어진다는 것이다. 두 프로세스는 서로 불가분의 관계로 공진화를 하는 것이다.

이는 사건이 선험적인 실체로 존재하는 것이 아니라 프로세스이기 때문에 가능하다(von Foerster, 1967). 사건 프로세스는 물질적 실체들physical entities보다 실재적 사건들actual occasions로 구성되며 사건은 프로세스를 거치면서 되어감으로 변하는 것이다. 사건 프로세스는 시공간 안에서 진행되며 다시 다른 사건 프로세스로 이전된다. 사건 프로세스는 선형적인 방식으로 일어나지 않는다. 또 결코 최종적으로 완전히 통합되어 드러나는 결정론적인 것도 아니다(Hartshorne and Vetter, 2003). 이 때문에 명사적 프로세스와 동사적 프로세스의 접점이 만들어질 수 있다. 이들은 서로 다른 기능을 수행하지만 사건 프로세스를 작동시켜야 한다는 공동의 목표를 갖고 있다. 때로는 협력적 관계로 작동하지만 때로는 갈등과 충돌로 이어지기도 한다.

　위의 분석은 진본성을 파악하기 위한 사건 프로세스 분석은 사건의 되어감을 목표로 접근해야 한다는 것을 보여준다. 프로세스가 사건의 발전을 보여주는 독특한 방식인 되어감 속에서 진본성을 찾아낼 수 있다. 이 장의 논의들에 의하면 진실을 추구하는 뉴스 생산은 결정론적 진실이 아니라 유동적인 프로세스의 진실을 목표로 삼아야 한다. 그러자면 언어를 매개로 커뮤니케이션하는 저널리즘은 사건을 안정적인 것으로 규정하려는 언어적 편견에서 벗어나야 한다. 언어는 사건을 정태적인 것으로 고착하려는 속성을 갖고 있다. 이는 사건의 변화와 이로 인한 불확실성이 구체적으로 작동하는 상황을 제대로 설명할 수 없다. 이는 또 뉴스비즈니스의 효율성을 위해 '지금-여기'에 초점을 맞춘 독특한 뉴스 커뮤니케이션 프레임이 낳은 오류이기도 하다. 언어로 사건의 현재 있는 그대로의 안정적 상태를 전달하고자 할 때 이와 같은 문제는 일어날 수밖에 없다. 때문에 현재-지금, 팩트, 안정성이 아니라 이것들을 포괄하는 사건 프로세스의 진행, 진전, 발전을 파악해야 한다. 동사적 프로세스의 간주관적인 커뮤니케이션이 만들어내는 직접 경험과 개념적 경험을 분석해야 하고 동시에 명사적 프로세스의 추상화된 실체들을 분석해내야 한다.

　사건 프로세스의 논의들은 되어감은 암호화이며 데이터의 이전이라는 것을 보여준다. 암호화와 데이터 이전은 과거의 사건을 성질이 다른 새로운 사건으로 이동시킨다. 사건 프로세스가 진행되는 것은 이 때문에 가능하다. 주목할 것은 암호화와 데이터 이전에 따른 새로운 사건의 발생은 진본성이 어떻게 진화하는지 설명해줄 수 있다는 점이다. 암호화는 진본성 진화의 첫 단계인 자연적 진본성에 내재된 진본성의 본질 또는 DNA를 진본성의 다음 단계인 독창적 진본성으로 이전해준다. 이런 식의 암호화와 데이터 이전을 거치면서 진본성의 DNA는 영향력 진본성으로까지 이전된다고 볼 수 있다. 이는 진본성의 진화가 사건 프로세스의 진행, 진전, 발전을 따라 진행된다는 것으로 추론할 수 있다. 따라서 사건 프로세스의 되어감의 실체를 찾아내는 일은 암호화된 진본성의 데이터가 이전되는 것을 찾아내는 것이라고 할 수 있다.

이런 점에서 본 연구는 다음 장들에서 되어감의 구체적 작동메커니즘으로 명사적 프로세스와 동사적 프로세스 그리고 이들의 통합에 대해 분석할 것이다. 이를 통해 진본성 파악을 위한 저널리즘의 사건 프로세스 목적과 방법을 구축할 수 있을 것이다. 나아가 이를 실제로 구현하는 뉴스 생산의 전략적 접근들을 분석할 것이다.

7장

결정적 사건

저널리즘의 결정적 사건

사건 프로세스의 되어감은 명사적 프로세스와 동사적 프로세스가 연결되고 통합되면서 이루어진다. 7장과 8장에서는 저널리즘이 실제 뉴스 생산에서 명사적 프로세스와 동사적 프로세스를 어떻게 분석하는지 살펴보고자 한다. 7장에서는 명사적 프로세스를 분석할 것이다. 명사적 프로세스는 사건의 내용에 초점을 맞춘다. 사건을 구성하는 개별 요소들을 통제하는 구조, 관행, 제도, 플롯, 패턴 등에 대해 이름 붙이기, 분류 등의 표식 달기를 통해 사건과 사건 구성요소들을 개념화하고자 한다. 즉 추상화한다. 추상화는 사건을 쉽게 이해할 수 있게 해준다. 저널리즘 역시 사건 프로세스의 추상화에 초점을 맞춘다. 범주화와 전형성은 저널리즘의 추상화 노력이라고 할 수 있다. 명사적 프로세스의 분석을 통해 저널리즘의 추상화 노력이 어떻게 이루어지는지 파악할 수 있다.

콘킨과 스트롬버그(Conkin and Stromberg, 1989)는 뉴스가 다루는 사건은 '다른 사건들과 구분되는 분명함을 띠고 일어난 일로 특정한 패턴이나 주제를 가진 사건'이라고 정의했다. 패턴이나 주제를 찾아내는 것은 일차적으로 다른 사건과 차별성을 찾아내기 위함이지만 더 중요한 목적은 사건의 범주와 전형성을 파악하는 것이다. 모든 사건들은 다를 수밖에 없다. 저널리스트는 이런 사건들을 범주화와 전형성을 통해 개념화하고 패턴으로 만든다. 대부분의 사건들은 저널리즘 공동체가 관행적으로 구축한 범주와 전형성에 부합하는 사건이라고 보면 된다. 뉴스가 사건 프로세스를 이야기로 만들 때 사건은 이런 관행적 틀에 맞게 구성된다. 저널리스트는 범주를 기준으로 사건에 대처하고 전형성에 따라 생산을 진행하는 것이다. 스토킹과 그로스(Stocking and Gross, 1989)는 이런 점에서 뉴스 생산을 범주화 프로세스라고 지칭했다. 범주화 프로세스는 사건들을 저장된 범주와 일치시키는 것을 말한다. 사건의 독특하고 독자적인 현상들이 과거의 유사한 사건에 대한 보도와 일치하는지 파악하는 것을 말한다. 이는 저널리스트가 사건을 다룰 때 즉각적으로 또 자동적으로 일어난다. 저널리스트가 제시한 범주 일치가 합의를 얻어 아무 문제없이 형성될 때 사건 보도는 정확하고 객관적인 것으로 받아들여진다.

범주화 프로세스는 범주의 선택에서 끝나는 것이 아니다. 스토킹과 그로스(Stocking and Gross, 1989)는 범주화 프로세스가 범주화→이론 형성→이론 검증→정보 선택→정보 통합의 순서로 진행된다고 분석했다. 먼저 사건을 범주화해야 한다. '범주화'란 사건 프로세스가 특정한 범주의 속성을 충족하는지 판단하는 것을 말한다. 다음은 이론 형성이다. 범주를 근거로 사건을 충분하게 이해될 수 있도록 묘사해야 한다. 그러자면 범주의 다양한 정보들을 이용해 왜 특정 사건을 특정 범주로 구분했는지에 대한 이론을 형성해야 한다. 미국의 중남미 개입은 일부 저널리스트에 의해 '또 다른 베트남'으로 범주화되었다(Stocking and Gross, 1989). 중남미 국가를 '또 다른 베트남'으로 범주화하는 것은

'이 지역에 대한 미국의 군사적 개입의 증가는 위험한 생각이며 나아가 군사적 긴장의 강화로 이어진다'는 이론으로 연결된다. 이론 형성은 베트남전쟁을 통해 만들어진 저장된 정보와 일치시키면서 이루어진다. 이어 이론의 검정을 위한 정보 선택, 정보들을 긴밀하게 연결하고 조합해 뉴스 스토리로 만드는 과정이 이어지는데 이 단계에서는 이론과 일치하는 정보를 선택하는 데 초점을 맞춘다. 이론 형성에 적용된 정보들이 저장된 정보와 일치한다면 이론과 일치하는 정보 역시 저장된 정보와 일치한다고 할 수 있다.

주목할 것은 범주화나 전형성은 큰 사건들을 기준으로 삼는다는 점이다. '큰 사건'이란 베트남전쟁, 워터게이트, 케네디 대통령 암살사건 같은 사건들을 말한다. 젤리저(Zelizer, 1992)는 이런 큰 사건을 '저널리즘의 결정적 사건journalistic critical incident'이라고 불렀다. 저널리스트는 사건 프로세스의 발전과 변화를 설명하기 위해 결정적 사건에 초점을 맞춘다. 또 결정적 사건을 만들어내는 다양한 인과관계들을 분석한다(van de Ven and Engleman, 2004). 결정적 사건을 명확하게 정의하는 것은 쉽지 않다. '결정성criticality'이 무엇인지 정의할 수 없기 때문이다. '결정적'이란 무엇이며 또 사건을 어떻게 구분할 것인지 객관적 기준을 제시하기 쉽지 않다(Carlson, 2021). 사이크스 등(Sikes et al., 1985)은 결정적 사건을 개인의 변화와 발전을 위한 거대한 결과를 창출할 수 있는 고도의 중요성을 가진 순간 또는 에피소드라고 정의했다. 노만 등(Norman et al., 1992)은 결정적 사건을 사람이 개입해 긍정적 또는 부정적 영향을 미칠 수 있는지 판단이 가능하도록 정의된 사건defined event이라고 보았다. 결정적 사건이 고도의 중요성에 의해 결정된다거나 판단의 기준으로 적용되는 정의된 사건이라는 지적은 이것이 중요한 요소들을 개념화한다는 것을 보여준다.

버트리스와 윌킨슨(Buttriss and Wilkinson, 2014)은 사건 프레임 논의를 통해 결정적 사건의 개념들이 어떤 것인지 제시했다. 이들은 결정적 사건의 프레임은 핵심 발생key occurrences과 개념화된 사건으로 구성된다고 지적했다(표3). 핵심 발생은 특정한 맥락을 가진 실체적 사건을 말하는데 그것은 우리가 인식하는 사건과 다르다. 사건에 대한 인식은 구체적 발생에 대해 추상적으로 개념화된 것을 인식하는 것이다. 이처럼 결정적 사건은 큰 사건은 물론 통상적 사건들에 적용할 수 있는 범주와 개념을 구성해주는 중요한 역할을 한다. 결정적 사건의 범주와 개념 구성 방법이 사건의 명사적 프로세스의 분석을 위한 효율적인 접근법임을 알 수 있다.

<표3> 핵심 발생과 개념화된 사건

핵심 발생	개념화된 사건
과학적 발견	발견
과학자에 의한 기업 설립	조직 구성
과학자가 존 스톤을 만나다	상호작용
과학자가 기업 설립을 계획하다	의사 결정
존 스톤이 퀸즈랜드로 이사하다	지리적 위치의 변경
지적 재산권에 대해 합의하다	합의

*Buttriss and Wilkinson (2014) 논의 재구성

사건 프레임의 이런 논리는 저널리스트가 사건 프로세스를 어떤 순서로 취재보도해야 하는지 보여준다. 일단 실체적 사건을 접할 때 사건의 모든 것을 파악하는 것이 아니라 이의 핵심 발생을 파악해야 한

다. 이어 과거에 발생한 이와 유사한 사건, 역사적 사건에 의해 구성된 사건의 의미와 조건들의 개념을 파악해야 한다. 여기에 적용되는 과거의 역사적 사건들은 대부분 결정적 사건들이라고 볼 수 있다. 그런 다음 핵심 발생과 개념이 어떤 관계를 갖고 있는지 파악해야 한다. 사건 프로세스의 의미 구성은 결정적 사건의 범주, 개념, 조건 등을 통해 이루어지는 것이다. 때문에 실체적 사건과 결정적 사건을 연결하는 메커니즘을 파악하는 것이 중요하다.

그런데 결정적 사건은 단일사건이 아니다. 사건 네트워크 안에서 복잡한 맥락을 깔고 있는 다양한 요소들 사이의 상호작용에 의해 일어난다. 칼슨(Carlson, 2021)은 결정적 사건의 자격을 얻을 수 있는 구체적인 조건들을 제시했다. 그는 사건 기원, 사건 규모, 뉴스행위자 위치, 해석 합의 수준, 사건 긴밀성, 사건 지속성, 시간거리 등 일곱 가지의 상호구속적 요소들이 밀접하게 연결되면서 일어난다고 지적했다.

첫째, 사건 기원이다. 이는 특정한 순간이 결정적 사건의 영역으로 들어서도록 촉발하는 기제를 말한다. 특정 사건의 뉴스 가치가 어디에 근거를 두고 있는가를 알 수 있다. 과거에 보도된 같은 유형의 사건이 결정적 사건으로 평가받은 이유를 말한다. 그 이유가 사건을 결정적 사건 영역으로 진입시키는 기제가 된다. 과거의 그런 보도가 있었다면 그럴 만한 가치를 갖고 있다고 보는 것이다.

둘째, 사건 규모다. 사건이 불러오는 반향의 규모가 중요하다. 규모가 클수록 결정적 사건의 수준은 높아진다. 사건 규모 스팩트럼의 한쪽 끝은 지리적 위치와 상관없이 반향이 일어나는 사건이다. 이는 진정한 의미의 결정적 사건이라고 할 수 있다. 반대편 끝에는 사건에 내재된 맥락의 규모가 있다. 특정 맥락과 보편적 맥락의 차이가 클수록 맥락의 규모는 커진다. 즉 사건의 배경이 통상적 사건과 다를 때 반향의 규모도 커지는 것이다.

셋째, 뉴스행위자의 위치다. 뉴스행위자의 위치를 분명하게 드러내고 강조함으로써 누가 발언을 하고 누가 부재하는지에 대해 파악할 수 있다. 또 어떤 행위자가 사건 범주의 경계 안에 존재하는지, 누가 경계 바깥에 존재하는 행위자는 누구인지 파악할 수 있다.

넷째, 해석에 대한 합의 수준이다. 사건의 의미에 대해 공중이 합의하는 정도를 말한다. 합의 수준은 합의에서 분열에 이르기까지 폭이 넓다. 예를 들면 가짜뉴스를 부정적으로 해석하는 데는 완전한 합의를 얻을 수 있다. 그러나 서로 모순된 건들에 대한 경쟁적 해석은 합의가 아니라 분열에 가까울 것이다. 세금에 대해서는 이해관계가 달라 분열로 치달을 수 있다. 합의 수준을 파악하면 분열할 정도로 해석에 동의하지 않는 사람들이 어떠한 이유로 어떻게 반대편과 나뉘었는지 확인 가능하다. 누가 어떤 이유에서 동의하지 않고 다른 관점을 주장하는지도 파악할 수 있다. 결정적 사건은 사건에 대한 공적 해석이 중요하다.

다섯째, 사건 긴밀성이다. 사건이 단일한 속성을 갖고 있는지 복수의 사건의 융합에 의해 구성되어 있는지를 말한다. 사건의 긴밀성은 사건은 사회적 구성물이라는 전제에 근거한다. 이는 서로 다른 담론과 행동들이 어떻게 다양하게 확인가능한 사건들로 조합되는지를 파악할 수 있게 해준다. 사건이 단일 사건으로 제시되는 정도와 다양한 사건들과 융합되는 정도를 비교함으로써 사건의 긴밀성을 파악할 수 있다.

여섯째, 사건 지속성이다. 이는 사건 긴밀성과 밀접한 관련이 있다. 긴밀성 스펙트럼의 한쪽 끝에는 단기간에 관심을 끄는 보다 분명한 사건들이 있는데 이는 사건 지속성이 짧다. 이런 사건은 주로 단시간에 중요하게 부각되고 신속하게 진행되는 단일 사건들이다. 다른 쪽은 보다 긴 사건 지속성을 갖고 있는 사건들이 있다. 오랜 시간에 걸쳐 관심이 서서히 드러나므로 다양한 수준의 복잡한 관심들이 내재되어 있기 마련이다. 이는 웹스터와 메르토바(Webster and Mertova, 2007)의 논의에서도 확인된다. 이들은 사건과 사건에 대한 회상 사이의 시간경과가 길수록 사건이 미치는 영향력은 더 커진다고 보았다. 결정적 사건으로서의 중요성이 커진다는 것이다. 지속시간이 길어지는 만큼 사건의 변화는 물론 사건의 본질에 대한 도전이 많아진다. 동시에 많은 디테일들이 관련성을 잃고 사장되면서 가치가 달라진다. 이런 가운데 유지된 가치가 결정적 사건의 의미를 갖는 것이다.

일곱째, 시간거리다. 사건이 일어난 시점과 이에 대한 담론이 생산된 시점 사이의 거리 즉 시간지체를 말한다. 결정적 사건은 과거 사건에 대한 집단적 기억을 촉발한다(Carlson, 2014; Carlson and Berkowitz, 2012). 과거 사건의 기억에 의해 매개된다. 과거의 유사사건에 대한 집단적 기억 또는 저널리즘 해석공동체의 사건에 대한 취재보도행태 등에서 의미를 찾아내고자 하기 때문이다. 이는 결정적 사건을 다룰 때는 시간거리를 길게 잡아야 한다는 것을 보여준다.

칼슨(Carlson, 2021)이 제시한 결정적 사건의 조건들은 범주와 전형성을 만들어내는 기준으로 이해할 수도 있다. 그래서 유사한 사건들은 대부분 결정적 사건의 범주에 속하는 사건들이다(Flanagan, 1954; Gremler, 2004). 결정적 사건에 저장된 정보가 다른 사건들의 범주, 이론, 정보의 기준이 된다는 점은 사건 프로세스의 암호화와 데이터 전환의 논리와 같은 맥락이라고 할 수 있다. 특히 결정적 사건의 저장된 정보를 바탕으로 하는 범주와 전형성은 명사적 프로세스의 구조, 패턴,

관행과 동일한 속성들이다. 이런 점에서 결정적 사건에 대한 분석은 사건 프로세스의 명사적 프로세스를 파악할 수 있는 중요한 근거를 제공해준다고 볼 수 있다.

결정적 사건의 특정한 개념이 범주를 형성한다는 주장은 실제 일어난 사건과 뉴스를 위해 범주화된 사건이 다른 것임을 의미한다. 아보트(Abbott, 1990)가 지적한 것처럼 범주화된 사건은 사실은 개념인 것이다. 5장에서 설명한 것처럼 화이트헤드(Whitehead, 1929)는 세계는 실체가 아니라 사건으로 인식된다고 주장했다. 그러나 인식된 사건은 결국 개념인 것이다. 또는 사건은 실체적 일어남의 개념화이다. 세계는 사건으로, 사건은 개념으로 우리에게 다가오는 것이다.

젤리저(Zelizer, 1992)가 결정적 사건을 저널리즘의 해석공동체의 역할과 관련시켜 이해하고자 한 것도 이와 같은 맥락이다. 그는 결정적 사건은 실체적이고 객관적인 사건이 아니라 담론의 의미를 제공하려는 집단의 투영projection이라고 보았다. 뉴스 생산 관행은 대표적인 집단적 투영이다. 결정적 사건은 집단적 투영의 경계를 만들어낸다. 앞서 말한 큰 사건의 범주와 같은 맥락으로 이해할 수 있다. 이런 점에서 결정적 사건 역시 실체가 아니라 개념이라고 할 수 있다. 대부분의 사건들은 이 경계와 타협하면서 집단적 투영에 의해 만들어진 범주에 따라 의미를 구성한다. 만일 새로운 사건이 이 경계를 벗어나고자 한다면 이는 결정적 사건의 경계에 도전하는 것이라고 할 수 있다. 또한 뉴스 생산 관행의 경계를 재구성할 것을 요구하는 것이다. 이때 저널리즘 공동체는 결정적 사건을 근거로 공동체가 공유하는 관심사에 따라 경계 재구성 여부를 결정한다. 경계 재구성은 뉴스 생산 관행의 수정까지 포함한다. 결정적 사건이 사건 프로세스에 대한 해석 모드의 결정, 수정, 재구성에 중요한 영향을 미치는 것이다. 결정적 사건은 통상적 사건과 같은 사회현상으로서의 사건이 아니라 저널리즘 공동체가 공유하는 인식의 덩어리라고 할 수 있다.

저널리즘 연구자들은 결정적 사건을 특히 저널리스트의 뉴스 생산 관행과 관련해서 분석해왔다. 젠킨슨 등(Jenkinson et al., 2021)은 결정적 사건이란 사회의 핵심적이고 공적인 사건을 말하는데 저널리스트는 이를 다룰 때 뉴스 생산의 다양한 규칙과 관습들을 드러낸다고 지적했다. 뉴스 생산의 의미와 집단적 기억이 결정적 사건을 둘러싸고 형성된다는 것이다. 5장에서 살펴본 젤리저(Zelizer, 1992/1993)의 해석 공동체의 해석 모드를 비롯해 패러다임 수정paradigm repair(Bennett et al., 1985)이나 경계관리(Berkowitz, 2000; Carlson and Berkowitz, 2014; Hindman, 2005), 뉴스아이콘(Bennett and Lawrence, 1995), 미디어화 mediatization(D'Angelo et al., 2014; Esser and Strombak, 2014) 등의 이론들도 뉴스 생산에 영향을 미치는 저널리즘 공동체 수준의 접근들을 분석하고 있다.

이런 논의는 결정적 사건이 저널리즘이 독특한 신화를 만들어내는 역할을 한다는 점을 보여준다. 스티븐스(Stevens, 1985)가 말했듯이 본래 뉴스는 문화적 가치를 이야기로 구성하는 신화적 속성을 갖고 있다. 뉴스는 사람들이 문화의 경계를 파악하도록 도와준다. 이는 뉴스의 신화적 속성 때문이다. 뉴스는 정보를 제공해주지만 사람들은 정보 이상의 것을 얻는다. 대부분의 뉴스는 읽고 난 뒤 즉시 잊혀지거나 무시된다(Bird and Dardenne, 1988). 대신 사건과 관련된 전체성totality이 남는다. 개별 팩트나 개별 뉴스가 아니라 상징시스템으로서 개별 팩트나 개별 뉴스가 전체로 이루어내는 전체성이 남는다는 것이다. 수용자들에게 남는 것이 전체성이라면 저널리스트는 결정적 사건의 결정성을 기억하게 되는 것이다. 이런 전체성과 결정성이 뉴스를 신화로 만들어 간다. 버드와 다든(Bird and Dardenne, 1988)은 신화와 같이 뉴스는 무질서로부터 질서를 창출하고 알고 있는 것knowing을 말하기telling로 전환시키고 공유된 공동체 경험을 통해 재확인과 친밀성을 제공하고 당황스러운 질문에 대답을 제공하고 복잡한 현상에 대해 즉각적으로 설명을 제공한다고 지적했다. 이는 저널리스트가 결정적 사건의 범주, 전형성, 패턴으로부터 얻는 것과 같은 것들이라고 할 수 있다.

결정적 사건은 이의 영향과 사건을 경험하는 사람들에게 미치는 심대한 영향 때문에 '결정적'이라고 한다(Webster and Mertova, 2007). 젤리저(Zelizer, 1992)가 강조한 결정적 사건이 해석 모드에 영향을 미친다고 강조한 것 역시 결정적 사건의 영향력을 보여준다. 사건이 결정적 사건이 되는 것은 무엇보다 이것이 갖고 있는 예외적 결정성 때문이다. 사건의 내용보다 관련된 사람들에게 미치는 사건의 심대한 영향력과 관련 있다(Webster and Mertova, 2007; Woods, 1993b). 우즈(Woods, 1993a)가 말한 것처럼 결정적 사건의 영향력은 관계적이고 맥락적이다. 즉 적합한 시점 적합한 맥락에서 요소들이 적합하게 혼합될 때 결정적인 영향력을 갖게 된다. 결정적 사건의 영향력은 공동체에 미치는 영향력을 말한다. 공동체가 공유하는 가치, 태도, 지식 등에 영향을 미치면서 공동체의 성격을 변화시킬 수 있는 힘을 발휘한다(Webster and Mertova, 2007). 공동체에 영향을 미치는 결정적 사건은 계획되지 않고 예측할 수 없다. 통제할 수 있는 것이 아니다. 이처럼 결정적 사건의 영향력은 복잡하면서 동시에 다양한 정보들의 의미를 구성한다고 하겠다.

탄독 등(Tandoc Jr. et al., 2021)은 저널리즘의 결정적 사건에 대한 스무 편의 논문을 모아 저널리즘의 결정적 사건을 집중적으로 다루었다. 이 책의 논문들은 저널리즘 및 사회에 미친 영향력이 큰 사건을 결정적 사건이라고 보았다. 논문들은 주로 해석공동체의 관점에서 다룬 젤리저(Zelizer, 1993)의 논의와 터크먼(Tuchman, 1978)의 논의를 토대로 삼아 분석하고 있다. 이 연구들에 의하면 결정적 사건은 구성되는 것이다. 특정한 사건이 기존의 생산 관행이나 담론 구성 또는 의미 구성방식에 영향을 미쳐 변화를 가져올 때 이를 결정적 사건이라고 불렀다.

토마스 등(Thomas et al., 2021)은 이런 논의들을 정리해 저널리즘의 결정적 사건을 사건발생지와 변화에 대한 영향으로 분류했다(표4). 사건발생지는 저널리즘 내부와 외부사회로, 이로 인한 변화의 영향은 저널리즘에 대한 영향과 사회에 대한 영향으로 나누었다. 오보나 저널리스트 스캔들과 같은 저널리즘 내부의 결정적 사건이나 비저널리스트에 의한 결정적 사건은 주로 저널리스트의 행태, 저널리즘의 관행 등에 영향을 미친다. 이에 비해 저널리즘 외부, 즉 사회에서 일어난 결정적 사건은 사건의 결과에 초점을 맞춘다. 결정적 사건에 대한 이런 논의들은 결정적 사건이 명사적 프로세스의 속성을 그대로 보여주고 있음을 확인시켜준다. 사건의 구조, 관행적 속성, 패턴 등을 통해 뉴스의 의미 구성이 이루어진다고 분석한 것이나, 이것들이 사건 프로세스에 영향을 미친다는 점은 명사적 프로세스의 특징과 동일하다.

아무튼 결정적 사건은 그 의미가 영향력에 있다는 것을 알 수 있다. 이런 영향은 부정적 또는 긍정적 변화와 영향 모두를 포괄한다. 부정적 결정적 사건을 '반발사건counter incidents'이라고 부르기도 한다(Sikes et al., 1985). 또 결정적 사건을 '결정적 국면critical phases'이라고

<표4> 저널리즘의 결정적 사건 연구를 위한 분석틀

접근과 우선 요소	저널리즘 연구 전통	초점	결정적 사건의 정의	경험적 참조
담론 중심적 (의미, 판단, 평가)	문화 연구	내적 초점	저널리스트가 자신의 규범, 관행, 경계를 공적으로 타협하는 평가적 담론에 개입하도록 촉진하는 사건: 저널리스트와 관련된 스캔들과 같이 저널리즘 관행의 변화를 일으킨 사건	저널리스트에 대한 담론
		외적 초점	비저널리스트가 저널리즘의 규범, 관행, 경계에 관한 평가적 담론에 개입하도록 촉진하는 사건: 비저널리스트의 스캔들과 같이 이들에 의해 저널리즘의 관행 변화가 일어난 사건	비저널리스트에 대한 담론
결과 중심적 (중요성, 영향, 실체적 변화)	사회학적 또는 역사적 접근	내적 초점	저널리즘 실천의 변화에 기여하거나 연결하는 저널리즘 또는 저널리스트가 다룬 사건: 저널리즘의 관행 변화를 초래한 사회적 사건	저널리즘에 미치는 사건의 영향력
		외적 초점	사회 변화에 기여하거나 이로 이어지는 저널리즘 또는 저널리스트가 다룬 사건: 사회적 변화를 일으킨 사건	사회에 미치는 사건의 영향력

*Thomas et al. (2021) p. 253 참조

지칭한 미저(Measer, 1985)는 이를 외부적 결정적 사건, 내부적 결정적 사건, 개인적 결정적 사건으로 구분했다. 외부적 결정적 사건은 역사적, 정치적 사건에 의해 창출된다. 내부적 결정적 사건은 현상의 자연스러운 진행과정에서 일어나는 사건을 말한다. 개인적 결정적 사건은 개인의 질병, 가족문제 등을 말한다. 어떤 경우든 결정적 사건은 언제나 경험의 변화를 창출한다.

탄독 등(Tandoc Jr. et al., 2021)의 연구에서 재미있는 것은 사회에 영향을 미치는 결정적 사건에 대한 인식이다. 특정한 사건 자체를 결정적 사건으로 이해하는 것이 아니라 저널리즘이 이를 보도하고 난 뒤 사회에 중요한 변화를 일으키는 영향력을 발휘했을 때 비로소 이를 결정

적 사건으로 본다는 것이다. 캐네디 암살, 뉴욕테러, 베트남전쟁 등 큰 사건, 놀라운 사건, 예외적 사건 등 놀라운 이야기what-a-story 등은 기존의 뉴스 생산행태에 변화를 가져다주었기 때문에 결정적 사건으로 볼 수 있다고 주장했다. 즉 일단 사건이 일어난 다음 그것이 미치는 영향을 근거로 결정적 사건으로 평가하고 판단하는 것이다. 특히 특정 사건이 오랜 시간에 걸쳐 뉴스 생산 관행을 변화시킬 때 비로소 결정적 사건으로 평가할 수 있다고 본다. 젤리저(Zelizer, 1992)가 저널리즘의 결정적 사건을 지속적 해석 모드와 연결시킨 것도 이런 맥락에서 이해할 수 있다.

이러한 논의를 놓고 보면 진본성의 정체가 보다 분명해진다. 사건 프로세스를 통해 진행, 진전, 발전되는 진본성의 DNA는 결정적 사건의 개념과 유사한 특징을 갖고 있다. 결정적 사건은 뉴스 생산 관행에 내재되어 있고 저널리즘 공동체의 사회적 역할수행을 목표로 삼으며 궁극적으로 영향력을 형성함으로써 드러난다는 논리는 진본성의 진화에서 확인한 진본성의 속성을 그대로 보여준다. 특정 사건의 발생을 자연적 진본성이라고 볼 수 있다면 이것이 결정적 사건의 속성을 갖게 되는 것은 독창적 진본성 또는 예외적 진본성이라고 이해할 수 있다. 결정적 사건이 궁극적으로 영향력을 행사할 때 이는 참조적 진본성과 영향력 진본성의 맥락에서 이해할 수 있다고 본다. 따라서 진본성은 결정적 사건에 대한 분석을 통해 파악할 수 있다고 하겠다.

결정적 사건의 작동

결정적 사건 역시 사건 프로세스의 하나다. 따라서 이의 작동은 프로세스의 작동 메커니즘을 통해 접근하는 것이 효율적이다. 특히 말론과 크로스톤(Malone and Crowston, 1994/2003)이 조직의 생산 프로세스 분석에 적용한 자원과 행동activity 사이의 상호의존성의 논의에 주목할 필요가 있다. 반데벤과 후버(van de Ven and Huber, 1990)가 강조했듯이 사건 프로세스는 투입, 행동, 결과 등으로 진행된다. 따라서 조직의 생산 프로세스와 마찬가지로 사건 프로세스도 사건을 구성하는 투입요소인 자원과 이를 이끌어나가는 행동요소를 필요로 한다. 말론과 크로스톤(Malone and Crowston, 1994/2003)의 주장처럼 자원과 행동은 독특한 방식의 상호의존성을 형성한다. 사건 프로세스는 본질적으로 다양한 행동들로 나타나지만 그 배후에는 사건 프로세스를 작동시키는 자원의 역할을 하는 요소들이 존재하기 마련이다. 사건 프로세스의 자원-행동 사이의 상호의존성에 대한 분석은 사건 프로세스의 작동을 새로운 관점에서 이해할 수 있도록 해줄 것이라고 본다.

말론과 크로스톤(Malone and Crowston, 1994/2003)은 행동과 자원 사이의 상호의존성에 따라 프로세스의 유형이 달라진다는 점에 주목했다. 조직은 상호의존성에서 생기는 문제와 제약들을 조정하면서 생산 프로세스를 효율적으로 작동시킨다. 조직이 생산 프로세스를 효율적으로 작동시키기 위해서는 행동-자원의 상호의존성에서 발생하는 문제를 파악한 다음 그에 대한 조정메커니즘을 찾아야 한다(Malone and Crowston, 1994). 사건 프로세스도 동일한 관점에서 이해할 수 있다. 즉 사건은 과거에 축적된 자원과 행동과 관련된 이유들이 현재의 특정한 트리거에 의해 촉발되면서 일어난다. 사건은 이런 요소들이 사건발생에 적합한 수준에 이르러 결합된 상태에서 일어나는 것이다. 달리 말해 적합한 수준에 이르는 것을 방해하는 요소들이 제거된 상태, 또 방해요소를 제거하는 독특한 조정메커니즘이 정확하게 작용한 상태를 말한다. 사건 발생을 방해하는 문제가 해결된 상태에서 사건이 일어나는 것이다.

먼저 자원과 행동의 관계에 나타나는 상호의존성을 살펴보자. 이는 사건 프로세스의 순차성과 자원공유 여부를 기준으로 구분할 수 있는데 말론과 크로스톤(Malone and Crowston, 1994)은 이를 순차성, 공유형, 통합형 등의 유형으로 나누었다. 순차성 상호의존성은 특정 행동이 일어나기 전에 다른 행동이 완료되어야 가능하다. 하나의 행동이 완료되면서 사건 프로세스가 일어날 수 있는 자원을 창출하고 그것이 다시 다른 행동이 이용하는 것을 말한다. 이는 행동이 일어나기 위해 자원이 우선되어야 한다. 자원과 행동의 순서를 통해 사건 프로세스가 작동한다는 점에서 순차성 상호의존성이라고 부르는 것이다. 사건이 하나의 흐름으로 진행되는 경우를 말한다.

자원공유 상호의존성은 둘 이상의 행동이 동일한 자원을 필요로 할 때 일어난다. 자원공유를 전제로 하기 때문에 자원을 공유하는 방식에 따라 상호의존성의 형태가 결정된다(Malone and Crowston, 1994). 톰슨(Thompson, 1967)에 의하면 이는 다양한 행동들이 집적되어 있고 행동들이 여기에 자유롭게 접근할 수 있을 때 일어난다. 서로 이질적 행동을 하는 행위자들이 하나의 기계를 이용하거나 동일한 예산을 사용해야 하는 상황에 나타나는 상호의존성을 말한다.

통합형 상호의존성은 흔하지는 않지만 중요한 의미를 갖고 있다. 톰슨(Thompson, 1967)은 이를 상호성 상호의존성이라고 부르기도 했다. 크로스톤(Crowston, 1991)과 즐로트킨(Zlotkin, 1995)은 통합형 상호의존성은 복수의 행동이 단일 자원을 생산하기 위해 통합하는 경우의 프로세스라고 설명했다. 특정 행위는 다른 행위의 투입을 필요로 한다. 어떤 행위는 다른 행위의 구성을 위해 이루어진다. 예를 들어 서로 다른 종류의 자동차 엔지니어들은 엔진, 차체, 트랜스미션 등 자동차의 서로 다른 부분을 디자인하는데 이 행동들은 궁극적으로 각 부분들을 완성차에 적합하도록 구성한다. 이때 행동들 사이에는 하나의 자원(자동차)을 통합하기 위한 상호의존성이 형성된다. 얼핏 보면 순차성 상호의존성과 유사하지만 사건 프로세스가 반드시 하나의 흐름을 갖고 이어질 필요는 없다.

조정메커니즘은 상호의존성이 초래하는 문제를 해결하는 것을 목표로 한다. 모든 사건 프로세스가 작동하는 결정적 요인은 조정메커니즘이라고 할 수 있다. 자원과 행동은 물론 사건 발생을 방해하는 요소들까지 통제해 사건 발생의 적합도를 구성해주기 때문이다. 말론과 크로스톤(Malone and Crowston, 1994)은 순차성 상호의존성이 이전을 조정메커니즘으로 이용한다고 보았다. 사건 프로세스의 다양한 행동들의 순서를 제한하거나 자원을 이전하고 또 자원 활용성을 강화하기 위해 추가적 행동을 투입하는 것이다. 자원을 이용해 행동하는 사건행위자에 대해 이전하는 범위를 통제하고 관리한다. 사건 프로세스는 자원이전을 중심으로 작동한다. 공유 상호의존성의 조정메커니즘은 다양하게 논의되어 왔다. 말론과 크로스톤(Malone and Crowston, 1994)은 직접 감독 메커니즘을 제시했다. 감독권을 가진 행위자가 사례별로 상호의존성을 관리한다는 것이다. 이때 감독자는 사전계획, 선착순, 우선순위, 예산, 경매 등 다양한 형태의 조정메커니즘을 이용할 수 있다(Malone and Crowston, 2003). 주목할 것은 이런 조정메커니즘들은 전문성을 필요로 하는 것들이라는 점이다. 즉 전문성으로 조정한다는 것이다. 동시에 말론과 크로스톤(Malone and Crowston, 1994)은 표준화를 조정메커니즘으로 제시했다. 사전에 결정된 규칙들을 통해 행동들을 통제한다는 것이다. 예를 들면 고위 정부 관료와 같은 전문가들에 의한 부정부패 사건이 여기에 해당한다. 전문가들은 자신의 전문성을 바탕으로 부패행위의 장애요소들을 제거함으로써 부패행위를 한다. 이를 조정하기 위해서는 전문성의 표준화를 구축해 전문성 행위의 구체적 기준을 제시하는 것이 필요하다. 마지막으로 통합형 상호의존성은 행동과 자원의 상호 조정메커니즘으로 문제를 조정한다(Malone and Crowston, 1994). 사건에 개입하는 행위자들 사이의 상호조정관계가 사건 프로세스를 작동시킨다는 것이다. 다양한 이해당사자들이 결집된 사건들을 예로 들 수 있을 것이다. 현대사회의 복잡하고 구조적인 사건들을 이런 통합형 상호의존성의 관점에서 설명할 수 있다고 본다.

한편 사건 프로세스의 작동은 개별 사건 프로세스에서 그치지 않고 이전된다는 점도 생각해야 한다. 결정적 사건은 결코 결과론적 사건, 정태적인 것이 아닌 프로세스다. 위에서 살펴본 것처럼 결정적 사건의 프로세스는 자원과 행동의 상호의존성을 해결하면서 진행된다. 따라서 사건 프로세스에 대한 이해는 결정적 사건의 정체성을 파악하는 것에서 그쳐서는 안된다. 결정적 사건을 통해 개념화와 추상화를 드러내는 명사적 프로세스의 분석으로 종료되는 것이 아니다. 개념화와 추상화가 사건 프로세스를 제대로 알 수 있도록 이해를 창출한다는 것은 이를 바탕으로 또 다른 이해를 얻을 수 있기 때문에 의미가 있다. 새로운 이해는 바로 사건 프로세스가 다른 국면으로 진행된다는 것을 의미한다. 이 때문에 사건의 개념화와 추상화라는 명사적 프로세스가 프로세스의 가치를 갖는 것이다. 이러한 이유로 결정적 사건의 이동 또는 전이에 대한 논의에 주목해야 한다. 이것이 명사적 프로세스를 만들어내기 때문이다.

결정적 사건은 이와 비슷한 맥락을 따라 다른 속성의 사건으로 전환된다. 이는 결정적 사건, 유사사건like events, 다른 사건other events 등의 구분을 통해 파악할 수 있다(표5). 메르토바와 웹스터(Mertova and Webster, 2014)는 결정적 사건은 독특하고 예시를 통한 설명력을 갖고 있으며illustrative, 확정적confirmatory 속성을 가진 사건이라고 지적했다. 웹스터와 메르토바(Webster and Mertova, 2007)는 유사사건을 사건의 맥락, 방법, 자원 등이 결정적 사건에서 이용되었던 것을 반복하지만 다른 사람들과 관련되어 일어나는 사건이라고 구분했다. 예를 들어 동일한 방법과 교재를 이용하는 학생과 선생에게 일어나는 사건을 유사사건이라고 한다. 그러나 선생은 가르침을, 학생은 배움을 행한다는 점에서 사건은 구분된다. 이는 두 사건이 같은 수준에서 일어난다는 것을 보여준다(Mertova and Webster, 2014). 맥락이 결정적 사건과 유사하기 때문에 이를 유사사건이라고 부른다. 메르토바와 웹스터(Mertova and Webster, 2014)는 결정적 사건에 버금가는 수준의 중요성을 갖고 있지만 결정적 사건만큼 독특하지 않으며 결정적 사건의 경험을 반복하고 나아가 예시를 보다 더 제공하고 더 확정적이라고 지적했다. 유사사건의 분석은 결정적 사건을 통해 드러난 이슈들을 확정하고 확장하는데 유용하다(Webster, 1998).

웹스터와 메르토바(Webster and Mertova, 2007)는 결정적 사건이나 유사사건과 동시에 일어나지 않는 확정적 사건을 다른 사건other event이라고 불렀다. 그러나 이는 다른 일화나 사건정보를 바탕으로 하지만 결정적 사건과 같은 이슈를 드러낸다. 동일하거나 관련된 이슈를 다루지만 다른 배경정보를 갖고 있는 것이다. 다른 사건들은 결정적 사건이나 유사사건의 분석에 서로 얽혀 있다(Webster, 1998). 결정적 사건과 유사사건과 동일한 장소와 맥락과 시간에 일어난다. 이 역시 결정적 사건에 통찰적 정보를 제공한다(Mertova and Webster, 2014). 또한 다른 사건의 분석 결과는 결정적 사건이나 유사사건의 분석에 한데 통합되기도 한다. 유사사건이나 다른 사건의 범주에 속한 데이터 가운데 진실성의 있을 법함verisimilitude이나 이의 외양은 결정적 사건에 제시된 이야기를 확인해주는 데 이용될 수 있다. 유사사건과 다른 사건의 분석은 통상 비슷한 이슈를 드러낸다.

결정적 사건, 유사사건, 다른 사건의 분석은 사건 프로세스가 갖고 있는 복잡성을 이해할 수 있는 효율적인 방법이라고 할 수 있다(Webster and Mertova, 2007). 유사사건, 다른 사건과의 관계를 통해 결정적 사건은 사건 프로세스 전체를 구성할 수 있도록 해준다. 특히 유사사건은 결정적 사건의 정보소스 기능을 한다. 또 세 사건 유형의 구분은 데이터의 복잡성이나 수준을 구분할 수 있는 틀로 적용할 수 있다. 결정적 사건은 독립적 위상을 갖고 있지만 유사사건과 다른 사건은 결정적 사건과의 관련성에 의해 범주화되는 사건들로 다룰 수 있다.

<표5> 사건의 범주

사건 범주	사건 속성
결정적 사건	사건의 독특함이나 설명력 확정적 속성 때문에 선택된 사건
유사사건	결정적 사건과 동일한 시퀀스 수준을 갖고 있으며 결정적 사건의 경험을 더욱 드러내주고 확정하며 반복하는 사건
다른 사건	결정적 사건과 유사사건과 같은 시간에 일어나는 추가적 사건

*Mertova and Webster (2014) p. 79 참조

결정적 사건의 분석

    결정적 사건은 어떻게 분석할 수 있을까. 결정적 사건이 뉴스의 분석대상이라면 이는 뉴스 생산의 구체적 방법과 같은 것이다. 할리넨 등(Halinen et al., 2013)이 지적한 것처럼 결정적 사건의 분석은 사건 프로세스의 의미 구성에 초점을 맞춰야 한다. 결정적 사건을 분석함으로써 이의 영향력이 어떻게 사건 프로세스를 변화시키는지 파악할 수 있는데 이를 바탕으로 사건 프로세스의 의미를 구성할 수 있다. 이 문제들은 왜 이 사건들이 일어났는가, 무엇이 사건을 드러나게 했나, 이것들이 어떤 변화들을 어떻게 촉발했는가 등의 질문을 통해 접근할 수 있다. 또 이런 질문에 대한 답은 결정적 사건의 배후에 있는 영향요소를 파악할 수 있게 해줄 것이다. 반데벤과 풀(van de Ven and Poole, 2005)은 결정적 사건의 분석 초점을 좀 더 구체화해서 제시했다. 변화의 전반적 방향성을 제시하는 전환요소, 맥락적 영향력, 구성적 패턴, 그리고 사건의 시퀀스 구성에 영향을 미치는 인과요소 등을 분석할 것을 주문했다. 여기서 결정적 사건이 다양한 변화세력들이 드러난다고 보았다. 이런 분석요소들은 사건 프로세스에 내재된 맥락의 파악, 사건 프로세스의 의미를 구성하는 추동세력, 그리고 결정적 사건의 영향력이 변화를 일으키는 전환점 등을 중심으로 접근할 수 있다. 결정적 사건의 분석 초점들을 좀 더 자세히 살펴보자.

첫째, 맥락의 분석이다. 결정적 사건은 다른 사건과 마찬가지로 사건 프로세스의 특정 맥락에서 일어난다. 맥락은 사건과 관련된 주어진 상황을 말한다. 사건 발생 이전에 존재하는 모든 요소가 맥락을 구성한다는 점에서 맥락은 총체적인 것이다. 사건 프로세스는 이 맥락을 바탕으로 진화한다. 그래서 비다트 등(Bidart et al., 2013)은 사건 프로세스를 분석하는 것은 사건이 맥락을 기반으로 진화하는 현상을 분석하는 것이라고 이해했다. 사건 프로세스는 사건과 관련된 수많은 요소들이 만들어낸 구조적 맥락을 따라 진행된다. 사건 구성요소는 사건과 관련된 맥락적 요소들이라고 볼 수 있다. 사건 프로세스를 파악하는 것은 이 요소들의 속성과 의미를 이해하는 것을 말한다. 버거와 루크만(Berger and Luckmann, 1972)은 사건 프로세스는 사건을 둘러싼 이해관계, 사건의 발생과 진행이 이루어내는 상황, 이런 것들에서 생성되는 사건의 의미들, 의미들의 경계와 상호작용 등을 통해 맥락을 판단할 수 있다고 주장했다.

맥락은 사건을 결정짓는 요소는 아니다. 또한 사건 프로세스에 일방적으로 영향을 미치지도 않는다. 그러나 맥락은 사건 프로세스와 상호작용하고 복잡한 관계를 유지한다. 이는 사건 프로세스의 성격을 결정짓는 데 영향을 미친다. 가핑클(Garfinkel, 1984)은 맥락과 사건 프로세스의 관계를 자세하게 설명했다. 그에 의하면 사건 프로세스를 변화시키는 행동들은 맥락과 무관하게 해석될 수 없다. 맥락 역시 이 행동들과의 관계를 드러내지 않으면서 묘사될 수 없다. 그러면서 맥락은 사건 프로세스의 변화를 초래하는 행동과 관계를 맺는다. 이는 맥락이 사건과 관련된 새로운 요소들을 창출한다는 것을 의미한다. 사건 프로세스가 진행되면서 일어나는 많은 일들은 맥락에서 분리해 이해하기 어렵다는 것을 알 수 있다. 때문에 비다트 등(Bidart et al., 2013)은 사건 프로세스와 맥락의 관계를 상호 공동 구성적 관계라고 지적했다. 사건 프로세스와 맥락을 통합하지 않고서는 사건의 전체 그림을 그릴 수 없는 것이다.

둘째, 추동세력driving forces이다. 사건 프로세스는 맥락과 통합됨으로써 유동적으로 작동하게 된다. 둘 사이의 상호작용은 시간 흐름에 따라 지속되기 때문에 사건 프로세스의 유동성은 피할 수 없다. 그런데 이런 유동성은 특정한 힘에 의해 만들어진다. 비다트 등(Bidart et al., 2013)이나 반데벤과 풀(van de Ven and Poole, 1995)은 이를 추동세력이라고 불렀다. 비다트 등(Bidart et al., 2013)은 추동세력은 사건 프로세스에 개입하는 맥락, 구성요소, 조직, 개별 등이 조합되어 생겨난다고 설명했다. 반데벤과 풀(van de Ven and Poole, 1995)은 사건 프로세스의 움직임과 그 방향성을 결정하는 것은 소수의 추동세력이라고 지적했다. 추동세력들은 서로 다른 원칙들을 갖고 있으며 때로 반대되기도 한다. 추동세력이 사건 프로세스를 움직이게 만드는 원칙들은 사건의 맥락에 내재된 요소들에 의해 형성된다. 이 원칙들이 추동세력의 움직임에 영향을 미친다. 뿐만 아니라 사건 프로세스와 맥락을 상호연결하는 구성요소들의 재구성에도 영향을 미친다. 때문에 추동세력에 대한 분석을 통해 사건의 다양한 구성요소들이 사건 프로세스가 진행되면서 어떻게 통합되고 재조합되는지를 파악할 수 있다. 추동세력의 존재는 사건 프로세스의 유동성이 무작위적으로 일어나는 것이 아니라는 것을 보여준다. 원래 고정되지 않은 혼돈의 원경험 상태인 사건은 추동세력이 갖고 있는 원칙에 의해 변화와 진화를 겪는다. 이렇게 해서 사건의 프로세스가 진행되는 것이다. 사건 프로세스 분석은 특정한 원칙에 의해 진행되는 사건의 움직임을 탐색하는 것인데 이때 추동세력이 분석의 핵심인 것이다.

추동세력은 사건 프로세스를 단순히 진행시키는 것에서 그치지 않는다. 비다트 등(Bidart et al., 2013)의 논의를 보자. 추동세력은 혼돈의 사건 프로세스를 안정화시키기도 하지만 반대로 불안정을 강화시킬 수도 있다. 이는 추동세력의 복잡성 때문에 일어난다. 추동세력은 사건 프로세스의 움직임을 만들어내는 동시에 이를 강화하고 가속화하기도 한다. 추동세력의 움직임이 어떻게 가속화되고 또 가속화 기제들과 어떻게 조합되느냐에 따라 사건 프로세스의 안정성 수준이 달라진다. 움직임과 가속화가 충돌하거나 둘 사이의 반작용이 일어날 수도 있다. 둘 다 정체될 수도 있다. 양자의 결합이 이처럼 불안정하게 되면 사건 프로세스는 혼란에 빠지게 된다. 비다트 등(Bidart et al., 2013)은 또 추동세력을 핵심 세력과 비핵심 세력으로 구분했다. 비핵심 세력은 이질적 추동세력이라고 할 수 있다. 핵심 세력은 사건 프로세스가 진행되는 내내 작동하지만 비핵심 세력은 사건 프로세스 움직임 방향이 변하거나 특정한 순간에 작동한다. 따라서 이들은 서로 모순될 수도 있다.

셋째, 전환점turning point이다. 추동세력은 사건 프로세스에 중요한 변화를 가져다준다. 특히 추동세력이 사건 프로세스의 진행방향을 급격하게 변화시키면 사건은 특이점singularity을 통과한다. 즉 질적인 변화를 겪게 된다. 비다트 등(Bidart et al., 2013)은 이를 '전환점'이라고 설명했다. 이들은 전환점을 위기 또는 대안을 촉발할 수 있고 사건 프로세스의 진행방향을 바꾸는 사건의 다양한 요소들의 재정렬이라고 정의했다. 전환점은 단순한 변화를 넘어서 질적 변화를 창출하는데 이는 바로 맥락의 변화를 의미한다. 변화를 사건 프로세스 구성요소들의 조합방식에 영향을 미치는 정도라고 한다면 전환점은 사건 프로세스 진행방향의 변화 등 사건 프로세스 전체의 급격한 변화를 의미한다. 때문에 사건 프로세스가 전환점에 이르게 되면 사건 프로세스의 논리가 달라질 수밖에 없다. 이렇게 되면 기존의 예측들은 무너지게 된다. 전환점을 기점으로 예외적인 사건들이 등장하고 기존 사건과 결합되게 된다. 사건 프로세스는 구성요소들의 재조합이 크게 일어나면 전혀 다른 모습으로 바뀐다. 재조합의 강도와 속도, 변화 규모 그리고 재조합의 예측불가능성 및 회복불능성 정도 등을 통해 전환점의 정도를 평가할 수 있다.

요컨대 사건 프로세스가 전환점에 이른다는 것은 사건의 맥락과 추동세력 모두 달라진다는 것을 의미한다. 사건 프로세스를 작동시키는 요소들의 재정렬은 맥락의 변화를 의미한다. 당연히 이런 변화는 특정한 방향성을 지닌 추동세력에 의해 이루어진다. 달리 말해 맥락과 추동세력의 축적과 변화에 의해 전환점이 형성되는 것이다. 저널리즘에서 전환점은 중요한 의미를 갖는다. 사건이 뉴스로 들어올 수 있도록 만들어주는 기점이 된다. 에릭슨(Ericsion, 1998)이 지적한 것처럼 뉴스의 사건은 일탈적 사건을 말하는데 이는 사건이 통상적 궤도를 벗어나 전환점을 맞이하는 것을 말한다. 비다트 등(Bidart et al., 2013)이 지적한 것처럼 전환점은 짧은 시간 안에 급진적으로 일어나는 복잡하고 핵심적인 변화다. 전환점은 그 변화를 예측할 수 없고 변화의 흐름이 갑작스러운 굴곡을 형성할 때 나타난다. 때문에 전환점을 초래하는 변화는 통상적 변화와 다른 패턴을 갖고 있다. 그래서 일탈이 일어난다. 이는 전환점의 의미는 변화의 단절성, 급진성 등에서 찾아야 한다는 것을 시사한다. 주목할 것은 일탈적 변화가 구체적이고 분명한 사건에 의해 드러난다는 점이다. 바로 결정적 사건을 말한다. 다시 말해 결정적 사건에 의해 전환점이 일어난다. 그런데 할리넨 등(Halinen et al., 2013)의 지적처럼 결정적 사건은 일련의 사건들의 연결, 즉 사건 네트워크 안에서 일어난다. 그 안에서 결정적 사건은 다른 사건, 즉 과거의 관련사건 및 현재의 유사한 사건들과 관계를 구성하고 또 관계의 변화를 주도한다. 이런 맥락에서 허츠(Hertz, 1998)는 결정적 사건이 사건 네트워크 발전을 파악할 수 있는 체크포인트의 역할을 한다고 지적했다. 그렇다면 전환점을 제공하는 결정적 사건은 사건 프로세스의 변화가 시작되는 지점을 의미한다고 볼 수 있다. 복수의 사건이 뒤엉킨 사건 네트워크 안에서 핵심 추동세력이 만들어내는 결정적 사건은 전환점을 통해 그 의미가 드러난다고 할 수 있는 것이다.

뉴스 사건의 전환점 분석에서 특히 주목해야 할 것들이 있다. 무엇보다 전체 사건 프로세스에 미치는 영향을 파악할 수 있어야 한다. 이는 사건의 현상을 묘사하는 것을 넘어 사건 네트워크의 진행방향과 이의 변화를 파악할 수 있게 해준다. 비다트 등(Bidart et al., 2013)이 주장한 것처럼 교차점으로서의 전환점 의미도 파악해야 한다. 전환점은 사건과 관련해 최소 두 가지 변화를 만들어낸다. 하나는 불가역적 선택이다. 사건은 이 갈림길에서 특정한 선택을 함으로써 발생한다. 전환점에서의 선택은 사건을 되돌릴 수 없는 것으로 전환을 초래한다. 변화요인들을 해결하더라도 이전으로 회복되지 않는다. 이런 식으로 전환은 언제나 새로운 대안을 등장시킨다. 뉴스의 사건 프로세스에 나타나는 전환점 역시 불가역적이고 대안적 변화를 창출하는지 분석해야 한다.

다른 하나는 전환점에 의한 사건의 뉴스 가치 변화다. 전환의 정도를 통해 이를 가늠할 수 있다. 먼저 변화가 얼마나 짧은 시간 안에 일어나느냐를 통해 이를 평가할 수 있다. 변화발생의 시간이 짧을수록 변화의 강력함은 커진다. 또 변화가 얼마나 장기간 지속되느냐 하는 것도 뉴스 가치를 판단할 수 있는 요소다. 지속시간이 길어질수록 변화의 범위가 그만큼 커지기 때문이다. 변화의 강력함과 지속성을 통해 가치 변화의 정도를 평가할 수 있다. 아보트(Abbott, 2001)는 변화의 이런 시간 특성이 전환점의 중요한 특성이라고 지적했다. 그런가 하면 비다트 등(Bidart et al., 2013)은 변화의 깊이를 통해 전환점을 평가할 수 있다고 보았다. 즉 사건 프로세스의 방향성이 얼마나 급진적으로 변하는가를 통해 변화의 깊이를 파악하는 것도 중요하다는 것이다. 방향성의 변화는 즉각적으로 짧은 시간 안에 일어나지 않고 진행되는 경우가 많다. 깊이 있는 변화는 우발적 사건이나 개별 사건에 의해 일어나지는 않는다. 사건 프로세스의 특정 단계들을 거쳐 일어나는 장기간의 변화, 즉 긴 시간프레임을 파악할 수 있어야 한다. 이처럼 전환점에 의한 뉴스 가치의 변화는 변화의 강력함, 변화의 지속성, 변화의 방향, 장기적 변화 등 다양한 요소들에 대한 이해를 요구한다.

이런 분석은 사건 프로세스의 맥락, 추동세력, 전환점이 결정적 사건의 결정성 요소라는 것을 보여준다. 따라서 이를 바탕으로 현재 취재 중인 사건 프로세스의 결정성 요소를 분석해낼 수 있을 것이다. 그러자면 먼저 과거 사건 가운데 결정적 사건을 추려내야 한다. 토마스 등(Thomas et al., 2021)이 지적한 것처럼 과거에 일어난 사건들 가운데서 저널리스트의 생산 관행과 규범을 공격하고 평가하는 담론, 이를 변화시킬 수 있는 사건, 사회 변화를 일으키는 사건 등을 결정적 사건으로 분류할 수 있다. 이어 이 사건들에서 사건 프로세스의 맥락, 추동세력, 전환점 등의 결정성을 추출해내야 한다. 특히 전환점에 이르기까지의 사건 프로세스의 맥락과 추동세력의 변화를 분석해야 한다. 이는 저널리스트의 성찰적 접근을 필요로 한다. 젠킨슨 등(Jenkinson et al., 2021)은 저널리즘의 결정적 사건이 뉴스 생산의 성찰프로세스reflection process를 촉발시킨다고 지적했다. 결정적 사건을 기반으로 저널리스트는 자신의 역할, 실행 그리고 영향에 대한 이해를 기반으로 성찰프로세스를 진행한다는 것이다.

그러나 저널리스트가 직면하는 현재의 사건은 과거의 결정적 사건에서 추출해낸 개념적 범주들로는 충분히 분석할 수 없는 이질적인 요소들을 갖고 있기 마련이다. 물론 버트리스와 윌킨슨(Buttriss and Wilkinson, 2014)가 논의한 것처럼 실체적 개별 사건들은 결정적 사건의 개념적 속성과 형식을 내재하고 있다. 그럼에도 불구하고 모든 사건이 똑같은 성격의 결정성을 갖고 있는 것은 아니라는 점에 주의해야 한다. 영향을 미치는 요인들은 대개 분리되어 작동하기보다 복잡한 덩어리를 이룬 채 사건 프로세스 안에서 작동한다(Schluter et al., 2007). 결정적 사건이 일련의 사건들로 또는 사건들의 연결로 나타난다는 점도 분명한 정의를 내리기 어렵게 만든다. 이는 다루고자 하는 현재의 사건 프로세스의 결정성을 명확하게 적시하기 어렵다는 점을 보여준다. 다시 말해 과거의 결정적 사건에 의존하는 관행적 해석 모드로 이를 파악하는 것은 결코 쉽지 않다. 결정적 사건의 결정성 또는 결정성의 개연성 그리고 그런 가치를 찾아낼 수 있는 구체적 방법이 필요하다.

찬드라 등(Chandra et al., 2009)은 결정적 사건기법CIT(Critical Incident Technique)을 취재 중인 현재의 실체적 사건과 개념화된 과거의 결정적 사건의 속성과 관계를 파악하고 판단할 수 있는 방법으로 제시했다. CIT는 결정적 사건을 분석하는 방법이 아니라 이를 찾아가는 방법이다. 노만 등(Norman et al., 1992)이 설명한 것처럼 CIT가 분석하고자 하는 결정적 사건은 그 사건의 영향력에 대한 판단이 가능하도록 정의된 사건을 말한다. 슐루터 등(Schluter et al., 2007)은 시스템이나 프로세스의 결과에 영향을 미치고 이 시스템에 개입한 사람들에게 기억될 만한 사건, 활동 또는 역할태도 등을 통해 이를 판단할 수 있다고 보았다. CIT가 사건의 결정성을 파악할 수 있는 분석방법이라는 것이다.

CIT가 파악하고자 하는 사건은 뉴스가 통상적으로 다루는 사건은 아니다. 통상적인 상황에서 일어나는 것보다 극단적이고 비유형적 atypical 사건들이다. 때문에 통상적 사건들보다 더 쉽게 기억에서 끄집어낼 수 있고 구분이 가능한 사건이다(Schluter et al., 2007). 정상적 작동 과정에서 벗어난 비유형적이고 극단적 사건을 결정적 사건으로 분석하는 것이다. 저널리즘이 뉴스로 다루고자 하는 사건 역시 이런 것들이다. 9·11 테러와 같은 중요한 위기를 만들어낸 사건이나 전환점을 마련한 사건을 다루고자 한다(Kain, 2004). 따라서 사건 프로세스를 분석하고자 하는 저널리스트에게 CIT는 효율적인 분석방법이라고 할 수 있다. CIT는 데이터 수집과 분석을 위해 전통적인 질적연구방법을 이용한다. 플라나간(Flanagan, 1954)은 CIT는 반드시 수정되어야 하고 특정한 상황과 맞도록 적용되어야 하는 일련의 유연한 원칙들이라고 설명했는데 이는 질적연구방법의 개방적 접근과 동일한 맥락이다. 플라나간(Flanagan, 1954)은 분석의 원칙으로 일반적 목적의 결정, 데이터 수집 계획, 데이터 수집, 데이터 분석 등의 단계로 나누어 제시했다.

첫째, 일반적 목적의 결정은 구체적인 데이터 수집을 하기 전에 사건의 포괄적 범위를 결정하는 것을 말한다. 큰 범위의 사건주제를 말한다. 출입처나 취재영역의 주제와 같은 것이다. 사건의 포괄적 범주를 명확하게 적시해야 사건이 명료해진다. 여기에서 사건의 구체적 하위범주를 추출해야 한다. 사건의 하위범주는 사건에 개입하는 행위 주체들의 행동가능성들을 파악할 수 있는 수준에서 설정해야 한다. 휴즈(Hughes, 2008)가 지적한 것처럼 사건과 관련된 활동을 정의하고 이런 활동들이 지향하는 목적이 어떤 것인지 확정해야 한다.

둘째, 데이터 수집 계획을 결정하는 단계다. 이를 위해 사건의 유형을 확실하게 결정하는 것이 중요하다(Schluter et al., 2007). 플라나간(Flanagan, 1954)은 데이터 수집의 일관성과 객관성을 세밀하게 문서화해야 한다고 지적했다. 이때 네 가지 요소를 고려할 것을 권했다. 첫째, 상황이다. 사건과 관련된 뉴스행위자, 이들의 활동, 사건의 위치, 조건 등을 세분화해야 한다. 둘째, 관련성이다. 뉴스행위자와 관련된 사건들과 사건의 결정성 요소들을 세분화해야 한다. 셋째, 정도다. 사건의 포괄적 범주에 미치는 긍정적 부정적 효과의 정도를 구분해 데이터를 수집할 수 있는 세분화된 기준을 만들어야 한다. 넷째, 데이터 수집의 대상자, 예를 들면 심층인터뷰 대상자를 선정해야 한다.

셋째, 데이터 수집 단계다. 사건 프로세스가 진행되면서 나타나는 다양한 행위나 활동들과 관련된 데이터를 수집하는 단계다. 집단인터뷰, 서면인터뷰 등도 가능하지만 심층인터뷰와 직접관찰을 많이 이용한다(Hughes, 2008). 로우스와 맥코맥(Rous and McCormack, 2006)은 특히 '무엇이 결정적 사건보다 먼저 일어났으며 무엇이 사건 발생에 기여했는가' '사건 관련 행위자들, 즉 뉴스행위자들이 사건에 어떤 영향을 미쳤는가' '결정적 사건은 어떤 결과를 초래했나' '무엇이 뉴스행위자의 행동을 효과적으로 일어나게 만들었으며 반대로 비효과적이게 만들었는가' 등의 질문을 주문했다.

넷째, 데이터분석 단계다. 이는 데이터 수집 방법과 마찬가지로 귀납적 분석의 질적연구방법과 일치한다(Polit and Beck, 2004). 주제와 하부주제를 파악하기 위해 이에 대한 읽기와 다시 읽기를 반복적으로 진행해야 한다. 일관성과 비일관성을 찾는 데 초점을 맞추어야 하며 이를 통해 계속 발전하면서 드러나는 주제를 파악해내야 한다. 이어 비교분석을 통해 차이와 유사성을 비교하며 이를 통해 가장 중요한 주제와 하부주제를 발전시킬 수 있다. 데이터에 질문을 제기하는 것이 중요하다.

데이터 분석의 초점은 다음과 같이 정리할 수 있다. 먼저 사건의 정체성을 파악해야 한다. 이를 통해 사건 관련 행위자들의 결정적 태도를 판단하고 나아가 사건의 결정성을 파악해야 한다. 이때 패턴을 파악하는 것이 중요하다. 케인(Kain, 2004)이 지적한 것처럼 사건의 결정성은 사건의 패턴과 같은 것으로 나타나기 때문이다. 둘째는 사건의 영향요소를 판단하는 것이다. 사건의 영향력을 분석하는 것이 아니라, 사건 프로세스의 진행에 영향을 미치는 특정한 요소들, 즉 사건의 영향력을 구성하는 특정 요소를 분석하는 것을 말한다(Kain, 2004). CIT는 이를 분석할 때 이분법적인 접근을 한다. 버터필드 등(Butterfield et al., 2009)이 지적한 것처럼 사건에 개입해 특정 경험 또는 활동을 도와주거나 방해하는 요소를 탐색하는 것, 또 비에르기버(Viergever, 2019)가 제시한 사건이 지향하는 것과 관련해 효과적이거나 반대로 비효과적인 것, 도와주는 것과 방해되는 것, 영향을 미치는 것과 영향을 미치지 못하는 것, 긍정적인 것과 부정적인 것 등을 분석해야 한다. 플라나간(Flanagan, 1954)은 CIT의 이런 접근방법이 문제의 평가와 분석을 위한 것이라고 지적했다. 이런 점에서 그는 CIT를 문제 해결을 위해 다양한 인간 행태를 직접 관찰할 수 있는 일련의 절차라고 지적했다.

CIT의 접근법을 통해 취재대상 사건이 갖고 있는 결정성 요소를 추출할 수 있고 또 이의 영향력을 파악해낼 수 있다고 본다. 이를 근거로 현재 사건과 사건에 내재된 문제들의 정체성을 파악할 수 있다. 뉴스는 본질적으로 사건이 주도하는 담론생산 시스템이다. CIT는 결정적 사건과 같은 중요하고 핵심적인 사건의 논리와 이를 둘러싼 디테일에 대한 분석을 통해 사건을 적절하게 묘사할 수 있게 해준다.

8장

전략적 무지

저널리즘의 무지

사건 프로세스 분석은 대부분 일어난 사건, 드러난 사건, 그것도 결정적 사건에 초점을 맞춘다. 사건의 본질과 의미는 결정적 사건에 담겨 있다고 보기 때문이다. 지속적 해석 모드의 범주와 전형성을 근거로 하는 결정적 사건은 사건의 개념화를 추구한다(Zelizer, 1992/1993). 이는 필스(Peels, 2010)가 지적한 명제적 지식propositional knowledge의 논리와 유사하다. 그에 의하면 명제적 지식은 팩트로부터 생성되는 팩트기반 지식이다. 이는 '어떤 것이 그렇다는 지식knowledge that something is so'을 밝혀내는 것을 목적으로 한다. 당연히 현상이나 실체를 묘사하고자 한다. 명제적 지식은 실체에 대한 정확한 개념화를 추구한다. 명제적 지식이 제시하는 것은 실체가 아니라 개념화된 실체다. 저널리즘이 팩트를 기반으로 실체를 묘사하는 것을 추구한다면 뉴스는 실체가 아니라 개념이다. 결정적 사건의 범주, 전형성, 패턴에 의존하는 뉴스의 대부분은 이처럼 사건 프로세스의 명제적 지식을 얻고자 한다.

그러나 이는 사건 프로세스를 제대로 설명하는 데는 분명히 한계가 있다. 뉴스가 다루는 사건은 결정적 사건만 있는 것이 아니다. 결정적 사건처럼 그 속성이 확연하게 드러나는 사건들 외에 눈에 잘 띄지 않는 사건도 많다. 일상생활의 사건들을 보자. 유명인, 건강, 성, 기후, 식음료, 오락, 스포츠, 인간관심사 등과 관련된 사건들은 주변에 널려 있다. 연성뉴스로 분류되는 사건들로 일상생활에서 사람들이 갖는 관심사들이다. 젤리저(Zelizer, 1992/1993)의 설명처럼 이런 사건들은 목격과 같은 직접적 관계, 감시견 역할, 거기에 있음 등의 기준에 따라 가치를 갖는 것이 아니다. 결정적 사건, 큰 사건의 분석처럼 특정한 범주, 전형성, 패턴에 의해서 해석될 수 없다. 특히 이것들의 개념으로 분석할 수 없다. 개별 사건의 속성에 적합한 개별적 해석을 적용해야 한다. 젤리저(Zelizer, 1992)는 이런 해석 태도를 국지적 해석 모드라고 불렀다. 국지적 해석 모드의 사건 분석은 결정적 사건의 분석과 달라야 한다.

그런가 하면 결정적 사건의 경우도 범주나 전형성에서 벗어나는 의미와 속성들이 존재한다. 결정적 사건의 범주와 전형성에서 벗어나는 이면이 얼마든지 존재할 수 있다. 사건의 진본성은 결정적 사건의 분석으로 드러나지 않은 채 이면에 숨어 있을 수 있으며, 드러나지 않는 사건의 본질이 있을 수도 있다. 이는 지식으로서 뉴스의 본질적인 한계이기도 하다. 메디치(Meditsch, 2005)는 이런 문제가 사건 프로세스를 둘러싼 환경을 구성하는 요소들을 투명하게 드러내지 못하기 때문이라고 지적했다. 이렇게 되면 수용자는 뉴스를 있는 그대로인 것처럼 받아들이지만 사실 저널리스트가 뉴스를 구성하는 데 적용한 의사결정의 기준들이 어떤 것인지 알 길이 없다. 또한 뉴스가 감추어버린 내용들, 즉 뉴스가 무시하고 삭제해버린 원재료에 접근할 수도 없다. 드러나지 않은 것들은 의도적으로 감추어진 것들이기도 하다. 의도적 감추기는 사건 프로세스의 실체를 전략적으로 감추는 것이나 마찬가지다. 전형성이나 범주로 포착하기 어려운 실체들은 어쩔 수 없이 드러나지 않게 되지만 의도적 은폐로 쉽게 묻혀버릴 수도 있다. 결정적 사건의 범주와 전형성은 장르를 구축하면서 이를 충족하지 못하는 사건을 아예 뉴스에서 배제시켜 버린다. 포함과 배제의 메커니즘이 작동하는 결정적 사건의 분석과 다른 접근법이 필요한 것이다.

　의도적이든 비의도적이든 명제적 지식의 형태로 드러나지 않는 것은 알려지지 않는 것, 즉 뉴스 지식으로 구성되지 못한다. 그런데 역설적으로 어떤 사건이든 뉴스에서 의미가 있는 것은 드러나지 않은 사실이다. 이미 구성된 뉴스도 마찬가지다. 뉴스가 드러낸 지식뿐만 아니라 드러내지 못한 지식 역시 뉴스로서 중요한 가치를 지닌다. 드러나지 않는 지식은 탐사보도가 목표로 하는 것들이다. 드 버(de Burgh, 2000)는 탐사보도가 드러내고자 하는 알려지지 않은 것들을 상세하게 제시했다. 도덕적 규범을 위반한 부끄러운 관행을 확인하는 것identifying, 권력남용을 밝혀내는 것revealing, 중요한 주장의 근거에 대해 의문을 제기하는 것questioning, 부패를 드러내는 것showing, 공식적인 이유들에 도전하는 것challenging, 법의 함정을 증명하는 것demonstrating, 명분과 실제의 괴리를 폭로하는 것exposing, 감추어진 것을 끄집어내는 것disclosing 등이다. 한마디로 탐사보도는 누군가 숨기려고 하는 그 무엇을 끊임없이 파헤치는 것을 말한다. 이는 탐사보도가 정보전달이나 수동적 감시견에 그치는 것이 아니라 사회 의제를 바꾸는 것을 의도한다는 것을 보여준다(Protess et al., 1991). 알려지지 않은 것을 다루는 일은 이처럼 저널리즘이 추구하는 가장 높은 수준의 뉴스 생산이다. 다시 말해 드러나지 않고 알려지지 않은 사실은 저널리즘의 사회적 역할에 있어 중요한 의미를 갖는다. 그러므로 알려지지 않은 것, 즉 알려지지 않은 사실이나 지식에 대한 이해는 중요하다. 기존의 보도 경험에서 추출된 범주와 전형성으로 이는 해결되지 않는다.

　알려지지 않고 드러나지 않은 것은 지식의 반대인 무지의 상태로 남는다. 결정적 사건이 드러내지 못한 사건의 실체는 사라지고 만다. 때문에 사건 프로세스에 대한 이해는 결정적 사건에 근거한 지식뿐만 아니라 무지에 대한 이해도 필요하다. '무지한ignorant'은 라틴에서 '알 수 없는not knowledgeable' 것을 의미한다. 지식의 부재absence of knowledge 또는 지식의 부족상태를 말한다(Peels, 2010). 무지는 가리거나 숨기거나 드러내는 데 실패하기 때문만은 아니다. 무지의 세계는 오히려 지식의 세계보다 훨씬 복잡하다. 범주와 전형성으로 해결할 수 있는 결정적 사건의 지식보다 더 설명하기 어렵다. 스토킹과 홀스타인(Stocking and Holstein, 1993)은 무지는 불확실성, 불완전성, 편견, 오류, 무관련성irrelevance 등과 연결되어 있다고 보았다. 테이블 주위의 공간은 테이블이 위치하는 공간에 따라 양, 형식, 실체 등이 다양한 모습을 갖고 있다. 무지란 테이블 주위의 공간과 같은 것이다. 무지는 대개 부정적 현상으로 이해되어 왔다(Ungar, 2008). 무지를 비지식 또는 부정적 지식으로 취급한다. 부정적 지식은 비지식non-knowledge, 앎의 비어있음void of knowing, 지식에 대한 적대적 반향과 한계limits에 대한 지식(Knorr Cetina, 1999), 또는 특정한 방향으로 사고를 더 진행하는 것이 중요하지 않다는 적극적 고려 등을 의미한다(Gross, 2007). 다시 말해 부정적 지식으로서의 무지는 더 알아야 할 동기나 이해관계가 없음을 인식함에 따라 일어나는 무지를 말한다.

　그러나 맥고이(McGoey, 2012a)의 주장처럼 무지를 사회생활의 의사 결정을 정당화하기 위해 이용하는 선택적 지식의 관점에서 이해할 수도 있다. 어떤 것은 공개적으로 드러내는 것이 불가능한 부정의 상태에 있어 잊혀질 필요가 있다. 무지는 특정한 사실을 알지 않고자 하는 방법의 하나인 것이다. 이는 의도적 무지를 말한다. 그런가 하면 설명되지 않음으로써 생기는 무지도 있다. 부르뒤외(Bourdieu, 1992)는 말하여지지 않는 지식unspoken knowledge 또는 조작되지 않는 지식unarticulated knowledge으로서의 무지는 암묵지로서 사회화 프로세스에서 중요한 의미를 갖는다고 지적했다. 암묵지는 알고 있으나 명시적으로 설명할 수 없는 지식을 말한다(Polynai, 1967). 암묵지를 무지로 본다는 것은 무지는 알고 있음과 상관없이 드러나지 못하는 것을 의미한다는 것을 시사한다. 즉 무지는 알아야 하는 동기의 부재, 알 수 없기 때문에 잊혀지는 것, 알고 있음에도 설명할 수 없음 등 다양한 원인들이 존재한다. 어느 경우든 무지는 명시적으로 드러나지 않는 지식을 말한다.

그로스(Gross, 2007)는 무지와 관련된 다양한 논의들을 지식의 범주 차원에서 〈표6〉과 같이 정리했다. 지식은 개인이나 집단이 그 지식의 진실과 진실의 정당성을 받아들이는 것으로서 명시적으로 드러나고 구성된 앎의 상태다. 무지는 특정 영역에 대한 앎의 한계에 대한 인식을 말한다. 알려지지 않는 것에 대한 지식, 즉 모르고 있다는 것의 인식이라는 점에서 비지식이나 부정적 지식 모두 무지에 속한다고 할 수 있다. 그러나 이들은 모두 새로운 앎에 대한 가능성과 계획을 포함한다. 그러므로 어떤 앎도 갖고 있지 못한 무식과 구분된다. 비지식을 근거로 한 확장된 지식이 이를 잘 보여준다. 그로스(Gross, 2007)의 이런 설명은 무지는 결코 앎의 부재로 고정된 것이 아니며 앎, 지식으로 나아갈 수 있는 잠재력을 갖고 있는 상태에 있음을 보여준다. 사건 프로세스에서 드러나지 않는 무지에 대한 인식은 이런 점에서 중요한 의미를 갖는다. 결정적 사건으로 드러내고 강조하는 것들에 의해 드러나지 않거나 감춰진 무지들은 그냥 묻히는 것이 아니라 지식으로 확장되어 명시적 지식으로 이어질 수 있다는 점을 인식해야 한다. 결정적 사건의 뉴스를 원재료로 삼아 이루어지는 2차 분석을 통해 뉴스로 구성할 수 있는 요소들이 존재하며 이를 파악하는 것이 중요하다는 것이다.

그로스(Gross, 2007)가 무지는 지식의 한 범주이며 각각의 범주는 서로 연결되어 있다고 지적한 것도 이런 맥락에서 생각해볼 필요가 있다. 그에 의하면 지식의 범주는 무식-확장된 지식-부정적 지식-비지식-무지-지식으로 이어지는 위계를 갖고 있다. 그로스(Gross, 2007)는 무식에서 지식으로 이어지는 일관된 지식 생산 프로세스가 작동하는 것은 아니지만 각 지식유형 사이에 인과적 연결성이 존재한다고 이해했다. 예를 들어 부정적 지식과 비지식은 무지로부터 인과적으로 발전할 수 있다. 새로운 지식의 탐색은 새로운 지식보다는 알려지지 않은 지식unknown knowledge을 더 많이 드러내준다. 이전에 유효했던 지식들이 더 이상 유효하지 않다는 것을 발견할 수 있기 때문이다. 그래서 그로스(Gross, 2007)는 무지, 비지식, 부정적 지식은 모두 활동의 시작이자 사회학적 관찰의 시작이라고 보았다. 또 각각의 범주는 새로운 지식 또는 확장된 지식, 나아가 새로운 형식의 알려지지 않은 것들로의 복잡한 발전을 파악할 수 있게 해준다. 이와 같은 논의는 지식에서 무식에 이르는 다양한 지식의 범주들이 서로 상호작용하는 역동적 관계를 갖고 있음을 보여준다. 그는 지식주장은 그래서 새로운 무지와 비지식이 흡수되는 일종의 학습프로세스 속에 내재되어야 한다고 지적했다. 명시적 지식은 무지의 다양하고 복잡한 범주와 관계들 사이의 학습이라는 독특한 상호작용을 거쳐 형성된다는 것이다. 명시적 지식은 무지와 전혀 관계없는 것이 아니다. 명시적 지식은 무지로부터 생성된다

지식 knowledge	진실된 것으로 정당화되고 집단이나 개인들이 수용하는 믿음
무지 ignorance	특정 영역 지식의 한계를 인식하는 것으로서의 지식으로 새로운 지식의 각 단계가 진행됨과 함께 증가
비지식 non-knowledge	알려지지 않은 것에 대한 지식이지만 미래의 계획에 대한 고려 포함
부정적 지식 negative knowledge	알려지지 않은 것에 대한 지식이지만 중요하지 않고 위험한 것으로 여겨지며 비지식으로 이어질 수 있음
확장된 지식 extended knowledge	비지식에 대한 계획과 연구에 기반한 지식으로 새로 얻은 지식의 한계를 발견함으로써 새로운 비지식으로 이어질 수 있음
무식 nescience	어떤 지식도 부족한 상태로서 어떤 형태의 기대도 넘어서는 전적인 놀라움을 창출할 수 있는 전제로서 무지와 비지식으로 이어질 수 있음

*Gross (2007) p. 751 참조

고 본 것이다. 즉 무지의 각 단계는 명시적 지식으로 나아가기 위한 다음 단계 지식을 위한 필요 요소를 제공한다고 봐야 한다.

무지는 다양한 유형들로 구분할 수 있다. 필스(Peels, 2010)는 무지를 발생적 무지와 잠재적 무지로 구분했다. 발생적 무지는 비신뢰의 무지disbelieving ignorance, 보류의 무지suspending ignorance를 말한다. 무지는 믿지 못함으로써 또는 믿는 것을 미룸으로써 일어난다. 무지가 발생하는 근본 원인이 여기에 있다. 잠재적 무지는 조건적 비신뢰의 무지 conditional disbelieving ignorance 그리고 조건적 보류의 무지conditional suspending ignorance 등을 말한다. 발생적 무지가 특정한 조건과 결합될 때 일어나는 무지라는 점에서 언제든지 일어날 가능성이 있는 무지를 말한다. 또 로이와 제크하우저(Roy and Zeckhauser, 2015)는 무지를 본원적 무지primary ignorance와 인식된 무지recognized ignorance로 구분했다. 본원적 무지는 어떤 사안이 인지되지 못하고 이 때문에 무시되면서 결과를 확정할 수 없다는 것조차 인지하지 못하는 것을 말한다. 중요한 사안을 인지할 수 없어 무지가 초래된다는 것이다. 때문에 이런 무지는 결코 드러나지 않는다. 사람들이 인식조차 하지 못하므로 무지에 예민하게 반응하지도 않는다. 인식된 무지는 이와 반대다. 사람들이 어떤 사안을 둘러싼 중요한 미래 상태를 파악할 수 없다는 것을 인지한다. 중요한 사안을 확인할 수 없다는 점을 잘 인식하고 있는 상태에서의 무지를 말한다. 따라서 무지에 대해 민감하다. 이런 인식은 사안을 둘러싼 조건들이 변하면서 신호를 전달하기 때문에 일어난다. 폭풍 전에 새가 낮게 나는 것을 예로 들 수 있다. 폭풍이 불기 전이므로 폭풍을 확인하지 못하지만 새가 낮게 나는 것을 폭풍의 신호로 인식함으로써 폭풍이 올 것임을 알 수 있다.

　　무지의 유형들은 무지가 일어나는 원인에 대한 이해는 물론 이로부터 파생되는 무지의 요인들에 대한 이해도 중요하다는 것을 보여준다. 그로스(Gross, 2007)가 지적한 무지의 인과적 연결성과 마찬가지로 다양한 형태의 무지들 사이에 관계들이 존재한다는 것도 알 수 있다. 사회현상에 대한 무지는 보다 복잡한 관계와 위계를 갖고 있다. 사회학에서 무지의 중요성을 널리 확산시킨 연구자인 스미슨(Smithson, 1989/1993)의 분석은 이를 잘 보여준다. 그는 무지의 개념을 분석하고 무지의 영역을 파악하면서 무지를 사회적 구성물이라고 이해했다.

　　스미슨(Smithson, 1989)의 분류에 따르면 무지의 뿌리는 깊고 넓다. 어렴풋함과 비특이성에 의해 그 정체성이 희미해지면서 무지는 시작된다(그림1). 희미함은 개연성과 애매함과 함께 불확실성을 만들어낸다. 불확실성은 부재와 합쳐져 불완전성을 만든다. 뉴스의 정당성은 사건 현장에서의 부재를 해소해주기 위한 매개에서 확보된다는 점과 연결해서 생각할 수 있는 부분이다. 여기까지는 실체에 대한 기술과 설명의 부족함을 이야기하지만 이는 혼란과 부정확성에 의해 만들어지는 왜곡과 만나면서 비결정성을 만들어낸다. 비결정성은 오류로 이어진다. 오류는 비화제성 및 금기와 합쳐진 무관계성과 결합해 무지를 낳는다. 무지에 대한 이론들이 대개 지식 부족과 무관계성을 중심으로 무지를 설명한다. 주목할 것은 지식 부족이 오류로 이어지는 것은 부정확성에 의한 왜곡 때문이라는 것이다. 이런 논의들을 토대로 저널리즘 무지의 체계를 구성해볼 수 있다. 비특이성, 개연성, 애매함, 불확실성, 부재 등에 의한 지식의 불완전성이 저널리스트에 의한 왜곡적 접근과 결합

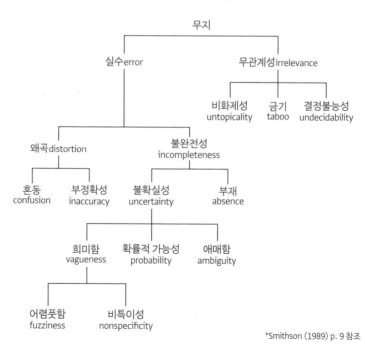

<그림1> 스미슨의 무지의 분류학

*Smithson (1989) p. 9 참조

됨과 동시에 실체에 대한 무관계성을 주장하게 될 때 저널리즘 무지가 일어난다고 할 수 있다.

무지는 다양한 수준에서 일어난다. 아보트(Abbott, 2010)는 예를 들어 직업은 전문가, 아마추어, 학자 등 각기 다른 수준으로 구분할 수 있으며 무지가 일어나는 대상도 팩트, 관련 문헌, 정보를 다루는 기술 등의 다양한 영역에서 접근할 수 있다고 보았다. 그는 이런 요소들을 종합해 아마추어는 팩트를 조율할 사고기술thinking skill의 무지를, 학자는 자기 전공 외의 주변 영역의 관련 문헌에 대한 무지, 전문가는 이론의 무지를 갖고 있다고 보았다.

전략적 무지와 뉴스

위의 논의들은 무지가 지식과 반대 영역에 속하지만 지식과 밀접한 관계를 갖고 있으며 지식을 향한 잠재적 지식이라는 것을 보여준다. 결정적 사건의 분석을 통해 구성된 뉴스가 비록 명시적 지식의 형태를 통해 뉴스 지식임을 주장하지만 사건 프로세스는 다양하고 복잡하며 수많은 수준의 무지를 내재하고 있다. 때문에 사건 프로세스는 무지를 바탕으로 새로운 뉴스 지식의 창출을 향해 지속적으로 발전해나간다고 볼 수 있다. 이는 사건의 동사적 프로세스 속성을 보여준다. 잠재적 지식인 무지가 새로운 지식을 향해 진행하는 지식 도전은 기존의 명시적 지식과 긴장을 형성한다. 지식과 무지 사이의 긴장을 동사적 프로세스의 긴장이라고 부를 수 있다. 동사적 프로세스를 작동시키는 지식과 무지 사이의 긴장을 명확하게 이해할 필요가 있다.

스토킹과 홀스타인(Stocking and Holstein, 1993)은 무지는 무지가 아니면 알 수 없는 방식으로 지식을 이해할 수 있도록 해준다고 지적했다. 무지는 가정을 통해 우리가 알 수 있는 것보다 더 관계적이고 더 확실하고 완전하고 정확하고 편견 없는 방식으로 지식을 이해할 수 있게 해준다. 스토킹과 홀스타인(Stocking and Holstein, 1993)의 주장 중에 주목해야 할 것은 사람들은 무지의 설득력을 이해하는 만큼 무지를 의도적으로 조작하고, 다양한 방식으로 우리가 안다고 주장하는 것에 대한 신뢰성에 영향을 미치면서 무지를 최대화하거나 최소화한다는 점이다. 무지는 불가피하게 초래되는 것이 아니라 의도와 전략에 의해 조작적으로 구성할 수 있다는 것이다. 공간 안에 존재하는 관찰대상인 물체보다 공간 자체에 초점을 맞추는 것과 같은 방식으로 지식보다 무지를 다룰 수 있다고 보는 것이다. 아무튼 사건 프로세스는 명시적으로 확인한 지식뿐만 아니라 무지에 대한 조작을 통해서도 이해가 가능하다.

무지의 조작가능성과 같은 맥락에서 뉴스에서 문제가 되는 것은 무지가 부정적이든 긍정적이든 어떤 의도에 의해 감추어질 수 있다는 점이다. 필스(Peels, 2010)가 무지는 지식 부족에 의해서만 일어나는 것이 아니라 의도적으로 이루어지기도 한다고 강조한 것처럼 특정한 목적 아래 감추어지는 의도적 무지가 존재한다. 그에 의하면 무지는 'p가 진실이지만 s가 p를 믿지 않는 것', 그리고 'p가 진실이지만 s가 p에 대한 판단을 보류하는 것' 때문에 일어난다. 만일 어떤 사람이 다윈이 종의 기원을 1859년에 출판하지 않았다고 믿는다면 그는 다윈이 이를 출판했다는 사실에 대해 무지한 것이다. 또 어떤 사람이 프놈펜은 캄보디아 수도라는 명제에 대한 판단을 보류한다면, 그 사람은 이 사실에 대해 역시 무지한 상태에 놓인다. 필스(Peels, 2010)는 p를 믿느냐 믿지 않느냐에 의한 무지는 증거의 무지evidential ignorance로, 판단보류에 의한 무지는 사건을 파악하는 데 필요한 관련 지식과 인식능력이 부족하기 때문이므로 이를 심층적 무지deep ignorance라고 불렀다. 어떤 경우든 무지는 지식의 부재가 아니라 무지를 선택한 의도적 무지임에 틀림없다. 스미슨(Smithson, 1989)의 지적처럼 대부분의 무지는 사회적 상호작용의 산물로서 사람과 사회구조에 의해 생성되고 유지되며 때로 의도적으로 무지가 되는 것이다.

스토킹과 홀스타인(Stocking and Holstein, 1993/2009)은 의도적 무지를 전략적 무지strategic ignorance라고 불렀다. 맥고이(McGoey, 2012a)는 전략적 무지를 불명료화obfuscation와 안정되지 않은unsettling 정보, 즉 '불편한 정보'로부터 의도적으로 분리하기 위한 관행에 의해 일어난다고 지적했다. 불편한 정보들을 덜 드러냄으로써 일어날 수도 있고, 또 아예 이런 정보들을 노출하지 않고 특정한 목적에 부합되는 다른 정보에만 초점을 맞춤으로써 일어날 수도 있다(Heimer, 2012). 특정한 지식으로부터 벗어나기 위한 방편으로 만들어지기도 한다(Smithson, 1989). 명료하지 않은 정보나 안정화되지 못한 정보자원을 통제하기 위해 무지를 선택한다. 이런 정보를 근거로 지식을 창출하지 않기로 한다는 점에서 전략적 무지라고 본 것이다. 맥고이(McGoey, 2012a)는 이런 점에서 전략적 무지는 생산적 측면이 있다고 강조했다. 불명료하고 안정화되지 못한 자원에 의존해 지식을 생산하지 않고 더 많고 분명한 정보자원을 확보한 뒤 지식을 생산하기 위해 무지를 전략적으로 선택하고 이용한다는 것이다.

물론 전략적 무지를 의도적으로 구성함으로써 얻을 수 있는 독특한 혜택이 있다. 맥고이(McGoey, 2012b)는 전략적 무지는 독특한 특징을 갖는 자원으로 활용할 수 있다고 주장했다. 이는 지식에 대한 전통적 이해를 뒤집는다. 전통적인 관점에서 보면 지식은 무지보다 더 가치 있다. 또 더 많은 지식을 가지는 것이 더 강한 사회적 정치적 권력을 확보하는 데 유리하다. 전략적 무지는 이런 관점을 정면으로 부정한다. 무지를 택함으로써 알 수 없는unintelligible 상태가 지속될 수 있는 범위를 확대할 수 있다고 본다. 특정한 요소를 굴절시키고 애매하게 만들고 감추고 확대할 수 있는 상태를 무지로 설정함으로써 실체의 왜곡을 방지할 수 있다고 보았다. 앞서 말한 것처럼 명료하지 않고 불충분한 정보자원을 이유로 내세우는 무지가 이런 기능을 한다는 것이다. 또 맥고이(McGoey, 2012a)는 전략적 무지는 불편한 팩트로 불리는 불명료하고 충분하지 못한 팩트를 문제삼아 무지를 비판할 경우 조작이 아님을 주장할 수 있는 근거로 제시할 수 있다고 주장했다. 이는 무지가 조작이 아니라 순수할 때 가능하다. 즉 속이거나 데이터나 팩트와 같은 정보를 인위적으로 통제하는 것이 아니어야 한다.

과학영역에서 전략적 무지는 체계적으로 일어난다. 스미슨(Smithson, 1989)이 과학적 무지는 의도적으로 구성된다고 지적할 정도로 과학은 무지를 전략적으로 채용한다고 강조했다. 과학적 무지는 일종의 전략적 캠페인이다. 앞서 맥고이(McGoey, 2012a)가 전략적 무지의 생산적 측면을 지적한 것처럼 과학적 무지는 충분한 이유를 갖고 있다. 스미슨(Smithson, 1989)은 지식과 마찬가지로 무지는 타협된 사회적 합의negotiated social consensus에서 생성된다고 주장했다. 과학자들이 과학적 지식 생산에 필요한 자원을 확보하기 위해 지원기관에 연구비를 요청하는 상황을 떠올려보자. 과학자들은 제도적 규범의 범위 안에서 알려지지 않은 지식, 즉 비지식으로서의 무지를 적시한다. 과학적 무지는 알려지지 않은 것이 존재함을 주장하는 일련의 프로세스다. 그들은 무지를 해소하기 위해 연구 조사를 통해 현재의 지식과 무지 사이의 지식 갭knowledge gap을 해소해야 한다는 점을 제시한다. 제르(Zehr, 1990)의 지적처럼 지식 갭의 주장은 확실성의 영역→가보지 않은 영역→객관적 설명→새로운 갭으로, 일종의 연쇄적 프로세스로 이어진다.

첫째, 과학자는 다른 과학자의 논문을 검토하고 인용하면서 자기 연구 주제에 대해 '확실성의 영역'을 구축한다. 기존 연구의 주요 가치를 따지는 것이 아니라 논문에서 빠진 부분을 골라서 지식 갭을 주장한다. 이때 그 논문의 핵심 가치들이 중요한 것이 아니므로 이를 탈락시킨다. 둘째, 확실성의 영역에 대한 주장은 다른 독자들에게 지식 갭이 제시하는 '가보지 않은 영역uncharted area'을 인식하도록 이끈다. 즉 기존 연구들에서 추출한 상호연관된 팩트들에 기반해 기존의 지식주장에 편견과 오류가 있음을 주장함으로써 가보지 않은 영역을 구성한다. 이때 기존 연구에서 골라낸 지식 갭과 관련된 연구 팩트에 근거하기 때문에 지식 갭을 메우기 위한 새로운 연구 제안이 가보지 않은 영역에 대한 사실적 연구결과를 제공할 것이라고 믿게 만든다. 기존 연구의 연구결과를 팩트로 동원하면서 지식 갭의 주장을 수용자들에게 설득하는 것이다. 셋째, 이렇게 지식 갭이 확정되면 이를 위한 객관적 설명을 제시한다. 마지막으로 지식 갭이 해결될 때 새로운 지식 갭이 열리게 된다는 점을 강조하면서 결론을 맺는다.

즉 지식 갭의 진행은 기존 연구에서 빠진 부분의 지적을 통해 확실성의 영역 구축→기존 연구의 편견과 오류에 근거해 가보지 않은 영역 파악→지식 갭에 대한 객관적 설명 제시→지식 갭 해결은 또 다른 지식 갭을 창출할 수 있는 통로를 연다는 식의 순서로 진행된다. 이를 지식 갭 프로세스라고 부를 수 있을 것이다. 지식 갭 프로세스에 중요한 것은 지식의 부재, 즉 무지다. 해결되기 어렵거나 해결되지 못한 과학적 문제에 대해 과학자들은 이 문제에 대한 지식이 충분하지 못하다는 지식의 제한성을 강조한다. 제한적 지식은 이용가능한 무지useable ignorance의 근거가 되며 이로부터 연구문제를 도출한다. 연구문제를 기반으로 알려지지 않은 것the unknown을 매개변수로 정의하고 측정하고자 한다(Ravetz, 1987).

대신 자기 연구에서 발생하는 무지의 영역에 대해서는 조건을 붙여 비판을 피하고자 한다. 스토킹과 홀스타인(Stocking and Holstein, 2009)의 지적처럼 데이터의 불완전성, 샘플링이나 측정, 분석, 해석에서의 편견, 오류, 불확실성의 잠재 불가피성을 내세워 연구결과가 일정 부분 한계가 있음을 적시하는 경고caveat를 제시하는 것이다. 이처럼 과학적 연구는 그 자체가 무지의 발견, 무지의 주장, 무지의 정의, 무지의 측정이다. 무지에 대한 확인이 없으면 과학적 지식의 생산은 불가능한 것이다.

스토킹과 홀스타인(Stocking and Holstein, 2009)은 현대사회에서 과학이 공공과학의 영역으로 이동하면서 정치적 논란에 사로잡히고 있는데 이는 무지와 밀접한 관련이 있다고 보았다. 앞서 말한 것처럼 연구비 지원을 위해 과학자들은 특정 주제에 대한 무지호소ignorance appeal를 한다. 이것이 알려지지 않았음을 지적하면서 잠재적으로 사회적 문제가 되고 해로울 수 있는 사회적 활동들을 중단시키기 위해 연구가 필요하다고 주장한다. 그러나 이에 반대하는 주장도 있을 수 있다. 반대입장의 과학자들은 반대되는 무지의 정렬ignorance arrange-ments을 제시하면서 또 다른 무지호소를 한다. 자신들의 이해관계를 위협하는 지식은 발전시키지 않거나 드러나지 않도록 만들기도 한다. 과학적 무지에는 이처럼 무지주장들 사이의 갈등과 긴장이 존재한다.

전략적 무지는 뉴스 생산에 중요한 의미를 제공한다. 충분하고 명료한 정보에 근거해 결정적 사건을 분석해야 하지만 정보가 충분하게 확보될 때까지 사건에 대한 지식주장을 미루고 무지의 상태로 남겨두는 것이 필요하다. 그러나 전략적 무지는 정보 확충 때까지 지식 생산을 연기하는, 말 그대로 전략적인 것이다. 궁극적으로 이를 지식주장으로 생성해내야 한다. 전략적 무지는 임시적인 것이어야 한다. 무지는 확인되지 못하는 잠재적 결과로 일어나는 상황을 의미하기 때문이다(Roy and Zeckhauser, 2015). 결과를 모르는 상태일 뿐이지 결과가 없는 것은 아니다. 다만 결과가 알려지지 않거나unknown 알 수 없는unknowable 상황 때문에 무지가 일어난다(Gomory, 1995; Zeckhauser, 2006). 무지는 본질적인 것이 아니라 현재 상태에서 드러나지 않았을 뿐 결과는 존재한다고 보아야 한다. 저널리즘은 지식주장이 가능한 결과가 있음에도 알려지지 않거나 알 수 없는 상황이 의도적으로 만들어질 수 있다는 점에 주목해야 한다. 로이와 제크하우저(Roy and Zeckhauser, 2015)가 지적한 것처럼 무지에 의해 숨겨진 결과는 드러난 지식보다 더 놀라운 것이고 아웃라이어이고 의사 결정에 더 큰 영향을 미칠 수 있다. 저널리즘이 드러내고자 하는 지식주장은 이와 같은 것들이다. 때문에 무지에 대한 분석은 저널리즘의 중요한 과제라는 점을 인식해야 한다.

전략적 무지는 의도에 따라 정교하게 이루어진다는 점에서(McGoey, 2012b; Peels, 2010) 이에 대한 저널리즘의 분석은 반드시 필요하다. 특히 무지는 책임을 회피하기 위한 면책의 조건으로 이용된다는 점에 주목해야 한다. 필스(Peels, 2010)에 의하면 이는 해악적 결과를 초래한 행위자가 특정한 팩트에 대해 몰랐다는 점을 내세움으로써 면책되는 것을 말한다. 의사가 환자가 특정한 질환을 갖고 있다는 사실에 대해 무지한 것은 환자에게 특정한 처방을 내린 것에 대한 면책조건이 된다. 이때 의사의 무지는 비신뢰의 무지, 즉 특정 질환을 갖고 있음을 신뢰하지 않음에 따른 무지여야 한다. 통상적 상황에서 비신뢰의 무지나 조건적 비신뢰의 무지는 면책의 조건이 된다. 그러나 의사의 무지가 보류적 무지, 조건적 보류의 무지 또는 조건적 비신뢰의 무지라면 의사는 환자의 죽음에 대한 도덕적 책임은 물론 자신의 의견에 대한 책임을 피할 수 없다. 의사가 환자에게 처방을 하는 것에 대해 판단을 보류했다면 의사는 특정한 약을 처방하지 않았어야 했기 때문이다. 저널리스트가 다루는 사건은 대부분 이 둘 중 하나에 해당하는 무지의 영역을 갖고 있다고 보아야 한다. 이를 다룰 때 면책가능한 무지인지 아닌지를 판단하는 것이 중요하다. 다른 한편 저널리스트 역시 의사와 마찬가지 입장에 놓일 수 있다는 점을 알아야 한다. 수집한 팩트에 대한 신뢰가 없어 이를 보도하지 않는 것과 판단의 보류로 보도하지 않는 것은 전혀 다른 문제다. 후자의 경우는 편견에 의한 선택적 보도의 비판에서 벗어나기 어렵다. 전자의 경우도 일단 이를 알려야 한다. 무지를 인정해야 한다는 것이다. 맥고이(McGoey, 2012a)의 지적처럼 무지를 알리는 것은 과학자가 자신의 과학적 학습과 발견을 강화하는 전제조건이다. 이를 통해 무지는 과학적 발견의 일반화 가능성을 더 높여주고 새로운 발견의 장점에 대해 더 넓은 합의를 구할 수 있다. 라베츠(Ravetz, 1987)나 스미슨(Smithson, 1989)이 지적한 것처럼 무지에 대한 정교한 인정은 이처럼 전략적인 것이다.

　　그러나 전략적 무지를 다룰 때 저널리즘은 정교한 무지인정보다 더 어려운 문제를 안고 있다. 전략적 무지가 구성되는 무지주장 claim-making of ignorance의 프로세스를 파악해야 한다. 스토킹과 홀스타인(Stocking and Holstein, 1993/2009)은 무지주장이란 어떤 것이 알려지지 않았다는 주장을 만들어내고 이를 협상하는 것, 어떤 것이 알려진 것이라는 주장을 제시하고 또 협상하는 것이라고 정의했다. 이런 맥락에서 아론슨(Aronson, 1984)이 제시한 과학의 지식주장하기를 살펴보자. 그에 의하면 지식주장하기는 공동체를 대상으로 하는 주장과 공중을 향한 주장 등 두 가지로 구분할 수 있다. 전자를 인식적 주장cognitive claims, 후자를 해석적 주장interpretive claims이라고 부른다. 인식적 주장은 과학계를 대상으로 하는 주장하기로서 특정한 공동체 구성원들이 지식을 이해하고 승인함으로써 수용하는 것, 즉 인식론적 수용을 목표로 한다. 이때 경쟁적 주장이 일어날 수도 있다. 해석적 주장은 비과학자, 정책 결정자, 현장 실무자, 공중 등을 대상으로 하는 주장 만들기다. 비전문가들의 과학과 무관한 관심에 부합하는 보다 광범위한 연구 결과의 함의를 주장하는 것을 말한다. 이때 비전문가들은 과학 지식과 직접 관계없는 수용자이므로 해석적 주장으로 지식주장을 한다. 인식적 주장은 '바이러스는 폐렴을 일으킨다'라는 주장처럼 실체적 정보에 초점을 맞춘다. 이에 비해 해석론적 주장은 '국가암연구소는 폐렴과 다른 암에 대한 백신을 개발하기 위해 바이러스 연구에 우선순위를 두어야 한다'와 같이 실체적 정보에 기반한 해석적 접근을 강조한다.

스토킹과 홀스타인(Stocking and Holstein, 2009)은 무지주장 역시 지식주장과 비슷하게 인식론적 주장과 해석적 주장을 통해 만들어진다고 지적했다. 어떤 것이 알려지지 않았다는 무지주장은 인식적 주장에 해당한다. 논란이 되는 문제에 대한 발견들이 관련성이 없고irrelevant, 편향적이고, 부정확하고, 불완전하고, 비어있고, 불확실하기 때문에 과학자가 이것이 알려지지 않았다고 주장하는 것이 이에 해당한다(Smithson, 1989). 때로 어떤 일은 일어나거나 일어나서는 안된다고 주장할 수 있는데 이는 해석적 무지주장이다. 과학자들이 기존의 무지 때문에 어떤 행동이 반드시 일어나거나 일어나지 말아야 한다고 주장하는 것을 말한다(Smithson, 1989). 어느 경우든 무지주장의 프로세스는 이해관계를 가진 사람들에 의해 이루어진다.

넬킨(Nelkin, 1994/1995)은 무지주장을 밝혀내는 것은 과학 저널리즘의 중요한 기능이라고 지적했다. 과학자들의 무지주장을 분석해 뉴스로 전달해야 한다는 것이다. 스토킹과 홀스타인(Stocking and Holstein, 2009)은 전형적인 전략적 무지의 사례로 1950년대 담배와 암의 연관성을 둘러싸고 담배산업이 추진했던 이른바 의심생산전략 doubt-production strategy을 들었다. 당시 담배기업들은 자신들의 이익을 위협하는 과학의 신뢰를 부정하고 비판하면서 이들에 대한 의심을 만들어내기 위해 노력했다. 이때 이들은 의심의 전파를 위해 뉴스미디어를 적극적으로 활용했다. 뉴스미디어가 의심생산에 이용된다는 점은 저널리즘이 전략적 무지를 정확하게 분석하고 문제를 파악해야 하는 것이 얼마나 중요한지 보여준다. 즉 스토킹과 홀스타인(Stocking and Holstein, 1993/2009)이 주장한 것처럼 저널리즘이 전략적 무지에 대응할 때 무엇보다 무지주장 프로세스를 파악하는 것이 중요하다. 이들은 저널리스트가 과학적 논란에 대해 의심을 생산하려는 시도를 확대하거나 과소평가하거나 강조하거나 무시하는 것은 위버와 윌호이트(Weaver and Wilhoit, 1996)가 제시한 프로페셔널 저널리스트의 역할구분과 관계있다고 보았다. 첫째, 배포자로서의 저널리스트는 무지주장을 주장되는 그대로 전달한다. 단순히 보도하는 데 초점을 맞추며 다만 팩트의 정확성에 신경쓴다. 둘째, 해석자, 탐구자로서의 저널리스트는 전략적 무지주장들을 독립적인 조사를 통해 평가한다. 이들은 대개 과학자의 연구를 높게 평가하고 산업계의 주장을 무시하는 경향을 보인다. 셋째, 공중동원자로서의 저널리스트는 과학적 무지의 논란을 받아들이지 않으려는 비전문적 시민들의 관점을 옹호한다. 산업계의 무지주장을 그대로 전달하며 일반인들의 주장을 이용한다. 넷째, 적대적 저널리스트의 역할은 과학자든 산업계든 모든 주장에 대해 회의적으로 접근하는 것이다. 어느 유형의 저널리스트든 무지주장의 프로세스를 제대로 파악하는 데 한계가 있음을 알 수 있다.

또 다른 문제는 저널리스트가 무지주장을 파헤치는 것과 별개로 저널리즘 역시 무지주장의 비판대상이 될 수 있다는 점이다. 파네스톡(Fahnestock, 1986)의 분석처럼 과학 저널리스트는 과학자들보다는 무지주장을 덜 한다. 과학적 발견이 과학전문학술지에서 대중매체로 이동하면서 지식 갭이나 연구 한계나 제한 등에 대한 경고와 같은 무지주장보다는, 과학적 관찰의 타당성이나 발견의 유용성, 독창성, 희소성 등 연구결과를 일반 대중에게 설득하는 쪽으로 넘어가기 때문이다. 같은 맥락에서 와이스와 싱어(Weiss and Singer, 1988)는 미디어 담론에서는 경고가 사라지고 있다는 점을 경계했다.

그러나 정반대의 경향도 존재한다. 힐가트너(Hilgartner, 1990)의 지적처럼 저널리스트가 반드시 무지경고를 제거하는 것은 아니다. 저널리스트는 비판으로부터 자기보호를 위해 무지주장을 선택적으로 또는 더 많은 무지주장을 동원하기도 한다. 스토킹과 홀스타인(Stocking and Holstein, 1993)도 저널리스트의 무지주장의 선택적 이용을 지적했다. 저널리스트들은 자신들의 취재 결과가 실체의 정확한 재현이라고 수용자들을 설득시키고는 동시에 보도에 대한 비판으로부터 자신을 보호하기 위해 과학에 대한 무지주장을 선택적으로 이용한다는 점을 분석했다. 스토킹 등(Stocking et al., 1992)은 저널리스트는 과학자들보다 더 많은 지식 갭, 경고 등의 무지주장을 이용한다고 주장했다. 저널리스트는 과학자들의 무지주장을 뉴스 스토리에 적합하게 만들고 이를 공적 영역에서 자신들의 이해를 내세우고 보호하는 방식으로 이용하고자 한다. 과학자들이 자신들의 이해를 내세우고 보호하기 위해 무지주장을 구성하는 것처럼 저널리스트 역시 자기방어를 위해 무지주장을 재구성하는 것이다(Stocking and Holstein, 1993).

　이처럼 지식과 마찬가지로 무지 역시 본원적인 것이 아니라 전략적이며 구성된 것이다. 무지는 지식과 동일하게 적용되는 지식 갭의 주장과 경고 등의 독특한 경계 설정을 근거로 하는 전략적 선택이다. 지식과 무지의 선택은 둘 사이의 경계가 유동적이며 이런 경계의 변화에 따라 지식과 무지는 서로 이전될 수 있다는 것을 시사한다. 말하자면 지식과 무지라는 사건 프로세스의 개별적 구성요소들 사이의 동사적 긴장의 프로세스가 작동하는 것이다. 이를 좀 더 자세하게 살펴보자.

　뉴스의 지식은 고정된 것이 아니다. 동시에 뉴스가 알아내지 못한 무지는 뉴스의 지식으로 이전될 수 있는 가치와 잠재성을 지니고 있다. 지식과 무지 사이의 이전에 대한 분석은 뉴스의 지식주장이 구성되는 메커니즘을 이해하는 것이나 마찬가지다. 지식과 무지의 이전은 화이트헤드(Whitehead, 1929)가 제시한 실제성과 잠재성의 관계를 떠올린다. 뉴스의 지식은 실재한다는 점에서 실제성의 지식이다. 반면에 뉴스에 의해 감추어지거나 아예 드러나지 않은 무지는 미래의 지식이 될 수 있는 잠재성의 지식이라고 할 수 있다. 사건의 실제성이 구성되는 메커니즘은 지식의 실제성이 구성되는 메커니즘이라고 보면 된다. 우선 실체를 현실로 구체화하는 요소들을 파악하는 데 초점을 맞추어야 한다. 이어 이것이 만들어내는 실제 사건에 대한 경험, 반복적 구조, 신화를 통한 훈련, 사회 고정관념, 사회 구성주의적 역사, 문화의 배경 등 사회적 인식 등에 대한 학습을 파악한다(Sztompka, 1991). 그런 다음 이것들이 역량, 능력, 기술, 시설, 자원 등과 어떻게 연결되는가를 분석해야 한다. 무지는 이런 실제성의 구성메커니즘에 포함되지 않는 요소들에 내재되어 있다고 할 수 있다. 동시에 구성메커니즘에 빠져 있을 수도 있다. 화이트헤드(Whitehead, 1938)의 지적처럼 사건의 잠재성은 실제성이 제공하는 데이터를 기반으로 미래로 이전된다. 슈톰프카(Sztompka, 1991) 역시 잠재성은 행위에 명백하게 드러나는 것이지만 주어진 것은 아니며 이전의 행위에 의해 형성되고, 실제성의 현실화acutialization에 의해 생성된다고 지적했다. 무지가 지식으로 이전하는 방식은 따라서 잠재성이 실제성으로 이동하는 것과 같다고 할 수 있다. 잠재성 상태의 무지는 실제성의 지식과 무관하지 않고 오히려 이에 의해 창출되는 것이다. 사건에 대한 무지는 사건의 실제성 또는 사건에 대한 지식을 구성하는 데이터에 내재되어 사건 프로세스가 진행됨에 따라 미래의 사건으로 이전하는 것이다. 지식이 무지를 미래의 지식으로 만드는 근거이자 자원이 된다는 것이다. 사건의 잠재성은 실제성에 대한 이해를 바탕으로 사건의 숨겨진 의미를 파악하는 데 주목한다. 때문에 잠재성이 현실화되는 전통, 자원, 가능성 등이 재구성되는 방식이 중요하다. 무지가 미래의 지식으로 이전하기 위해서도 전통, 자원, 가능성 등의 재구성이 필요하다. 이를 통해 사건의 발전 방향, 맥락, 배경 등 지식으로서의 의미를 구성할 수 있다. 잠재성에서 실제성으로 다시 잠재성으로 이어지는 사건의 프로세스는 지식과 무지로 이루어지는 지식 생산에 그대로 적용되는 것이다.

　　뉴스의 지식을 무지와 함께 분석해야 하는 또 다른 이유는 사건 프로세스를 '단순한 위치'로 고립시키거나 분리시키지 않기 위해서다.

사건 프로세스의 잠재성을 포착하지 못하면 이는 단순한 위치로 고정된다. 즉 지식구성에만 초점을 맞출 경우 사건 프로세스를 고정되고 고립된 지식으로 단순화시킬 수 있다. 슈톰프카(Sztompka, 1991)는 사회는 영원한 것이 아니며 오히려 지속적으로 변하는 역동적인 프로세스라고 주장했다. 또 사회는 존재하기보다 발생하며 객체가 아니라 사건들로 구성된다고 보았다. 실제성과 잠재성의 연결에 의해 사회는 지속된다. 사건이 구성된다는 것은 이처럼 '단순한 위치'의 데이터나 팩트가 미래를 향한 움직임으로 이전하는 전환을 의미한다.

시퀀스 분석

　전략적 무지를 찾아내는 것이나 이것을 뉴스 지식으로 이전시킬 수 있는 잠재성을 파악하는 것은 결정적 사건을 분석하는 방법으로 처리해낼 수 없다. 범주나 전형성을 통해 사건의 특정한 속성을 추출해 낼 수는 있지만 범주에서 벗어나는 것들은 제외해버린다. 이는 전략적 무지를 강화시키는 결과를 낳는다. 전략적 무지를 뉴스의 지식으로 이전하고 전환시킬 수 없다. 문제는 전략적 무지나 무지주장을 분석할 수 있는 분석틀이 마땅치 않다는 것이다. 특정한 패턴을 갖고 있는 것도 아니고 원칙에 따라 일어나는 것도 아니며 특정한 구조를 이루는 것도 아니다. 주목해야 할 것은 전략적 무지나 무지주장이 지식과의 긴장과 갈등 속에서 이루어진다는 점이다. 이는 동사적 프로세스의 간주관적 의미 구성과 유사한 속성을 갖고 있다. 그런 점에서 전력적 무지와 알려진 지식 사이의 직접 커뮤니케이션이 일어난다는 점에 초점을 맞출 필요가 있다. 무지의 지식으로의 이전가능성은 명사적 프로세스가 아닌 동사적 프로세스의 관점에서 접근해야 한다.

　전략적 무지와 지식 사이의 직접 커뮤니케이션을 확인할 수 있는 분석 방법으로 시퀀스 분석이 효율적이라고 본다. 니더만 등(Niederman et al., 2018)의 지적처럼 사건 프로세스는 사건의 시퀀스다. 전략적 무지의 뉴스 지식으로의 이전이나 전환은 사건 프로세스의 시퀀스를 통해 파악할 수 있다. 페티그루(Pettigrew, 1997)나 반데벤(van de Ven, 1992)의 설명처럼 시퀀스는 사건 프로세스가 시간의 경과에 따라 진행될 때 나타나는 행동들의 순서 또는 특정 이슈를 드러내주는데 이때 전략적 무지가 뉴스 지식으로 이전하는 것이 드러난다. 반데벤(van de Ven, 1992)은 시퀀스는 사건 프로세스의 실체를 이해하는 인지적 이전 transition을 찾아낸다고 했는데 이 이전이 바로 전략적 무지를 뉴스 지식으로 이전시키는 순간이라고 볼 수 있다. 시퀀스는 인지적 이전에 깔린 패턴을 사건과 행동의 순서를 통해 찾아낸다. 따라서 시퀀스 분석은 사건 프로세스에 내재된 지식과 무지를 파악할 수 있는 효율적인 방법이라고 볼 수 있다. 지식과 무지 사이에는 동사적 프로세스의 긴장이 존재하는데 이는 시퀀스를 통해 드러나는 것이다. 바꾸어 말하면 사건 프로세스를 구성하는 개별 요소들의 상호작용과 직접 커뮤니케이션에 의해 진행되는 동사적 프로세스가 지식과 무지 사이의 긴장을 통해 일어난다. 이런 긴장이 사건 프로세스의 되어감을 만들어낸다고 할 수 있다. 레셔(Rescher, 1996)가 말했듯이 사건 프로세스의 되어감은 단순한 변화가 아니라 생성origination, 홍함flourishing, 오래된 것의 통과, 전혀 새로운 존재의 혁신적 창발 등을 드러낸다. 이는 지식과 무지 사이의 이전이 이루어지면서 메커니즘과 동일하다. 따라서 지식과 무지 사이의 이전은 사건 프로세스의 되어감을 통해 이루어진다고 하겠다.

전략적 무지를 확인하고 이의 지식으로의 이전가능성을 분석하는 데 있어 시퀀스 분석은 분명히 장점이 있다. 전략적 무지가 일어나고 또 이전가능성을 만들어내는 사건 프로세스의 변화를 다양한 측면에서 분석할 수 있기 때문이다. 아보트(Abbott, 1995)나 페티그루(Petti-grew, 1997)의 논의를 보자. 이들에 의하면 시퀀스 분석은 사건 프로세스의 맥락에 초점을 맞추어 사례의 발전, 연결, 변화 등을 분석한다. 사건 프로세스에서 일어나는 일들에 대해 중요한 질문들을 제시하고 그 대답을 구한다. 무엇이 일어났고 그것이 어떻게 일어났고 왜 일어났으며 그것이 초래하는 결과는 무엇인가도 파악한다. 그리고 그것이 언제 일어났으며 사건 프로세스 시퀀스의 어느 위치에서 일어났는가에 대한 이해도 얻을 수 있다. 사건 시퀀스가 효율적으로 작동할 수 있는 조건들에 대한 이해도 중요하다. 반데벤과 앵글만(van de Ven and Engle-man, 2004)은 사건의 원인이 효율적으로 작동하는지, 사건 발생시점이 언제인지, 사건 지속기간이나 사건의 계속성에 따라 그 원인이 얼마나 오래 작동하는지도 파악해야 한다고 지적했다. 또 패티그루(Pettigrew, 1997)는 사건 시퀀스의 시간적 상호연결성을 분석하고 사건 프로세스에서 빈발하는 패턴을 찾아 이의 구조와 논리를 파악해야 한다고 강조했다. 이처럼 시퀀스 분석은 변화의 양상, 맥락, 인과관계, 지속성, 패턴 등 전략적 무지가 일어나고 또 이것이 지식으로 전환할 수 있는 사건 프로세스의 수많은 변화 현상을 설명해줄 수 있다.

시퀀스 분석은 분석 유목에 대한 이해에서 시작해야 한다. 앞서 살펴본 것처럼 반데벤과 후버(van de Ven and Huber, 1990)는 사건 프로세스는 투입, 행동, 결과 등으로 진행된다고 보았는데 이를 분석유목으로 삼을 수 있다. 첫째, 투입은 사건 발생에 앞서 선행적으로 존재하는 선행조건 또는 상태들로서 프로세스를 촉발하거나 사건의 원인을 제공하고 맥락을 형성하는 요소들을 말한다. 둘째, 프로세스에서 일어나는 행동이다. 행동을 통해 일어나는 하위 사건들도 행동의 분석유목에 포함된다. 이는 투입에 의해 사건 프로세스에서 작동한다. 셋째는 결과다. 이는 행동과 사건이 만들어낸 최종 산물, 다시 말해 새로운 상태를 말한다. 사건 시퀀스는 투입, 행동 및 사건, 결과 등이 순차적으로 연결되면서 진행된다. 상황이나 선행조건들이 성립되어 그 속에서 행동과 사건이 일어나고 이를 통해 결과라는 새로운 상태를 생성하는 것이다. 행동이나 사건은 실제성을 의미하고 이를 바탕으로 생성되는 새로운 상태의 결과는 사건을 새로운 사건으로 이전시키는 잠재성이라고 할 수 있다.

시퀀스 분석은 주로 행동과 사건의 관계에 초점을 맞춘다. 우선 사건이 행동을 제어한다는 점을 이해해야 한다. 헤다와 톤루스(Hedaa and Törnroos, 2008)는 행동과 사건에 행위자를 더해 이들의 관계를 분석할 때 잠재성과 실제성의 속성이 사건에 내재되어 있음을 파악해내야 한다고 강조했다. 그러자면 첫째, 사건이 어떤 속성을 갖고 있는지 파악해야 한다. 특정 이슈에 집중해 특정한 상호작용에 초점을 맞춘 내적으로 심화된 사건이 있는가 하면 경쟁자들과의 관계를 강조하는 확장적extensive 사건도 있다. 빈발하는 사건이 있지만 어떤 사건은 간헐적으로 일어난다. 명료한 사건이 있는가 하면 애매한 사건도 있으며 확인된 사건이 있는 반면 확인되지 않은 사건도 있다. 둘째, 행위자를 파악해야 한다. 행위자는 주로 사건의 자극에 대해 반응하는 사람을 말한다. 행위자는 사건을 인지하고 감각하고 환기시키고 선택하면서 행동을 위한 환경의 조건들을 구성한다. 또 현재 사건이 만들어낼 결과를 상상하고 이에 맞추어 행동한다. 셋째, 행동을 파악해야 한다. 행동은 사건을 파악한 결과로 나타나는 것이다. 그래서 사건에 대한 반응의 범위를 보여주고 사건에 대한 해석과 의미를 부여해주는 역할을 한다.

시퀀스 분석이 다루는 행동, 사건, 행위자의 관계는 통상적인 이해와 다르다. 대개 사건은 관련된 행동들에 의해서 포착되거나 행위자가 인식하는 대상으로 이해된다. 사건이 이들 사이의 관계에 있어 주도적 입장에 있다고 본다. 헤다와 톤루스(Hedaa and Törnroos, 2008)의 주장에 의하면 시퀀스 분석에서는 이들의 관계는 이와 다르다. 행위자는 사건을 인식하는 존재다. 사건에 대해 수동적인 존재가 아니다. 행동 역시 단순한 사건의 구성요소에 그치지 않는다. 행동은 사건에 대한 반작용인 동시에 사건에 개입하면서 새로운 사건을 생성하는 사전행동이기도 하다. 이때의 행동은 행동뿐만 아니라 행동을 포기하는 무관심까지 포함한다. 사건이 반드시 행동을 통제하는 것은 아니라는 것이다. 헤다와 톤루스(Hedaa and Törnroos, 2008)가 말했듯이 행위자에 의한 행동이 미래 사건에 영향을 미칠 수 있기 때문이다. 니더만 등(Niederman et al., 2018)은 행동은 새로운 상태를 창출할 의도를 가진 행위자에 의해 수행된 활동이라고 지적했다. 행위자는 단순히 사건에 대해 반응하기만 하는 것은 아니라는 것이다. 이들은 사건을 창출하고 사건과 결합해 새로운 행동들에 영향을 미칠 수 있는 다른 사건들을 감지하면서 반작용한다. 행위자는 자원을 통제하고 사건과 결합된 활동을 수행한다. 물론 반데벤과 후버(van de Ven and Huber, 1990)가 말한 것처럼 어떤 행동들은 사건의 조건으로 투입되는 상태를 변화시킬 수 있지만 동시에 어떤 상태도 변화시키지 못하기도 한다. 때문에 니더만 등(Niederman et al., 2018)은 사건은 행위자의 행동들을 통해 일어날 수도 일어나지 않을 수도 있는 상태 변화state changes라고 지적했다.

웅가(Ungar, 2008)에 의하면 사건 프로세스에 내재된 시퀀스를 묘사하는 가장 자연스러운 방법은 사건의 발생에서 시작해서 중간단계,

종료로 이어지는 시퀀스 패턴을 따라가는 것이다. 시퀀스란 두 개 이상의 사물이나 사건들을 연속적 순서로 정렬하는 것을 말하기 때문이다. 연대기가 대표적이다. 시퀀스에 참여하는 사건은 서로 연관성을 갖는 사물이나 개념들로 구성된다. 특정한 사건에 이어 다른 사건이 일어나는 것 역시 시퀀스다. 시간적으로 앞선다는 것은 사건의 역사적 설명에 있어 필요조건이지만 충분조건은 아니다. 시간적으로 이전에 일어났다는 것이 반드시 인과성을 함의하는 것은 아니다. 어떤 사건은 이후에 일어나는 사건과 인과적으로 전혀 관련이 없을 수도 있다. 그러나 사건은 그 이후에 일어난 다른 사건에 의해 일어날 수 없는 것은 분명하다. 따라서 사건들을 연대기적으로 분류함으로써 필수적 인과성을 보여줄 수 있다(Freitas et al., 2021).

보다 심층적인 분석은 시퀀스의 특성을 파악하는 것이다. 이는 크게 네 단계로 나누어 접근할 수 있다. 첫 번째 단계에서는 시퀀스의 순서를 파악해야 한다. 아보트(Abbott, 1995)는 이를 시퀀스를 구성하는 특정한 요소들을 하나로 연결하는 시간을 분할하는 것, 즉 시간의 조각 나누기라고 지적했다. 이는 구체적이고 단일한 순서의 리스트를 의미한다. 때문에 이의 순서를 구분해낼 수 있어야 하는데 시간분할은 그 순서를 정렬하는 가장 효과적인 방법이다. 즉 시간의 조각 나누기는 시퀀스 분석의 가장 기본적인 분석이다(Bidart et al., 2013). 시간의 조각 나누기를 바탕으로 본격적인 시퀀스 분석에 들어갈 수 있다. 두 번째 단계는 시퀀스의 순차성 패턴을 분석하는 것이다. 사건 프로세스는 사건의 전개가 연쇄적으로 일어나면서 진행된다(Einhorn and Hogrth, 1986). 사건 프로세스는 선행조건의 투입과 결과를 연결하는 행동과 사건을 통해 진행되는데 이것이 사건의 연쇄적 전개다. 시퀀스의 순차성 패턴을 분석함으로써 이를 설명할 수 있다. 순차성 패턴은 사건 프로세스의 외형적 특성을 잘 드러내준다. 그러나 로렌스(Lawrence, 1996)가 순차성 패턴은 사건 프로세스의 블랙박스나 마찬가지라고 지적할 정도로 순차성 패턴 분석의 정확성은 그렇게 높지 않다(Pentland, 1999). 사건 프로세스를 A→B→C의 고정된 순서로 묘사하는 것은 순차성 패턴을 요약하거나 개념으로 제시해준다. 그러나 이렇게 되면 시퀀스는 단순해지고 따라서 정확성은 떨어지게 된다(Weick, 1979). 때문에 시퀀스 분석은 다른 단계의 분석을 필요로 한다.

　시퀀스의 시간 조각 나누기나 순차성 패턴 분석은 시퀀스의 외형적 특성을 분석하는 것이라고 할 수 있다. 외형적 분석이 완료되면 시퀀스의 내적 특성들을 분석해야 한다. 세 번째 단계에서는 시퀀스를 구성하는 요소들 사이의 관계를 분석해야 한다. 시퀀스 분석은 시간 흐름에 따라 이루어지는 단순한 선형적 변화를 찾아내는 것으로 끝나지 않는다. 시퀀스를 구성하는 요소들 사이의 독특한 관계를 분석해야 한다. 시작, 중간, 끝에서 일어나는 일들을 구조화시키는 시퀀스 구조를 파악함으로써 이들 사이의 관계를 이해할 수 있다. 이는 특히 뉴스에서 중요한 의미를 갖는다. 뉴스는 사건 프로세스의 시퀀스 구조에 초점을 맞추어 구성되기 때문이다(Bell, 1991; Bell and Garret, 1998).

　그러나 시퀀스 분석에서 사건의 동사적 프로세스를 분석하기 위해서는 시퀀스에 존재하는 상호작용성을 파악하는 것이 무엇보다 중요하다. 시퀀스의 상호작용성은 시퀀스가 사건 프로세스가 진행되는 단순한 단계step나 에피소드가 아님을 보여준다. 이를 파악하는 것이 네 번째 단계의 분석이다. 아보트(Abbott, 1995)가 말한 것처럼 시퀀스는 독특해서 반복되기 어려운 사건으로 구성되지만 반복될 수 있는 사건들로 구성되기도 한다. 비반복적 시퀀스를 가진 사건이 대체불가능한 시퀀스로 진행된다. 특정한 사건이 일어나지 않는다면 반복이 불가능하다. 반면 반복적 시퀀스는 사건이 대체가능한 시퀀스를 갖고 있는 경우를 말한다. 시퀀스의 반복 또는 비반복적 특성은 시퀀스 사이의 상호작용 또는 상호의존성에서 비롯된다. 시퀀스의 n+1 번째 요소의 속성은 n 번째 또는 그 이전 요소의 속성에 의존하는 식으로 상호의존이 일어난다는 것이다. 이런 식으로 어떤 단계의 시퀀스가 다른 단계의 시퀀스로 이전하면서 시퀀스가 진행된다(Bidart et al., 2013).

아보트(Abbott, 1990/1995)는 시퀀스의 상호작용 분석은 시퀀스의 복잡성을 분석하는 데 필수적이라고 강조했다. 어떤 구성요소는 특정 시퀀스에서는 역동적이지만 다른 시퀀스에서는 드러나지 않을 수 있다. 시퀀스들 사이의 상호작용의 수준이 다를 수 있기 때문이다. 이처럼 상호작용의 복잡성을 분석함으로써 시퀀스의 역동적 본질을 파악할 수 있다. 비다트 등(Bidart et al., 2013)은 시퀀스의 상호작용이나 상호의존성은 시퀀스들 사이에 긴밀한 응집력coherence이 존재하는 것을 보여주는 근거라고 지적했다. 이런 연결성에 의해 사건 프로세스의 전반적 방향성이 결정된다. 시퀀스들의 연결을 파악함으로써 반대로 시퀀스의 단절과 지속을 결정짓는 요인들을 찾아낼 수 있다. 나아가 시퀀스가 진행될 가능한 미래를 예측할 수도 있다. 바로 이 때문에 시퀀스 분석은 사건 프로세스의 실제성과 잠재성의 연결을 파악할 수 있게 해준다고 보는 것이다. 이처럼 시퀀스 분석의 시간 조각 나누기, 순차성의 패턴, 시퀀스 구성요소들의 관계, 시퀀스의 상호작용 등을 통해 전략적 무지가 일어나고 또 이것이 지식으로 이전할 수 있는 가능성을 파악할 수 있다.

9장

결론: 시스템 C

불확실성의 뉴스 생산

  뉴스 지식은 저널리즘에 내재된 지식이 아니다. 세계에 대한 배타적 인식 체계를 갖춘 다른 지식영역과 달리 저널리즘은 체계적이고 독자적인 지식체계를 갖고 있지 않다(Meyer, 1991). 저널리즘의 진실이 문제되는 것도 이런 이유가 있다고 본다. 저널리즘은 지식을 직접 생산하지 않고 그냥 주장할 뿐이므로 그것이 주장하는 진실 역시 의심받을 수밖에 없다. 저널리즘은 이에 대해 마땅한 변명을 내놓지도 못한다. 오랫동안 저널리즘의 한계를 그어온 이런 비판의 옳고 그름을 따지려는 것은 아니다. 본 연구는 말도 많고 탈도 많은 탈진실을 저널리즘이 해결할 수 있다면 그 해법을 저널리즘의 근거로 삼을 만하다고 보았다. 물론 이것도 문제는 있다. 저널리즘 진실은 누구나 동의할 만한 것으로 내세우기 어렵기 때문이다. 진실은 저널리즘이 담아내기에 너무 개념적이다. 철학이나 과학이 논하는 진실의 개념들은 저널리즘에 적합하지 않다. 저널리즘에게는 그럴 만한 역량도 없다. 그래서 개념적 인식인 진실의 대체물을 찾아내고자 했다. 저널리즘만의 진실이 필요했던 것이다.

  '대체데이터alternative data'라는 말이 있다. 대체데이터는 마케팅에서부터 주식시장 예측, 정책 구성에 이르기까지 오래전부터 이용되어 왔다. 오비탈 인사이트[6]와 같은 대체데이터 분석 회사는 인공위성 촬영 이미지를 통해 다양한 이슈를 측정하고 판단하는 대체데이터 서비스를 하면서 급성장했다. 특정 지역의 대형마트 주차장을 촬영한 인공위성 사진들 속에 나타나는 공간의 변화추이를 통해 지역경제의 변화를 예측하는 것과 같은 분석 서비스를 제공해왔다. 오비탈 인사이트는 적합한 알고리즘을 선택하고 인공위성의 이미지 데이터를 통해 특정 지역의 다양한 경제활동을 분석해 비정상성anomality을 1시간 안에 분석해낸다. 이는 기존의 문제분석 방법에서 완전히 벗어난다.

　　대체란 단순히 대신하는 것이 아니라 결국 패러다임을 바꾸기도 한다. 대체데이터 분석은 특정 이슈와 직접 관련된 데이터를 이용하던 전통적인 접근과 완전히 다르다. 대체데이터의 성장은 직접 관련 데이터의 가치가 하락하는 데 따른 반대급부다. 이는 여러 이유에서 비롯된다. 직접 관련 데이터의 효용성 감소, 신뢰도 추락도 있지만 특히 측정방법의 타당성이 문제가 된다. 이는 측정하고자 하는 대상의 개념이 모호할 때 문제가 일어날 가능성이 높아진다. 모호한 개념을 측정해서 얻은 데이터는 애매하고 혼란하고 복잡하다. 조작가능성도 있다. 대체데이터는 직접 관련 데이터의 수집, 측정과 전혀 관계가 없는 방식으로 진행된다. 직접 관련 데이터를 기반으로 하는 분석의 폐쇄성을 벗어난다. 데이터 수집에서 분석에 이르기까지 특정한 한계를 두지 않는다. 문제에 대한 사고를 완전히 개방하고 확장할 수 있는 분화적 사고를 강화한다. 말하자면 창의적 사고를 투입한다. 대체데이터가 문제가 없는 것은

---

6 Orbital Insight, https://orbitalinsight.com/

아니다. 이슈와의 직접 관련성을 주장하기 어렵고 인과관계보다 상관관계를 보여주는 경우가 많다. 이 역시 조작의 가능성을 안고 있다. 이 때문에 대체데이터 연구자들은 서로 배타적 속성을 가진 전후방 데이터들로 데이터 네트워크를 구성해 문제를 분석하고자 한다. 이를 통해 데이터 간의 해석을 보완하고 해석의 확증을 얻을 수 있다고 본다.

저널리즘 진실의 대체는 이와 같은 관점에서 접근해야 한다. 특히 코바치와 로젠스틸(Kovach and Rosenstiel, 2001)이 강조한 추구해야 하고 추구할 수 있어야 한다는 조건에 주목했다. 이들의 진술은 기존의 진실에 대한 논의가 저널리즘에서는 타당성이 없고 따라서 대체물을 찾아내는 것이 반드시 필요하다는 본 연구의 전제를 수용해준다. 실현가능한 대체물을 찾아내고 이의 실현가능성을 분석하는 것은 연구로서 중요한 의미가 있다고 본 것은 타당한 것이다. 본 연구가 진실의 대체로 택한 진본성은 이를 충족한다. 무엇보다 진실에 대한 철학적, 과학적 정의를 받아들이지 않는다. 대신 분석의 구체성과 적용의 현실성을 내세운다. 진본성을 정태적으로 받아들이지 않고 진화하는 것이라고 이해한다. 본 연구는 이런 진본성을 파악할 수 있는 실체적 방법을 제시하는 데 초점을 맞추었다. 이런 맥락에서 통상 진실과 등가물로 인식하는 팩트와 객관성의 한계를 분명하게 분석했다. 사건을 구성하는 두 변수인 시간과 장소의 소멸이 진본성 파악을 더욱 어렵게 한다는 점도 확인했다. 분산이론적 접근은 진화하는 진본성의 본질을 수용할 수 없다는 논의를 바탕으로 진본성의 실체를 파악할 수 있는 가장 현실적 방법으로 프로세스 분석을 제시했다. 탈진실에서 벗어나기 위한 저널리즘 진본성의 확인은 사건을 프로세스의 관점에서 접근해야 한다는 점을 귀납적으로 파악했다. 사건은 사건 프로세스라는 점도 분석했다.

사건 프로세스의 독특한 속성을 분석할 수 있으면 진본성은 확보할 수 있다고 보았다. 그래서 명사적 프로세스를 보여주는 결정적 사건의 분석과 동사적 프로세스를 확인해주는 전략적 무지의 분석이 진본성을 드러내는 중요한 가치를 갖고 있음을 주장했다.

본 연구는 이 모든 논의의 결론을 결정적 사건과 전략적 무지의 분석이 가능한 뉴스 생산 시스템을 따져보는 것으로 대신하고자 한다. 진본성을 확보하기 위한 사건 프로세스 분석을 강조한 것은 근거없는 저널리즘에 존재의 정당성을 제공해줄 수 있다고 보았기 때문이다. 그런데 이 정당성은 뉴스 생산의 정당성을 통해 보증을 받아야 한다. 엑스트룀(Ekström, 2002)의 주장을 주목하자. 그는 저널리즘의 정당성은 세계의 본질에 대한 앎의 타당성, 앎이 맞느냐 틀리느냐의 진실성, 나아가 앎의 진위여부에 있지 않다고 주장했다. 이어 그는 저널리즘의 정당성은 아는 방법의 정당성에 있다고 주장했다. 뉴스 생산의 정당성을 말한다. 자연적 진본성에서 영향력 진본성으로 진화하는 진본성의 정당성 역시 맞느냐 틀리느냐의 문제나 진위와 관련 없다. 저널리즘 진본성의 정당성도 아는 방법, 즉 뉴스 생산 방법의 정당성을 확보해야 주장할 수 있다. 뉴스 생산의 정당성에 대한 분석을 연구의 결론으로 삼고자 하는 이유가 여기에 있다.

뉴스 생산은 불확실성의 세계를 다룬다. 때문에 고정된 생산 방법이 존재할 수 없다. 뉴스 생산은 전통적으로 조직 중심의 생산 방법과 개별 저널리스트 중심의 생산 방법이 긴장, 갈등, 타협을 거치면서 형성되어 왔다. 불확실성이 가중되는 사회 유동성의 증가는 두 생산 방법 사이의 관계를 흔들어 놓고 있다. 이렇게 되면 결정적 사건이나 전략적 무지를 체계적으로 파악하는 것이 어려워진다. 때문에 뉴스 생산 시스템의 안정성이 중요하다. 뉴스 생산의 안정성은 생산 시스템의 안정성과 밀접한 관련이 있다. 이를 위해 전통적인 생산 시스템인 시스템 A와 사회 유동성을 수용하기 위한 전혀 새로운 생산 시스템인 시스템 B 그리고 이 두 생산 시스템의 한계를 극복하기 위한 조정기제를 갖춘 시스템 C에 대한 분석을 제시하고자 한다.

전통적인 뉴스 생산은 뉴스는 만드는 것making news이라는 점에 주목해 조직 중심의 뉴스 생산을 강조해왔다. 최고 수준의 조직적 생산은 탐사보도에서 찾을 수 있다. 물론 탐사보도의 생산방식을 일상적 뉴스 생산에 적용할 수는 없다. 뉴스 생산은 테크놀로지 변화는 물론 이로 인한 저널리즘의 변화, 나아가 저널리즘을 둘러싼 복잡한 환경의 변화를 수렴해야 한다. 변화를 담아내는 것이 급선무다. 테크놀로지의 복잡성은 이런 과제를 해결하기 어렵게 만든다. 테크놀로지 의존이 심하면 뉴스 생산 방법의 변화는 불가피하다(Lewis and Westlund, 2015). 디지털 테크놀로지가 저널리스트의 생산 관행을 와해시키고 비즈니스모델을 붕괴시키니 저널리즘은 변할 수밖에 없다. 기존의 규범들은 효율적으로 작동하지 못하고 뉴스를 평가하는 기준들도 달라진다. 어떤 생산 방법을 동원하더라도 이것이 생산 관행으로 정착되기 전에 테크놀로지는 다시 변하고 그간 축적된 경험들을 무너뜨리고 만다. 갈수록 테크놀로지가 밀어붙이는 영향력은 커지고 있다. 디지털 테크놀로지는 생산의 속도를 강조하면서 뉴스 생산의 중심을 개별 저널리스트에게로 옮겨놓을 것을 요구한다. 이런 배경에서 탈중심적 뉴스 생산 방법이 설득력을 얻는다.

그러나 변하지 않는 것들도 많다. 뉴스 조직은 여전히 정기적으로 뉴스를 생산하고 뉴스의 형식이나 관행은 과거와 유사하고 또 지속성을 갖고 있다. 저널리즘의 변화는 변하지 않는 것, 즉 정체stasis와 공존한다(Carlson and Lewis, 2019). 연구자의 과제는 변화를 변하지 않는 것과 조화롭게 분석하는 것이다. 라이프(Ryfe, 2012)가 정체와 변화를 동시에 다루어야 한다는 주장은 그래서 타당하다. 그는 '무엇이 새로운가what is new here?'라고 묻는 것은 반드시 '무엇이 새롭지 않은가what is not new here?'라는 질문과 짝을 이루어야 한다고 지적했다. 그는 변화와 정체의 상호작용 속에서 저널리즘의 역동성이 만들어진다고 보았다. 이는 경계관리boundary work 행위와 같다. 칼슨과 루이스(Carlson and Lewis, 2015)는 디지털 시대 저널리즘은 경계관리 행위를 통해 역동적으로 변한다고 분석했다. 경계관리 이론은 기존의 질서가 어떤 방식으로 변화와 관계를 맺는가를 설명해준다. 테크놀로지와 비즈니스의 변화에 직면한 저널리즘 경계는 다른 한편 기존의 체제를 유지하려는 저항성도 갖고 있다는 점을 강조한다.

경계관리는 변화에서부터 현재 상태의 강화까지 포함한다(Gieryn, 1999). 경계를 창출하고 경계를 형성하는 것뿐만 아니라 경계를 흔들고자 하는 행동들까지 포함한다. 구성-도전-강화-폐기에 이르는 흥망성쇠의 전 과정을 다룬다. 현재의 경계를 유지하고 보호하는 것이 더 가치 있다고 보는 행위 주체도 있다. 때문에 어떤 것이 변하고 어떤 것이 그대로 유지되는가를 이해하는 것이 중요하다. 둘 사이의 상호작용을 통해 저널리즘 경계가 수정되거나 강화된다. 젤리저(Zelizer, 2013)의 지적처럼 과학적 방법론의 발전이 객관주의 저널리즘을 등장시킨 것처럼 저널리즘 내부의 변화는 외부의 변화에 따라 일어나기도 한다. 변화를 창출하고 또 이에 저항하는 요소는 어디에나 존재한다.

문제는 저널리즘의 생산역량이다. 메이어(Meyer, 1991)에 의하면 뉴스 생산은 세 가지 조건을 갖추어야 한다. 첫째, 정보확보 방법의 체계를 갖추어야 한다. 뉴스 수집의 체계성을 말한다. 둘째, 정보의 분석, 평가의 체계성이 필요하다. 이는 뉴스 처리의 체계성을 말한다. 셋째, 뉴스 전달 방법의 체계성을 갖추어야 한다. 정보의 분석과 평가를 거쳐 수용자들에게 효율적으로 전달할 수 있는 커뮤니케이션 방법을 갖추어야 한다. 뉴스 콘텐츠를 구성하는 방법과 이를 수용자에게 전달하는 배포 방법까지 포함하는 조건이다. 그는 지금까지 저널리즘이 이를 제대로 충족한 적은 없었다고 지적했다. 여기에는 여러 가지 이유가 있다. 저널리스트가 뉴스를 생산하는 행위는 공식적 훈련을 통해 구축된 체계적 지식에 근거하지 않는다(Powers, 2012). 저널리스트가 사건 프로세스를 대하는 태도는 설득력 있는 근거가 없으며 개별적 접근일 수밖에 없다. 덧붙여 스페로우(Sparrow, 1999)와 턴스탈(Tunstall, 1975)은 저널리스트들이 자신의 직업적 역할을 확실하게 이해하지 못하고 있다고 지적했다. 이로 인해 뉴스 생산행태의 불확실성은 더욱 커진다. 뉴스 생산의 영역이 잘 알려지지 않는 영역이며 때문에 뉴스 생산행위는 언제나 불확실성을 내재하고 있는 것이다. 린든(Lindén, 2017)의 지적도 이런 주장이 타당함을 보여준다. 그에 의하면 뉴스 가치 기준과 실제로 뉴스 생산이 이루어지는 방식 사이에는 괴리가 존재한다. 그럼에도 뉴스 가치에 대한 질문에 저널리스트들은 제대로 대답하지 못한다. 그래서 그는 이런 괴리가 저널리즘 연구자들에게 미스터리와 같이 여겨진다고 고백했다. 가장 큰 이유는 일상적인 뉴스 생산행위는 생산 프로세스 속에 뒤섞여 있기 때문에 생산 도중에 이를 하나하나 성찰하는 것이 불가능하다는 점이다(Ess, 2014). 뉴스 생산은 논리적 체계에 의해 이루어지지 않는 것이다.

뉴스가 다루고자 하는 사건 프로세스는 세계의 불확실성을 그대로 내재하고 있다. 세계의 불확실성은 저널리스트가 수집한 팩트 또는 데이터의 불확실성으로 이어진다. 저널리스트가 수집하는 데이터의 대부분은 구조화되지 않은 질적 데이터들이다. 이를 이해하는 것은 숫자와 같은 구조화된 데이터들보다 훨씬 어렵다. 여기에 역시 불확실한 개별 저널리스트의 생산행태가 더해지니 뉴스 생산의 불확실성은 피할 수 없게 된다.

그러나 뉴스 조직은 불확실한 세계에 대한 안정적 생산체계를 갖추고자 한다. 조직 중심의 뉴스 생산은 이런 불확실성을 줄이고자 하는 노력이다. 이를 위해 제도와 규칙과 전략을 통합하고자 한다. 생산 관행은 그 결과인 셈이다. 그래야 정기적 생산이 가능하다. 예측할 수 없는 것을 예측할 수 있는 시스템을 구축하는 것이 무엇보다 중요하다(Shoemaker and Reese, 1996). 이를 위해 뉴스 조직은 절차적 규칙proce-cedual rules을 구성했다. 관행, 절차, 관습, 역할, 전략, 조직적 형식 그리고 특정한 활동이 구성될 수 있도록 해주는 테크놀로지 등을 말한다(March and Olsen, 1989). 대표적인 절차적 규칙이 출입처라고 할 수 있다. 출입처를 통해 저널리스트는 관행화된 정보들을 수집할 수 있고 이를 기반으로 사건을 예측할 수 있다(Fishman, 1980). 출입처에서 생성되는 사건에 대한 이해 역시 출입처의 논리에 맞춘 해석의 도식을 통해 이루어진다(Fishman, 1980). 절차적 규칙들을 중심으로 뉴스 조직은 어떤 유형의 사건이 뉴스 스토리가 될 수 있고, 뉴스를 위해 어떤 소스를 동원해야 하는지, 뉴스 스토리를 어떻게 구성해야 하는지를 가늠할 수 있다. 이처럼 뉴스 생산은 불확실성의 세계, 이 세계로부터 생성되는 구조화되지 않은 데이터unstructured data를 가능하면 예측가능하고 구조화된 데이터로 만들어 불확실성을 극복하고자 한다. 조직 중심의 뉴스 생산의 초점은 여기에 있는 것이다.

뉴스 생산이 변화에 대해 저항하는 것은 사실은 적응 속도나 방식의 차이일 수도 있다. 취재현장의 저널리스트는 뉴스 생산을 둘러싼 변화에 민감하게 적응하고자 하지만 뉴스 조직은 이들보다 적응의 속도나 정도가 느릴 수밖에 없다. 변화를 두고 이처럼 상이한 대응이 일어나는 것은 생산의 주체가 다르기 때문이라고 할 수 있다. 뉴스 생산 방법은 저널리스트의 개인적 취재보도기술에서부터 뉴스 조직과 저널리즘 공동체가 공유하는 관행에 이르기까지 다양한 요소들로 구성된다. 뉴스 생산의 주체인 저널리스트와 뉴스 조직은 서로 다른 논리를 내세운다. 저널리스트는 자율성을 뉴스 조직은 통제를 내세운다. 저널리스트의 생산 방법은 불확정적이지만 조직, 공동체 수준으로 가면 관행화되고 제도화된다. 이 논리들을 좀 더 자세히 살펴보자.[7]

---

[7] 조직 중심 및 조직 중심의 생산 방법과 유동저널리즘에 대한 논의들은 김사승 (2019)의 《커뮤니케이션 이론》 제15권3호에 게재된 논문 〈뉴스생산방법 변화에 대한 이론적 고찰: 유동저널리즘과 조정메커니즘〉을 대폭 수정한 내용을 포함하고 있다.

뉴스 생산의 분화와 융합

먼저 저널리스트 중심의 생산이다. 저널리스트는 뉴스 생산 주체가 저널리스트라고 본다. '뉴스는 저널리스트가 만드는 것'(Gieber, 1964: 173), '뉴스는 저널리스트가 채용한 방법의 결과'(Fishman, 1980: 14), '뉴스는 저널리스트에 의해 만들어지는 것'(Cohn and Young, 1973: 97)이라는 식의 인식이 이를 보여준다. 본질적으로 뉴스란 저널리스트가 만드는 이야기라는 점에 근거를 둔다(Tuchman, 1976: 97). 저널리스트는 사건 프로세스의 이야기를 구성하는 저자라는 것이다. 뉴스의 이야기를 구성하는 데 가장 중요한 요소는 선택이다(Reese and Ballinger, 2001). 저널리스트는 뉴스 밸류를 통해 뉴스를 선택한다. 갈퉁과 루즈(Galtung and Ruge, 1965)는 빈도, 크기, 애매성, 의미, 예측성, 기이성, 계속성, 종합성 등의 복잡한 기준들을 제시했다. 이를 판단하는 주체는 당연히 저널리스트다. 또 다른 선택기제는 간부의 게이트키핑이다. 슈메이커(Shoemaker, 1996)는 게이트키핑을 수많은 메시지를 몇 개로 줄여주는 과정이라고 정의했다. 이는 선별, 추가, 보류, 배치, 걸름, 형태 수정, 조정, 반복, 시의성 부여, 지역화, 통합, 무시, 삭제 등의 수많은 방법들을 동원한다(Barzilai-Nahon, 2008). 게이트키핑 이론을 처음으로 주창한 화이트(White, 1950)는 편집장의 개인적인 이유가 게이트키핑의 바탕이라 했고, 맥넬리(McNelly, 1959)는 한 명의 간부가 아니라 다양한 생산 주체들이 개입한다고 파악했다.

뉴스 밸류에 따른 선택이나 게이트키핑은 실체적이고 독립적인 사건에 대한 인식을 분화시킨다는 점에 주의해야 한다. 복수의 서로 다른 사건 인식이 이루어진다는 것이다. 저널리스트가 선택하고 게이트키핑할 때 동원하는 방법의 다양성과 다양한 개입 주체 때문에 불가피한 현상이다. 특히 이때 저널리스트들의 창의성이 더해지면서 인식의 분화는 더욱 복잡하게 이루어진다. 린덴(Lindén, 2017)은 저널리스트는 연구자들이 생각하는 것보다 더 창의적이고 즉흥적이라고 강조했다. 스페로우(Sparrow, 1999)와 턴스탈(Tunstall, 1975)은 이런 복잡성 때문에 저널리스트의 창의성과 같은 요소는 제도주의의 프로페셔널리즘 논의에서 제외되어 왔다고 지적했다. 관행화나 제도화 등으로 표준화할 수 없기 때문이다.

이는 저널리스트가 사건 프로세스의 사회적 의미와 같은 뉴스의 본질적 가치intrinsic value를 추구하기 때문에 일어난다고 할 수 있다. 본질적 가치는 팩트, 통계 등을 기반으로 하지만 저널리스트의 경험에 의해 드러난다(Kvanvig, 2003). 경험은 저널리스트가 사건 프로세스에 특정한 인식이나 관계를 갖고 개입함으로써 만들어진다. 저널리스트의 개인적 개입은 자신의 개인적 감각, 인식, 상호작용을 투사함으로써 이루어진다. 저널리스트는 사건 프로세스에 관한 지식을 생산하고자 하지만 이는 현실적으로 자신의 경험을 넘어서기 어렵다. 이런 경험을 바탕으로 저널리스트는 사건에 특정한 의미를 부여한다. 물론 이때 저널리스트는 해석공동체가 구성한 해석 모드를 적용하고 규범이나 관행 등의 공동체의 집단적 경험을 따르고자 한다. 그럼에도 불구하고 가장 큰 영향을 미치는 것은 개인적 경험이다.

저널리스트 중심의 생산이 분화적 속성을 갖는다는 주장의 바탕에는 암묵지의 개념이 깔려 있다. 저널리스트는 암묵지를 바탕으로 뉴스 생산에 임한다는 것이다. 암묵지의 개념을 주창한 폴라니(Polanyi, 1967)에 의하면 암묵지는 학습과 경험을 통하여 개인에게 체화體化되어 있지만 겉으로 드러나지 않는 지식을 말한다. 저널리스트는 자신의 주관성, 경험, 창의성 등을 바탕으로 암묵지를 형성한다. 쇤(Schön, 1983/1986)은 프로페셔널들은 자신이 하는 일에 함의된 것을 명시적으로 조직해서 설명하기 어려워한다고 말했다. 편집국의 선배가 후배에게 말로 자신의 경험을 모두 설명하지 못한다. 자신들의 지식이 암묵지이기 때문이다. 생산 방법의 분화적 속성은 저널리스트의 자율성 강조로 이어진다. 셰리든 번스(Sheridan-Burns, 2002)가 뉴스 생산 과정은 복잡하고 다양한 선택과 이에 대한 의사 결정 순간들의 조합이라고 한 것도 암묵지에서 출발하는 개별 저널리스트의 분화적 생산 태도 때문이라고 할 수 있다.

1980년대 이후 연구자들은 연구의 관심을 조직으로 이동하기 시작했다. 뉴스 조직 중심의 생산은 저널리스트 중심의 생산과 반대의 논리로 작동한다. 조직 중심의 생산에서는 뉴스 조직은 개인 저널리스트의 통제기제로 이해되어 왔지만 여기서는 뉴스 조직을 저널리스트의 생산행위들을 효율적으로 통합한다고 이해한다. 따라서 이는 저널리스트 중심의 생산이 갖는 분화적 성격과 반대되는 융합적 속성을 갖는다. 뉴스 생산의 중심이 조직으로 이동한다고 보는 근거는 뉴스가 '생산되는 것produced'이라는 데 있다. 이 역시 뉴스의 구성적 속성을 강조하는 것이지만 뉴스를 저널리스트가 만드는 이야기라는 저널리스트 중심의 구성과 구분되는 새로운 인식이다. 뉴스의 두 가지 구성적 속성을 갖고 있다(Schudson, 1989). 하나는 뉴스의 스토리 구성이고, 다른 하나는 뉴스의 사회적 의미 구성이다. 전자는 뉴스를 이야기로 만드는 저널리스트 중심의 생산을 말한다. 후자는 뉴스를 필터링하고 최종 뉴스 상품으로 생산해내는 뉴스 조직에 의한 구성이다. 맥네어(McNair, 1998)의 지적처럼 뉴스는 조직적 생산의 결과다. 뉴스를 수용자들이 소비할 수 있는 형태로 구성하는 것은 뉴스 조직이다.

뉴스 조직 중심 생산의 속성을 좀 더 살펴보자. 뉴스 조직 중심 생산의 강조는 뉴스 생산이 독특한 생산 프로세스라는 이해를 갖게 되면서 등장했다. 뉴스는 '공장 생산되는 상품manufactured product'이라고 단정한 리스와 볼린저(Reese and Ballinger, 2001)의 주장이 그런 것이다. 뉴스 생산은 개별 저널리스트의 독자적 생산행위를 말하는 것이 아니라 뉴스룸이라는 집단적 생산 시스템을 갖고 있는 조직적 생산 활동을 말한다. 더구나 뉴스 조직 중심의 생산은 독특한 프로세스를 통해 진행된다. 뉴스 생산은 바스(Bass, 1969)의 구분처럼 크게 뉴스룸 외부에서 이루어지는 수집gathering과 뉴스룸 내부의 처리processing 단계로 나눌 수 있다. 뉴스 조직은 후반부의 처리단계에서 정보 처리와 뉴스가공 활동을 주도한다. 바스(Bass, 1969)는 뉴스 생산은 전반부의 수집보다 후반부의 처리가 더 중요하다고 강조했다. 이러한 이유로 그는 처리단계에서 이루어지는 생산메커니즘을 따로 떼어내 생산 프로세스라고 부르기도 했다. 뉴스 조직 중심의 융합적 생산은 이처럼 정보의 처리과정을 의미한다. 뉴스 조직은 뉴스 생산을 본격적으로 추진하는 하나의 시스템이라는 것을 알 수 있다.

바스(Bass, 1969)의 지적처럼 뉴스 조직의 처리 프로세스에는 간부와 편집영역이 개입한다. 이들의 개입은 저널리스트에 대한 통제뿐만 아니라 간주관적 객관화가 체계적으로 이루어지는 과정이다. 라우(Lau, 2004)는 자기생성적 의미self-deriving meaning의 객관화 과정에 대한 논의를 통해 현장취재를 하는 저널리스트의 주관적 판단에 대해 뉴스룸 내부의 간부는 간주관적 객관화의 프로세스를 진행한다는 점을 분석했다. 부서장에 의한 '데스킹'은 단순히 간부의 개인적 게이트키핑만을 의미하는 것이 아니다. 보다 설명이 필요한 복잡한 메커니즘이다. 조직 중심의 뉴스 생산에서 조직은 시간과 지면의 한계 안에서 정기적으로 뉴스를 생산하기 위해 자원을 효율적으로 분배하고 관리하는 역할을 한다. 조직은 간부를 내세워 저널리스트의 생산행위를 통제하지만 동시에 뉴스의 품질과 생산 과정을 관리한다. 뉴스 조직은 고도로 복잡하게 작동하는 뉴스 생산의 조직적 조화와 조정 체제인 생산 프로세스를 작동시키는 주체인 것이다(Reca, 2006). 뉴스 조직은 이런 프로세스를 수행함으로써 뉴스를 시장에서 거래가능한 상품으로 생산할 수 있다.

통제, 조정, 관리 등으로 진행되는 뉴스 조직 중심의 처리 프로세스는 조직 중심의 분화적 속성과 정반대되는 융합적 속성을 가진다. 취재기자에 대한 간부의 관리나 편집영역의 처리 프로세스는 조직 차원의 융합적 접근이다. 헤밍웨이(Hemmingway, 2004)는 취재영역과 편집영역의 경쟁을 분석하면서 편집행위를 취재영역이 구축한 주관적 이해를 없애버리는 전복적 시도라고 지적했다. 취재영역이 구축한 시공성 재구성을 붕괴시키고 자신의 시공성을 다시 만들고자 하기 때문이다. 편집의 이런 태도는 취재영역의 생산 결과들을 종합해 상품을 시장에 내놓는 최종생산자라는 인식에서 비롯된다(김사승, 2012). 취재영역의 개별 저널리스트들의 주관적 인식은 최종상품이라는 조직 차원의 전략으로 통합되는 것이다. 그러므로 조직 중심의 생산 방법이 갖는 융합적 속성은 시장지향적이라고 할 수 있다.

이는 뉴스 조직이 뉴스를 도구적 가치instrumental value에 초점을 맞추어 생산한다는 것을 의미한다. 뉴스 조직이 추구하는 도구적 가치는 달리 말해 비즈니스적 가치를 말한다(Picard, 2006). 뉴스 조직은 시장행위를 하는 기업으로서 효율적인 비즈니스모델을 구축하고자 한다. 이를 통해 투자에 대한 합리적 댓가를 확보할 수 있다. 다양한 수익 흐름의 통로를 만드는 것도 중요하다. 단기적 가치뿐만 아니라 장기적 가치를 추구해야 한다. 단기적 가치를 위해 비용절감을 통한 이익창출을 고민하지만 장기적 가치를 위해 전략경영을 수행해야 한다. 이런 행위들은 모두 기업의 이윤창출로 집약된다. 뉴스는 이런 점에서 이윤창출을 위한 도구적 가치를 지니는 것이다. 또한 뉴스 조직은 생산 프로세스를 통해 도구적 가치를 창출함으로써 시장 시스템으로서의 의미를 가질 수 있다(Habann, 2000). 저널리즘의 상업성이 강화되면서 뉴스 조직 중심의 생산, 즉 융합적 생산이 더 강조되는 이유가 여기에 있다. 양자의 분화와 융합적 특성은 〈표7〉과 같이 정리할 수 있다.

저널리스트 중심의 분화지향적 생산은 불확실성의 사건 현장과 사건 프로세스에 대한 인식이 확장되는 것을 의미한다면 뉴스 조직 중심의 융합적 생산은 불확실성을 추상화하고 개념화함으로써 확실성을 강화하는 노력이라고 할 수 있다. 개념화와 추상화에 초점을 맞추는 조직 중심 생산과 복잡성의 세계 변화를 탐구하는 조직 중심의 생산은 그 성격이나 지향점이 이처럼 다르다. 그러나 양자가 반드시 길항관계

<표7> 저널리스트 중심과 조직 중심의 뉴스 생산 방법 비교

생산자	생산행위	생산목표	속성
저널리스트	선택	개별 스토리텔링	주관적 분화성
조직	구성	사회적 의미 구성	시장지향적 융합성

*김사승 (2019) p. 13 참조

에 있다고 볼 수는 없다. 뉴스 생산의 두 경쟁 세력은 저널리즘이 안정적 성장을 누려온 1960년대에서 70년대에 이르는 저널리즘의 황금기에는 균형을 이루었다. 피카르드(Picard, 2006)에 의하면 이 시기는 저널리스트, 사회, 수용자, 광고주, 투자자 등 이해당사자들 가운데 사회와 저널리스트가 보다 높은 가치를 확보했던 시기였다. 저널리스트는 사건을 철저하게 취재하고 객관적으로 보도할 수 있었는데 이는 뉴스 조직이 이를 가능하도록 자원을 충분하게 공급할 수 있었기 때문이었다. 뉴스 조직 역시 이를 통해 비즈니스의 효율성을 극대화할 수 있었다. 즉 고급 저널리즘이 가능했고 이것이 비즈니스로 연결되었을 때였다. 그만큼 둘 사이의 협력과 타협이 효율적으로 이루어지면서 뉴스 생산은 고도의 발전을 유지할 수 있었던 것이다. 리스와 볼린저(Reese and Ballinger, 2001)가 제시한 '영향력의 위계hierarchy of influences' 개념은 이 두 생산 방법 사이의 무게중심 이동이 일어나는 메커니즘을 설명해준다. 뉴스 생산에 대한 영향력이 저널리스트에서 관행, 조직, 조직 외부의 압력세력, 사상 등으로 이동하면서 생산의 무게중심 이동이 일어난다는 것이다. 저널리즘의 황금기에는 영향력 위계의 균형이 형성된 시기라고 할 수 있다. 이때 뉴스 생산은 안정성을 확보할 수 있었던 것이다. 기틀린(Gitlin, 1978)의 논리처럼 뉴스 생산은 구조로서의 뉴스 조직과 행위로서의 저널리스트가 효율적으로 상호작용하면서 이루어진다. 균형이 한쪽으로 기우는 것은 상호작용의 무게중심이 특정한 방향으로 이동하면서 생산 방법의 변화를 불러온다.

주목할 것은 저널리스트 중심의 분화적 뉴스 생산과 조직 중심의 융합적 뉴스 생산은 사건 프로세스의 되어감을 설명해준다는 점이다. 뉴스 생산은 저널리즘이 사건 프로세스에 개입하는 방식이다. 저널리즘은 뉴스 생산을 통해 사건 프로세스의 한 부분이 된다. 사건 프로세스의 한 부분으로서 뉴스 생산 역시 동사적 프로세스와 명사적 프로세스로 진행된다. 때로는 사건의 동사적 프로세스와 명사적 프로세스를 수용하는 방식으로 뉴스 생산이 진행되지만 반대로 뉴스 생산의 동사적 프로세스와 명사적 프로세스가 사건 프로세스를 이끌어가기도 한다.

동사적 프로세스는 개인 수준의 간주관적 의미 생성이 핵심인데, 주관성 간의 직접 커뮤니케이션이 이를 이끌어간다. 이는 개별 저널리스트 중심의 뉴스 생산을 말한다. 저널리스트는 현장에서 사건을 자신의 주관으로 인식한다. 동시에 사건은 그 안에 내재된 움직임의 논리대로 흘러가는 사건의 주관성을 갖고 있다. 저널리스트 중심의 뉴스 생산에서는 이 두 주관성이 직접 커뮤니케이션을 한다. 여기서 사건 프로세스의 의미가 생성되는데 이것이 바로 간주관적 의미 생성이다. 저널리스트와 사건 프로세스의 간주관적 결합을 통해 사건의 복잡성이 뉴스 스토리로 들어온다. 이때 사건은 뉴스 이전의 실체와 달라진다. 동사적 프로세스가 사건 프로세스의 복잡한 세계를 변화시키는 것이다. 때문에 저널리스트 중심의 뉴스 생산은 동사적 프로세스라고 할 수 있다.

명사적 프로세스는 구조, 관행, 규범, 체계 등에 의존해 사건 프로세스의 의미 구성에 영향을 미친다. 조직 중심의 생산은 이런 명사적 프로세스와 같은 맥락을 갖고 있다. 조직의 규범, 관행, 시스템, 마감시간 등 생산구조를 중심으로 진행된다. 사건 프로세스의 의미 구성은 이 구조에 의해 진행된다. 맥네어(McNair, 1998)가 뉴스를 조직적 생산물이라고 지적한 것처럼 조직 중심의 뉴스 생산은 조직의 구조, 관행, 시스템에 내재된 틀에 의해 생성된다. 네그린(Negrine, 1994)이 뉴스 생산을 뉴스 조직의 위계구조와 관료조직 속성을 갖고 진행된다고 지적한 점에 주목할 필요가 있다. 뉴스 조직 중심의 생산의 핵심인 간주관적 객관화는 위계구조를 통해 이루어진다. 즉 현장취재 저널리스트의 주관성은 위계구조의 상위에 있는 간부의 주관성에 의해 간주관적으로 객관화된다. 그러나 이런 간주관성은 관료주의나 행정주의와 같은 뉴스 조직의 구조적 한계 안에서 이루어진다. 뉴스 조직의 관료조직 속성은 노동분담을 통해 뉴스 생산의 체계성을 구축한다. 이런 요소들은 뉴스 생산의 다양한 조건들이 저널리즘 공동체가 오랫동안 축적해온 경험을 바탕으로 개념화되고 추상화된 것들이다. 사건 프로세스는 이것들이 만들어낸 범주 안에서 의미가 생성된다. 이는 바로 생성적 의미 구성을 말한다. 앞서 분석한 것처럼 뉴스 조직 중심의 생산 방법은 사건의 불확실성, 저널리스트 행위의 불확실성 등을 해결하기 위해 뉴스 생산을 시스템화한 것이다. 사건의 명사적 프로세스는 이처럼 체계화된 뉴스 조직 중심의 생산 시스템을 통해 이루어진다. 다시 말해 조직 중심의 명사적 프로세스는 생산 시스템을 바탕으로 생성적 의미 구성을 이루어내는 것이다.

그렇다면 저널리스트 중심의 동사적 프로세스와 뉴스 조직 중심의 명사적 프로세스가 통합된 사건 프로세스는 어떻게 저널리즘의 진본성과 연결될까. 두 프로세스 사이의 긴장관계를 관리하면서 진행되는 뉴스 생산은 진본성을 찾아 나가는 저널리즘의 노력이라고 할 수 있다. 분화와 융합으로 긴장을 형성하는 두 생산 방법들이 하나의 생산 프로세스로 통합되면서 진본성을 찾아 나간다고 볼 수 있다. 두 생산 방법을 통해 본 연구의 두 화두인 사건 프로세스 분석과 진본성이 연결되는 것이다. 이런 연결성을 좀 더 자세히 살펴보자. 다시 말하지만 저널리즘 진본성은 추구가능하고 추구할 수 있는 진실을 위한 대체물이다. 진본성은 철학적 진실이나 과학적 진실의 관점에서 벗어나 조작적으로 정의된 저널리즘 진실이다. 진본성은 결코 진실의 등가물은 아니지만 적어도 진실의 소스로서 진실의 최소 개념인 것은 분명하다. 때문에 진본성은 구체적 현상으로서 파악할 수 있다. 진본성에 대한 분석에서 본 연구가 얻어낸 중요한 의미는 이것이 자연적 진본성에서, 독창적 진본성, 예외적 진본성, 참조적 진본성, 영향력 진본성으로 구성되고 진화된다는 것이다. 진본성은 프로세스라는 것이다.

진본성의 프로세스를 다시 살펴보자. 자연적 진본성에서, 독창적 진본성, 예외적 진본성으로 이어지는 프로세스는 진본성이 분화되어 가는 과정이라고 볼 수 있다. 원재료의 진본성은 디자인의 독창성 등을 통해 다양한 상품으로 구성된다. 상품의 시장점유가 안정화되면 상품은 서비스로 이행한다(Pine II and Gilmore, 1998). 세 번째 예외적 진본성은 우월한 방식으로 서비스를 수행하는 것을 말한다. 서비스는 상품보다 더 다양하게 제공될 수 있다. 다시 한번 진본성이 분화되는 것이다. 그러나 이후의 진본성 프로세스는 분화적 흐름이 아니라 융합적 흐름을 보여준다. 참조적 진본성은 이전 단계의 진본성에 역사적 맥락을 부여하고자 하며 영향력 진본성은 다른 요소들에 변화의 영향력을 미치면서 진본성의 범주 안으로 끌어들이고자 한다. 이런 점에서 저널리즘 진본성은 궁극적으로 영향력의 구성을 지향한다고 볼 수 있다.

뉴스 생산의 분화와 융합의 논리와 마찬가지로 진본성의 분화도 인식의 확장으로 또 융합은 불확실성과 복잡성을 확실성과 명료함으로 구체화하는 노력이라고 볼 수 있다. 진본성은 분화적 프로세스와 융합적 프로세스를 거치면서 구성되고 변하고 진화하는 것이다. 진실은 수동적이고 가치내재적인 정태적 개념이지만 진본성은 개입적이고 변화추구적이고 영향력을 통해 가치를 만들어내는 가치창출적 역동적 개념이다. 진본성이 갖고 있는 분화적이고 융합적 속성은 저널리스트 중심의 뉴스 생산과 조직 중심의 뉴스 생산이 갖고 있는 속성과 유사하다는 것을 알 수 있다. 사건 프로세스가 되어감이라는 것은 이것이 분화의 생산 방법과 융합의 생산 방법을 거치면서 진본성을 찾아내는 과정이라고 할 수 있다.

유동성

　황금기를 지나면서 저널리즘비즈니스는 쇠퇴하기 시작됐다. 저널리스트에 대한 자원공급 부족, 자원의 변화, 뉴스 생산 의사 결정 프로세스의 변화, 뉴스 생산에서 조직이 차지하는 위상의 변화, 뉴스 기업 구조의 변화, 시장의 변화 등 뉴스 생산과 관련된 거의 모든 요소의 변화가 일어나기 시작했다(Picard, 2006). 뉴스 조직을 둘러싼 환경의 급속한 변화는 뉴스 조직 내부의 불확실성을 증가시켰다. 이런 변화는 뉴스 조직의 자원과 인력 운영방식의 변화를 초래하는데 특히 개별적 저널리스트에 대한 의존도를 높인다. 현장취재기자에 대한 의존도를 높이는 대신 뉴스 조직 내부의 중간간부에 대한 의존도를 줄여나가는 방식으로 나타난다(Picard, 1998). 일선기자들의 뉴스 생산 효율성을 강조하기 때문에 이들에 대한 통제기능을 수행하는 중간간부 인력의 비중을 줄여 나가고 있다(Lewis, 2000). 이들은 또 실제 뉴스 생산 과정에서 격리되어 있어 생산현장의 문화와 취재기자들이 추구하는 바를 따라잡지 못하고 있다. 간부계층 또는 뉴스 조직 운영에 대한 이런 방식의 접근은 전통적인 뉴스 조직의 운용과 생산 과정을 바꾸어놓는다. 간부 통제권이 줄어들면서 이들의 위상이 약해지면서 강력한 리더쉽을 필요로 하는 환경변화 대처능력이 떨어지고 있다.

이런 상황에서 저널리스트 중심 생산 방법과 뉴스 조직 중심 생산 방법의 관계는 점점 불안정해져 갔다. 분명히 두 생산 방법은 긴장과 갈등을 일으키기도 하지만 별개로 작동하지는 않는다. 뉴스 생산은 뉴스 수집과 뉴스 처리 단계로 나뉘지만 통합되어야 작동된다. 양자관계의 불안정성은 뉴스 생산의 지배적 위치를 차지하기 위한 경쟁이 파동을 일으키면서 초래된다. 뉴스 생산 프로세스 전체가 안정성을 잃어버리는 것이다. 동시에 두 생산방식 자체도 변화를 겪고 있어 이런 불안정성은 더욱 커지고 있다. 그러나 더 큰 문제는 사회의 유동성liquidity이 강화되고 있다는 점이다. 이는 특히 디지털 테크놀로지가 영향이 크다. 디지털 유동성은 저널리스트 중심과 조직 중심 생산 시스템의 지배권 경쟁을 더욱 심화시킨다. 이 때문에 뉴스 생산을 둘러싼 환경은 안정과 불안정성을 오가는 지속적 이전을 겪을 수밖에 없다.

유동성은 저널리스트 중심의 생산이나 조직 중심의 생산 모두를 변화시킨다. 맥네어(McNair, 2003)는 디지털 테크놀로지의 등장에 따라 개별 저널리스트나 뉴스 조직이 뉴스 구성에 미치는 영향이 한계를 맞이했고 이 때문에 저널리즘은 혼돈에 빠지게 되었다고 지적했다. 둘 사이의 균형도 무너지고 있다. 특히 문제가 되는 것은 조직 중심 생산이 급격히 쇠퇴한다는 점이다. 리스와 볼린저(Reese and Ballinger 2001)가 저널리스트 중심에서 조직 중심으로 생산 방법의 무게가 이동했다고 지적했지만 지금은 반대 상황이 벌어지고 있다. 무엇이 이런 혼란을 불러왔을까. 디지털 테크놀로지의 유동성을 자세하게 살펴볼 필요가 있다.

디지털 테크놀로지는 불확실성과 유동성의 근원이다. 이 유동성은 비선형성과 개인주의의 경향을 만들어낸다. 비선형성부터 살펴보자. 선형성은 근대성을 대표하는 속성의 하나다. 비선형성의 강화는 근대성의 몰락을 의미한다. 기존의 많은 패러다임이 달라진다는 것이다. 터너(Turner, 2003)의 분석은 그런 현상을 잘 설명해준다. 근대 선형성의 전형적인 예가 맥도널드식의 생산과 소비 프로세스다. 소비자는 미리 정해진 줄에 서서 몇 가지의 제한된 범주 안에서 메뉴와 메뉴에 들어갈 요소들을 선택한다. 또 다른 줄을 따라 주문한 음식이 나오기를 기다린다. 주문, 생산, 배달에 이르기까지 지켜야 하는 줄이 바로 선형성이다. 맥도널드식의 근대성은 이런 선형성의 원칙에 의해 작동된다. 관료주의나 행정제도와 함께 근대 사회체제를 움직인 작동원칙의 하나로 평가받는 것이 선형성이다. 근대 권력체계는 단일한 위계적 명령체계, 즉 선형적 시스템으로 작동한다. 비선형성은 이런 논리들을 모두 부정한다. 신축성, 이동성, 다양성, 개방성 등을 주장한다. 이렇게 되면 객관주의적 세계 인식은 불가능해진다. 객관주의는 외부 세계에 독립적인 실체가 존재하며 이는 완벽한 기술description을 통해 재현가능하다고 믿는다(Guba and Lincoln, 1994). 0과 1로 모든 정보를 처리하고 저장하고 재현하는 디지털 테크놀로지는 원본과 복사본의 차별성을 없애버린다. 객관주의의 전제인 독립된 또는 고정된 실체란 아예 존재하지 않는다. 설사 실체가 있더라도 이를 외부에서 인식하고 기술하는 것은 가능하지 않게 된다(Wall, 2005).

인터넷 세계를 보라(Bauman, 2007/2011). 각각의 웹사이트는 자신만의 세계와 논리를 갖고 있다. 그곳에서 작동되는 사회화, 규제, 원칙 모두 다르다. 진입지점과 출구지점도 다르다. 그러나 웹사이트들은 하이퍼링크를 통해 서로 연결된다. 이런 연결성이 전혀 다른 정체성을 가진 웹사이트를 작동시키는 원동력이다. 이용자들은 복수의 웹사이트를 건너면서 정보에 다가간다. 이는 이용자의 웹 이용행태를 신축적으로 만들고 이것이 또 웹의 세계를 유동화시킨다. 월(Wall, 2005)의 지적처럼 웹의 유동성은 근대사회의 질서를 구축하는 규제-표준화-선형성을 무너뜨리고 탈규제-차별화-비선형성을 창출한다. 비선형성은 근대사회의 제도로부터 이탈하는 탈제도적 특성을 갖고 있는 것이다. 이렇게 되면 조직 중심의 뉴스 생산은 한계에 봉착할 수밖에 없다.

또 다른 변화는 개인주의의 강화다. 터너(Turner, 2003)가 주장하듯이 유동성에 의한 사회의 신축성, 불확실성, 비결정성, 차별성 등은 개인주의의 심화로 이어진다. 개인주의는 이용자가 더 이상 수동적 소비자에 머물지 않고 생산자가 되고자 하는 욕망을 낳는다. 디지털 환경은 생산자와 소비자의 상호작용을 원활하게 만들어주기 때문이다. 뉴스 생산도 마찬가지다. 이 과정에서 이용자는 손쉬운 생산 테크놀로지를 이용해 직접 뉴스정보를 생산하는가 하면 생산자가 제공한 뉴스정보를 해석하고 목적에 맞게 재목적화하기까지 한다(Coleman, 2005). 결국에는 어느 것이 원본인지 복사본인지 알 수 없게 된다. 나아가 원본의 의미가 사라진다. 이런 상황이 지속되면 미디어의 불확실성은 커질 수밖에 없다(Bolter and Grusin, 2000).

디지털 테크놀로지는 분명히 개인이 어떤 상황에서도 자신만의 공간에서 모든 일을 처리할 수 있도록 해준다. 개인공간을 구성할 수 있다. 개인화된 미디어 환경이 가능하다. 여기서 미디어를 소비하고 동시에 생산할 수 있다. 그런가 하면 유비쿼터스 테크놀로지는 개인주의를 네트워크된 개인주의로 바꾸어놓기도 한다. 테크놀로지에 연결된 사람은 누구나 어디서나 다른 개인들과 연결할 수 있다. 개인공간은 고립과 동시에 네트워크화된다. 개인공간들의 상호작용이 가능한 네트워크화된 개인주의는 기존의 사회와 전혀 다른 속성을 가진 초사회성을 만들어낸다(Castells, 2009). 개인은 이를 통해 미디어몰입을 창출한다. 미디어몰입은 파인과 길모어(Pine II and Gillmore, 1998)가 설명한 것처럼 이용자 사이의 상호작용이 강화되면서 일어난다. 듀제(Deuze, 2006)는 일상화된 미디어 테크놀로지와 이에 몰입된 개인의 모든 미디어 활동이 유동성을 만들어낸다고 지적했다.

　요컨대 디지털 테크놀로지가 창출하는 유동성은 탈제도, 탈조직, 원본소멸, 미디어몰입 등을 초래한다. 뉴스 생산 방법은 이에 영향을 받을 수밖에 없다. 객관주의 관행의 효율성은 바닥으로 떨어질 수밖에 없다. 객관주의는 주관적 판단으로부터 분리될 수 있는 사실을 독립적으로 검증할 수 있어야 가능하지만(Schudson, 1978) 비선형성은 이를 무너뜨린다. 고정된 실체도 없고 이를 인식하는 것도 불가능하기 때문이다. 객관주의 저널리즘을 내세우는 프로페셔널 저널리스트의 위상도 주장하기가 점점 어려워진다(Janowitz, 1975). 자신들을 다른 집단들과 분리해서 자신의 정체성을 찾으려 했지만(Hardt, 1998) 이용자의 생산 개입은 그런 분리장치를 넘어서고 있다. 조직 중심의 생산 방법도 이전의 효율성을 유지하기가 점점 어려워진다.

　객관주의와 프로페셔널 저널리즘이 약화되는 틈으로 새로운 생산 주체들이 들어서고 있다. 듀제(Deuze, 2007b)는 이를 유동저널리즘이라고 불렀다. 시민 저널리스트, 블로그와 같은 새로운 생산 주체들은 신축적이고 다기능적이며 고도의 이동성을 갖고 있다. 당연히 저널리즘과 다른 다양한 배경을 갖고 있다. 시민들은 본래 자신의 뉴스를 직접 생산하려는 욕구를 갖고 있다. 해적라디오, 대안미디어, 운동저널리즘 등이 이를 잘 보여준다(Hallin, 1992). 저널리즘의 황금기였던 20세기에 이런 도전은 기존 시장질서에 영향을 주지 못했다. 유동성은 이런 현상유지에 제동을 건다. 바우만(Bauman, 2000)은 저널리즘이 유동성을 제대로 반영하지 못하고 있다는 점을 지적했다. 시장행위자로서 상업적 이윤에 매몰되면서 소비자들과의 접점이 끊겨버렸다는 점을 특히 문제삼았다. 이는 저널리즘의 사회적 기능을 약화시키는 결과로 이어졌다. 할린(Hallin, 1992) 역시 뉴스의 비즈니스화는 소비자 요구와 사회 변화, 즉 유동성의 변화를 제대로 반영하는 데 실패하게 만들었다고 주장했다. 조직 중심의 생산 방법을 강화시켰던 뉴스의 상업화는 이제 부메랑이 되어 뉴스 조직에 심각한 문제를 일으키는 상황이 된 것이다.

디지털 테크놀로지의 발전은 그런 상업성조차 유지하기 어렵게 만든다. 앤더슨 등(Anderson et al., 2012)이 주장한 후기산업 모델의 저널리즘에 대한 논의를 보자. 조직 중심의 뉴스 생산은 생산 시스템을 근거로 한다. 뉴스 조직은 거대자본을 투입해 거대한 생산설비, 생산 조직 그리고 다수의 저널리스트들로 생산 시스템을 구축한다. 이를 산업 모델 저널리즘이라고 부른다. 마치 산업혁명기 생산기계를 중심으로 하는 산업과 같다는 것이다. 후기산업 모델은 산업 모델의 핵심인 생산 시스템을 우회하고 그 가치를 약화시킨다. 생산기계 중심의 규범으로 뉴스 조직이 지배하는 생산 방법이 더 이상 유효하지 않은 저널리즘을 의미한다. 이 모델은 수집-팩키징-전달에 이르는 수직적 통합, 편집을 통한 수평적 통합을 통해 생산을 지배하는 조직 중심 생산 메커니즘을 필요로 하지 않는다. 소비자들이 이를 우회해버리기 때문이다. 광고는 뉴스 콘텐츠와 분리되고 추천, 공유, 좋아요, 구독과 같은 새로운 거래방식을 창출한다. 이는 뉴스 조직의 비즈니스 생태계를 혼란에 빠뜨린다.

유동성은 한마디로 불확실성을 말한다. 바우만(Bauman, 2000)에 의하면 유동성이란 끊임없는 불확실성 속의 근거없음이다. 실체의 근거가 사라지고 모든 것이 불확실하게 만드는 것이 유동성이다. 불확실성은 삶의 근거를 부단히 무너뜨린다. 사람들은 확실성을 찾아 떠돌거나 최소한 어디론가 이동한다. 이것이 유동성이다. 바우만(Bauman, 2011)은 유동성에 대해 적절한 비유를 제시했다. 정원에 뿌리를 내린 식물과 함께 정주하는 정원사가 불확실성을 만나 표적을 따라 언제나 움직여야 하는 사냥꾼으로 변하는 것과 같다고 했다. 특정 프로젝트를 완료하는 데 집중하는 정원사가 매일 변하고 움직이는 목표를 따라가면서 지속적으로 변하고 멈출 수 없는 사냥꾼이 되어야 하는 것이다.

그렇다면 저널리즘의 과제는 분명하다. 유동성에 대응할 수 있는 신축적 생산 방법을 갖추어야 한다. 환경변화에 효율적으로 대응하는 성찰적 접근을 할 수 있어야 한다(Kantola, 2013). 뉴스 조직과 개별 저널리스트 모두 변화가 불가피하다. 뉴스 조직은 재구조화되어야 하고 저널리스트는 기존 생산방식과 규범을 수정해야 한다. 모든 뉴스 조직이나 저널리스트들이 이를 수용할 수 있는 것도 아니다. 야콜라 등(Jaakkola et al., 2015)은 각기 다른 영역의 저널리스트들은 유동성에 대해 다양한 인식을 지녔음을 파악했다. 칸톨라(Kantola, 2013)의 지적처럼 유동성이 초래하는 변화의 경계가 분명하지 않고 뉴스 조직 내부에서도 변화들이 혼재되어 있다. 연구자들이 요구하는 조건들은 만만치 않다. 콜리요넨(Koljonen, 2013)이 제시한 저널리스트들의 변화 조건을 보자.

전통적 저널리스트는 객관적 뉴스를 추구하고 이를 통해 공익에 봉사하고자 한다. 프로페셔널 저널리즘의 관행과 규범을 따르는 생산

<표8> 저널리스트 인식의 차이

구성요소	전통적 저널리스트	새로운 저널리스트
지식 정향성	뉴스 배포자(객관성, 경험주의)	콘텐츠 생산자(주관성)
소비자 정향성	복종적 시민에 대한 봉사자, 민주주의 작동을 위한 공적 이익 관련 정보	능동적 소비자에 대한 봉사자, 일상생활을 추구하는 개인을 위한 도움과 가이드
권력 정향성	갈등적 기자, 합의추구적 진실, 수동적 관찰자	회의적 감시견 의심에 기반한 대치, 적극적 개입자
시간 정향성	가장 최근의 과거 보도와 의제 추수追隨	미래 예측, 의제 설정
윤리 정향성	자기규제의무, 룰의 보편성	신중한 개인, 룰의 상대성

*Koljonen (2013) p. 143 참조

방법을 갖고 있으며 주로 지나간 사건을 다룬다. 새로운 저널리스트는 여기에서 벗어나야 한다. 자신의 주관성을 동원해 사건을 이해하고자 하며 사회적 의미보다 시민의 일상생활 가이드를 제공하고자 한다. 권력에 대해서는 적극적인 대결의 입장을 취한다. 때문에 일어난 사건뿐만 아니라 일어날 사건을 짚어내고자 한다. 의제를 설정해 접근하는 미래지향적 뉴스 생산을 추구한다. 또 저널리즘 공동체의 관행이나 규범보다 개인의 윤리의식을 강조한다. 외부로부터의 윤리적 통제를 거부하는 것이다. 칸톨라(Kantola, 2013)는 이와 같은 유형의 저널리스트는 반전문성, 반제도적 태도, 즉 뉴스 조직에 대해 탈조직적, 탈제도적 태도를 갖고 있다고 지적했다. 뉴스 조직과 저널리스트의 관계가 크게 바뀔 수 있음을 짐작할 수 있다. 양자의 관계 변화를 듀제(Deuze, 2007b)는 세 가지로 분석했다. 첫째, 개별 저널리스트가 보다 신축적이고 다기능적 기술을 가지는 것이다. 이는 제도화된 생산 관행을 벗어나야 한다는 것을 의미한다. 둘째, 개별 저널리스트의 자율성이 축소될 수 있다. 저널리스트가 뉴스 조직의 생산전략 범위를 벗어나기 어렵다는 점을 받아들여야 한다. 탈조직적 현상과 동시에 조직 집중적 현상이 대립할 수 있음을 시사한다. 셋째, 저널리스트는 직무순환과 직업 불안정성을 더 크게 인식하게 된다. 새로운 뉴스 생산환경에서 전문성 강화는 더욱 어려워지고 이로 인해 직업 안정성은 약해질 것이라는 것이다. 뉴스 조직과 저널리스트의 관계는 이처럼 특정한 방향으로 진행되는 것이 아니라 정반대로 나아갈 수 있다. 양자 모두가 변하기 위한 노력은 결코 쉽지 않다.

시스템 A와 B

캐나다의 공공정책포럼(Public Policy Forum, 2017)은 2017년에 뉴스 조직과 저널리스트의 변화가능성을 엿볼 수 있는 연구보고서를 내놓았다. 이 보고서는 전통적인 뉴스 생산 시스템을 시스템 A로, 유동성을 반영한 새로운 생산 시스템을 시스템 B로 구분해서 제시했다. 시스템 A는 저널리스트와 뉴스 조직의 협력관계가 중요하다. 저널리스트는 정보를 선택하고 위계를 결정한다. 중요한 이슈를 골라내는 선택성과 중요도의 순서를 정해 위계를 부여해 정보에 부가가치를 더함으로써 뉴스 가치를 창출한다. 이를 위해 저널리스트는 취재를 통해 얻은 정보들에 특정 의미를 부여하는 코드작업을 해야 한다. 이런 과정을 거쳐 외부에서는 눈치채지 못하는 작은 실마리에서 상품으로서의 뉴스 가치를 발견할 수 있다. 뉴스 조직의 일은 여기서부터 시작된다. 게재 전 확인, 게이트키핑 등의 조직 내부의 간주관적 객관화 작업을 수행한다. 또 전략적으로 정제된 편집을 제공한다. 시스템 A에 개입하는 자들은 모두 프로페셔널 저널리스트들이다. 이는 엘리트 통제에 의한 생산 시스템인 것이다. 시스템 A의 생산 프로세스는 선형적이다. 시간적 순차성에 따라 서로 다른 행동과 수단을 요구하는 단계들이 진행된다. 이들은 시간과 공간의 경계에 따라 수직적으로 통합된다. 시스템 A의 선형적 생산 프로세스는 행위와 자원이 1대1의 관계인 순차성 프로세스다. 각 생산 단계들의 성격과 순서가 정해져 있다. 뉴스 조직의 계획과 이를 수행하는 저널리스트의 전문성이라는 행위가 우선되며 이의 결정에 따라 자원을 수집하게 되는 행위 중심적 프로세스다. 때문에 생산 행위의 관행화와 뉴스 조직의 위계구조 및 관료주의적 조직운영을 통해 생산 프로세스의 효율성을 높이고자 한다.

시스템 A의 전성기는 프로페셔널 저널리즘이 가장 성과를 높였던 저널리즘의 '고도 근대성high modernism' 시대였다(Hallin, 1992). 프로페셔널 저널리스트는 독점적 뉴스 생산자의 위상을 차지하면서 전문성에 기반한 생산 방법을 내세웠다. 이들은 권력에 대한 저항적 비판, 현상에 대한 해석, 정보의 배포(Weaver and Wilhoit, 1986)를 자신들이 수행해야 하는 역할로 이해한다. 이를 위해 사건의 파장이나 의미가 지속적으로 확대될 가능성이 높은 공적 이슈를 '균형', '공익성' 등을 기준으로 고른다. 감시견 기능을 수행함으로써 시민의 정치 참여를 동원하는 기능을 수행하고자 한다(Norris, 2000). 이것이 저널리즘이 사회통합에 기여하는 길이라고 본다. 할린(Hallin, 1992)이 말한 것처럼 사회 통합의 목표를 성취하기 위해 보편적 타당성을 지닌 지식을 생산하는 것이 저널리즘의 핵심 기능이다. 이를 위해 프로페셔널 저널리스트는 과학적 방법을 이용해 시민의 의사 결정에 필요한 정보와 해석을 제공하고자 한다(Janowitz, 1975). 고도 근대성의 시대는 이에 대한 사회적 확신이 존재했던 시기라고 할 수 있다.

시스템 B는 이와 전혀 다르다. 시스템 B의 생산 주체는 정보수집의 전문성을 강조한다. 정보수집가는 '소셜 미디어' '프로그램 게이트키퍼' '검색엔진' '패키저' 등 틈새 뉴스 생산자에서부터 정보수집행위만 하는 조직, 포털과 같은 플랫폼, AI 프로그램에 이르기까지 뉴스 조직 내외부 어디에나 존재한다. 기계도 정보수집의 주체로 본다. 전문가는 물론 '이용자' '개입적 소비자' '피더 소비자' 등 적극적이고 능동적인 소비행태를 보이는 소비자들도 이에 포함된다. 뉴스 조직 소속이라 하더라도 이들의 기능은 시스템 A의 저널리스트와 다르다. 외부의 정보생산자들과 관계를 유지하면서 정보수집의 효율성을 높이고자 한다. 시스템 A 저널리스트의 전문성이 뉴스 조직에 기반한 의미 구성 전문성이라면 시스템 B는 정보수집에 초점을 맞춘 탈조직적 정보수집 전문성이라고 할 수 있다. 그들은 제한된 취재원을 소스로 삼아 정보를 확보하는 폐쇄적 방식에서 벗어나고자 한다. 빅데이터를 비롯해 뉴스 원재료로서의 가치를 갖는 데이터 소스들은 도처에 있다. 출입처보다 더 다양한 정보를 보다 많이 수집할 수 있다. 때문에 누가 수집하는가가 아니라 얼마나 수집하는가가 중요하다. 저널리스트의 생산 전문성이라는 행위의 의미는 약화되고 대신 정보라는 자원의 의미가 커진다. 정보수집 기능을 뉴스 조직 내부에 한정할 필요가 없기 때문이다. 또 정보수집가가 반드시 프로페셔널 저널리스트일 필요도 없다. 시스템 B는 분명히 탈조직적 속성을 갖고 있다.

시스템 B의 생산 방법은 뉴스 이슈의 선택, 팩트를 다루는 태도 등 많은 점에서 시스템 A와 전혀 다르다. 뉴스 이슈는 소비자의 스타일과 기호에 적합해야 한다. 소비자 맞춤화를 추구하는 데 이는 소비자 개인의 특성과 요구를 따라가는 것을 말한다. 소비자의 파편화된 욕구에 초점을 맞춘다는 것이다. 뉴스의 다양성을 드러낼 수 있다. 말하자면 시스템 B의 생산목표는 다양성에 있는 것이다. 이를 통해 새로운 민주주의를 구현할 수 있다고 본다. AI와 같은 테크놀로지를 바탕으로 보다 많은 사람이 자신의 목소리를 갖고 나아가 이를 드러낼 수 있게 함으로써 가능하다고 본다.

그러나 시스템 B가 다루는 뉴스 의제들은 사회 전체의 이익을 목표로 하는 것이 아니라 영향 범위가 낮은 수준의 집단을 대상으로 한다. 독자들이 읽고 공유하고 좋아할 만한가를 뉴스 기준으로 삼는다. 팩트를 다룰 때 '공유', '단순 전달', '좁고 얕은 접근', '표준 준수' 등에 초점을 맞춘다. 단순한 정보 제시가 핵심이다. 이를 위해 팩트의 정확성보다 불특정 다수의 소비자에게 쉽게 전달할 수 있는 팩트를 선호한다. 이는 뉴스질의 관점에서 보면 낮은 수준의 생산이라고 할 수 있다. 이런 의제들을 위한 팩트는 사건 관련성을 따져 수집하지 않는다. 사건이 아니라 의견에 집중한다. 팩트보다 의견, 사실과 의견의 혼합에 더 관심을 가진다. 때문에 수집하는 팩트들은 사건 관련성이 떨어진다. 저널리스트 의견을 위한 배경정보로 이용할 수 있는 정도다. 다양한 정체성의 생산자를 생산에 개입시키고 낮은 수준의 뉴스 콘텐츠를 제공한다. 보다 많은 사람들의 목소리를 '표출'함으로써 새로운 민주주의의 다양성을 구현할 수 있다고 보는 것이다. 이를 통해 소비자 없는 뉴스, 즉 사회를 제대로 반영하지 못하는 전통 저널리즘의 한계를 극복하고자 한다.

개인의견 개진과 자기주장 제시에 거리낌이 없는 이런 태도는 전통 저널리즘의 관행에서 벗어난 생산 방법들을 수용한다. 생산 주체에 따라 생산 방법이 달라지므로 생산의 파편화가 초래된다. 또 생산 단계들의 경계가 무너지고 순서가 뒤바뀌기도 한다. 시스템 A의 선형적 생산 프로세스와 정반대의 비선형적 생산이 쉽게 일어난다(Rublescki and

Rocha Da Silva, 2012). 위드홀름(Widholm, 2016)이 지적했듯이 비선형적 생산은 생산 방법의 유동성을 강화하면서 뉴스 조직의 통제와 제도화된 관행을 벗어나게 된다.

이처럼 유동성이 요구하는 시스템 B의 생산 방법은 마노비치(Manovich, 2001)의 지적처럼 저널리즘의 중재를 거부한 채 모든 사람이 타인들과 직접 협상해야 하는 복잡한 상황을 초래한다. 월(Wall, 2005)은 객관주의를 내세우는 프로페셔널 저널리즘이 최종 결정하는 뉴스의 자리를 어떤 규범에도 얽매이지 않는 개별 소비자들이 내놓은 파편화된 해석이 차지하게 된다고 지적했다. 모든 사람이 자신과 관련된 사건과 사회현상들을 직접 해석하고자 한다. 따라서 이해관계는 분산을 넘어서 파편화될 수밖에 없다. 개인의 파편화된 해석, 직접 해결 움직임은 공유가치를 줄이고 개별 가치를 강화시키면서 가치의 분산화를 가속화한다. 이렇게 되면 일상생활의 모든 현상이 사람들에게 즉각적으로 퍼져나가면서 불확실성은 점점 심화될 수밖에 없다. 미디어 몰입이 이를 더욱 악화시킨다. 결국 시스템 B의 세상은 모든 사람을 불확실성으로 가득찬 유동적 삶으로 함몰시키고 만다. 시스템 A는 설 자리를 잃고 만다. 카스텔스(Castells, 2000)가 말한 것처럼 '충분한 정보를 가진 시민informed citizenry'을 근거로 하는 시스템 A의 사회통합 시스템으로서의 기능을 사라질 수밖에 없다.

시스템 A의 한계를 극복할 수 있다는 것을 인정한다고 하더라도 시스템 B를 그대로 받아들이는 것은 분명히 문제가 있다. 디지털 유동성을 초래하는 대표적 요인인 분산플랫폼 환경은 속보를 통한 노출경쟁을 촉발해 언제나 오보의 위험을 수반한다. 시스템 B의 대응 방법도 문제가 있다. 이는 '포스팅 후 내버려둠' '포스팅 후 확인' 또는 '게재 후 수정'을 주장한다. 오보 등 정보의 불완전성을 사전에 해결하기보다 일단 노출시킨 다음에 지속적으로 수정하는 방식으로 대응하고자 한다. 이는 사건관련자의 규모가 클 때는 심각한 문제로 번진다. 특히 파장이 확산되는 사회적 이슈를 다룰 때는 보다 심각해진다. 오류의 수정만으로 파장을 해결하는 것은 불가능하다. '포스팅 후 내버려둠' '포스팅 후 확인' 또는 '게재 후 수정'은 뉴스대상이나 소비자가 사회나 시민이 아니라 보다 작은 규모의 이슈나 소비자를 대상으로 하기 때문에 가능하다.

시스템 B의 문제를 좀 더 살펴보자. 이는 단순 정보 제시와 의견 중심기사를 만들고자 한다. 얼핏 시스템 A의 발생 기사나 의견 기사와 비슷하게 보이지만 실상은 다르다. 발생 기사는 훈련된 관찰자인 저널리스트가 현장을 살피고 관련 정보들을 선택하는 전문가적 선택으로 만들어진다. 이에 비해 단순 정보 제시는 이런 관찰이나 선택이 적용하지 않는 단순한 정보 '드러내기'다. 시스템 A가 세계와 사건을 재현하는 방식으로 사건 프로세스를 분석하지만 이는 이용자 앞에 세계를 드러내는 것에서 그친다. 시스템 B의 의견 중심 기사는 근거가 희박한 개인적 의견을 제시한다. 반면 시스템 A의 의견 기사는 탄탄한 사전작업을 전제로 한다. 힐러(Hiler, 2002)는 발생 기사-분석 기사-의견 기사로 뉴스의 라이프사이클이 이어진다고 지적했다. 발생 기사를 위해 수집한 팩트가 축적되고, 이를 바탕으로 충분한 분석이 진행된 다음, 의견 기사가 생산된다. 저널리스트의 자기 인식에만 의존하는 시스템 B의 의견 중심 기사들은 이에 비하면 '던져두기' 수준이라고 할 수 있다. '드러내기'나 '던져두기'를 통해 사건을 이해하는 책임은 사건과 직접적이고 개인적인 이해관계가 있는 개인이 진다. 이렇게 되면 사회 전체가 공감할 수 있는 인식을 형성할 수 없다. 요컨대 조직 중심의 '선택',

조직 중심의 '구성'과 같은 체계적 생산은 없고 '드러내기' '던져두기'만 있는 것이다.

물론 시스템 B는 중요한 의미를 제공한다. 제도나 조직 또는 엘리트 집단에 의해 걸러지지 않는 다양한 목소리를 드러냄으로써 새로운 민주주의의 가능성을 만들어낼 수 있다고 할 수 있다. 그러나 이 역시 고민해야 할 부분들이 있다. 대중재, 전문재, 특화재 등 뉴스 유형에 따라 뉴스정보의 성격이 다르다는 위엔호벤(Wijnhoven, 2001)의 주장을 보자. '대중재'는 많은 가공을 거치지 않아 원자료의 성격을 갖고 있어 누구나 이해할 수 있는 뉴스 유형이다. 발생 기사가 여기에 해당한다. 이의 주재료인 팩트는 누구나 이해할 수 있는 낮은 수준의 질을 갖고 있다. '전문재'는 저널리스트의 전문성으로 만들어지는 뉴스 유형이다. 분석 기사와 의견 기사는 전문재에 해당하며 대중재에 비해 질적 수준이 높다. 프로페셔널 저널리스트의 전문적 관점과 이에 적합한 팩트 수집을 필요로 한다. 소비자도 이를 이해할 수 있거나 관심이 있는 사람으로 제한된다. '특화재'는 소비자의 특정한 요구를 충족하기 위해 만들어지는 뉴스 유형이다. 소비자 맞춤형, 소비자 주문형 뉴스 상품을 말한다. 특정한 이해관계를 갖는 수용자를 대상으로 하는 기획기사가 여기에 포함된다. 뉴스 유형에 따라 이를 소비하는 소비자 시장이 달라진다. 대중재 뉴스는 불특정 다수를 대상으로 하므로 소비자의 개인적 이해관계의 정도는 낮다. 소비자의 필요성과 정보 사이의 일치성이 낮다는 것이다. 전문재 뉴스는 특정집단을 대상으로 한다. 이런 소비자 집단은 대개 소비자들 사이의 네트워크가 형성되는 있으며 소비자 정보 필요성과 정보 사이의 일치성이 높다. 특화재 뉴스는 소비자와 정보가 1대1의 직접관계를 갖는 시장이다. 소비자는 정보 혜택에 있어 차별화를 추구한다. 소비자 정보 필요성과 정보가 완전히 일치하는 시장이다.

　이러한 분류에 따르면 시스템 B의 단순 정보 제시 뉴스들은 소비자의 뉴스에 대한 이해관계가 높을 수가 없다. 보다 많은 뉴스를 제시함으로써 보다 많은 사람의 목소리를 드러내고자 하지만 정작 뉴스에 대한 소비지의 이해관계 수준은 거의 확인할 수 없는 정도로 낮다고 보아야 한다. 의견 중심 기사도 마찬가지다. 이것이 의미를 가지려면 이에 대한 이해와 필요성을 갖는 시민집단이 존재해야 하며 그것도 시민들이 이슈에 대한 이해의 공감대를 갖는 네트워크가 존재해야 한다. 저널리스트 개인 의견의 '던져두기'로는 이들과의 연결을 확보할 수는 없다. 말하자면 시스템 B가 생산한 뉴스는 시민과의 연결성을 담보하기 어렵다. '드러내기'나 '던져두기'는 위험하기도 하다. 저널리즘은 대화를 통해 그 의미를 만들어간다(Carey, 1997; Kovach and Rosenstiel, 2001). 사람들 사이의 대화를 구성하고 확산시킬 수 있어야 한다. 그러나 모든 대화가 정기능을 하는 것이 아니다. 슈드슨(Schudson, 1997)은 대화가 인식의 공유보다 문제를 오도하거나 오해를 확산할 수 있다고 보았다. 또 논리를 비약하거나 침묵을 초래할 수도 있다고 경고했다. 그는 특히 사적 대화는 공적 대화를 오도하거나 축소하는 왜곡의 원인이 될 수 있다고 지적했다. 단순 정보 제시나 의견 중심 기사를 그것도 단순히 '드러내기'나 '던져두기' 식으로 제시하는 것은 사적 대화의 범주에 든다. 때문에 저널리즘 대화의 정상적 작동을 왜곡할 위험이 있는 것이다.

시스템 C

문제의 해결은 유동성을 수용하기 위한 시스템 B의 극단적인 요소들을 효율적으로 조절하는 데 있다. 특히 탈조직적 요소들에 대한 조치가 필요하다. 물론 이는 시스템 A로의 회귀를 의미하는 것은 아니다. 제3의 접근, 즉 시스템 C가 필요하다. 이 대목에서 시스템 A를 구성하는 저널리스트와 뉴스 조직의 관계를 다시 살펴볼 필요가 있다. 저널리스트 중심 생산과 뉴스 조직 중심 생산이 반드시 갈등적인 것은 아니다. 저널리스트 중심의 분화적 생산과 조직 중심의 융합적 생산은 분명히 긴장관계를 형성하지만 이것이 전부가 아니다. 쿤(Kuhn, 1959)의 분화적 사고와 융합적 사고에 대한 설명을 보자. 분화적 사고는 새로운 방향을 추구하는 태도를 말한다. 때문에 저항적 속성을 띤다. 반면 융합적 사고는 합의에 기반을 두고 안정적 체제를 추구하며 전체에 적용 가능한 지배적 사고방식을 구축하려고 한다. 그러나 쿤(Kuhn, 1959)은 둘은 필수적 긴장을 통해 상호작용한다는 점을 강조했다. 분화적 의지와 융합적 의지 사이의 경계 지점에서 긴장이 형성되는데 이는 둘 사이의 상호작용의 하나라는 것이다. 상호작용으로서의 긴장이 반드시 부정적인 것이 아니라는 것이다. 상호작용은 변화를 목적으로 한다. 둘 사이 긴장의 균형이 갈등으로 이어지고 다시 역동적으로 재균형을 이룰 때 변화를 얻어낼 수 있다. 재균형을 위한 끊임없는 긴장은 뉴스 생산을 둘러싼 문제들에 신축적으로 대응할 수 있는 해결책을 찾아낼 수 있다. 정반대의 속성을 가졌지만 저널리스트 중심과 뉴스 조직 중심의 두 생산 방법은 실제 생산 과정의 문제 해결을 위해 통합된다. 최종뉴스는 필수적 긴장의 통합에 의한 결과물이라고 할 수 있다. 이것이 시스템 C의 조건이자 목적이다. 즉 변화를 수용하는 것이 무엇보다 중요하다. 저널리스트 중심과 조직 중심의 생산 방법이 긴장관계를 갖는 것은 불가피하지만 양자는 유기적으로 연결되면서 변화를 수용할 수 있도록 균형과 재균형을 이룰 수 있어야 한다. 이는 바로 시스템 B의 극단적 탈조직적 문제를 해결할 수 있는 가능성을 보여준다.

시스템 A는 이미 이와 유사한 방식을 갖고 있기는 하다. 저널리스트에 대한 뉴스 조직의 간주관적 객관화 작업이 그것이다. 간주관적 객관화 작업을 단적으로 보여주는 것이 취재와 편집영역의 관계라고 볼 수 있다. 그러나 둘 사이는 상호작용보다는 단절적 성격이 크다. 헤밍웨이(Hemmingway, 2004)의 분석이나 김사승(2012)의 연구를 보자. 헤밍웨이(Hemmingway, 2004)는 취재 영역은 뉴스를 발견해서 추적하는 행위들이 점유하는 반면, 편집 영역은 이들 뉴스 취재물을 전송할 수 있는 뉴스 프로그램으로 생산하는 데 초점을 맞춘다. 때문에 둘 사이의 상호작용 가능성은 높지 않다고 볼 수 있다. 조직 중심의 취재영역이 생산한 '뉴스 속의 세계world in news'가 최종뉴스 생산물인 뉴스의 세계world of news로 만들어지는 뉴스 조직 중심의 편집영역으로 넘어갈 때 취재영역이 개입할 여지는 많지 않다. 김사승(2012)의 연구는 이러한 둘 사이의 관계가 어떤 양상을 나타내는지 자세하게 분석했다. 그는 이들 사이에는 협력적 이해보다는 갈등적 긴장이 두드러지게 나타 난다는 점을 파악했다. 때문에 양자의 관계를 통해 혁신적 결과를 얻어 내기는 어렵다고 보았다. 또 이들 사이의 갈등은 편집영역이 취재영역 을 이해하기보다 편집국장 등 뉴스 조직 상층부의 이해를 따라가려는 태도 때문에 발생한다는 점을 분석해냈다. 이런 분석 결과를 토대로 그 는 취재의 분화적 접근과 편집의 융합적 접근 사이의 균형을 이루는 것 은 쉽지 않다고 결론내렸다. 둘의 지향점 자체가 다르다는 것이 문제 다. 빌턴(Bilton, 2007)의 논리처럼 시스템 A는 생산을 실현하고자 하는 경영 프로세스의 의미를, 시스템 B는 개별 생산자의 창의성을 창발시 키는 창의 프로세스의 성격을 갖는다.

본 연구는 시스템 C는 시스템 A의 간주관적 객관화의 한계를 극 복하는 지점에서 그 답을 찾을 수 있다고 본다. 저널리스트의 뉴스 생 산활동은 분명히 창의적 행위다. 린덴(Lindén, 2017)이 저널리스트는 연구자들이 생각하는 것보다 더 창의적이고 즉흥적이라고 지적했음 을 상기해보라. 뉴스 조직의 행위는 이에 대한 관리 또는 경영의 행위 라고 할 수 있다. 피카르드(Picard, 2005)는 양자의 관계를 '지속 창의성 continuous creation의 관리'라는 관점에서 설명했다. 그에 의하면 뉴스 상품은 지속 창의상품이다. 뉴스는 뉴스 조직의 이념이나 지향성을 담 고 있는 조직브랜드 등 계속성을 유지해야 하는 개념들에 의해 작동되 기 때문이다. 저널리스트는 창의성을 중심으로 뉴스 스토리를 구성하 지만 뉴스 조직은 이것이 뉴스 조직의 내재적 지속가치를 유지할 수 있 도록 관리하고자 한다. 저널리스트의 창의성은 뉴스 조직에 의해 조정 되고 관리되어야 한다는 것이다. 이런 점에서 둘 사이의 긴장과 갈등은 언제나 존재할 수밖에 없는 것이다.

시스템 C가 이를 해결하기 위해서는 두 개의 전혀 다른 생산 프로세스를 효율적으로 연결할 수 있어야 한다. 이런 점에서 시스템 A와 B를 연결할 수 있는 창의 프로세스와 경영 프로세스의 접점을 찾아보고자 한다. 이는 빌턴(Bilton, 2007)의 논의를 통해 파악할 수 있다. 시스템 A와 B의 관계를 갈등적이고 대적적인 것으로 보지 않고 새로운 생산활동을 하는 창의 프로세스와 이를 조직화하고 조정하는 경영 프로세스의 관점에서 접근해야 한다고 본다.

해결해야 할 문제들이 적지 않다. 첫째, 연결점 부재의 문제다. 시스템 A는 정보를 수집하는 저널리스트가 중심이지만 시스템 B는 이를 하나로 묶는 패키저가 생산권을 갖고 있다. 취재와 편집 영역의 긴장과 같이 생산 단계의 분리로 인해 갈등이 일어날 수 있다. 둘째, 단절의 위험이다. 시스템 A는 프로페셔널 저널리스트의 전문성에 기반해 정보를 선택하고 정보의 위계, 즉 중요성의 순서를 결정하는 기능을 수행한다. 이는 뉴스 생산의 통제력을 유지하기 위한 근거라고 할 수 있다. 이에 비해 시스템 B는 검색을 통한 정보수집에 초점을 맞춘다. 정보수집의 기준과 수집 주체가 전혀 다르다. 때문에 수집정보의 질적 문제를 초래하기도 한다. 이런 식으로 수집된 정보들은 서로 관련성이 없는 정보들이다. 두 프로세스가 수집한 정보를 하나의 뉴스 스토리에 통합해 조직하는 것은 쉽지 않다. 셋째, 충돌가능성이다. 뉴스 스토리의 게재전 확인과 내버려두고 포스팅 후에 확인하는 것은 통제와 완전한 자율성의 정반대되는 태도다. 이는 최종결과물에 대한 인식의 차이에서 비롯된다. 게재 전 확인은 결과물에 대한 결정권 행사를 의미하지만, 내버려두고 포스팅 후 확인하는 것은 결과물을 결과가 아니라 과정적인 것으로서 언제든 수정가능한 것으로 이해한다. 생산 시스템의 개념, 전제,

목표 자체가 다르다. 따라서 양자의 결합은 특정 생산 단계에서 충돌이 불가피하다. 넷째, 외부의 생산역량과 연결하는 것이다. 생산 프로세스를 개방해 참여자들이 수평적 네트워크를 형성할 수 있도록 하는 것이다. 시스템 A에서는 뉴스 조직의 간부 및 편집자가 게이트키핑을 하지만 시스템 B에서는 이런 역할을 프로그래머가 수행한다.

이런 문제들은 중재와 수평적 네트워크를 통해 해결책을 찾아낼 수 있다. 첫째, 중재 기능이다. 연결점의 파악, 단절과 충돌의 방지를 위해 중재는 시스템 A와 B 모두에 대한 이해를 갖고 있어야 한다. 빌턴(Bilton, 2007)은 중재를 위해서는 뉴스 생산의 암묵지와 함께 노하우know-how보다 노후know-who의 지식이 중요하다고 지적했다. 설명할 수 없는 경험 기반의 지식과 사람에 대한 이해가 필요하다는 것이다. 시스템 A와 B의 결합은 단순한 집합이 아니라 다기능적 생산역량이 하나의 프로세스에 통합하는 것이다. 따라서 두 시스템 사이의 관계를 지속적으로 구성하고 수정하는 식의 접근이 필요하다. 이를 위해 중재는 생산 프로세스에 직접 개입하지 않은 채 생산팀을 구성하고, 팀의 목표를 제시하고 생산 결과물이 담아내야 하는 관점을 유지하도록 관리하는 데 초점을 맞추는 미시관리의 역량을 필요로 한다. 둘째, 뉴스 조직 내부의 가치 생산에서 벗어나 외부에서 생산되는 가치를 이해하고 이를 내부 생산요소와 연결시키는 가치네트워크의 개념을 받아들여야 한다. 또 생산 참여자들이 이를 수용할 수 있도록 외부의 새로운 지식을 생산 참여자들에게 학습시킬 수 있는 외부 지식 중재 역할도 수행해야 한다. 이런 점에서 중재는 다양한 지식을 뉴스 생산으로 끌어들이는 역할을 해야 한다. 대부분의 경우 이런 역할은 중간 간부들이 수행할 수 있다. 이때 주의해야 할 것은 중간 간부가 뉴스 조직의 통제에서 자유로운 입장을 유지해야 한다는 것이다. 그래야 중재의 설득력을 확보할 수 있다. 중재자의 위상만 놓고 보면 옴부즈맨제도와 유사하다고 볼 수 있다. 이는 중재가 느슨한 연결고리로서 시스템 A와 B를 연결시켜 주는 역할을 해야 한다는 것을 보여준다. 즉 시스템 B의 생산 활동에 대한 연성 통제가 중요하다는 것을 알 수 있다. 시스템 B의 저널리스트들이 자기 동기부여와 자기 감시를 기반으로 생산 활동을 할 수 있도록 환경을 구성해주어야 한다는 것이다.

셋째, 수평적 네트워크의 구성이다. 외부 생산요소와의 연결은 가치사슬이 아닌 가치네트워크와 생산요소들 사이의 수평적 네트워크를 구성하는 방법으로 접근할 수 있다. 시스템 A의 폐쇄적 생산은 뉴스 생산의 가치가 뉴스 조직 내부의 생산 활동을 통해서 창출된다는 '가치사슬value chain'의 개념에서 벗어나지 못한다. 뉴스 생산 활동의 가치 창출은 정보의 수집에서 최종뉴스 생산으로 끝난다는 것이다. 그러나 시스템 B는 가치창출이 뉴스 조직을 벗어나 외부의 행위 주체들에 의해서도 일어난다는 점을 보여준다. 시스템 B는 시스템 A의 활동을 벗어난 테크놀로지 영역에서 가치를 창출한다. 뉴스 생산의 가치는 뉴스 조직 내부와 외부의 네트워크를 통해 형성된다는 것이다. 이러한 맥락에서 가치사슬은 가치네트워크로 대체된다. 가치네트워크가 보다 효율적으로 작동하기 위해서는 외부의 생산 역량을 내부 생산 활동과 연결시켜 주는 수평적 네트워크를 구성해야 한다. 시스템 A의 생산을 개방해 시스템 B가 참여할 수 있도록 생산을 개방할 수 있어야 한다. 그래야 생산 참여자들 사이에 수평적 네트워크가 형성될 수 있다. 편집자와 프로그래머 사이의 관계, 저널리스트의 직접 정보수집과 검색 등은 수평적 네트워크 안에서는 모두 연결될 수 있고 조정이 가능하다.

이처럼 중재, 가치네트워크, 수평적 네트워크를 핵심 속성으로 삼는 시스템 C는 시스템 A의 간주관적 객관화와 구분되는 새로운 관점의 생산 시스템을 형성할 수 있다. 뉴스 조직의 간부나 편집부가 조직 중심의 생산 활동과 단절적이고 갈등적 문제를 낳을 수 있는 간주관적 객관화와 달리 시스템 C는 시스템 B의 창의 프로세스와 시스템 A의 경영 프로세스를 효율적으로 연결하고 조정하는 데 초점을 맞추기 때문이다.

참고문헌

- 김봉순. (2020). '사실(facts)' 정보에 대한 비판적 읽기. 〈국어교육연구〉, 72호, 119~144.
- 김사승. (2012). 취재영역과 편집영역의 긴장관계에 관한 일고찰. 〈한국언론학보〉, 56권 4호, 55~79.
- 김사승. (2013). 소비자 경험가치 관점의 뉴스상품성 강화를 위한 뉴스생산의 탐색적 모형에 관한 연구: 신문을 중심으로. 〈한국언론학보〉, 57권 2호, 33~57.
- 김사승. (2015). 뉴스생산 프로세스 재구성을 위한 이론적 탐색: 프로세스 이론의 관점에서. 〈커뮤니케이션 이론〉, 11권 3호, 90~132.
- 김사승. (2019). 뉴스생산방법 변화에 대한 이론적 고찰: 유동저널리즘과 조정메커니즘. 〈커뮤니케이션 이론〉, 15(3), 5~45.
- 이성섭. (2012). 관계교환 경제학(關係交換 經濟學). 〈제도와 경제〉, 6(2), 123~151.
- 반현. (2000). 가상공간에서의 공공 저널리즘: 다른 전자 민주주의의 가능성. 〈사이버커뮤니케이션학보〉, 5. 59~74.
- 윤태진·강내원. (2001). 온라인신문에 나타난 공공저널리즘적 특성에 관한 연구: '조인스닷컴', '인터넷한겨레', '오마이뉴스'의 기획기사 분석을 중심으로. 〈한국언론학보〉, 46(1), 306~343.
- 오종환·김종석·권가진·홍화정·김건희·이준환. (2021). 한국어 자동화 팩트체크 기술과 활용: 데이터세트 작성과 기계학습 모델 구축. 한국언론학회 봄철 정기학술대회 발표 논문.

- 최영. (2002). 온라인신문에서의 시민저널리즘 가능성 연구: 일상적 실천을 중심으로. 〈한국언론학보〉, 46(6), 33~63.
- 한국문학평론가협회. (2006).《문학 비평 용어사전》. 국학자료원.

- Aaron, J. E. (1999). *Process Analysis*. In Aaron, J. E. and Ellen K. Repetto (eds.), *The Compact Reader: Short Essays by Method and Theme*. Boston: Bedford/St. Martin's.
- Abbott, A. (1988). Transcending general linear reality. *Sociologiclal Theory*, 6, 375~392.
- Abbott, A. (1990). A Primer on Sequence Methods. *Organization Science*, 1(4), 375~392.
- Abbott, A. (1995). Sequence analysis: New methods for old ideas. *Annual Review of Sociology*, 21, 93~113.
- Abbott, A. (2001). *Time Matters: On Theory and Method*. Chicago: The University of Chicago Press.
- Abbott, A. (2010). Varieties of ignorance. *The American Sociologist*, 41(2), 174~189.
- Abbott, A. (2016). *Processual Sociology*. Chicago: The University of Chicago Press.
- Abu-Lughod, J. (1968). *The city is dead: Long live the city*. In S. F. Fava (ed.), *Urbanism in World Perspective: A Reader* (pp. 154~165). New York: Crowell.
- Adair, B. and Holan, D. (2011). The Principles of PolitiFact, PunditFact and the Truth-O-Meter [Online] https://www.politifact.com/article/2011/feb/21/principles-truth-o-meter/
- Adam, B. (1995). *Timewatch: The Social Analysis of Time*. Cambridge: Polity.
- Adler, B. (May 1, 2013). Streams of Consciousness. *Columbia Journalism Review* [Online] http://www.cjr.org/cover_story/steams_of_consciousness.php?page=all
- Adorno, T. (1973). *The jargon of authenticity*. K. Tarnowski and F.

Will, (trans.), Evanston: Northwestern University Press.

- Albarran, A. B. and Arrese, A. (2003). *Time and media markets*. Mahwah, NJ: Lawrence Erlbaum Associates.

- Aldrich, H. E. (2001). Who Wants to be an Evolutionary Theorist?: Remarks on the Occasion of the Year 2000 OMT Distinguished Scholarly Career Award Presentation. *Journal of Management Inquiry*, 10(2), 115~127.

- Álvarez-Vázquez, J. Y. (2014). The Processual Form of Thinking: A New Perspective from Developmental Philosophy. *International Journal of General Philosophy*, 1(1).

- Alvesson, M. and Kärreman, D. (2000). Taking the linguistic turn in organizational research: Challenges, responses, consequences. *The Journal of Applied Behavioral Science*, 36(2), 136~158.

- Anderson, B. (2006). *Imagined communities: Reflections on the origin and spread of nationalism*, (3rd ed.). London, England: Verso. (Original work published in 1983).

- Anderson, C. W., Bell, E. and Shirky, C. (2012). Post-Industrial Journalism: Adapting to the Present. *Tow Center for Digital Journalism*, NY: Columbia Journalism School (Online) http://towcenter.org/wp-content/uploads/2012/11/TOWCenter-Post_Industrial_Journalism.pdf

- Appelman, A and Sundar, S. S. (2016). Measuring Message Credibility: Construction and Validation of an Exclusive Scale. *Journalism & Mass Communication Quarterly*, 93(1), 59~79.

- Aris, A. and Bughin, J. (2009). *Managing Media Companies: Harnessing Creative Value*. West Sussex, England: Wiley.

- Aronson, N. (1984). *Science as a claims-making activity: Implications for social problems research*. In J. W. Schneider and J. I. Kitsuse (eds.), *Studies in the sociology of social problems*, (pp. 1~30). Norwood, NJ: Ablex.

- Bakhtin, M. M. (1982). *The dialogic imagination: Four essays*. In M. Holquist (ed. and trans.) C. Emerson (trans.), *Speech genres and other late essays*, Austin, Taxas: The University of Texas Press.

- Bakken, T. and Hernes, T. (2006). Organizing is Both a Verb and a Noun: Weick Meets Whitehead. *Organization Studies*, 27(11), 1599~1616.

- Baldasty, G. (1992). *The Commercialization of the News in the Nineteenth Century*. Madison: University of Wisconsin Press.

- Ballotpedia. (2016). The methodologies of fact-checking. (Online) https://ballotpedia.org/The_methodologies_of_fact-checking

- Banet-Weiser, S. (2012). *Authentic^{TM}: The Politics of Ambivalence in a Brand Culture*. New York, NY: NYU Press.

- Barbie, Z. (2009). *The Changing Faces of Journalism: Tabloidization, Technology and Truthiness*. London, England: Routledge.

- Barley, Stephen R. (1986). Technology as an Occasion for Structuring: Evidence from Observations of CT Scanners and the Social Order of Radiology Departments. *Administrative Science Quarterly*, 31, 78~108.

- Barnhurst, K. G. (2000). Political Engagement and the Audience for News: Lessons from Spain. *Journalism & Communication Monographs*, 2(1), 6~61.

- Barnhurst, K. G. (2011). The Problem of Modern Time in Journalism. *KronoScope*, 11(1–2), 98~123.

- Barnhurst, K. G and Nightingale, A. W. (2017). Time, realism, news. *Journalism*, 19(1), 7~20.

- Bass, A. Z. (1969). Refining the "Gatekeeper" concept: A UN Radio Case Study. *Journalism Quarterly*, 46, 69~72.

- Bauman, Z. (2000). *Liquid Modernity*. Cambridge: Polity Press.

- Bauman, Z. (2007). *Liquid Times: Living in an Age of Uncertainty*. Cambridge: Polity Press.

- Bauman, Z. (2011). *Culture in a Liquid Modern World*. Cambridge: Polity Press.

- BBC. (2019). Reading: Fact or opinion (Online) https://www.bbc.

co.uk/teach/skillswise/fact-or-opinion/z4r7cqt

• Belk, R. W. and Costa, J. A. (1998), The mountain man myth: A contemporary consuming fantasy. *Journal of Consumer Research*, 25(3), 218~240 [Online] https://doi.org/10.1086/209536

• Bell, A. (1991). *The language of news media*. Oxford: Wiley-Blackwell.

• Bell, A. and Garret, P. (1998). *Approaches to Media Discourse*. Oxford: Wiley-Blackwell.

• Bell, E. (2016). The Relationship Status of Journalism and Platforms: It's Complicated. Future Platforms for Independent Journalism. *Tinius Trust Annual Report*, 2015, 15-16.

• Bennett, W. L., Gresett, L. A. and Halton, W. (1985). Repairing the News: A Case Study of the News Paradigm. *Journal of Communication*, Spring, 50~68.

• Bennett, W. L. and Lawrence, R. (1995). News Icons and the Mainstreaming of Social Change. *Journal of Communication*, 45(3), 20~39.

• Benton, J. (24 March, 2015). A wave of distributed conent is coming-will publishers sink or swim?. NiemanLab [Online] http://www.niemanlab.org/2015/03/a-wave-of-distributed-content-is-coming-will-publishers-sink-or-swim/

• Berger, P. L. and Luckmann, T. (1966). *The Social Construction Of Reality: A Treatise in the Sociology of Knowledge*. Harmondsworth: Penguin Books Ltd.

• Berkowitz, D. (1992). Non-Routine News and Newswork: Exploring a What-a-story. *Journal of Communication*, 42, 82~94.

• Berkowitz, D. (2000). Doing double duty: Paradigm repair and the Princess Diana what-a-story. *Journalism*, 1(2). 125~143.

• Bernstein, J. H. (2009). The Data-Information-Knowledge-Wisdom Hierarchy and its Antithesis. *Proceedings North American Symposium on Knowledge Organization*, 2, 68~75.

• Best, J. (1989). Images of Issues: Typifying Contemporary Social Problems. Hawthorne, NY: Aldine de Gruyter.

- Bidart, C., Longo, M. E. and Mendez, A. (2012). Time and Process: An Operational Framework for Processual Analysis. *European Sociological Review*, 29(4), 743~751. DOI: 10.1093/esr/jcs053

- Biesecker, B. A. (2018). Guest Editor's Introduction: Toward an Archaeogenealogy of Post-truth. *Philosophy and Rhetoric*, 51(4), 329~341.

- Bilton, C. (2006). *Management and Creativity: From Creative Industries to Creative Management*. Oxford: Wiley-Blackwell. 〔김사승 옮김, 《경영과 창의성》, 커뮤니케이션북스, 2014〕

- Bird, S. E. and Dardenne, R. W. (1988). *Myth, chronicle, and story: exploring the narrative qualities of news*. In James Carey (ed.), *Media, Myths, and Narratives: Television and the Press* (pp. 67~86), London: SAGE Publications, Inc.

- Blau, P. M. and R. Schoenherr. (1971). *The Structure of Organizations*. New York: Basic Books.

- Bødker, H. and Sonnevend, J. (2017). The shifting temporalities of journalism: In memory of Kevin Barnhurst. *Journalism*, 19(1), 3~6.

- Bolter, J. D. and Grusin, R. (2000). *Remediation: Understanding New Media*. Cambridge, Mass.: MIT Press.

- Borgman, A. (1999). *Holding on to Reality: The Nature of Information at the Turn of the Millennium.* Chicago: The University of Chicago Press.

- Bourdieu, P. (1990). *The Logic of Practice*. Stanford, CA: Stanford University Press.

- Bourdieu, P. (1992). Thinking about limits. *Theory, Culture & Society*, 9(1), 37~49.

- Boudreau, M-C. and Robey, D. (2005). Enacting Integrated Information Technology: A Human Agency Perspective. *Organization Science*, 16(1), 3~18.

- Brain D. (1991). Practical knowledge and occupational control: the professionalization of architecture in the United States. *Sociological*

Forum, 6(2), 239~268.

- Bromiley, P. and Papenhausen, C. (2003). Assumptions of Rationality and Equilibrium in Strategy Research: The Limits of Traditional Economic Analysis. *Strategic Organization*, 1(4), 413~437.

- Broersma, M. (2008). *The Discursive Strategy of a Subversive Genre: The Introduction of the Interview in US and European Journalism*. In H. W. Hoen and M. G. Kemperink (eds.), *Vision in Text and Image: The Cultural Turn in the Study of Arts* (pp. 143~158), Leuven, Paris and Dudley, Mass.: Peeters Publishers.

- Broersma, M. (2010). The Unbearable Limitations of Journalism: On Press Critique and Journalism's Claim to Truth. *International Communication Gazette*, 72(1), 21~33.

- Brooker-Gross, S. R. (1985). The changing concept of place in the news. In J. Burgess and J. R. Gold (eds.), *Geography, The Media, and Popular Culture* (pp. 63~85). London, England: Routledge.

- Brown, C. B. (1953). Is the Definition of the Word Fact the First Problem of Philosophy? *Philosophy*, 28, 154~159.

- Bulkeley, W. M. (16 November, 1998). Corporate seers: Who knows better what the future holds than those who make a living thinking about it? *The Wall Street Journal*, p. R37 [Online] https://www.wsj.com/articles/SB909591413133156000?ns=prod/accounts-wsj

- Bunge, M. (1990). *Boudon on anti-realism in social studies*. In P. Weingartner and G. J. W. Dorn (eds.), *Studies on Mario Bunge's Treaties* (pp. 613~616). Amsterdam, Atlanta: Rodopi.

- Bunge, M. (1997). Mechanisms and Explanation. *Philosophy of Social Sciences*, 27(4), 410~465.

- Burton-Jones, A., McLean, E. R. and Monod, E. (2015). Theoretical perspectives in IS research: from variance and process to conceptual latitude and conceptual fit. *European Journal of Information System*, 24, 664~679.

- Buser, R. L. and Rooze, G. E. (1970). Learning: The Role of Facts and Generalizations. *The Elementary School Journal*, 71(3), 129~133.

- Buttriss, G. J. and Wilkinson, I. F. (2006). Using narrative sequence methods to advance international entrepreneurship theory. *Journal of International Entrepreneurship*, 4(4), 157~174.

- Buttriss, G. J. and Wilkinson, I. F. (2014). *Using Event Structure Analysis to Analyze a Case of Firm Internationalization*. IMP Conference, Kedge Business School, Bordeaux, December 2014.

- Campbell, W. (2001). *Yellow journalism: Puncturing the myths, defining the legacies*. Westport, CT: Praeger.

- Carey, J. (1997). *James Carey: A Critical Reader*. In E. S. Munson and C. A. Warren (eds.), *Renewing a Dewey and Cultural Studies Project through Pragmatist Publics: Contributions from James Carey and Michael Foucault* (pp. 270~291). Minneapolis: University of Minnesota Press.

- Carlson, M. (2009). Dueling, dancing, or dominating? Journalists and their sources. *Sociology Compass*, 3(4), 526~542.

- Carlson, M. (2017). *Journalistic authority: Legitimating news in the digital era*. New York, NY: Columbia University Press.

- Carlson, M. (2021). *Journalistic critical incidents as boundary making and the making of boundaries around critical incidents*. In Tandoc Jr., E. C., Jenkinson, J., Thomas, R. J. and Westlund, O. (eds.), *Critical incidents in journalism: Pivotal momnets reshaping journalism around the world* (pp. 28~42). London, England: Routledge.

- Carlson, M and Berkowitz, D. A. (2012). Twilight of the television idols: Collective memory, network news and the death of Walter Cronkite. *Memory Studies*, 5(4), 410~424.

- Carlson, M. and Berkowitz, D. (2014). The emperor lost his clothes: Rupert Murdoch, 'News of the World' and journalistic boundary work in the UK and USA. *Journalism*, 15(4), 389~406. DOI: 10.1177/1464884913477280

- Carlson, M. and Lewis, S. C. (2015). *Boundaries of Journalism: Professionalism, Practices and Participation*. New York: Routledge.

- Carlson, M. and Lewis, S. C. (2019). Temporal reflexivity in journalism studies: Making sense of change in a more timely fashion. *Journalism*, 20(5), 642~650.

- Carr, N. (2010). *The Shallows: What the Internet Is Doing to Our Brains*. New York: W. W. Norton and Company.

- Castells, M. (1996) *The Rise of the Network Society*. Malden, MA: Blackwell Publishers.

- Castells, M. (2000) Materials for an Exploratory Theory of the Network Society, *British Journal of Sociology*, 51(1), 5~24.

- Castells, M. (2009). *Communication Power*. Oxford: Oxford University Press.

- Caves, R. E. (2000). *Creative industries: Contracts between art and commerce*. Cambridge, MA: Harvard University Press.

- Chandra, Y., Styles, C., and Wilkinson, I. (2009). An illustrative case of international entrepreneurship: The Biovite Case; *Asia-Pacific Symposium on Entrepreneurship and Innovation*. April 3-6, University of Sydney, Sydney, Australia.

- Chan-Olmsted, S. M. (2006). *Issues in Strategic Management in Media Management Research*. In A. B. Albarran, S. M. Chan-Olmsted, and M. O. Wirth (eds.), *Handbook of Media Management and Economics* (pp. 161~180), London, England: Routledge.

- Chia, R. (1999). A 'Rhizomic' model of organizational change and transformation: Perspective from a metaphysics of change. *British Journal of Management*, 10, 209~227.

- Chia, R. (2000). Discourse analysis as organizational analysis. *Organization*, 7(3), 513~518.

- Chiles, T. H. (2003). Process theorizing: Too important to ignore in a Kaleidic World. *Academy of Management Learning and Education*, 2, 288~291.

- Ciborra, C. (2002). *The Labyrinths of Information: Challenging the Wisdom of Systems*. Oxford: Oxford University Press.

- Cloutier, C. and Langley, A. (2020). What Makes a Process Theoretical

Contribution? *Organization Theory*, 1, 1~32.

- Cohen, S. and Young, J. (1973). *Manufacture of News: Deviance, Social Problems & the Mass Media*. Constable (eds.).

- Coleman, S. (2005). New mediation and direct representation: reconceptualizing representing in the digital age. *New media and Society*, 7(2), 177~198.

- Conkin, P. K. and Stromberg, R. N. (1989). *Heritage and challenge: The history and theory of history*. Arlington Heights: Forum Press.

- Cooper, R. (2005). Relationality. *Organization Studies*, 26(11), 1689~1710.

- Cornelissen, J. P. (2017). Developing propositions, a process model, or a typology? Addressing the challenges of writing theory without a boilerplate. *Academy of Management Review*, 42(1), 1~9.

- Cotter, C. (2010). *News Talk: Investigating the Language of Journalism*. Cambridge: Cambridge University Press.

- Craig, G. (2016). Reclaiming slowness in journalism: critique, complexity and difference. *Journalism practice*, 10(4), 461~475.

- Crowston, K. (1991). *Towards a coordination cookbook: Recipes for multi-agent action*. Ph.D. dissertation. Sloan School of Management, MIT.

- D'Angelo, P., Buchel, F. and Esser, F. (2014). *Mediatization of Campaign Coverage: Metacoverage of US Elections*. In F. Esser and J. Stromback (eds.), *Mediatization of politics* (pp. 156~180), NY: Palgrave Macmillan.

- de Burgh, H. (2000). *Higher kind of loyalty?* In H. de Burgh (ed.), *Investigative Journalism: Context and Practice* (pp. 3~25). London, England: Routledge.

- de Certeau M. (1984). *The Practice of Everyday Life*. Berkeley: University of California Press.

- Deuze, M. (2006a). Participation, Remediation, Bricolage: Considering Principal Components of a Digital Culture. *Information Society*,

22(2), 63~75.

- Deuze, M. (2007a). Journalism in Liquid Modern Times: An Interview with Zygmunt Bauman. *Journalism Studies*, 8(4), 671~679.
- Deuze, M. (2007b). *Media Work*. Cambridge, Mass.: Polity.
- Deuze, M. and Witschge, T. (2018). Beyond Journalism. *Journalism*, 19(2), 165~181. DOI: 10.1177/1464884916688550
- Dimmick, J. W. (2003). *Media Competition and Coexistence: The Theory of the Niche*. New Jersey: Lawrence Erlbaum Associates, Publishers.
- Downs, A. (1957). An economic theory of political action in a democracy. *Journal of Political Economy*, 65(2), 135~150.
- Duffy, B. E. (2017). *(Not) Getting paid to do what you love: Gender, social media, and aspirational work*. New Haven, CT: Yale University Press.
- Durkheim, E. (2004). *The Rules of Sociological Method. K. Thompson* (Trans.), New York: Routledge. (Original work published in 1895).
- Eason, D. L. (1982) New Journalism, Metaphor and Culture. *Journal of Popular Culture*, 15(4), 142~149.
- Eide, M. (1997). A New Kind of Newspaper? Understanding a Popularization Process. *Media, Culture & Society*, 19(2), 173~182.
- Eide, M. and Knight, G. (1999). Public/Private Service: Service Journalism and the Problems of Everyday Life. *European Journal of Communication*, 14(4), 525~547.
- Einhorn, H. J. and Hogarth, R. M. (1986). Decision Making Under Ambiguity. *The Behavioral Foundations of Economic Theory*, October, S225~S250.
- Ekström, M. (2002). Epistemologies of TV journalism: a theoretical framework. *Journalism*, 3(3), 259~282.
- Ekström, M. and Westlund, O. (2019). The Dislocation of News Journalism: A Conceptual Framework for the Study of Epistemologies of Digital Journalism. *Media and Communication*, 7(1), 259~270.

- Ekström, M., Lewis, S. C. and Westlund, O. (2020). Epistemologies of digital journalism and misinformation, *New Media and Society*, 22(2), 1205~1212.

- Elias, N. (1992). *Time: An Essay*. Oxford: Blackwell Publishers.

- Enli, G. (2015). *Mediated Authencity: How the media constructs reality*. New York: Peter Lang.

- Ericson, R. V. (1998). How Journalists Visualize Fact. *The Annals of the American Academy of Political and Social Science*, 560(1), 83~95.

- Ericson, R. V., Baranek, P. M. and Chan, J. B. L. (1987). *Visualizing Deviance: A Study of News Organization*. Toronto: University of Toronto Press.

- Ess, C. M. (2014). Editor's introduction: Innovations in the news-room—and beyond. *Journal of Media Innovations*, 1(2), 1~9.

- Esser, F. and Strombak, J. (2014). *A Paradigm in the Making: Lessons for the Future of Mediatization Research*. In F. Esser and J. Stromback (eds.) *Mediatization of politics* (pp. 223~242), NY: Palgrave Macmillan.

- Etlin R. A. (1997). *Space, stone, and spirit: the meaning of place*. In S. Golding (ed.), *The Eight Technologies of Otherness* (pp. 306~319). London, England: Routledge.

- Evered, R. (2005). *A typology of explicative models*. In C. Lundberg and C. Young (eds.), *Foundations for inquiry: Choices and tradeoffs in the organizational sciences* (pp. 198~201). Stanford, CA: Stanford Business Books.

- FactCheck.org. (2018). Our Process. FactCheck.org. [Online] https://www.factcheck.org/our-process/

- Fahnestock, J. (1986). Accommodating science: The rhetorical life of scientific facts. *Written Communication*, March, 275~296.

- Fallows, J. (1996). *Breaking the news: How the media undermine American democracy*. New York: Pantheon Books.

- Feldman, M. (2000). Organizational routines as a source of continuous change. *Organization Science*, 11(6), 611~629.

- Fischer, C. S. (1977). *Networks and Places: Social Relations in the Urban Setting*. New York: Free Press.

- Fischer, C. S. (1982). *To Dwell Among Friends*. Chicago: The University of Chicago Press.

- Fishman, M. (1980). *Manufacturing the News*. Austin, Taxas: The University of Texas Press.

- Flanagan, J. C. (1954). The critical incident technique. *Psychological Bulletin*, 51(4), 327~358.

- Freitas, C. and Benetti, M. (2017). Alterity, otherness and journalism: from phenomenology to narration of modes of existence. *Brazilian Journalism Research*, 13(2), 10~27.

- Friedland, R., Boden, D. (1994). *NowHere: Space, Time and Modernity*. Berkeley: University of California Press.

- Friend, C. (1994). Daily Newspaper Use of Computers to Analyse Data. *Newspaper Research Journal*, Winter, 63~72.

- Frow, P. and Payne, A. (2007). Special Issue Papers Towards the 'perfect' customer experience. *Brand Management*, 15(2), 89~101.

- Fuller, J. (1996). *News values*. Chicago: The University of Chicago Press.

- Fullilove, M. T. (1996). Psychiatric implications of displacement: contributions from the psychology of place. *American Journal of Psychiatry*, 153, 1516~1523.

- Galton, A. (2018). *Process as Patterns of Occurrence*. In Rowland Stout (ed.), *Process, Action, and Experience* (pp. 41~57). Oxford: Oxford University Press.

- Galtung, J. and Ruge, M. (1965). The structure of foreign news: The presentation of the Congo, Cuba and Cyprus crises in four foreign newspapers. *Journal of International Peace Research*, 1, 64~69.

- Gans, H. (1979). *Deciding what's news*. In H. Tumber (ed.), *News-A*

Read (pp. 235~248). Oxford: Oxford University Press.

- Gans, H. (2004). *Democracy and the News*. Oxford: Oxford University Press.

- Garfinkel, H. (1984). *Studies in Ethnomethodology*. Cambridge: Polity Press.

- Gasher, M. (2007). The view from here: A news-flow study of the on-line editions of Canada's national newspapers. *Journalism studies*, 8(2), 299~319.

- Gauthier, G. (2005). A realist point of view on news journalism. *Journalism Studies*, 6(1), 51~60.

- Gersick, C. J. G. (1994). Pacing strategic change: the case of a new venture. *Academy of management journal*, 37(1), 9~45.

- Gertler, M. (2013). Meaning-generating propositions of reality by media: Quality attributes and functions of journalism. *Journal of Information, Communication and Ethics in Society*, 11(1), 4~18.

- Giddens, A. (1984). *The Constitution of Society*. Cambridge, MA: Polity Press.

- Gieber, W. (1964). *News Is What Newspapermen Make It*. In Lewis A. Dexter and David Manning White (eds.), *People, Society and Mass Communications* (pp. 173~182). New York: Free Press.

- Gieryn, T. F. (1999). *Cultural Boundaries of Science: Credibility on the Line*. Chicago: The University of Chicago Press.

- Gieryn, T. F. (2000). A space for place in sociology. *Annual Review of Sociology*, 26, 463~496. DOI:10.1146/annurev.soc.26.1.463

- Gilmore, H. and Pine, II, J. (2007). *Authenticity: contending with the new consumer sensibility*. Boston, MA.: Harvard Business School Press.

- Gitlin, T. (1978). Media Sociology: The Dominant Paradigm. *Theory and Society*, 6(2), 205~253.

- Goldfinger, C. (2000). Intangible economy and financial markets. *Communication and Strategies*, 40(4), 59~89.

- Goldhaber, M. H. (1997). The attention economy and net. *First Monday*, 2(4), accessed on November 9, 2010. (Online) http://firstmonday.org/htbin/cgiwrap/bin/ojs/index.php/fm/article/viewArticle/519/440%20

- Goldstein, T. (2007). *Journalism and Truth: Strange Bedfellows*. Chicago: Northwestern University Press.

- Gomory, R. E. (1995) The known, the unknown and the unknowable. *Scientific American*, 272(6), 120~120.

- Gower, B. (1997). *Scientific Method: A Historical and Philosophical Introduction*. London, England: Routledge.

- Grayson, K. and Martinec, R. (2004). Consumer perceptions of iconicity and indexicality and their influence on assessments of authentic market offerings. *Journal of Consumer Research*, 31(2), 296~312.

- Greene, H. (2014). What is process philosophy and why is it important to the ecozoic? Questions and answers. *CES Musings*. November–December (Online) https://www.ecozoicstudies.org/musings/2015/what-is-process-philosophy-and-why-is-it-important-to-the-ecozoic-questions-and-answers/

- Gremler, D. D. (2004). The critical incident technique in service research. *Journal of Service Research*, 7(1), 65~89.

- Gross, M. (2007). The unknown in process: Dynamic connections of ignorance, non-knowedge and related concepts. *Current Sociology*, 55(5), 742~759.

- Guba, E. G., and Lincoln, Y. S. (1994). Competing paradigms in qualitative research. In N. K. Denzin and Y. S. Lincoln (eds.), *Handbook of qualitative research* (pp. 105~117). Thousand Oaks, CA: SAGE Publications, Inc.

- Gutsche, R. E., Jr. and Hess, K. (2018). *Geographies of journalism: The imaginative power of place in making digital news*. Abingdon, UK: Routledge.

- Haack, S. (1997). *Evidence and inquiry: Towards reconstruction in epistemology*. Oxford: Blackwell.

- Habann, F. (2000). Management of Core Resources: The Case of Media Enterprises. *Journal of Media Management*, 2(1), 14~24.

- Habermas, J. (1991). *The structural transformation of the public sphere: An inquiry into a category of bourgeois society*. T. Burger and F. Lawrence (trans.), Cambridge, MA: MIT Press. (Original work published in 1962).

- Habraken, N. J. (1998). *The Structure of the Ordinary*. Cambridge, MA: MIT Press.

- Hadden, R. W. (1997). *Sociological Theory: An Introduction to the Classical Tradition*. University of Toronto Press.

- Halinen, A. and Törnroos, J. Å. (1995). *The meaning of time in the study of industrial buyer–seller relationships*. In Kristian, E. Möller, and David, T. Wilson (eds.), *Business marketing: An interaction and network approach* (pp. 493~529). Boston: Kluwer Academic Publishers.

- Halinen, A., Törnroos, J. Å. and Elo, M. (2013). Network process analysis: An event–based approach to study business network dynamics. *Industrial Marketing Management*, 42, 1213~1222.

- Hall, E. T. (1959). *The Silent Language*. Greenwich, CT: Fawcett Publications.

- Hall, S., Critcher, C., Jeffererson, T., Clarke, J., and Roberts, B. (1999). *Policing the Crisis*. In H. Tumber (ed.), *News: A Reader* (pp. 249~256). Oxford: Oxford University Press. (Original work published in 1978).

- Hallin, D. (1992) The Passing of the 'High Modernism' of American Journalism. *Journal of Communication*, 42(3), 14~25.

- Halpern, D. (1995). *Mental Health and the Built Environment*. London: Taylor and Francis.

- Hamilton, J. T. (2004). *All the News That's Fit To Sell: How the Market Transforms Information Into News*. Princeton: Princeton University Press.

- Hardt, H. (1998). *Interactions: Critical Studies in Communication, Media and Journalism*, Oxford: Rowman & Littlefield Publishers, Inc..

- Hartshorne, C. and Vetter, H. F. (2003). *A New World View*. Cambridge, MA: Harvard Square Library.

- Harvey, D. (1989). *The Condition of Postmodernity: An Enquiry into the Origins of Cultural Change*. Oxford: Blackwell.

- Hedaa, L. and Törnroos, J. Å. (2008). Understanding event-based business networks. *Time and Society*, 17(2/3), 319~348.

- Heimer, C. (2012). Inert Facts and the Illusion of Knowledge: Strategic Uses of Ignorance in HIV Clinics. *Economy and Society*, 41(1), 17~41.

- Hemmingway, E. (2004). The Silent Heart of News, *Space and culture*, 7(4), 409~426.

- Henshall, P. and Ingram, D. (1991). The News Manual: A Professional resource for journalists and the media (Online) https://www.thenewsmanual.net/index.htm

- Hermida, A. (2010). Twittering the News. *Journalism Practice*, 4(3), 297~308. DOI:10.1080/ 17512781003640703

- Hermida, A. (2015). *Nothing but the truth Redrafting the journalistic boundary of verification*. In M. Carlson, S. C. Lewis (eds.), *Bourndares of Journalism: Professeionalism, Practices and Participation* (pp. 37~50), London, England: Routledge.

- Hernes, T. (2008). *Understanding Organization as Process: Theory for a tangled world*. London, England: Routledge.

- Hertz, S. (1998). Domino effects in international networks. *Journal of Business-to-Business Marketing*, 5(3), 3~31.

- Hiler, J. (2002). Are Bloggers Journalists? – On the rise of Amateur Journalism and the need for a Blogging Code of Ethics. MICRO-CONTENT NEWS. (Online) http://www.microcontentnews.com/entries/20020411-637.htm

- Hilgartner, S. (1990). The dominant view of popularization: Conceptual problems, political uses. *Social Studies of Science*, 20, 519~539.

- Hilgartner, S. and Bosk, C. L. (1988). The Rise and Fall of Social Problems: A Public Arenas Model. *American Journal of Sociology*, 94(1), 53~78.

- Hillier, B. and Hanson, J. (1984). *The Social Logic of Space*. Cambridge: Cambridge University Press.

- Hindman, E. B. (2005). Jayson Blair, The New York Times, and paradigm repair. *Journal of Communication*, 55(2), 225~241.

- Holbrook, M. B. and Hirschman, E. C. (1982). The Experiential Aspects of Consumption: Consumer Fantasies: Feelings and Fun. *Journal of Consumer Research*, 9, 132~140.

- Holt, K. (2012). Authentic journalism? A critical discussion about existential authenticity in journalism ethics. *Journal of Mass Media Ethics*, 27(1), 2~14. DOI:10.1080/08900523.2012.636244

- Honderich, T. (1995). *The Oxford Companion to Philosophy*. Oxford: Oxford Unversity Press.

- Horwich, P. (1990). *Truth*. Oxford: Basil Blackwell.

- Hosinski, T. E. (1993). *Stubborn Fact and Creative Advance: An Introduction to the Metaphysics of Alfred North Whitehead*. Lanham, MD: Rowman & Littlefield.

- Hughes, F. (1996). *The Architect: Reconstructing Her Practice*. Cambridge, MA: MIT Press

- Hughes, H. (2008). *Critical incident technique*. In Lipu, S, Lloyd, A, and Williamson, K (eds.), *Exploring Methods in Information Literacy Research* (pp. 49~66). Centre for Information Studies, Charles Sturt University, Australia.

- Hughes, M. and Kroehler, C. J. (2008). *Sociology: The Core* (8th Ed.). Boston: McGraw-Hill.

- Huy, Q. N. (2001). Time, temporal capability, and planned change. *Academy of Management Review*, 26(4), 601~623.

- Illing, S. (14 August, 2018). A philosopher explains America's "post-truth" problem. Vox. (Online) https://www.vox.com

/2018/8/14/17661430/trump-post-truth-politics-philosophy-
simon-blackburn

- Ingold, T. (2000). *The perception of the environment: Essays in live-lihood, dwelling and skill*. London, England: Routledge.

- Jaakkola, M., Hellman, H., Koljonen, K. and Väliverronen, J. (2015). Liquid modern journalism with a difference: The changing professional ethos of cultural journalism. *Journalism Practice*, 9(6), 811~828.

- Jackson, B. (December 21, 2012). Firefighters, Fact-Checking and American Journalism. FactCheck.org, [Online] https://www.factcheck. org/2012/12/firefighters-fact-checking-and-american-journalism/

- James, W. (1925). *A pluralistic universe*. New York: Riverside Press.

- Janowitz, M. (1975). Professional models in journalism: The gatekeeper and the advocate. *Journalism Quarterly*, 52(4), 618~626, 662.

- Jenkinson, J., Tandoc Jr., E.C., Thomas, R. J. and Westlund, O. (2021). *Introduction: Theorizing critical incidents in journalism across the globe*. In Tandoc Jr., E.C., Jenkinson, J., Thomas, R. J. and Westlund, O. (eds.), *Critical incidetns in journalism: Pivotal moments reshaping journalism around the world* (pp. 1~12). London, England: Routledge.

- Johannessen, JA., Olaisen, J. and Olsen, B. (2002). Aspects of a systemic philosophy of knowledge: from social facts to data, information and knowledge. *Kybernetes*, 31(7/8), 1099~1120.

- Jurgensen, K. and Meyer, P. (1992). After Journalism. *Journalism Quarterly*, Summer, 266~272.

- Kain, D. (2004). Owning significance: *The critical incident technique in research*. In K. deMarrais and S. D. Lapan (eds.), *Foundations for research: Methods of inquiry in education and the social sciences* (pp. 69~85). Mahwah, NJ: Lawrence Erlbaum.

- Kallinikos, J. (2006). Information out of information: on the self-referential dynamics of information growth. *Information Technology and People*, 19(1), 98~115.

- Kantola, A. (2013). From Gardeners to Revolutionaries: The Rise of the Liquid Ethos in Political Journalism. *Journalism*, 14(5), 606~626.

- Kavanagh, J. and Rich, M. D. (2018). *Truth Decay*. Santa Monica, Calif.: RAND Corporation.

- Kessler, G. (2013). About The Fact Checker. [Online] https://www.washingtonpost.com/news/fact-checker/about-the-fact-checker/?utm_term=.86abfd99a16a

- Kirk, J. and Miller, M. (1986). *Reliability and validity in qualitative research*. Newbury Park CA: SAGE Publications, Inc.

- Klein, Julia M. (April 22, 2015). Judith Miller tells her side of The Story. The Columbia Journalism Review. [Online] https://www.cjr.org/analysis/miller_review.php

- Knorr Cetina, K. (1999). *Epistemic Cultures*, Cambridge: Harvard University Press.

- Koljonen, K. (2013). The Shift from High to Liquid Ideals: Making Sense of Journalism and Its Change through a Multidimensional Model. *Nordicom Review*, 33 (Special Issue December), 141~154.

- Kosellek, R. (2004). *Futures past: On the Semantics of Historical Time*. New York: Columbia University Press.

- Kovach, B. and Rosenstiel, T. (2001). *The elements of journalism: what newspeople should know and the public should expect*. NY: Crown.

- Kuhn, T. (1959). *The Essential Tension: Tradition and Innovation in Scientific Research*. In The Third University of Utah Research Conference on the identification of Scientific Talent, Salt Lake City: Univesity of Utah press. [Online] www.rci.rutgers.edu/~goeller/stw/chapter_two/21-31pdf

- Künne, W. (2003). *Conceptions of Truth*. Oxford: Clarendon Press.

- Künne, W. (2005). *The structure of scientific revolutions*. Chicago: The University of Chicago Press.

- Kunze, J. (2001). A metadata kernel for electronic permanence. Proceedings of the International Conference on Dublin Core and Metadata Applications (DC2001), (Online) Tokyo, Japan. http://www.nii.ac.jp/dc2001/proceedings/product/paper-27.pdf

- Kvanvig, J. L. (2003). *The Value of Knowledge and the Pursuit of Understanding*. Cambridge: Cambridge University Press.

- Lambeth, E. B. (1986). *Committed journalism*. Bloomington: Indiana University Press.

- Langley, A. (1999). Strategies for theorizing from process data. *Academy of Management Review*, 24, 691~710.

- Langley, A. (2007). Process thinking in strategic organization. *Strategic organization*, 5(3), 271~282. DOI: 10.1177/1476127007079965

- Langley, A., Smallman, C., Tsoukas, H. and van de Ven, A. H. (2013). Process studies of change in organization and management: Unveiling temporality, activity, and flow. *Academy of Management Journal*, 56, 1~13.

- Latour, B. (1996). *Aramis, or the Love of Technology*. Cambridge, MA: Harvard University Press.

- Lau, R. W. K. (2004). Critical realism and news production. *Media, Culture & Society*, 26(5), 693~711.

- Lawrence, R. (1996). Accidents, icons, and indexing: The dynamics of news coverage of police use of force. *Political Communication*, 13(4), 437~454.

- Lazer, D., Baum, M., Grinberg, N., Friedland, L., Joseph, K., Hobbs, W. and Mattsson, C. (2016). *Combating Fake News: An Agenda for Research and Action*. Cambridge, Mass.: Shorenstein Center on Media, Politics, and Public Policy.

- Lefebvre, H. and Nicholson-Smith, D. (1991) *The Production of Space*. Oxford: Blackwell.

- Le Mausurier, M. (2016). What is slow journalism? *Journalism Practice*, 9(2), 138~152.

- Lewis, R. L. (2000). How Managerial Evolution Affects Newspaper

Firms, *Newspaper Research Journal*, 18(1-2), 103~125.

- Lewis, R. C. and Chambers, R. E. (2000). *Marketing leadership in hospitality*. New York: John Wiley.

- Lewis, S. C. and Westlund, O. (2015). Actors, actants, audiences, and activities in cross-media news work: A matrix and a research agenda. *Digital Journalism*, 3(1), 19~37.

- Liew, A. (2013). DIKIW: Data, Information, Knowledge, Intelligence, Wisdom and their Interrelationships. *Business Management Dynamics*, 2(10), 49~62.

- Lindén, Carl-Gustav. (2017). Algorithms for journalism: the future of news work. *Journal of Media Innovations*, 4(1), 60~76.

- Literary Devices. (2021). Literary Devices: Definition and Examples of Literary Terms (Online) https://literarydevices.net/context/

- Luhmann, N. (1995). *Social Systems*. Stanford, CA: Stanford University Press.

- Luhmann, N. (2017). *Trust and Power*. Cambridge: Polity Press.

- MacCannell, D. (1973). Staged authenticity: Arrangements of social space in tourist settings. *American Journal of Sociology*, 79(3), 589~603.

- MacIntyre, A. (2006). *The tasks of philosophy*. Cambridge: Cambridge University Press.

- MacKenzie, D. (1990). *Inventing Accuracy: A Historical Sociology of Nuclear Missile Guidance*. Cambridge. MA: MIT Press.

- Malone, T. W. and Crowston, K. G. (1994). The interdisciplinary study ofcoordination. *ACM Computing Surveys*, 26, March, 87~119.

- Malone, T. W. and Crowston, K. G. (2003). *Interdisciplinary Study of Coordination*. In Thomas W. Malone, Kevin Crowston and George A. Herman (eds.), *Organizing Business Knowledge* (pp. 40~69), Boston, MA: The MIT Process Handbook.

- Manovich, L. (2001). *Language of New Media*. Cambridge. Mass.: MIT Press.

- Maras, S. (2013). *Objectivity in Journalism: key concepts in journalism*. Cambridge: Polity Press.

- March, J. G. and Olsen, J. P. (1989). *Rediscovering institutions: The organizational basis of politics*. New York: Free Press.

- Marcus, S. (1997). *Media and self-reference: The forgotten initial state*. In W. Noth (ed.), *Semiotics of the Media* (pp. 15~45), Berlin: Mouton de Gruyter.

- Markus, M. L. and Robey, D. (1988). Information Technology and Organizational Change: Causal Structure in Theory and Research. *Management Science*, 34(5), 583~598.

- Marian, D. (2020). The Correspondence Theory of Truth. *The Stanford Encyclopedia of Philosophy* (Winter 2020 Edition), Edward N. Zalta (ed.) [Online] https://plato.stanford.edu/archives/win2020/entries/truth-correspondence/

- Martin, I. (June 30, 2015). Fracketeering. Guardian.com. [Online] https://www.theguardian.com/money/2015/jun/30/fracketeering-capitalism-power-hosing-estate-agents-cakeage

- Marx, K. (1993). *Grundisse*. M. Nicolaus (trans.), London: Penguin/New Left Review. (Original work published in 1939).

- Mason, J. (2008). A model for sense-making: Exploring why in the context of learning and knowing. In Proc. of the 16th International Conference on Computers in Education (ICCE2008) (pp. 545~549). Taipei, Taiwan: Asia-Pacific Society for Computers in Education [Online] http://www.apsce.net/ICCE2008/papers/ICCE2008-paper286.pdf

- Mason, J. (2012). Scaffolding reflective inquiry-enabling why-questioning while e-learning. *Research and Practice in Technology Enhanced Learning*, 7(3), 175~198.

- Massey, D. (1993). *Power-geometry and a progressive sense of place*. In J. Bird, B. Curtis, T. Putnam, G. Robertson and L. Tickner (eds.), *Mapping the futures: Local cultures, global change* (pp. 59~69). London, England: Routledge.

- Matheson, D. (2000). The Birth of News Discourse: Changes in News Language in British Newspapers, 1880 - 1930. *Media, Culture & Society*, 22(5), 557~573.

- Mathwick, C., Malhotra, N. and Rigdon, E. (2001). Experiential value: conceptualization, measurement and application in the catalog and Internet shopping environment. *Journal of Retailing*, 77, 39~56.

- Matteucci, A. (2012). What is a "social fact"? [Online] https://www.diplomacy.edu/blog/what-%E2%80%9Csocial-fact%E2%80%9D -196

- May, J. and Thrift, N. (2001). *Timespace: Geographies of Temporality*. New York: Routledge.

- McDonald, D. G. and Dimmick, J. W. (2003). *Time as a niche dimension: competition between the internet and television*. In A. B. Albarran and A. Arrese (eds.), *Time and media markets* (pp. 29~48), Mahwah, NJ: Lawrence Erlbaum Associates.

- McGoey, L. (2012a). The logic of strategic ignorance. *British Journal of Sociology*, 63(3), 553~576.

- McGoey, L. (2012b). Stragegic unknowns: towards a sociology of ignorance. *Economy and Society*, 41(1), 1~16.

- McIntyre, L. (2018). *Post Truth*. Boston, MA: MIT Press.

- McNair, B. (1998). *The Sociology of Journalism*. London: Edward Arnold Publishers Ltd.

- McNair, B. (2003). From Control to Chaos: Towards a New Sociology of Journalism. *Media, Culture & Society*, 25, 547~555.

- McNelly, J. T. (1959). Intermediary communicators in the international flow of news. *Journalism Quarterly*, 36(4), 23~26.

- McQuail, D. (2005). *McQuail's mass communication theory* (5th Ed.). London: SAGE Publications, Inc.

- McTaggart, J. (1908). The unreality of time. *Mind*, 17, 457~473.

- Measor, L. (1985). *Critical incidents in the classroom: identities, choices and careers*. In S. Ball and I. Goodson (eds.), *Teachers' Lives and Careers* (pp. 63~77), London: Falmer Press.

- Meditsch, E. (2005). Journalism as a Form of Knowledge: a qualitative approach. *Brazilian Journalism Research*, 1(2), 1808~4079.

- Megill, A. (1994). *Rethinking objectivity*. London: Duke University Press.

- Menczer, F., Willuhn, W. and Belew R. K. (1994). An Endogenous Fitness Paradigm for Adaptive Information Agents. Proc. CIKM-1994 Workshop on Intelligent Information Agents. Gaithersburg.

- Menczer, F., Belew, R. K. and Willuhn, W. (1995). Artificial Life Applied to Adaptive Information Agents. In Spring Symposium on Information Gathering from Distributed, Heterogeneous Database, AAAI Press.

- Merriam-Webster. (2021). Context (Online) https://literarydevices.net/context/

- Merrill, J. C. (1977). *Existential journalism*. New York: Hastings house.

- Merrill, J. C. (1989). *The dialectic in journalism: toward a responsible use of press freedom*. Baton Rouge: Louisiana State University Press.

- Merrill, J. C. (1996). *Overview: Foundations for Media Ethics*. In A. D. Gordon and J. M. Kittross (eds.), *Controversies in media ethics* (pp. 3~32.). New York: Longman.

- Merritt, D. (1995). *Public Journalism and Public Life: Why Telling The News Is Not Enough*. Hillsdale, NJ: Lawrence Erlbaum Assocs..

- Mersey, R. D. (2009). Online news users' sense of community: Is geography dead? *Journalism Practice*, 3, 347~360. DOI: 10.1080/17512780902798687

- Mertova, P. and Webster, L. (2014). Critical Event Narrative Inquiry in Higher Education Quality. *Quality Approaches in Higher Education*, 3(2), 15~21.

- Meyer, P. (1991). *New Precision Journalism*. NY: Rowman and Littlefield Publishers.

- Meyer, A. D., Gaba, V. and Colwell, K. (2005). Organizing Far from Equilibrium: Nonlinear Change in Organizational Forms. *Organization Science*, 16(5), 456~473.

- Mindich, D. (1998). *Just the facts: How "objectivity" came to define American journalism*. New York: New York University Press.

- Mindich, D. (2004). *Tuned out: Why Americans under 40 don't follow the news*. New York: Oxford University Press.

- Mitchell, A., Gottfried, J., Barthel, M. and Sumida, N. (2018). Distinguishing Between Factual and Opinion Statements in the News. Pew Research Center. (Online) https://www.journalism.org/2018/06/18/distinguishing-between-factual-and-opinion-statements-in-the-news/

- Mohr, L. B. (1982). *Explaining Organizational Behavior: The Limits and Possibilities of Theory and Research*. San Francisco, CA: Jossey-Bass Publishers.

- Moore, G. E. (1953). *Some Main Problems of Philosophy*. London: George Allen & Unwin Ltd.

- Moore, A. F. (2002). Authenticity as Authentication. *Popular Music*, 21/2, 209~223.

- Moore, A. F. (2005). The Persona-Environment Relation in Recorded Song, *Music Theory* (Online) http://www.mtosmt.org/issues/mto.05.11.4/mto.05.11.4.moore.html

- Morgan, K. (2004). The exaggerated death of geography: Learning, proximity and territorial innovation systems. *Journal of Economic Geography*, 4(1), 3~21. DOI:10.1093/jeg/4.1.3

- Morris, D. R. (July 17~21, 2005). Causal Inference in the Social Science: variance theory, process theory, and system dynamics. paper presented at the Conference of the 2005 System Dynamics Society, Bosten, (Online) https://proceedings.systemdynamics.org/2005/proceed/papers/MORRI261.pdf

- Mulligan, K. and Correia, F. (2020). "Facts", The Stanford Encyclopedia of Philosophy (Winter 2020 Edition), Edward N. Zalta (ed.), [Online] https://plato.stanford.edu/archives/win2020/entries/facts/
- Napoli, P. M. (2014). *Measuring Media Impact: An overview of the field*. The Learning Center, Rutgers University, Winter.
- Nayak, A. and Chia, R. (2011). Thinking becoming and emergence: Process philosophy and organization studies. *Philosophy and Organization Theory Research in the Sociology of Organizations*, 32, 281~309.
- Negrine, R. (1994). *Politics and the mass media in Britain*. London, England: Routledge.
- Nelkin, D. (1994). *Science Controversies: The Dynamics of Public Disputes in the U.S.* In S. Jasanoff, G. E. Markle, J. C. Peterson and T. Pinch (eds), *Handbook of Science and Technology Studies* (pp. 444~456), Thousand Oaks, CA: SAGE Publications, Inc.
- Nelkin, D. (1995) *Selling Science: How the Press Covers Science and Technology*, Rev. Edn. New York: Freeman.
- Nelson, P. (1970). Information and consumer behavior. *Journal of Political Economy*, 78, 311~329.
- Nerone, J. (2009). The death (and rebirth?) of working-class journalism. *Journalism*, 10(3), 353~355.
- New York State Reading Association and New York Newspapers Foundation. (2019). Understanding News Media: Fact vs. Opinion. [Online] http://www.nynpa.com/docs/nie/newsmedia/FactvsOpinion.pdf
- Niederman, F., Müller, B. and March, S. T. (2018). Using Process Theory for Accumulating Project Management Knowledge: A Seven-Category Model. *Project Management Journal*, 49(1), 6~24.
- Nord, D. P. (2007). *Communities of journalism: A history of American newspapers and their readers*. Urbana: University of Illinois Press. (Original work published in 2001).

- Norman I. J., Redfern S. J., Tomalin D. A. and Oliver S. (1992). Developing Flanagan's critical incident technique to elicit indicators of high and low quality nursing care from patients and their nurses. *Journal of Advanced Nursing*, 17(5), 590~600.

- Norris, P. (2000). *A Virtuous Circle: Political Communications in Post-Industrial Democracy*. Cambridge, Mass.: Cambridge University Press.

- Nöth, W. (2003). Crisis of representation? *Semiotica*, 143(1/4), 9~15.

- Oliver, A. (1998). Facts. Routledge Encyclopedia of Philosophy. Taylor and Francis (Online) https://www.rep.routledge.com/articles/thematic/facts/v-1 DOI: 10.4324/9780415249126-N021-1

- Olsson, E. K. (2010). Defining Crisis News Events, *Nordicom Review*, 31(1), 87~101.

- Orlikowski, W. J. and Yates, J. (2002). It's about time: Temporal structuring in organizations. *Organization Science*, 13(2), 684~700.

- Overholser, G. (2006). On behalf of journalism: A manifesto for change. Annenberg Public Policy Center. Philadelphia: University of Pennsylvania. (Online) https://cdn.annenbergpublicpolicycenter.org/wp-content/uploads/OnBehalfjune20082.pdf

- Oxford Languages. (2016). Word of the Year 2016. Oxford Languages (Online) https://languages.oup.com/word-of-the-year/2016/

- Oxford Learner's Dictionaries. (2020). fact. Oxford Learner's Dictionaries (Online) https://www.oxfordlearnersdictionaries.com/definition/english/fact?q=fact

- Papacharissi, Z. (2015). Toward new journalism(s): Affective news, hybridity, and liminal spaces. *Journalism Studies*, 16, 27~40. DOI: 10.1080/1461670X.2014.890328

- Park, R. E. (1923). The natural history of the newspaper. *American Journal of Sociology*, 29, 273~289.

- Parkins, W. and Craig, G. (2006). *Slow Living*. Sydney: University of New South Wales Press.

- Patterson, T. (2000). Doing well and doing good: How soft news and critical journalism are shrinking the news audience and weakening democracy—and what news outlets can do about it. Unpublished manuscript. Cambridge, MA: Kennedy School of Government, Harvard University.

- Paul, C. and Matthews, M. (2016). The Russian "Firehose of Falsehood" Propaganda Model: Why It Might Work and Options to Counter It. Santa Monica, Calif.: RAND Corporation. [Online] https://www.rand.org/pubs/perspectives/PE198.html

- Peels, R. (2010). What is Ignorance? *Philosophia*, 38(1), 57~67. DOI: 10.1007/s11406-009-9202-8.

- Pentland, B. T. (1999). Building process theory with narrative: from description to explanation. *Academy of Management Review*, 24(4), 711~724.

- Peterson, R. A. (2005). In search of authenticity. *Journal of Management Studies*, 42(5), 1083~1098.

- Pettigrew, A. (1990). Longitudinal field research on change: theory and practice. *Organization Science*, 1, 267~292.

- Pettigrew, A. M. (1992). The Character and Significance of Strategy Process Research. *Strategic Management Journal*, 13, 5~16.

- Pettigrew, A. M. (1997). What is a processual analysis? *Scandiavian Journal of Management*, 13(4), 337~348.

- Picard, G. (1998). Measuring and Interpreting Productivity of Journalists. *Newspaper Research Journal*, 19(4), 71~84.

- Picard, R. (2005). Unique characteristics and business dynamics of media products. *Journal of Media Business Studies*, 2(2), 61~69.

- Picard, R. (2006). Journalism, Value Creation and the Future of News Organizations, *Shorenstein Fellow Research Paper Series*, Spirng, 4, Joan Shorenstein Center.

- Picard, R. (May 19, 2009). Why journalists deserve low pay, CSMonitor.com, [Online] https://www.csmonitor.com/Commentary/

Opinion/2009/0519/p09s02-coop.html

- Picard, R. and Grönlund, M. (2003). *Temporal aspects of media distribution.* In A. B. Albarran and A. Arrese (eds.), *Time and media markets* (pp. 49~60), Mahwah, NJ:Lawrence Erlbaum Associates.

- Pickering, M. (1986). The dogma of authenticity in the experience of popular music. *The Art of Listening,* 201~220.

- Pine II, J. and Gilmore, J. H. (1998). Welcome to the Experience Economy. *Harvard Business Review July-August,* 97~105.

- Polanyi, M. (1967). *The tacit dimension.* London, England: Routledge. and Kegan Paul.

- Polit D. F. and Beck C. T. (2004). *Nursing Research: Principles and Methods.* Lippincott Williams & Wilkins, Philadelphia.

- Poole, M. S., van de Ven, A. H., Dooley, K. J. and Holmes, M. (2000). *Organizational change and innovation processes: Theory and methods for research.* Oxford, UK: Oxford University Press.

- Powers, M. (2012). In forms that are familiar and yet-to-be invented american journalism and the discourse of technologically specific work. *Journal of Communication Inquiry,* 36(1), 24~43.

- Project for Excellence in Journalism. (March 15, 2004). The State of the News Media 2004: Report. Pew Research Center.

- Protess, David. L., Cook, Fay Lomax, Doppelt, Jack C., James S. E., Margaret T. G., Donna R. Leff and Peter Miller. (1992). *The journalism of outrage: Investigate reporting and agenda building in America.* New York: Guilford Press.

- Public Policy Forum. (2017). THE SHATTERED MIRROR: News, Democracy and Trust in the Digital Age. [Online] www.ppforum.ca

- Putnam, H. (1981). *Reason, Truth, and History.* Cambridge, MA: Cambridge University Press.

- Radinsky, K., Davidovich, S. and Markobitch, S. (2012). Learning causality for news events prediction. In Proceedings of the 21st international conference on World Wide Web (WWW '12). New York: Association for Computing Machinery, 909~918.

- Raffoul, F. and Melson, E. S. (2008). *Introduction*. In F. Raffoul and E. S. Melson (eds.), *Rethinking Facticity* (pp. 1~22). New York: State University of New York Press.

- Rantanen, T. (2009). *When news was new*. Chichester, UK: Wiley-Blackwell.

- Ravetz, J. R. (1987). Usable Knowledge, Usable Ignorance: Incomplete Science with Policy Implications. *Knowledge: Creation, Diffusion, Utilization*, 9(1), 86~116.

- Reca, A. A. (2006). *Issues in Media Product Management in Media Management Research*. In A. B. Albarran, S. M. Chan-Olmsted and M. O. Wirth (eds.), *Handbook of Media Management and Economics* (pp. 181~201), London, England: Routledge.

- Reese, S. and Ballinger, J. (2001). The roots of a sociology of news: remembering Mr. Gates and social control in the newsroom. *Journalism and Mass Communication*, 78(4), 641~658.

- Regmi, S. and Bal. B. K. (2015). What Make Facts Stand Out from Opinions? Distinguishing Facts from Opinions in News Media. *Creativity in Intelligent Technologies and Data Science*. Conference paper. 655~662.

- Reisner, N. H. (1995). On the Beat. *American Journalism Review*, March, 47.

- Rescher, N. (1996). *Process Metaphysics: An introduction to process philosophy*. New York: State University of New York Press.

- Rescher, N. (2000). *Process Philosophy: A Survey of Basic Issues*. Pittsburg: University of Pittsburg Press.

- Rescher, N. (2003). *The promise of process philosophy*. In G. Shields (ed.), *Process and analysis: Whitehead, Hartshorne, and the analytic tradition* (pp. 49~66), New York: State University of New York Press.

- Robey, D. and Bourdeau, M.-C. (2005). *Beyond Development: A Research Agenda for Investigating Open Source Software User*

Communities. In Mehdi Khosrow-Pour (ed.), *Managing Modern Organizations Through Information Technology* (pp. 642~645.), Proceedings of the 2005 Information Resources Management Association International Conference.

- Roper, D. (26 October, 2015). The distributed content landscape. WAN-IFRA. part 1~3. [Online] http://www.wan-ifra.org/microsites/distributed-content

- Rosen, J. (1994). Getting the connections right: what public journalism might be. Paper presented to the Project on Public Life and the Press, First Summer Seminar, *American Press Institute*, Reston, VA, June 13.

- Rous, B. and McCormack, K. (2006). Critical Incident Technique: A Valuable Research Tool for Early Intervention. [Online] http://www.ihdi.uky.edu/nectc/documents/researchSpotlight/NECTSpotlight2.pdf

- Roy, D. and Zeckhauser, R. (2015). *The anatomy of ignorance: Diagnoses from literature.* In M. Gross and L. McGoey (eds.), *Routledge International Handbook of Ignorance Studies* (pp. 61~73). London, England: Routledge.

- Ruben, D-H. (1997). John Searle's The Construction of Social Reality. *Philosophy and Phenomenological Research*, 57(2), 443~447.

- Rublescki, A. and Rocha Da Silva, A. (2012). Liquid Journalism: trends in amplification of the field. *Brazilian Journalism Research*, 8(1), 114~127.

- Russell, B. (1905). *The Nature of Truth. Proceedings of the Aristotelian Society New Series* (pp. 28~49), 7, Published By: Oxford University Press.

- Russell, B. (1998). *Philosophy of Logical Atomism.* Open Court. (Original work published in 1918).

- Ryfe, D. M. (2012). *Can Journalism Survive? An Inside Look at American Newsrooms.* Malden, MA: Polity Press.

- Schlesinger, P. (1977). Newsmen and their time-machine. *British Journal of Sociology*, 28(3), 336~350.

- Schlesinger, P. (1987). *Putting "Reality" Together: B.B.C. News*. London: Methuen.

- Schluter, J., Seaton, P. and Chaboyer, W. (2007). Critical incident technique: a user's guide for nurse researchers. *Journal of Advanced Nursing*. 61(1), 107~114. DOI: 10.1111/j.1365-2648.2007.04490.x

- Schmitz Weiss, A. (2015). Place-based knowledge in the twenty-first century: the cration of spatial journalism. *Digital Journalism*, 3(1), 116~131.

- Schön, D. A. (1983). *The reflective practitioner: how professionals think in action*. New York: Basic Books.

- Schön, D. A. (1986). *Educating the reflective practitioner*. New York, NY: Basic Books.

- Schudson, M. (1978). *Discovering of news: A social history of American newspapers*. New York: Basic Books.

- Schudson, M, (1986), *When: Deadlines, datelines and history*. In R. K. Manoff and M. Schudson (eds.), *Reading the News* (pp. 79~108), New York: Pantheon Books.

- Schudson, M. (1989). The sociology of news production. *Media, Culture & Society*, 11, 263~282.

- Schudson, M. (1995) *The Power of News*. Cambridge, MA and London: Harvard University Press.

- Schudson, M. (1997). Why Conversation is Not the Soul of Democracy. *Critical Studies in Mass Communication*, 14, 297~309.

- Schultze, Q. J. (2007). Communication as religion: In memory of James W. Carey, 1935~2006. *Journal of Media and Religion*, 6(1), 1~15.

- Searle, J. R. (1995). *The Construction of Social Reality*. New York: Free Press.

- Seibt, J. (2012). Process Philosophy. The Stanford Encyclopedia of Philosophy, Summer 2020 Edition, Edward N. Zalta (ed.), [Online] https://plato.stanford.edu/archives/sum2020/entries/process-philosophy/

- Sennett, R. (1990). *The Conscience of the Eye: The Design and Social Life of Cities*. New York: Norton.

- Shapiro, I., Brin, C., Bédard–Brûlé, I. and Mychajlowycz, K. (2013). Verification as a Strategic Ritual: How journalists retrospectively describe processes for ensuring accuracy. *Journalism Practice*, 7(6), 657~673. 669.

- Sheller, M. (2015). News now. *Journalism Studies*, 16(1), 12~26.

- Sheridan–Burns, L. (2002). *Understanding Journalism*. London: SAGE Publications, Inc.

- Shoemaker, P. J. (1996). *Media Gatekeeping*. In Michael B. Salwen and Don W. Stacks (eds.), *An Integrated Approach to Communication Theory and Research* (pp. 79~91), Mahwah, N.J.: Lawrence Erlbaum.

- Shoemaker, P. J. and Reese, S. D. (1996). *Mediating the Message* (2nd ed.). New York: Longman Publisher.

- Shoemaker, P. J. and Cohen, A. A. (2006). *News around the world: Content, practitioners, and the public*. New York, NY: Routledge.

- Sikes, P. L., Measor, L. and Woods, P. (1985). *Teacher Careers: Crises and Continuities, Lewes*, UK: Falmer Press.

- Smith, B. and Searle, J. R. (2001). The construction of social reality: an exchange. *American Journal of Economics and Sociology*, 62(2), 285~309.

- Smithson, M. (1989). *Ignorance and Uncertainty: Emerging Paradigms*. New York: Springer–Verlag.

- Smithson, M. (1993). Ignorance and Science: Dilemmas, Perspectives, and Prospects. *Knowledge: Creation, Diffusion, Utilization*, 15(2), 133~156.

- Soja, E. W. (1996). *Thirdspace: Journeys to Los Angeles and Other Real-and-Imagined Places*. Cambridge, MA: Blackwell.

- Sonnevend, J. (2018). The lasting charm of Media Events. *Media, Culture & Society*, 40(1), 122~126.

- Sparrow, B. H. (1999). *Uncertain guardians: The news media as a political institution*. Baltimore: Johns Hopkins University Press.

- Stenner, P. H. D. (2007). Non-foundational criticality? On the need for a process ontology of the psychosocial. *Critical Social Studies*, 9(2), 44~55.

- Stevens, J. D. (1985). Social Utility of Sensational News: Murder and Divorce in the 1920s. *Journalism Quarterly*, 62(1), 53~58.

- Stocking, S. H. and Gross, P. H. (1989). *How Do Journalists Think? A Proposal for the Study of Cognitive Bias in Newsmaking*. Blooming-ton, IN.: ERIC Clearinghouse on Reading and Communication Skills.

- Stocking, S. H. and Holstein, L. W. (1993). Constructing and Recon-structing Scientific Ignorance: Ignorance Claims in Science and Journal-ism. *Knowledge: Creation, Diffusion, Utilization*, 15(2), 186~210.

- Stocking, S. H. and Holstein, L. W. (2009). Manufacturing doubt: jour-nalists' roles and the construction of ignorance in a scientific controver-sy. *Public Understanding of Science*, 18(1), 23~42.

- Stocking, S. H., D. Miller, and L. W. Holstein. (1992). Knowledge and ignorance in media coverage of hazards. Paper read at the 75th Annu-al Meeting of the Association for Education in Journalism and Mass Communication, August, Montreal, Canada.

- Sylvie, G. (2003). A Lesson From The New York Times: Timing and the Management of Cultural Change. *International Journal on the Media Management*, 5(5), 294~304.

- Sylvie, G., and Witherspoon, P. D. (2002). *Time, change, and the American newspaper*. Mahwah, NJ: Erlbaum Associates.

- Sztompka, P. (1991a). *Society in Action: the theory of social becom-ing*. Cambridge: Polity Press.

- Sztompka, P. (1991b). The Theory of Social Becoming: an outline of the conception. *The Polish Sociological Bulletin*, 96(4), 269~279.

- Tandoc Jr., E.C., Jenkinson, J., Thomas, R. J. and Westlund, O. (2017). *Critical incidetns in journalism: Pivotal momnets reshaping journal-ism around the world* (eds.), London, England: Routledge.

- Tanikawa, M. (2017). What is news? What is the newspaper? The physical, functional and stylistic transformation of print newspapers, 1988~2013. *International Journal of Communication*, 11, 3519~3540.

- Taylor, P. J. (1999). Places, spaces and Macy's: Place – space tensions in the political geography of modernities. *Progress in Human Geography*, 23(1), 7~26. DOI:10.1191/030913299674657991

- Tenenboim-Weinblatt, K. and Neiger, M. (2015). Print is future, online is past: Cross-media analysis of temporal orientations in the news. *Communication Research*, 42(8), 1047~1067.

- Textor, M. (2011). Knowing the facts. *dialectica*, 65(1), 75~86.

- Thomas, R. J., Tandoc Jr., E.C., Westlund, O. and Jenkinson, J. (2021). *Critical incidents in journalism: conceptualization, characteristics, communities, and consequences*. In Tandoc Jr., E.C., Jenkinson, J., Thomas, R. J. and Westlund, O. (eds.), *Critical incidetns in journalism: Pivotal momnets reshaping journalism around the world* (pp. 244~260). London, England: Routledge.

- Thompson, J. D. (1967). *Organizations in Action: Social Science Bases of Administrative Theory*. New York: McGraw-Hill.

- Thompson, J. B. (1995). *The Media and Modernity: A Social Theory of the Media*. Cambridge, MA.: Polity Press.

- Thussu, DK. (2006). *Media on the Move: Global Flow and Contra-flow*. London, England: Routledge.

- Tsoukas, H. and Papoulias, D. B. (1996). Understanding social reforms: a conceptual analysis. *Journal of the Operational Research Society*, 47, 853~863.

- Tsoukas, H. and Hatch, M.-J. (2001). Complex Thinking, Complex Practice: The Case for a Narrative Approach to Organizational Complexity. *Human Relations*, 54(8), 979~1013.

- Tsoukas, H. and Chia, R. (2002). 'On Organizational Becoming: Rethinking Organizational Change', *Organization Science*, 13(5), 567~582.

- Tuan, Y. -F. (2001). *Space and place: The perspective of experience.* Minneapolis: University of Minnesota Press. (Original work published 1977).

- Tuchman, G. (1972). Objectivity as strategic ritual: An examination of newsmen's notions of objectivity. *American Journal of sociology,* 77(4), 660~679.

- Tuchman, G. (1976). Telling Stories. *Journal of Communication,* 26(4), 93~97.

- Tuchman, G. (1978). *Making news: A study in the construction of reality.* New York, NY: Free Press.

- Tunstall, J. (1975). *Journalists at work: Specialist correspondents: Their news organizations, news sources, and competitor-colleagues.* Beverly Hills, Calif: SAGE Publications, Inc.

- Turner, J. H. (1985). In Defense of Positivism. *Sociological Theory,* 3(2), 24~30.

- Turner, B. S. (2003). McDonaldization: Linearity and Liquidity in consumer cultures. *American Behavioral Scientist,* 47(2), 137~153.

- Ungar, S. (2008). Ignorance as an Underidentified Social Problem, *British Journal of Sociology,* 59, 301~326.

- United States Senate. (March 30, 2017). Disinformation: A Primer in Russian Active Measures and Influence Campaigns. Hearings before the Select Committee on Intelligence, United States Senate, 115th Congress.

- Urquhart, V. and McIver, M. (2005). *Teaching writing in the content areas.* Association for Supervision and Curriculum Development, Alexandria, VA: ASCD Publications.

- Usher, N. (2019). Putting "Place" in the Center of Journalism Research: A Way Forward to Understand Challenges to Trust and Knowledge in News. *Journalism and Communication Monographs,* 21(2), 84~146.

- Usher, N. (2020). News cartography and epistemic authority in the era of big data: Journalists as map-makers, map-users, and map-subjects.

New media and society, 22(2), 247~263.

- van de Ven, A. H. (1992). Suggestions for studying strategy process: A research note. *Strategic Management Journal*, 13(S1), 169~188.
- van de Ven, A. H. and Huber, G. P. (1990). Longitudinal field research methods for studying processes of organizational change. *Organization Science*, 1(3), 213~219.
- van de Ven, A. H. and Engleman, R. M. (2004). Event-and outcome-driven explanations of entrepreneurship. *Journal of Business Venturing*, 19, 343~358.
- van de Ven, A. H. and Poole, M. S. (1995). Explaining development and change in organizations. *Academy of Management Review*, 20, 510~540.
- van de Ven, A. H. and Poole, M. S. (2005). Alternative approaches for studying organizational change. *Organization Studies*, 26(9), 1377~1404.
- van Leeuwen, T. (2001). what is authenticity? *Discourse Studies*, 3(4), SPECIAL ISSUE: Authenticity in media discourse, 392~397.
- Viergever, R. F. (2019). The Critical Incident Technique: Method or Methodology? *Qualitative Health Research*, 29(7), 1065~1079.
- Vintiadis, E. and Mekio, C. (2018). Brute Facts. Published to Oxford Scholarship Online. DOI:10.1093/oso/9780198758600.001.0001
- Vogel, H. L. (1998). *Entertainment industry economics: A guide for financial analysis* (4th edition). Cambridge: Cambridge University Press.
- Von Foerster, Heinz (1967). Time and memory. *Annals of the New York Academy of Sciences*, 138, Article 2, 866~873.
- Wall, M. (2005). Blog of war: Weblogs as news. *Journalism: Theories, Practices, and Criticism*, 6(2), 153~172.
- Ward, S. J. A. (2005). *The invention of journalism ethics: The long path to objectivity and beyond*. Montreal: McGill-Queen's University Press.

- Ward, S. J. A. (2009). Truth and Objectivity In Lee Wilkins and Clifford G. Christians (eds.), *The Handbook of Mass Media Ethics* (pp. 71~83), London, England: Routledge.

- Ward, S. J. A. (2019). Truth and Truthfulness. *The International Encyclopedia of Journalism Studies.* DOI: 10.1002/9781118841570. iejs0098

- Ward, S. J. A. (2020). *Truth and Objectivity.* In Lee Wilkins and Clifford G. Christians (eds.) *The Routledge Handbook of Mass Media Ethics* (pp. 101~114), London, England: Routledge.

- Weaver, D. H. and Wilhoit, G. C. (1986). *The American Journalist.* Bloomington, IN: Indiana University Press.

- Weaver, D.H. and Wilhoit, G. C. (1996). *The American Journalist in the 1990s: U. S. News People at the End of an Era.* Mahwah, NJ: Erlbaum.

- Webster, L. (1998). A Story of Instructional Research and Simulation in Aviation (Air Traffic Control). Unpublished Ph. D. thesis. Melbourne, AUS: Monash University.

- Webster, L. and Mertova, P. (2007). *Using narrative inquiry as a research method: an introduction to using critical event narrative analysis in research on learning and teaching.* New York: Routledge.

- Weddle, P. (1985). Fact from Opinion. *Informal Logic,* 11(1), 19~26.

- Weick, K. E. (1979). *The Social Psychology of Organizing.* 2nd ed. New York: Random House.

- Weick, K. E. (1995). *Sensemaking in Organizations.* Thousand Oaks, CA: SAGE Publications, Inc.

- Weick, K. E., Sutcliffe, K. M. and Obstfeld, D. (2005). Organizing and the process of sensemaking. *Organization Science,* 16(4), 409~421.

- Weiss, C. H. and E. Singer. (1988). *Reporting of social science in the national media.* New York: Russell SAGE Publications, Inc.

- Weldon, M. (2008). *Everyman news: The changing American front page.* Columbia, MO: University of Missouri Press.

- White, D. M. (1950). The "Gatekeepers": a case study in the selection of news, *Journalism Quarterly*, 41, 384~390.

- White, A. (1970). *Truth. Garden City*, NY: Anchor Books.

- Whitehead, A. N. (1978). *Process and Reality*. New York: The Free Press. (Original work pbulished in 1929).

- Whitehead, A. N. (1938). *Modes of Thought*. New York: The Free Press.

- Widholm, A. (2016). Tracing Online News in Motion: Time and Duration in the Study of Liquid Journalism. *Digital Journalism*, 4(1), 24~40.

- Wien, C. (2005). Defining Objectivity within Journalism An Overview. *Nordicom Review*, 26(2), 3~15.

- Wijnhoven, F. (2001). Models of information markets: analysis of markets, identification of services. *Informing Science*, 4(3), (Online) http://inform.nu/Articles/Vol4/v4n4p117-128.pdf

- Wilken, R. (2008). Mobilizing place: Mobile media, peripatetics, and the renegotiation of urban places. *Journal of urban technology*, 15(3), 39~55.

- Willig, C. (2001). *Introducing qualitative research in psychology: Adventures in theory and method*. Buckingham: Open University Press.

- Wilson, R. A. (2007). *Social reality and institutional fact: socality within and without intentionality*. In S. L. Tsohatzidis (ed.), *Intentional Acts and Institutional Facts* (pp. 139~153), Netherlands: Springer.

- Wilterdink, N. (2018). Driving in a dead-end street: critical remarks on Andrew Abbott's Processual Sociology. *Theory and Society*, 47, 539~557. DOI: 10.1007/s11186-018-9323-9

- Wittgenstein, L. (2001). *Tractatus Logico-Philosophicus*. London, England: Routledge. (Original work published in 1921).

- Woods, P. (1993a). *Critical Events in Teaching and Learning*. Basingstoke, UK: Falmer Press.

- Woods, P. (1993b). Critical events in education. *British Journal of*

Sociology of Education, 14, 355~371.

- Wootton, D. (2017). A Brief History of Facts (Online) History Today, Retrieved from https://www.historytoday.com/history-matters/brief-history-facts

- Zeckhauser, R. J. (2006). Investing in the unknown and unknowable. *Capitalism and Society*, 1(2), 1~39.

- Zehr, S. (1990). Acid rain as a social, political and scientific controversy. Ph. D. diss., *Department of Sociology*, Bloomington, IN: Indiana University Press.

- Zelizer, B. (1992). CNN, the gulf War and journalistic practice. *Journal of Communication*, 42(1), 66~81.

- Zelizer, B. (1993). Journalists as interpretive communities. *Critical Studies in Mass Communication*, 10, 219~237.

- Zelizer, B. (2004). When facts, truth and reality are God-terms: on journalism's uneasy place in cultural studies. *Communication and Critical/Cultural Studies*, 1, 100~119.

- Zelizer, B. (2013). Tools for the future of journalism. *Ecquid Novi: African Journalism Studies*, 34(2), 142~152.

- Zelizer, B. (2018). Epilogue: Timing the study of news temporality. *Journalism*, 19(1), 111~121.

- Zlotkin, G. (1995). Coordinating resource based dependencies. Unpublished working paper of MIT Center for Coordination Science, March.

찾아보기

탈진실 바로잡기

팩트, 사건, 뉴스 그리고 시스템 C

초판 1쇄 발행 2022년 8월 15일

지은이 김사승

펴낸이 김현태
펴낸곳 책세상
등 록 1975년 5월 21일 제2017-000226호
주 소 서울시 마포구 잔다리로 62-1, 3층(04031)
전 화 02-704-1251
팩 스 02-719-1258
이메일 editor@chaeksesang.com
광고·제휴 문의 creator@chaeksesang.com
홈페이지 chaeksesang.com
페이스북 /chaeksesang   **트위터** @chaeksesang
인스타그램 @chaeksesang **네이버포스트** bkworldpub

ISBN 979-11-5931-861-0 93300